KB155329

소크라테스와 유대인

Socrates and the Jews

국립중앙도서관 출판시도서목록(CIP)

소크라테스와 유대인 : 모제스 멘델스존에서 지그문트 프로이트에 이르는 헬레니즘과 헤브라이즘 /
지은이: 미리엄 레너드 ; 옮긴이: 이정아. ─ 용인 : 생각과 사람들, 2014
  p. ;   cm

원표제: Socrates and the jews
원저자명: Miriam Leonard
영어 원작을 한국어로 번역
ISBN 978-89-98739-07-2 93160 : ₩23000

서양 철학[西洋哲學]

160-KDC5
180-DDC21   CIP2013029179

SOCRATES AND THE JEWS

모제스 멘델스존에서
지그문트 프로이트에 이르는
헬레니즘과 헤브라이즘

소크라테스와 유대인

미리엄 레너드 지음 | 이정아 옮김

생각과 사람들

이 책을 준비하고 집필할 수 있게 해 준 개인과 기관에 감사의 말을 전할 수 있어 대단히 기쁘다. 이 기획은 브리스틀대학에서 처음 시작되었고, 나는 그곳에서 남달리 화려한 면면의 동료들과 근무하는 복을 누렸다. 정서적으로나 지적으로 그곳 동료들에게 많은 지원을 받았는데, 특히 반다 자이코, 엘렌 오골먼, 판텔리스 미켈라키스, 던컨 케네디, 그리고 찰스 마틴데일은 더 많은 도움을 주었다. 집필 작업의 대부분은 내가 스탠퍼드 인문학 센터에서 선임 연구원으로 있으면서 더없이 행복한 안식 기간을 보낼 때 이루어졌다. 내 마음에 쏙 드는 공간을 연구실로 내준 센터 직원들과 당시 센터장이었던 존 벤더에게 엄청난 빚을 졌다. 스탠퍼드의 동료 선임 연구원인 짐 클리포드, 파비올라 리베라 카스트로, 벤저민 레이지어, 크리스토퍼 로비와 '계몽주의 및 프랑스혁명 세미나'에 참가했던 이들, 그 중 특히 댄 에델스타인, 야이르 민츠커, 그리고 제임스 우드에게서 정말 넘치는 도움을 받았다. 특별히 이 자리를 빌려 지오바다 세세라니에게 여태 잘해 왔던 것처럼 그 해에도 변함없는 우정과 지적 교류를 나눈 점에 대해 감사의 마음을 전한다. 현재 몸담고 있는 유니버시티 칼리지 런던의 두 분인 크리스토퍼 케리 전 학과장님과 마리아 위케 현 학과장님께서 너그러이 봐주셔서 스탠퍼드에서 연구원으로 지낼 수 있었다. 유니버시티 칼리지 런던은 이 프로젝트를 완수하는데 굉장한 자극이 되는 환경임을 이번에 알았다. 특히 내게 많은 영감과 단서를 준 동료 사샤 스턴과 '그리스인과 유대인' 강좌를 들은 학생들에게 고마움을 전한다.

이 책에 수록된 각 장의 내용은 산타크루스, 스탠퍼드, 세인트앤드루스, 베를린, 브리스틀, 미시건, 노스 웨스턴, 드폴, 예일, 프린스턴, 리즈, 런던, 케임브리지, 그리고 옥스퍼드에서 이미 논문으로 발표했던 것들이다. 이 모든 장소에 나를 불러 준 주최 측과 청중에게 발표에 뒤이어 고무적이고 유익한 토론을 펼친 점에 대해 감사하게 생각한다. 특히 출판될 원고를 읽고 지극히 통찰력 넘치고 아낌없는 평을 해 준 프로마 자이틀린과 엘리자베스 윈그로브에게 고마움을 전한다. 시카고에서 멋진 내 담당 편집자였던 수전 비엘스타인과 함께 일해서 대단히 즐거웠다. 또한 교열 담당자 테레세 보이드에게도 감사의 마음을 전한다. 우리 엄마 이렌 하이델베르거 레너드 여사는 원고를 처음부터 끝까지 읽고 또 평가를 하는 등 굉장히 좋게 만들어 주었다. 뛰어난 감각으로 원고의 일부분을 읽어 준 요피 프린스에게 특별한 감사의 마음을 전한다. 또 보니 호니그는 특정 챕터에서 굉장히 유익한 피드백을 해 주었을 뿐만 아니라, 매우 유용하게도 내가 더 광범위한 지적 기획에 관해 더 많이 그리고 더 깊이 생각할 수 있게 북돋아 주었다. 그리고 찰스 마틴데일의 고견 덕분에 초고의 논거가 상당히 좋아졌다. 또한 짐 포터는 원고의 많은 분량을 읽고 특유의 번득이는 통찰력을 발휘해 주었다. 사이먼 골드힐은 여러 형태를 거치는 동안 매번 전체 내용을 다 읽어 주었을 뿐만 아니라, 아낌없는 격려와 함께 우리 같은 사람은 그저 갈망만 할 수 있는 모범적인 지적 활력과 아량을 보여 주었다.

〈문화 비평(Cultural Critique)〉(2010 겨울)의 74권 특집호에 "그리스인, 유대인 그리고 계몽주의 :모제스 멘델스존의 소크라테스(Greeks, Jews and the Enlightenment : Moses Mendelssohn's Socrates)"라고 수록되었던 1장의 단락을 다시 수록할 수 있게 해준 데 대해 미네소타대학출판부에 감사드리고 싶다. 2장의 작은 단락은 《데리다와 고대(Derrida and Antiquity)》(ed. Miriam Leonard [Oxford University Press, 2010])에 "그리스인과 유대인 사이의 데리다(Derrida between Greek and Jew)"로 수록되었는데, 그

부분을 이 책에 다시 싣도록 허락해 준 옥스퍼드대학출판부에도 감사드린다. 또한 《고대 안내서(A Companion to Classical Reception)》(ed. Lorna Hardwick and Christopher Stray [Blackwell, 2008]) 중 "역사와 이론 : 모세와 유일신교와 억압된 이들의 역사편찬(History and Theory : Moses and Monotheism and the Historiography of the Repressed)"이라는 내가 쓴 장에서 일부를 수정해 이 책 5장의 한 단락에 다시 싣도록 허락해 준 와일리 블랙웰에도 감사드리고 싶다.

친구 캐더린 에인절과 반다 자이코, 그리고 특히 오드 두디, 케이티 플레밍, 애넬리스 프리센브루크, 그리고 대니얼 오렐에게 늘 그 자리에 있어 주어서 고맙다는 말을 전한다. 또한 디누, 아나바즈, 비크램, 셔냐즈, 줄피, 그리고 레이아에게 그동안 격려해 주어서 고맙다는 말을 전하고 싶다.

특히 가장 고마운 이들은 마크, 갭스, 노아, 야코프, 그리고 부모님 딕 레너드와 이렌 하이델베르거 레너드다. 그들의 한없는 사랑에 다시 한 번 감사드린다.

마지막으로, 그 누구보다 피로제 바수니아에게 감사의 말을 전한다. 그는 단어 하나하나까지 전부 읽고 고견을 들려주었을 뿐만 아니라, 그것들이 책이 되어 나올 때까지 내내 함께 했다. 브리스틀, 팔로 알토, 런던, 그리고 뭄바이에서 그의 사랑과 매일매일 지원이 없었다면 그 어떤 것도 가능하지 않았을 것이다.

온 마음을 다해 사랑하는 피로제에게 이 책을 바칩니다.

목차

아테네와 예루살렘

아마 유럽 문화의 그 고유한 문화적 분기점을 가장 함축적으로 정식화한 이는 바로 그리스도교도 윤리학자인 테르툴리아누스가 아닐까 한다. "아테네는 예루살렘과 무슨 관계가 있단 말인가?" 서기 3세기에 테르툴리아누스가 쓴 이 수사의문문은 고전 문화와 성서 문화 사이에 경계선을 그어 놓으려는 광범위한 그리스도교적 기획의 일부였다. 만약 그리스도교가 고대 그리스·로마 사회에서 자의식적으로 그리고 격렬한 반대에 부딪히며 출현했다면, 고대 그리스·로마의 세속적 지식이 그리스도교의 계시라는 새로운 확실성과 어떻게 조화를 이룰 수 있을까? 테르툴리아누스는 아테네와 예루살렘을 대비시키면서 이교 사회와 그리스도교 사회는 서로 완전히 달라서 비교할 수 없음을 재차 확언했을 것이다.[1]

테르툴리아누스의 "인용구는 수 세기에 걸쳐 회자"되었고, "종종 그 인용구 사용이 테르툴리아누스 본인과는 별 연관이 없을 때도 있었다."[2] 테르툴리아누스의 대립 구도가 문화적으로 광범위한 영향을 미쳤음에도 직접적인 문맥은 더 구체적인 대립으로 이어졌다. "정말이지 아테네가 예루살렘과 무슨 관계가 있단 말인가? 학술원과 교회가 무슨 관계가 있단

---

1) 그러나 최근에 많은 비평가가, 그가 실제로는 고전 문화를 노골적으로 거부한 것이 아니라고 주장하면서 테르툴리아누스의 정식화에 드러난 수사학적 특성을 강조하는 추세다.

2) Helleman, 1994년 책, 361면

말인가? 이단자들이 그리스도교도와 무슨 관계가 있단 말인가?(Quid ergo Athenis et Hierosolymis? Quid Academiae et Ecclesiae? Quid haereticis et christianis?] 《De Praes》[7·9]).″ 종종 이러한 질문과 함께 테르툴리아누스의 또 다른 유명한 선언, "나는 그것이 터무니없기 때문에 믿는다(credo quia absurdum est, 그런데 사실 이건 잘못 인용된 것이다).″는 말이 회자되기도 한다. 이와 같은 일련의 질문들 때문에 테르툴리아누스는 '논쟁의 적이자 부조리의 사도'로 몰렸다.[3] 플라톤의 학술원을 교회와 정면으로 대립시키고 동시에 철학 연구를 이단 행위로 규정하는 일련의 대립 구도에서 테르툴리아누스는 아테네를 예루살렘과 대비시켰다. 테르툴리아누스는 그리스·로마 사회와 그리스도교 사회의 충돌을 이성의 지위와 사용에 대한 논쟁으로 축소했다. 테르툴리아누스의 문명의 충돌은 소크라테스와 그리스도교도들 사이에서 논쟁의 형태로 일어났다.

애초 합리성의 문제에 초점을 맞추었던 것을 고려하면, 테르툴리아누스의 아테네와 예루살렘의 대립 구도가 이후 계몽주의 시대에 신앙과 이성의 공존 가능성 여부에 관한 논쟁에서 다시 불거져 나온 것은 어쩌면 당연한 일이었다.[4] 그러나 테르툴리아누스의 질문을 좀 더 최근의 상황에 맞게 바꾸는 것과 관련해서 많은 모순이 있었다. 테사 라자크(Tesa Rajak)는 근대의 그리스인과 유대인의 대립 구도를 다룬 중요한 평론에서 이렇게 썼다. "유럽 문명의 두 뿌리가 한쪽은 그리스 문명, 다른 한쪽은 히브리 문명이라는 생각은 18세기 전반기부터 줄곧 정교한 이론적·학술적 도구 역할을 했을 뿐만 아니라 어디서나 통하는 상투어 구실을 했다."[5] 라자크가 시사했듯, 18세기 무렵 아테네와 예루살렘의 대립이 학술적인 논

---

3) Osborn, 1997년 책, 27면. 그는 실제로 《예수의 살에 관하여(On the flesh of Christ)》(5·4)에서 "credibile est, quia ineptum est(불합리하기 때문에 나는 믿는다.)"라고 썼다.

4) Osborn의 1997년 책과 Helleman의 1994년 책을 참조

5) Rajak, 2001년 첫 번째 책, 535면

쟁은 물론 대중적인 논쟁에서도 '진부한 문구'가 되었다면 테르툴리아누스의 질문이 이미 서기 2세기에 친숙한 수사학적 인용구였다는 점은 매우 놀랍다. 아테네와 예루살렘의 대립 구도는 처음부터 그 의미가 문자 그대로의 지시 대상을 한참 넘어서 확장된 상투적 표현이었다.

더구나 테르툴리아누스는 '그리스적인' 것과 '히브리적인' 것의 경계를 정하고자 하는 표면적 열망을 품었음에도, 로마제국 치하에서 글을 쓰는 그리스도교도였다는 정체성 때문에 아테네와 예루살렘 양쪽 모두 모호한 관계에 놓였다. 테르툴리아누스는 예루살렘 사원이 파괴된 뒤에 오랫동안, 그리고 아테네 철학이 정점을 찍은 뒤에 훨씬 더 오랫동안 글을 썼던 로마 백성이었다. 그리스도교를 옹호하는 사람이 정식화한 아테네와 예루살렘의 대립 구도는 일례로 헬레니즘 유대교라는 맥락에서 일어난 문화적 동화에 관한 논쟁들에서 꽤 다른 일련의 함축성을 띠게 되었다. 다소 연관성이 있긴 하지만, 아테네와 예루살렘의 관계에 대해 질문을 던진 테르툴리아누스와 플라톤, 그리고 모세의 관계를 이해하려 했던 알렉산드리아의 필로는 같은 전제에서 출발했다고 볼 수 있다. 그러나 필로는 그리스 철학과 유대교의 전통을 조화시키고자 노력한 데 반해 테르툴리아누스는 이 둘이 서로 완전히 달라 비교할 수 없다고 끊임없이 주장했다. 기원전 2세기 경 마카베오 전쟁(Maccabean revolt, 시리아 왕국의 지배를 받던 유대인이 일으킨 독립전쟁-옮긴이)의 여파로 '그리스화'의 한계에 대해 격렬하게 의문을 제기하는 과정에서 나름의 문화 투쟁(Kulturkampf)이 일어났다.[6]

그러나 필로와 요세푸스(Josephus, 유대 역사가로서 66년~73년까지 로마를 상대로 벌인 유대인 반란에 가담해 함께 싸운 인물-옮긴이)와 같은 인물들이 근대에 이르러 그리스인과 유대인의 대립 구도를 설명하는 과정에

---

6) Hegel의 1974년 책, Momigliano의 1994년 첫 번째 책, 그리고 Gruen의 2009년 논문을 참조

서 언급되는 것은 그렇다 치더라도, 이 책의 주제를 이루고 있는 계몽주의 시대와 후기 계몽주의 시대 인물들 간 문화 접촉이 일어난 이와 같은 역사적 시기에 다시 거론된다는 것은 의미심장하다. 두 문화 간 융합의 의미를 축소하고자 하는 열망이 제일 크겠지만 다양한 이유 때문에 요세푸스나 필로는 물론, 《마카베오 하(the second book of Maccabees, 신·구약의 중간 시대를 다루고 있는 일종의 외경-옮긴이)》나 아리스테아스의 편지(Letter of Aristeas, 아리스테아스라는 유대인이 170년 무렵 쓴 편지로 모세5경의 헬라어 번역본의 기원 등이 설명된 문서-옮긴이)마저도 근대에 벌어진 아테네와 예루살렘을 둘러싼 논쟁에서는 전혀 언급되지 않았다. 에리히 그루엔(Erich Gruen)이 지적했듯, 오히려 정반대로 "'헤브라이즘'과 '헬레니즘'이라는 용어들은 오늘날 편리하고 상투적인 이분법의 구성요소"지만 "고대의 원전에서는 특징적인 개념들로 나타난 사례가 거의 없다."[7] 그 대신 그리스인과 유대인의 역사적 만남에서 아테네와 예루살렘 사이에 비유적인 대화가 오갔는데, 한 그리스도교도가 가장 인상적으로 정식화한 이 비유적인 대화는 이후의 설명에서 두드러지게 나타난다. 아테네, 알렉산드리아, 예루살렘이 아닌 로마가 그리스인과 유대인 간 대립의 출발점 구실을 하는 동시에 그리스도교를 어떻게 정의하느냐에 따라 이들 대화의 성패가 달려 있던 셈이다.

테르툴리아누스의 정식화를 이해하는데 로마가 아무리 중요하다고 해도, 유럽의 정체성에 대한 균열된 의식을 불러올 이런 이분법을 맨 처음 입 밖으로 낸 인물이 카르타고인이라는 점이야말로 유쾌한 역설이 아닐까 한다. 테르툴리아누스가 그런 인상적인 문구를 만들어 내는데 바탕이 된 곳은 유럽 땅이 아니라 바로 아프리카 땅이었다. 대놓고 아테네와 예루살렘을 언급함으로써 테르툴리아누스의 세계관에서 로마가 중심이라는 암

---

7) Gruen, 2009년 논문, 129면, 131면

시가 흐려졌을지 모르나, 이러한 '편리한 이분법' 때문에 다른 어떤 문화들이 등한시되었는지를 짚고 넘어가는 것이 중요하다. 세상을 '그리스인'과 '유대인'이라는 대립적인 양 진영으로 구분하고자 하는 열망은 고대는 물론 근대의 제국적인 상황에서도 문화적 다양성의 현실을 알기 어렵게 만들었다. 로마의 제국과 마찬가지로 근대의 유럽 제국들에서도 아테네 대 예루살렘의 이분법은 다양한 종교적·문화적 정체성을 공평히 다룰 수 없었다. 일례로, 19세기에 '헬레니즘'과 '헤브라이즘' 사이에서 벌어진 열띤 논쟁은 유럽 문화의 '진짜'(그렇게까지 진짜는 아니지만) 타자, 즉 이슬람을 다루지 않으려는 한 가지 방편이었을까? 유럽의 계몽주의 사상가들은 아테네와 예루살렘 중에서 하나를 고르는 일에 관심을 기울임으로써 유럽이 언급하려고 했을 많은 과거에 제한을 두려했던 것은 아닐까?

이 책에 드러난 주제의 한 축이 테르툴리아누스의 3세기 질문으로 대표된다면, 나머지 다른 한 축은 제임스 조이스가 20세기 초에 남긴 "유대그리스인은 그리스유대인이다(Jewgreek is Greekjew)."라는 경구로 대표된다. 테르툴리아누스의 《모든 이단에 대한 논박》과 제임스 조이스의 《율리시스》는 역사적으로나 개념적으로 많은 차이가 난다는 것은 굳이 언급할 필요가 없다.[8] 또한 테르툴리아누스가 아테네와 예루살렘을 조화할 수 없는 대립자로 제시한 데 반해 조이스는 행복한 통합을 지지했다는 것도 전혀 사실이 아니다. 오히려 두 세계관의 대립은 조이스 시대에 훨씬 더 구체화되었다. 따라서 이러한 배경을 고려할 때 그의 다음과 같은 발언은 분명 굉장히 도발적이다. "여성은 이성(理性)이다. 유대그리스인은 그리스유대인이다. 극단끼리는 통한다."[9] 테르툴리아누스와 마찬가지로 조이

---

8) 헬레니즘과 헤브라이즘 사이의 이러한 대화의 역사에서 중재자 역할을 한 인물들 중 한 명을 대단히 흥미롭게 설명한 글을 보려면 Grafton/Weinberg(2011년 책)을 참조. Grafton과 Weinberg가 이작 카조봉(Issac Casaubon)을 설명한 대목은 이 책의 설명을 능가하는 것으로 그리스도교의 헤브라이즘과 고전 학문을 꿰뚫어 볼 수 있는 값진 통찰력을 제시해 준다.

9) Joyce, 1990년 책, 504면

스도 그리스인과 유대인의 관계에 있어 '이성'이라는 문제를 중심으로 다루어야 한다고 여겼다. 그러나 이 시기에 아테네와 예루살렘을 구분할 수 없는 이유는 여성의 비합리성과 연관되어 있었다. 조이스는 이성을 두 문화 중 하나와 특권적인 관계로 엮기보다는 그것들의 혼동을 이성이 가능할 수 없는 증거로 제시했다. 그러나 이성이 가능할 수 없음에도 이 두 문화의 대립자적 지위에 관해서는 정말이지 단 한 번도 의문을 제기하지 않았다. 이 두 문화는 서로 '통'하는 바로 그 순간에도 여전히 '극단'이었던 셈이다.

브라이언 샤이에트의 주장에 따르면 "조이스의 《율리시스》에는 '히브리적이고 그리스적인' 표현이 상당히 많으며, 이 소설은 그런 표현을 앞세워 대립하는 이 두 문화를 아널드 식으로 장대하게 융합하는 것이야말로 문명의 진보와 다름없다는 생각을 어떻게든 내세우려 한다."[10] 샤이에트의 지적처럼, 조이스의 위대한 서사시는 그리스인과 유대인의 대립이라는 가장 유명한 근대의 정식화, 즉 매슈 아널드의 '헬레니즘과 헤브라이즘'의 영향으로 탄생했다. 매슈 아널드의 '헬레니즘과 헤브라이즘'은 1869년 출간된 아널드의 영향력 있는 문화비평 저작인 《교양과 무질서(Culture and Anarchy)》의 가장 중요한 항목이다. 아널드의 영향력은 《율리시스》의 첫 장부터 드러난다. 테오해리스(Theoharis), 샤이에트, 그리고 데이비슨(Davison) 같은 이들은 모두 아널드의 헬레니즘과 헤브라이즘의 개념화가, 어떻게 《율리시스》가 근대의 유럽 문화 논쟁에 개입할 수 있는 틀을 제공했는지에 대해 보여 주었다. 또한 조이스가 헬레니즘의 영향력을 급진적으로 재평가하고 헤브라이즘을 문제적으로 표현하는 데 자극제가 된 것 역시 아널드의 대립 구도였다. 이와 관련해 샤이에트는 다음과 같이 썼다.

---

10) Chyette, 1993년 책, 206면

아널드와 달리 조이스는《율리시스》에서 '헤브라이즘과 헬레니즘'을 융합하려 한 것이 아니라 헤브라이즘을 일관된 헬레니즘에 내재되어 있는 확실성을 무너뜨리는 수단으로 배치했다. 블룸(Bloom,《율리시스》속 두 주인공 중 한 명의 이름-옮긴이)은 '유대그리스인'으로서 근대성의 상징인 보편적인 '보통 사람'으로 설정된 동시에 무의식에 억압되어 있는 어두운 '타자'로서 근대의 장엄한 서사에 동화될 수 없는 양면적인 인물로 그려진다.[11]

이렇게 조이스가 근대성을 '헬레니즘'과 '헤브라이즘'의 양면적 투쟁으로 단정했다는 것을 이해하는 데 여전히 아널드가 극히 중요한 기준점이 되긴 하지만, 그가 조이스의 유일한 귀감은 결코 아니다.[12] 키클롭스(Cyclops) 에피소드에서 레오폴트 블룸은 '시민'의 반유대주의 공격을 막아내는 과정에서 영향력 있는 유대인들의 이름을 줄줄 읊어댄다. "멘델스존은 유대인이었고, 카를 마르크스와 메르카단테(Mercadante, 롯시니를 잇는 이탈리아의 초기 낭만파 작곡가-옮긴이), 그리고 스피노자도 유대인이오."[13] 블룸은 이들을 "나 같은" 유대인이라고 말한다. 실제로 메르카단테는 분명 유대인이 아닌 가톨릭 신자였다. 멘델스존과 마르크스와 스피노자는 진정 유대인으로 태어났지만, 그들이 태어난 유대인 공동체 내에서도 논란이 많은 인물들일 뿐만 아니라 이들은 자신들의 종교적 유산을 합리론에 대한 헌신과 조화시키고자 갖은 노력을 했다. 이에 대해 데이비슨은 다음과 같이 주장했다. "블룸의 명단은 종종 그의 흐리멍덩한 사고, 여기서는 '자신의 동족'과 관련된 흐리멍덩한 사고를 보여주는 적절한 예로 간주되고는 했다. 그러나 이러한 가정은 또 다시 그게 아닌데도

---

11) 같은 책, 210~211면
12) Davison(1996년 책)은 조이스가 이러한 대립 구도의 개념화 면에서 아널드만큼이나 니체의 영향도 많이 받았다고 주장했다.
13) Joyce, 1990년 책, 342면

'유대인'임을 양자택일해야 하는 종교의 문제를 암시하게 된다. 이렇듯 조이스는 블룸이 아니라 독자에게 농담을 건다. 메르카단테를 제외하고는 호명된 각각의 이름은 블룸과 비슷한 '유대인'임을 암시한다."[14] 아널드 식 용어로 말하자면, 멘델스존과 마르크스와 스피노자는 '그리스화한' 유대인들, 다시 말하면 서양 철학의 전통을 자신들 종교의 비합리적 유산에서 탈피한 것으로 보는 유대인들이다.

테르툴리아누스의 관점과 달리, 블룸과 예루살렘의 관계는 더 이상 단순한 '양자택일의 종교 문제'가 아니었다. 알다시피 신앙과 이성에 관한 논쟁이 여전히 조이스의 그리스인과 유대인 식 이분법적 사고의 중심이 된다고 해도, 아테네를 이성과 연관하고 예루살렘을 비이성과 연관하는 것은 더 이상 설득력을 발휘하지 못한다. 멘델스존과 마르크스와 스피노자는 '이성'이라는 이름의 그 어떤 신전에서도 '그리스 대표' 아널드 정도는 쉽게 상대할 인물들이다. 계몽주의와 유대 계몽운동 이후 유대인들의 '그리스화'가 유대인 지식인들의 정체성을 급격하게 바꾸었다.[15] 후기 계몽주의 시대에 유럽에서 유대인으로 산다는 것은 더 이상 이성보다 신앙을 옹호해야 함을 뜻하지 않았다. 블룸은 자신을 멘델스존과 마르크스와 같은 계보에 올림으로써 아테네와 예루살렘 사이에서 하나를 고르는 테르툴리아누스 식 선택을 피해갔을 뿐만 아니라, '헬레니즘과 헤브라이즘'을 영국에 맞도록 자유롭게 합치는 아널드 식 융합의 대안을 제시했다. 블룸이 자신의 조상으로 꼽은 독일의 그리스화 된 유대인들의 전통이야말로 대안적 계보(곧 내가 이 책에서 추적하게 될 모제스 멘델스존에서 지그문트 프로이트에 이르는 계보)를 제시한다.

그러니까 블룸과 '시민'의 만남은 테르툴리아누스 식 대립은 물론, 아

---

14) Davison, 1996년 책, 219면

15) "근대의 세속적 유대인을 만드는 데 헬레니즘이 어떤 역할을 했는지"에 관해서는 Shavit의 영향력 있는 저작(1997년)을 참조

널드 식 대립의 용어까지 혼란에 빠뜨린 것 같다. 블룸이 유대인이라는 자신의 정체성을 내세워 토론으로 이끄는 질문은 종교에 관한 질문이 아니라 국가에 관한 질문이었다.

> – 당신은 국가가 무슨 뜻인지 아시오? 존 와이즈가 말했다.
> – 당신의 나라가 어디인지 물어도 되겠소? 시민이 말했다.
> – 아일랜드입니다. 난 여기서 태어났어요, 아일랜드에서요. 블룸이 말했다.

동석한 술꾼들 때문에 회의감에 젖은 그가 계속해서 다음과 같이 말한다.

> – 그리고 난 사람들이 증오하고 박해하는 인종에 들기도 한답니다. 블룸이 말했다.
> 지금도요. 지금 바로 이 순간에도요. 지금 이 순간 …….
> – 새로운 예루살렘에 대해 말하는 거요? 시민이 말했다.
> – 난 불공평에 대해 말하는 겁니다.[16]

이에 대해 샤이에트는 다음과 같이 썼다.

[조이스의 《율리시스》]는 궁극의 범세계주의자인 레오폴트 블룸을 유럽 문화의 중심에 갖다 놓음으로써 독자들을 분개하게 했다. 조이스는 자신의 오디세우스를 어디에도 속할 수 없는 유대인으로 만들면서 그리스 신화 혹은 헬레니즘을 유대인 식으로 다시 쓴 그 소설을 논리적 극단까지 몰고 갔다. 바니 키어넌 주점(Barney Kiernan's pub)에서 시민을 만나 어쩔 수 없이

---

16) Joyce, 1990년 책, 331~332면

(두드려 맞을 각오를 하고) 국적을 밝혀야 했을 때, 블룸은 자신처럼 세계인으로서 유대인이 아닌 유대인들이 길게 늘어선 줄에 자신이 서 있는 모습을 상상했다.[17]

블룸에게 국적의 문제는 유대인이라는 그의 정체성과 복잡하게 얽혀 있었다. 지그문트 바우만(Zygmunt Bauman)은 근대 민족 국가에서 유대인들은 "부조화의 전형이었다. 왜냐하면 비민족 국가 같은 곳은 근대 유럽 질서의 근본 원리에 그늘을 드리우며, 그런 국가의 국민인 것은 인간 운명의 본질이기 때문이다." 라고 주장했다.[18] 민족주의 광신자의 욕설을 듣게 생긴 블룸은 자신에게 유대교보다 더 중요한 세계주의를 표방하는 동시에 대놓고 '증오를 받고 박해 받는' 동족을 편들지 않았다. 그는 '불공평' 이라는 문제는 국가와 민족을 초월한다고 주장했다.

그런데도 블룸과 그 시민이 주고받은 대화는 이른바 유대인 문제라는 맥락을 벗어나서는 이해가 불가능하다. 유대인 문제는 조이스의 《율리시스》가 출간되기 1세기도 훨씬 더 전에 유대인들을 국가의 문제와 연결시켰기 때문이다. 프랑스혁명 이후로 유대인의 시민 사회 편입을 둘러싼 정치적 논쟁들은 줄곧 근대 유럽의 정체성을 규정하는 중심 항목이 되었다. 19세기 내내 유럽 전역에서 유대인의 처우 문제는 한편으로 사회·정치 개혁의 기획과, 다른 한편으로는 민족 국가의 완전무결함을 규정하려는 시도와 밀접하게 연관되어 있었다. 프랑스혁명이 일어나기 몇십 년 전에 독일에서 비롯된 유대인 해방에 관한 논쟁들이 결국 1789년 프랑스에서 유대인에게 완전한 시민권을 인정하는 결실로 이어졌다.[19] 나폴레옹 전쟁의

---

17) Cheyette, 2004년 논문, 41면

18) Bauman, 1998년 책, 153면. 여기서 혹자는 그리스도교의 시오니즘의 문제와 관련이 있는 게 아닌가, 하고 생각할 수도 있다. Shaftesbury는 "국가 없는 민족을 위한 민족 없는 국가"라는 문구를 만들어 냈다.

19) Schechter, 2003년 책을 참조

결과로 이러한 특권들이 다른 여러 유럽 지역의 유대인들에게까지 확대되었지만 그 뒤 몇 년 동안 연달아 철회되었다. 유대인 해방은 1848~49년에 일어난 혁명들에서도 중요한 역할을 했다. 그러면서 많은 유대인이 19세기 중반 무렵 법적으로 동등한 자격을 인정받았지만, 유대인의 통합이라는 '문제'는 19세기를 거쳐 다음 세기까지 줄곧 중대한 관심사로 끝끝내 남아 있었다.[20]

필자가 이 책에서 주로 철학과 관련된 저작들을 바탕으로 탐구하게 될 '헤브라이즘'과 '헬레니즘'의 충돌은 이러한 정치적 사건들을 배경으로 발생한다. 모제스 멘델스존과 카를 마르크스를 제외하고, 필자가《소크라테스와 유대인》에서 조사한 인물들은 대체로 동시대 유대인의 해방 문제에 지속적으로 개입하기를 꺼렸다. 실제로 이 책의 핵심 관심사 가운데 하나는 유대인의 처우를 둘러싼 아주 시급한 정치 논쟁이 어떻게 그리스인과 유대인의 대립 구도라는 추상적 정식화로 바뀌었는지를 탐색하는 것이다. 고의적인 은유화에도 아랑곳없이 동시대의 상황은 끈질기게 지속된 아테네와 예루살렘이라는 이분법을 이해하는 데 결정적인 맥락을 제공해 줄 뿐만 아니라, 때때로 그 원동력이 되기도 한다. 필자가 폭로하고자 하는 것은 바로 그리스인과 유대인을 둘러싼 철학적·정치적 담론의 중첩된 구조와 상호 보강적인 특성이다.

더구나 유대인 해방의 역사는 이 책에서 탐구한 많은 저자의 일대기에서도 부차적인 역할을 한다. 1장의 논의 대상인 모제스 멘델스존은 베를린에서 생애 중 상당 기간을 유대인의 권리를 옹호하는 일에 바쳤다. 또한 나중에 유대인에게 시민권을 인정해 주게 되는 바로 그 프랑스 혁명가들이 그의 저작을 즐겨 읽고 그를 흠모했다. 급진주의자인 하인리히 하이네와 카를 마르크스는 모두 이른바 세례를 받은 유대인으로서, 개종했음에

---

20) Mosse, 1981년 책을 참조

도 불구하고 반유대주의 위협에서 벗어나지 못했거니와 유대인 통합에 대한 논의에 합류하는 것도 멈추지 못했다. 마지막 장의 논의 대상인 지그문트 프로이트는 성공적으로 동화된 '무종교 유대인'이었을지 몰라도 평생, 그리고 경력 내내 유대인이라는 배경이 그에게 중요한 영향을 미쳤다. 특히 1938년 독일·오스트리아 합병의 여파로 어쩔 수 없이 빈을 떠나 망명길에 올랐을 때가 대표적인 예다. 《소크라테스와 유대인》은 1750년대에서 1930년대까지 이어진 시기의 그리스인과 유대인의 대립 구도를 연구한다. 1791~1938년까지, 즉 프랑스혁명에서 '수정의 밤(Kristallnacht, 1938년 11월 9일 독일 전역에서 나치 대원들이 일제히 유대인 가게를 약탈하고 유대인 사원을 불태운 날을 일컬음-옮긴이)'에 이르기까지 해방과 박해를 오간 유대인의 역사가 이 책의 뼈대를 이루고 있다.

지금까지 살펴 본 사례들에서 분명히 드러났듯, '유대인임'에 대한 의식의 변화는 해방 투쟁과 나란히 발달한다. 알다시피, 계몽주의는 유럽의 유대인에게 새로운 자기표현의 가능성을 열어주는 데 결정적인 역할을 했다. 그러나 유대인 정체성의 '본질'이라는 문제는 필자가 조사한 인물들의 일대기에서 일어난 개인적 선택을 넘어 지적 논쟁의 중요한 주제가 된다. 유대인이라는 사실이 어떤 것인지를 이해하는 것 자체도 이런저런 이유로 변한다는 점에서 멘델스존의 책을 읽은 독자들이 그가 비록 소크라테스를 가장했지만 유대교가 그의 철학적 본질임을 어떻게 알아봤는지, 그리고 한 세대가 지난 후 헤겔이 비유적으로나마 칸트의 철학을 어떻게 유대교적이라고 규명할 수 있었는지를 이해하게 될 것이다. 블룸의 선배들, 다시 말하면 필자가 이 책에서 살펴볼 '그리스화한' 양면적 유대인들이 개인적으로 그린 궤적은 주로 비유대인들이 그리스도교의 관점으로 헬레니즘과 헤브라이즘의 대립 구도를 설명한 내용들과 아주 유사하다. 물론 그리스도교도와 유대인은 이러한 이분법을 서로 다른 시각으로 파헤쳤지만, 이들의 다양한 관점은 친그리스주의와 관련된 통일된 기획에서 모두 만나게 된다. 멘델스존과 헤겔, 르낭과 프로이트가 유대교를 대하는 태도에서는 극과 극으로 갈릴지도 모르나, 그리스 문명과 문화에서 만큼은 서로 밀접하게 연결되어 있다. 실제로 멘델스존, 하이네, 마르크스, 그리고 프로이트에게 '그리스화'의 문제는 유대인 정체성의 새로운 의미를 찾는 일과 불가분의 관계였다.[21]

'유대인 문제'와 또 다른 한편의 유대인의 정체성 진화에 대한 의미는, 어떤 식으로든 진행된 아테네와 예루살렘의 대립 구도가 광범위한 유럽 역사관과 민족 국가 발전에 어떻게 휘말리게 되었는지를 설명하게 될 것이다. 그러나 조이스는 블룸의 유대인이라는 정체성을 이해하는 데 민족주의가 결정적인 배경이 되도록 했는데도 종교적 양상으로 보거나 또는 완전히 배제하지 않았다. 왜냐하면 블룸은 '시민'과 언쟁을 벌이면서 자신을 단연코 '자유로운 사고'의 유대인으로 보이도록 했지만, 그가 명단을 읊는 장면은 다소 예기치 않게 끝나기 때문이다. "멘델스존도 유대인이고, 카를 마르크스, 메르카단테, 스피노자도 유대인이오. 게다가 구세주도 유대인이고, 그의 아버지도 유대인이오. 당신네들 하느님 말이오." 그는 이어 이렇게 말한다. "그리스도는 나처럼 유대인이었소." 그러자 시민이 다음과 같이 반박한다. "아니, 그런 신성한 이름을 입에 올리다니 ……. 예수님의 이름으로 내가 그 빌어먹을 유대인 놈의 골통을 깨부술 테다. 예수님의 이름으로, 내가 그 놈을 십자가에 못 박을 테야. 암, 그렇고말고. 저기 그 과자 상자 좀 가져다 주시오."[22] 민족 정체성을 둘러싼 논쟁에서 특유의 폭력 사태가 터지기 십상이듯, 말싸움이 자칫 주먹다짐으로 번지게 생긴 이유 역시 바로 '구세주'도 유대인이었고, 그리스도교의

---

21) Shavit(1997년 책)은 이러한 과정을 훨씬 더 자세하게 탐구했다. 그의 연구는 필자의 관심사와 겹치는 지점이 있긴 하지만, 꽤 다른 관점에서 유대인의 세속화에 대한 대안적 설명을 추구한다. 그는 시온주의 문제를 집중적으로 다룸으로써 필자가 이 책에서 탐구할 수 없었던 중요한 특질을 더했다.

22) Joyce, 1990년 책, 342면

하느님도 유대인이었다고 블룸이 단언했기 때문이다.

비록 유럽의 나라들이 프랑스혁명 이후 세속화의 냉혹한 과정을 겪었다고 하더라도, 19세기는 누가 뭐래도 유달리 격렬한 종교 논쟁으로 특징짓는 시대였다. 더구나 그리스도교의 유대인 정체성과 관련된 문제만큼 논란이 많았던 것도 없었다. 그리스도교계의 여러 설명에 따르면, 그리스도교의 유대교적 기원은 착오였다. 역사 관련 학문의 성장과 함께 초기 그리스도교와 유대교의 구체적인 연관성이 학문 연구의 초점이 되었다. 그러나 그리스·로마 사회가 그리스도교 발전의 모체 구실을 하면서, 이러한 대안적이고 문화적인 배경은 '유대교'의 신학적 내용과 대비되었다. 헤겔과 르낭은 유대교와 그리스도교의 관계에 대해 각자의 저작에서 서로 아주 다르게 설명하고는 했다. 헤겔의 설명은 유대교의 본질과 유대교가 세계 '정신' 사의 발전에서 어떤 역할을 했는지를 분석하는 데 목적이 있었던 반면, 르낭의 경우에는 역사 연구를 바탕으로 한 비교 언어학이라는 새로운 학문에 대한 설명이 주를 이루었다. 그럼에도 불구하고 헤겔과 르낭 모두 그리스도교의 발전에 헬레니즘이 차지한 역할을 특히 중요하게 다루었다.

그리스도교에 '그리스 정신'이 담겨 있다는 단언은 유대교를 무시하게 하는 강력한 원동력이 되었다. 그리스도교와 헬레니즘의 유사성은 라바터(Johann Kaspar Lavater) 같은 개신교 신학자에게 어찌나 분명한 것이 되었던지, 멘델스존이 자기 자신과 소크라테스라는 인물을 관련짓기로 했을 때 그런 선택은 멘델스존이 그리스도교로 개종하기 위한 서곡에 불과하다고 주장할 정도였다. 그리고 보니 테르툴리아누스에서 시작해 참 멀리도 왔다! 특히 독일에서는 개신교 신학자들이 그리스도교를 새로운 헬레니즘, 즉 새로운 이성적 종교로 만들고는 했는데, 그 과정에서 계몽주의를 위해 그리스도교를 구하는 동시에 유대교를 이성의 영역에서 단호히 추방해 버렸다.

이 책의 중심 논거 중 하나를 구성하는 요소가 바로 이러한 세속주의의 실패담이다. 그 이유는 비록 고대 그리스·로마 문화가 거듭해서 성서의 세속적 대안으로 치켜세웠지만 이를 반드시 이해할 필요가 있으며, 필자 또한 이번 연구에서 추적하려고 하는 것은 바로 헬레니즘과 관련해 끈질기게 이어지는 그리스도교화한 설명이라는 점이다. 내가 이 책에서 탐구할 계몽주의 시대와 후기 계몽주의 시대의 여러 저자는 비판의 초점을, 흔히 말하는 그리스도교가 아니라 이른바 유대교적 요소들에 맞추고는 했다. 그리스도교를 그리스의 계보로 구축하려는 시도들은 당대의 감성이 좀 더 받아들이기 쉬운 독성이 없는 종교를 만들어 냈다. 그러니까 친그리스주의는 결코 획일적인 세속적 운동이 아니었던 것이다. 헤겔, 셸링, 그리고 횔덜린 같이 친그리스주의를 가장 열렬히 고수한 많은 사상가는 동시에 문화개신교(Kulturprotestantimus)로 알려지게 될 입장의 대표자들이기도 했다.[23] 이 인물들이 예루살렘 대신 아테네를 선택했다고 해서 반드시 로마를 저버려야 했던 것은 아니었다. 《소크라테스와 유대인》의 후반부 장들에서 그리스인과 유대인의 대립 구도가 그리스도교의 반유대교에서 세속적인 반유대주의로 변천되는 데 얼마나 중요한 역할을 했는지 조사할 테지만, 결과적으로 그러한 분석에서 도출된 것은 그리스도교가 유럽 문화의 중요한 기준이자 잠재력으로서 여전히 건재하다는 점이다.[24]

필자는 많은 사상가의 지적·정신적 삶에 미치는 그리스도교의 끈질긴 영향력을 강조하고 싶은 마음이 간절한데 반해, 프랑크 마누엘은 19세기 내내 "오랜 신학적 관심사 대신에 역사 연구와 고고학적 연구, 그리고 언어학적 연구가 대세였다."고 했다.[25] 그리스도교의 본질이 여전히 중요한 관심사로 남아 있긴 했어도 새로운 연구 방식에는 자연히 기존과 다른 명명법이 뒤따랐다. '인도유럽', '아리안족', '셈족' 같은 명칭들이 도입됨

---

23) Marchand, 2009년 책, 76~77면. Goldhill(2011년 책)은 빅토리아 시대의 상황에 탁월하다.
24) '반유대주의'라는 표현의 발달 과정을 분석한 글을 보려면 Pulzer의 1988년 책, 47~57면을 참조
25) Manuel, 1992년 책, 302면

에 따라 아테네와 예루살렘의 대립 구도도 성격 면에서 많이 바뀌게 되었다. 르낭 같은 인물에게 신학적 내용의 문제들과 언어 유형학 및 인종 유형학은 불가분의 관계였다. 르낭이 예수의 생애를 의식적으로 역사주의와 합리론적 관점에서 설명한 것에 따르면, 예수의 유대인임과 관련된 '문제'는 최근 생겨난 분야인 비교 언어학과 인종학을 참고로 해야만 그 답을 찾을 수 있다. 종교를 근대적으로 설명하는 데에도 인종과 관련된 전문 용어가 반드시 필요하다. 니체 역시 이 점에서는 마찬가지였다. 단연코 가장 탈그리스도교적이라 할 만한 이 저자마저도 몇몇 후기 저작들에서 예수와 유대교 윤리의 관계를 파헤치는데 전념했다. 그러나 니체가 볼 때 이와 같은 계보학적 방식은 종교를 인종의 언어로밖에 설명할 수 없었다. 독일과 프랑스 이외의 지역에서는 매슈 아널드가 느닷없이 나타나 헬레니즘과 헤브라이즘이라는 추상적 개념을 '인도유럽인'과 '셈족'이라는 민족지학적 범주와 관련지었다.

이와 같은 언어학의 발전은 고전학의 학문적 발전에서도 중요한 역할을 한다. 수잔 마천드는 최근에 "18세기 독일인 집단에서 동양학과 신고전주의가 동시에 부흥"한 점을 강조했다. 그렇더라도 고전학의 창시자로 자주 거명되는 프리드리히 아우구스트 볼프(Friedrich August Wolf)는 1807년 무렵 벌써 고고학을 '동양'학과 뚜렷하게 대조되는 학문으로 규정했다.[26] 마틴 버낼(Martin Bernal)의 논쟁적 저서인 《블랙 아테나(Black Athena)》제1권은 학문 연구 분야로서 고전학의 성격은 계통적으로 19세기에 활동한 사상가들의 반유대주의적 편견으로 정의된다고 주장했다. 그러나 버낼이 주장한 세부 내용 가운데 미심쩍은 데가 많았다. 특히 마천드가 독일의 동양학을 면밀하고 신중하게 연구하는 과정에서 이 부분을 철저히 조사한 결과, 이 책의 대체적인 윤곽은 19세기에 중첩된 인종 관련

---

26) Marchand, 2009년 책, 54면

개념들과 언어학적 관심사들을 이해하는 데에는 여전히 유익하다. 독일에서 점차 고전학의 기초가 된 민족지학적 구분법은 모리스 올렌더(Maurice Olender)가 '천국의 언어들'이라고 이름 붙인 것과 복잡한 방식으로 만나게 되었다. 올렌더가 분명히 했듯, 언어학적 문제들은 종교적 논쟁과 더불어 이성의 시대까지 줄곧 이어졌다. 볼프의 학생이었던 아우구스트 뵈크(August Boeckh)는 그와 같은 혼동을 반박했다. "사실 대다수 사람은 언어학자가 아니어도 그리스도교가 된 데 반해, 유대인과 이슬람교도는 탁월한 언어학자가 되었기 때문에 절대로 이러한 것들을 혼동해서는 안 된다."[27] 고전학이 성서적 해설의 혹평에서 벗어남으로써 세속화에 성공한 이야기에는 언어학적 범주가 발전하는 과정에서 반유대주의가 만연했고 끈질기게 이어졌다는 불편한 진실이 들어 있다. 아테네와 예루살렘은 그 신학적 지시 대상이 점차 경시되는 상황에서도 학문적 분석의 윤곽을 잡는 데 여전히 중요하게 작용했다.

이처럼 광범위한 문화적·제도적 역사의 중대성에도 불구하고, 《소크라테스와 유대인》의 주된 목적은 그리스인과 유대인 간 개념상의 대립을 이해하는 것이다. 지금까지 필자의 연구 목적은 계몽주의 시대와 후기 계몽주의 시대의 다양한 철학적·사회적·정치적 관심사를 유형화하는 과정에서, 그리스인과 유대인의 대구(對句)가 만들어 내는 지속적이고 수식적인 '연구 작업'을 되돌리고 복원하려는 것이다. 필자는 이러한 대립 구도가 구체적인 역사 및 정치 논쟁에서 어떻게 전개되는지를 거듭 추적한다. 그럼에도 불구하고 분석의 초점은 여전히 사상의 역사에 뿌리를 두고 있음을 밝힌다. 필자가 테르툴리아누스를 언급하며 서문을 시작한 것은 결코 우연이 아니다. 테르툴리아누스가 던진 질문의 추상성이 바로 그 질문이 그토록 오랫동안 회자될 수 있었던 원천이었다. 게다가 아테네와 예루

---

27) 같은 책, 79면에 인용됨

살렘의 대립 구도는 분명히 알아볼 수 있는 그 어떤 기의(記意)에도 얽매이지 않았기 때문에 사상의 역사에서 강력한 기표(記標)가 되었다. 그리스인들을 그토록 비옥한 근대성의 근원으로 만들었던 것 역시 이와 같은 특징 때문이다. 우리가 독일의 친그리스주의에서 그리스를 이상화하는 것에 대해 말할 때 우리가 지적하는 것이 바로 이와 같은 그리스의 생산적인 모호성이다. 이와 관련해 프리드리히 슐레겔(Friedrich Schlegel)은 이렇게 썼다. "모든 사람은 자신이 필요로 하거나 바랐던 것이 무엇이든 고대에서 발견했다. 특히 자기 자신을(Jeder hat noch in den Alten gefunden, was er brauchte oder wünschte; vorzüglich sich selbst)."[28] 유대인과 관련된 추상성의 기제는 더 치명적이었다. 이와 관련해 맥스 실버맨(Max Silverman)은 다음과 같이 지적했다.

'유대인'은 가장 잘 변하는 기표 중 하나다. 여러 시대에 걸쳐 그것은 놀라움을 넘어 당황스러울 만큼 많은 의미를 띠는 이름이었다. 지속된 한 가지 공통된 관심사는 '유대인 문제'에 대한 확실한 설명이다. 이것을 해결해야 사회의 안녕이 확보될 것이다. '유대인'이라는 현장은 일단 들어서면 감당할 수 없는 욕망과 상반된 감정이 일관성 있고 명료한 담론으로 변형될 수도 있는 그런 곳이다.[29]

이러한 기획의 난점은 대립 구도의 힘이 바로 그 구도의 철학적 추상에 있다는 사실을 인정은 하면서도 은유에 좀처럼 빠져들지 않으려 한다는 것이다. 이와 같은 절충의 정치학은 어려운 게 사실이다. 그러나 그리스인과 유대인의 대립 구도는 상징적 구조가 '실제' 세계에 어떤 결과를 가져

---

28) Schlegel, 1991년 책, 31면
29) Silverman, 1998년 책, 197면

오는지를 보여주는 단적인 사례다.

이 문제와 관련된 테르툴리아누스의 개념화에서 추가적인 양상도 보이는데, 《소크라테스와 유대인》에서 바로 이것을 중점적으로 다루려고 한다. 이 그리스도교도 윤리학자가 이러한 문화적 대립 구도를 이해할 때 이성의 개념을 중심에 놓은 결과, 근대기에서 이 구도를 받아들이는 데에도 그 영향이 이어졌다. 테르툴리아누스가 그리스인과 유대인의 대립을 신앙과 철학의 투쟁으로 규정함으로써 자체적으로 이성의 시대에 대한 실체를 인식할 때 이러한 이분법이 그 중심에 서게 되었다. 계몽주의 시대에 아테네와 예루살렘은 철학 내에서는 물론 철학과 관련된 영역에서도 비유적 용법으로 사용되었다. 테르툴리아누스는 플라톤을 그리스도교도들과 대비한 데 반해, 이후 그의 계몽주의 시대와 후기 계몽주의 시대의 후예들은 소크라테스를 유대인과 대립시켰다. 이 책이 완수해야 할 임무는 이러한 철학적 전통이 길었던 19세기의 지적·문화적 역사에서 가장 중요한 발전으로 꼽히는 여러 사례에 어떤 영향을 미쳤는지 살펴보는 것이다. 이 책은 각자 "계몽이란 무엇인가?"라는 제목의 유명한 평론을 쓴 칸트와 멘델스존에서부터, 그의 정신분석학 이론들이 합리적 주체라는 관에 마지막 못질을 한 프로이트에 이르기까지 신앙과 이성의 투쟁사를 탐구한다. 그러니까 18세기부터 20세기 초까지 이어진 아테네와 예루살렘의 충돌은 훨씬 더 광범위한 계몽주의 및 그 비판의 역사와도 연관되어 있을 수 있다. 이 책에서 연구한 인물들(칸트, 헤겔, 마르크스, 니체, 프로이트)이야말로 이성의 성과와 한계를 이해하는 데 가장 중요한 사상가들이 아닐까 한다.

머지않아 눈치를 채겠지만, 이 책이 들려줄 이야기는 단연코 독일의 이야기다.[30] 그리스인과 유대인, 아테네와 예루살렘, 아리안족과 셈족의 대

---

30) 독일 통일의 정치적 과정은 이 책에서 다루는 문화 발전과 궤를 같이 한다. 길었던 독일 통일의 과정에서 민족 정체성의 발달에 친그리스주의가 중요한 역할을 했음이 밝혀질 것이다.

립 구도는 국가별로 또 다른 차이가 확연히 있었다. 실제로 이 책은 근대에 이러한 대립 구도를 가장 인상적으로 정식화한 저작인 매슈 아널드의 《헬레니즘과 헤브라이즘》이 방대한 내용의 독일 철학서 뿐만 아니라, 영국 문화비평 분야의 가장 중요한 저작 중 한 권에도 등장한다는 역설적 상황을 피해가지 못한다. 또한 필자는 주로 가톨릭교에 환멸을 느끼고 헬레니즘에 친밀감을 느끼지 않는 그 특유의 프랑스 이야기가 불완전하게나마 독일 식 도식과 연결되어 있는 에르네스트 르낭 같은 중요 인물을 놓치지 않는다. 이렇게 초국가적인 지적 대화를 어떻게 회피할 수 있겠는가? 실제로 필자는 헬레니즘과 헤브라이즘이 19세기 유럽의 문화 경쟁과 민족 국가들 간의 정치적 갈등에서 어떻게 민족 정체성을 나타내는 중요한 척도가 되었는지를 보여주고 싶다. 그럼에도 불구하고 그리스인과 유대인의 대립 구도가 독일에서 특히 더 중요한 양상을 띠게 된 이유를 최소한 세 가지는 설명하고 가야 할 것 같다.

첫째, 근대의 친그리스주의 이야기는 독일이 독점했다고 해도 과언이 아니다. 유럽의 다른 어떤 나라에서도 고대 그리스에 대한 호감이 문화적 통일성을 창출하고 민족 감정을 조성하는 데 그렇게까지 깊은 영향을 미치지는 않았다. 독일에서는 고대 그리스로의 회귀가 처음부터 애국심을 고취하기 위한 것이었다. 동시에 학문적으로 고전 역사 분야를 독일의 학자들과 기관들이 장악하고 있었기 때문에 고대 문화에 관한 연구와 독일의 역사가 깊이 연관될 수밖에 없었다. 게다가 독일 학계에서 고고학이라는 새로운 분야가 등장해 18세기 중반 이전까지 언어학 연구를 독점했던 성서 해설적 방식에 반기를 들었다. 둘째, '계몽된' 개신교라는 지적 맥락에서 철학과 종교의 관계에 특별한 관심이 모아졌다. 이러한 지적 신학은 신앙과 이성을 통합하고자 하는 강한 열망에서 우러나온 결과물이었다. 프랑스 철학자들은 어느 정도 종교에 반대하는 입장을 취했던 반면, 칸트와 멘델스존 같은 독일의 철학자들은 믿음과 합리성의 조화를 도모했다. 실제로 니체가 그의 억제되지 않는 헬레니즘의 가장 중요한 임무는 독일 철학을 문화개신교의 전당인 튀빙겐 신학대학의 억압에서 해방시키는 것이라고 주장했을 만큼 그러한 문화의 위력이 대단했다. 마지막으로, 유대인 문제는 본질적으로 독일의 문제였다. 독일의 지식인 중 대다수는 다른 유럽 나라들의 지식인들보다 훨씬 앞서 유대인 해방에 관한 논쟁에 참여했다. 독일이 유대인 권리를 둘러싼 논쟁에서 가장 진보적인 목소리를 낸 축에 든다면, 이런 전통을 가장 폭력적으로 배신한 현장 또한 독일이었다. 이 책은 연구의 초점을 논쟁이 길게 이어졌던 19세기에 맞춤으로써 독일인과 유대인 사이에 격렬한 상호작용이 오갔던 시기를 집중적으로 조명한다.

《소크라테스와 유대인》은 프로이트가 1938년 나치즘의 위협에 직면한 상황에서 집필한 《모세와 유일신교》를 분석하면서 대단원의 막을 내린다. 그의 책으로 마무리하는 목적은 필자의 주장에 그릇된 목적론을 덧붙이고자 한 게 아니라, 그리스인과 유대인의 대립 구도가 특별한 반향을 일으켰던 특별한 역사적 시기를 구분하기 위함이다. 프로이트의 책이 2차 세계대전 전날에 집필되었기 때문에 이러한 전후 사정이 유독 부각되기는 하지만, 그래도 그의 책은 19세기가 성서적 고대 및 고전고대 연구에 참여하는 데 핵심이 되었던 일련의 관심사를 되짚어 준다. 나치의 유대인 대학살이 이러한 논쟁의 성격을 근본적으로 바꾸어 놓았다. 일례로, 필자는 하이데거나 아우어바흐(Auerbach) 또는 아도르노(Adorno), 그리고 호르크하이머(Horkheimer)나 레오 슈트라우스(Leo Strauss)의 저작들에 나타난 이러한 대립 구도의 역할로 분석을 확대할 수도 있었을 것이다.[31] 그러나 필자는 사상사에 좀 더 집중해서 유럽의 계몽주의가 미친 영향을 특히 더 잘 설명할 수 있도록 이러한 포괄적 분석을 일부러 피했다.

---

31) 짐 포터가 아도르노와 아우어바흐의 저작을 가지고 이미 이러한 작업을 일부나마 진행했다. 이와 관련해서는 Porter의 2008년 논문과 2010년 논문을 참조

필자가 이 책에서 살펴본, 칸트에서 시작해 헤겔과 마르크스, 그리고 니체를 거쳐 프로이트에 이르는 독일 철학의 전통은 유럽의 근대사에서 핵심적인 역할을 했다. 또한 이 철학자들 역시 고대와의 독특한 관계를 규정하는 데 빠져서는 안 될 중요한 인물들이다.[32] 과거 고대 그리스·로마 시대와의 대화는 헤겔의 《정신의 현상학》에서 프로이트의 《꿈의 해석》에 이르는 근대 사상사의 가장 중요한 저작들의 상당 부분을 바탕으로 삼았다. 그러나 학자들은 이들 저작에서 고대가 확연히 다르게 존재하고 있음을 알아챘다. 계몽주의와 관념론 철학에서 진행되었던 유대교 논의의 탁월함이 여러 최신 저작의 주제가 되었다.[33] 멘델스존과 칸트에서 피이테 (Fichte)와 헤겔에 이르기까지, '유대인'이라는 외형 자체가 보편주의 철학 수칙에 대한 문제로 지목될 때가 많았다. 더구나 유대교에 철학적으로 관여한 것 역시 마르크스, 니체, 그리고 프로이트가 계몽주의 철학과 비판적 대화를 나누는 데 중요한 역할을 한다. 독일의 근대 철학은 고대 그리스·로마 문화는 물론 성서 문화와의 지속적인 상호작용을 통해 아테네와 예루살렘 사이에서 떠돌았다.

길리언 로즈(Gillian Rose)는 다음과 같이 썼다. "예루살렘 대 아테네는 계시 대 이성, 율법 듣기 대 제1원리 찾기, 이웃을 사랑하기 대 세계를 설명하기, 그리고 선지자 대 철학자를 상징하게 되었다. 그러나 난데없이 마르크스주의의 종말이 감지됨에 따라 이미 오랫동안 바싹 마르고 부슬부슬 부스러지고 있던 아테네가 유령들이 출몰하는 기괴하게 버려진 도시가 되었다. 아테네의 이성뿐만 아니라 정의까지 저버렸던 이전의 시민들이 차이 혹은 다름을, 사랑 혹은 공동체를 찾아, 그리고 이성이니 진리니 혹은

---

32) 근대와 고대의 관계라는 좀 더 광범위한 주제를 다룬 글은 Moreley의 2009년 책을 참조. 마르크스에 관해서는 McCarthy의 1990년 책과 1994년 책을, 니체에 관해서는 Porter의 2000년 책을, 그리고 프로이트에 관해서는 Armstrong의 2005년 첫 번째 책을 참조

33) Rotenstreich, 1964년 책, 1984년 책 ; Mack, 2003년 책 ; Rose, 1993년 책

자유니 하는 것들의 지배권에서 벗어나길 바라면서 상상에만 존재하는 예루살렘으로 순례를 떠나기 시작했다."[34] 아테네가 로즈의 암시만큼 그렇게 갑작스럽게 버려진 게 아닐 수도 있다. 그리스인과 유대인의 근대적 대립은 처음부터 계몽주의와 그 한계에 관한 논쟁의 중심에 있었다. 정의와 이성, 보편주의와 차이, 사랑과 공동체 간의 충돌은 18세기 말부터 줄곧 그리스인과 유대인 간 개념적 대립의 형태로 나타났다. 일례로, 모제스 멘델스존은 아테네에서 이탈해 자신만의 가상의 예루살렘을 창조하기 위해 마르크스주의가 종말을 고할 때까지 기다릴 필요가 없었다. 멘델스존의 예루살렘은 이성이나 자유를 저버리지 않고도 정의와 공동체 그리고 도덕과 차이를 받아들였다.

그렇다면 오늘날 아테네와 예루살렘은 어찌 되었는가? 멘델스존처럼 우리도 이러한 대립을 이용해 자기 나름의 후기 계몽주의 시대에 맞는 대안적 보편주의를 정식화할 수 있을까? 우리도 그리스화된 그리스도교의 배제적인 원리들에 근거하지 않는 진정한 세속적 유럽을 소망할 수 있을까? 감히 새로운 예루살렘뿐만 아니라 새로운 아테네까지 상상해도 될까? 데리다는 이렇게 썼다. "아테네와 예루살렘, 그리고 비잔티움을 함축하지 않고 '유럽'을 말하기는 어렵다."[35] 《소크라테스와 유대인》은 이러한 유럽의 함축들을 이해하려는 시도다. 이 책이 아테네와 로마와 예루살렘을 언급하지 않고 유럽의 과거에 대해 말하기 어렵다는 것을 입증한다면, 좀 더 포괄적인 유럽의 앞날에 비잔티움은 물론 테르툴리아누스의 카르타고까지 포용할 수 있는 여유가 생길까?

---

34) Rose, 1993년 책, 1면
35) Derrida, 1998년 책, 4면

1장

소크라테스와 유대교의 이성
: 모제스 멘델스존과 임마누엘 칸트

Socrates and the Reason of Judaism
: Moses Mendelsohn and Immanuel Kant

"실제로는 유대인이 아닌 유대인들이 있는 게 틀림없다."

_ 레싱(Lessing), 《유대인들(Die Juden)》

1784년 9월, 〈월간 베를린(Berlinische Monatschrift)〉은 "계몽이란 무엇인가?"라는 물음에 대한 대답을 게재했다. 그 글은 베를린의 철학자 모제스 멘델스존(Moses Mendelssohn)이 쓴 평론이었다. 임마누엘 칸트(Immanuel Kant)도 똑같은 질문에 답을 남겼는데, 석 달 후 같은 월간지에 게재된 이 글은 좀 더 유명세를 탔다. 푸코는 칸트의 이 대답을 일컬어 "그동안 근대 철학이 대답할 수 없었지만 그렇다고 결코 떨쳐낼 수도 없었던 한 가지 물음의 사상사에 조심스럽게 발을 들여놓게 되었음을 보여주는 것"이라고 했다.[1] 이어 푸코는 다음과 같이 썼다. "이 두 글이 〈월간 베를린〉에 수록되면서 독일 계몽주의(Aufklärung)와 유대 계몽주의(Haskala)는 두 가지 사조가 같은 사상사에 속한다는 점을 인식하고, 이 두 사조가 공통으로 어떤 과정을 거쳐 생겨났는지 규명하려고 애쓰고 있다. 그리고 그 결과는 이 두 사조가 공통의 운명임을 받아들인다고 발표하는 방식이 될 것 같다. 이제 그 결말이 어떤 극적인 사건으로 이어지게 되었는지, 누구나 알게 되었듯이 말이다."[2]

푸코는 독일 계몽주의와 유대 계몽주의 연구 과제가 우연히 일치함에 따라 칸트와 멘델스존이 연이어 발표한 이 두 글에서 새로운 철학의 시대가 시작되었고, 그야말로 근대성이 시작되었다고 본 것이다. 하지만 '계

---

1) 이 두 글이 동시에 발표된 점의 제도적 맥락에 관해서는 Schmidt의 1989년 기고문을 참조
2) Foucault 관련 2003년 책, 43~44면

몽이란 무엇인가?' 라는 물음에 관련지으면서, 이 독일인이자 유대인(멘델스존)이 생각하도록 유도한 것과 관련해 그 명령의 운명을 곰곰이 생각하던 푸코는 머지않아 칸트의 저작에만 관심을 기울이게 되었다. 비록 멘델스존이 유럽의 '자유에 대한 갈망' 이라는 푸코의 거대 서사에서 부여받은 역할이 일화(逸話)인 것에 지나지 않지만, 그래도 그는 푸코의 글에서 어렴풋이나마 가지 않은 길을 생각나게 하는 인물이었다.[3]

멘델스존은 계몽주의가 광범위하게 종교를 심문할 때 유대교가 맡은 아주 흥미로운 역할을 전면에 내세웠다. 이와 관련해 나단 로텐스트라이히(Nathan Rotenstreich)는 "독일의 주류 철학계가 그 정도로 유대교에 몰두했다니 이상할 따름이다." 라고 말했다. 로텐스트라이히가 '이상할 따름' 이라고 한 데에는 역사적인 이유가 컸다.[4] 그는 유대인의 역사적인 해방과 독일의 가장 영향력 있는 전통 사조의 발전이 우연히 일치한 점을 언급했다. 이에 대해 한나 아렌트(Hannah Arendt)는 "근대의 유대인 문제는 계몽주의에서 시작됐다. 다시 말하면, 그 문제를 제기한 장본인이 바로 계몽주의, 즉 비유대계였다."[5] 라고 말했다. 프랑스와 독일에서 철학자들이 사상의 자유와 관련해 추상적으로나마 의문을 제기함에 따라 유대인의 시민 사회로의 편입을 놓고 벌어진 정치적 논쟁들에서 구체적인 결과가 뒤따랐다.[6] 유대인에게 시민권을 인정하느냐 마느냐가 계몽 국가를 판단하는 기준이 되었다. 역사적 측면에서 유대교는 새로운 계몽 사상가들이 학술적으로 몰두할 만한 대상과 거리가 멀었다.

---

3) 같은 책, 57면

4) Rotenstreich, 1984년 책, 7면. 또한 Brumlik의 2000년 책과 Librett의 2000년 책을 참조. Librett(2000년 책, 24~25면)는 좀 더 직접적으로 신학적 관심사에 집중된 이런 발전에 대해 다르게 설명하고 있다. "계몽주의가 루터파 개신교를 극복하게 되면 …… 유대교가 문학적으로나 정신적으로 충족을 주는 특권적인 종교·문화적 상징으로 재출현하는 위험성이 뒤따를 것이다."

5) Arendt, 2007년 책, 3면

6) 특별히 독일의 전후 사정을 알려면 Hess의 2002년 책을, 프랑스의 계몽 사상가들과 관련해서는 Schechter의 2003년 책을 참조

1784년 〈월간 베를린〉에 칸트와 멘델스존의 글이 거의 동시에 수록되면서 두 철학자의 글이 경쟁하는 모습으로 비쳤으나 그런 구도는 이때가 처음이 아니었다. 사실 이 논쟁에서 반복되었듯이 멘델스존은 일찍이 두 사람이 각자 철학자의 길로 들어섰을 때에도 경쟁자로 만나 우위를 선점한 적이 있었다. 20여 년 전에 멘델스존은 《형이상학적 학문에서의 증거에 관하여》라는 논문으로 자신의 철학 저작물의 시작을 효과적으로 알렸다. 바로 이 논문으로 경쟁 작품인 칸트의 논문을 제치고 프러시아 왕립학술원에서 주는 권위 있는 상을 받았기 때문이다. 이 논문에서 멘델스존은 형이상학과 자연과학 분야가 '이성의 행사'라는 같은 방법론을 취하고 있다는 점을 적극적으로 입증하고 나섰다. 계몽주의의 낙관론에 관한 이러한 고전적 관점은 뉴턴의 혁명을 자연계에서 인간계로 확장시키는 강령을 따른 것이었다. 이렇듯 멘델스존은 처음부터 유대 계몽주의자를 자처했다. 그는 자신의 저작과 생활 덕분에 동년배의 모든 중요 인사와 접촉하게 되었다. 레싱과 야코비, 하만, 헤르더, 그리고 칸트는 물론이고 로크, 흄, 라이프니츠, 볼테르, 루소처럼 그가 지적으로나 사적으로 교류했던 사람들의 면면을 보면 정말 계몽사상의 인명사전을 읽는 것 같다.[7] 그의 저작의 면면 또한 인상적이었다. 형이상학과 인식론 분야의 논문과 저서들 외에도 그는 정치 이론에서 신학과 미학에 이르기까지 광범위한 저술 활동을 했다(일례로, 레싱이 《라오콘(Laokoon)》(레싱이 쓴 예술 비평서−옮긴이)을 쓰는 데 영감을 준 인물이 바로 멘델스존이다).

그럼에도 불구하고 멘델스존이 좀 더 인정받는 유산은 '베를린의 유대인'이라는 그의 부차적 정체성이 아닐까 한다. 멘델스존의 경력, 교류의 폭, 그리고 그의 저작까지 한결같이 보편주의라는 계몽주의 기획을 가리

---

7) 멘델스존의 가장 중요한 지적 교류자들의 면면에 관해서는 Altman의 1973년 책과 Bourel의 2004년 책, 그리고 Tree의 2007년 책을 참조

키고 있다. 그가 쓴 형이상학, 인식론, 그리고 미학 분야의 저술들은 18세기의 유럽 사조가 공통적으로 사용하던 언어로 되어 있다.

하지만 우리의 사상사(思想史)에서 그가 중요 인물로 자주 거론되는 이유는 그가 보편주의를 수용해서가 아니라 그의 독특성 때문이다. 당대에나 지금이나 멘델스존을 양면적인 매력을 지닌 인물로 만들어 준 것은, 빌리 괴첼(Willi Goetschel)이 스피노자를 언급하면서 표현했던 '그가 유대인이라는 사실에서 비롯된 스캔들'이었다.[8] 많은 이가 가끔은 멘델스존의 저작에서 은연중에 혹은 노골적으로 계몽주의와 유대교라는 양 극단 사이에서 중재자적 역할을 찾으려는 흔적을 발견하고는 했다. 이런 모험의 바탕이 되는 이론적 틀은 그의 가장 영향력 있는 저작 《예루살렘 혹은 종교적인 권능과 유대교에 관하여(Jerusalem, or on Religious Power and Judaism)》(이후 줄여서 예루살렘으로 표기-옮긴이)에 잘 드러나 있다. 실천적 측면에서도 멘델스존은 프러시아 국가 내에서 동등한 권리와 시민권을 주창하는 유대인 시민해방운동에 투신했다.

그의 개혁 프로젝트는 유대인 사회와 프러시아 사회 전체에 영향을 미쳤다. 멘델스존은 유대인의 사회적 지위를 향상시키고자 했을 뿐만 아니라, 유대인 공동체 내에 개혁적 태도가 배양되도록 힘썼다.[9] 그가 비록 철저한 동화주의자 입장을 따른 적은 한 번도 없지만, 시편과 모세 5경을 직접 독일어로 번역한 것 또한 광범위한 문화적 통합을 향한 그의 과감한 시도였다.[10] 멘델스존은 성경을 독일어로 번역하면서 사실상 히브리어 원전을 기초로 삼았다. 독일과 유대인 사회의 관계에 접근하는 멘델스존의 양면적 태도가 가장 설득력 있게 드러나 있는 곳이 바로 그가 번역한 모세 5

---

8) Goetschel의 2004년 책을 참조. Goetschel이 여기서 스피노자에 대해 말하고 있긴 하지만 광범위하게는 멘델스존이 스피노자에게 빚지고 있음을 뜻하는 글이다. Goetschel이 볼 때, 멘델스존은 스피노자의 뒤를 따라 '대안적인 보편주의'를 만들어 낸 것이다.

9) 베를린의 유대 계몽주의와 멘델스존의 관계에 관해서는 Behm의 2002년 책을 참조

10) 이들 번역의 탄생기에 관해서는 Altmann의 1973년 책, 368~383면을 참조

경이다. 이와 관련해 조너선 쉬한(Jonathan Sheehan)은 이렇게 썼다.

멘델스존의 번역은 복잡하고 모순적인 방식으로, 이디시어(Yiddish, 중부나 동부 유럽 출신의 유대인들이 쓰는 언어-옮긴이)를 널리 쓰는 유대인 아이들에게 난해하게 번역된 독일어 성경을 줌으로써 그 아이들에게 히브리어 원전을 접할 기회를 열어 주었다고 하겠다. 그러니 사람들은 그런 식의 번역 작업이 "젊은이들에게 이런 번역물을 이해할 수 있을 만큼 충분히 고급 독일어를 숙달하기 위해 비유대계 책들을 읽도록 부추긴다." 라고 불평한 랍비의 의견에 공감할 수밖에 없다.[11]

이어 쉬한은 다음과 같은 결론을 내렸다. "그 과업은 굉장히 복잡했다. 멘델스존은 독일 문화권에 살고 있는 유대인들을 교육시키는 동시에 독일계 유대인의 문학적 기념비를 세우려 했으며, 독일인들에게 고대 히브리인들의 지혜가 의미심장한 시적·철학적 용어들에 깃들어 있음을 설득하려 했다."[12] 프란츠 로젠츠바이크(Franz Rosenzweig)와 마르틴 부버(Martin Buber)가 번역한 성경이 20세기 초 무렵 독일계 유대인의 양면성을 보여주는 증거로 꼽히듯, 히브리어 문자로 된 모제스 멘델스존의 독일어 모세 5경은 18세기 말 무렵 개화된 유대인이 처한 양면적인 위치를 나타내 준다.[13]

이와 같은 종교적 계몽주의에서 멘델스존이 차지하는 역할을 두고 하인리히 하이네(Heinrich Heine)는 결국 그에게 '유대인 루터' 라는 이름을 붙여 주었다. 하지만 유대교 내에서 멘델스존은 언제나 급진적이고 교조

---

11) Sheehan, 2005년 책, 180면

12) 같은 책

13) 멘델스존과 로젠츠베이크에 관해서는 Funkenstein의 1993년 책, Hilfrich의 2000년 책, 그리고 최근에 나온 Rosenstock의 2010년 책을 참조

적인 혁신가보다 문화적 융합의 상징적인 인물로 더 중요하게 여겨졌다. 이와 반대로 계몽주의 철학계에서 그는 전체적으로 반(反) 유대인 전통이 강한 분야가 수용할 수 있는 유대교의 대표적 인물로 꼽는다. 멘델스존이 베를린의 주류 지성계에 들어올 수 있었던 것은 그가 영예롭게도 자신의 종족과 예외적인 인물이라는 자격을 얻었기 때문이다. 레싱이 자신의 희곡 《현자 나탄(Nathan, der Weise)》에서 불멸의 존재로 만들어 버린 덕분에 멘델스존은 보편적인 인간의 지위를 획득하기 위해 자신의 종족의 한계를 뛰어 넘은 유대인, 즉 유대인이 아닌 유대인을 대표하는 인물이 되었다. 그렇더라도 유대 계몽주의에서 멘델스존이 차지하는 역할을 형식적으로만 인정하는 듯 과장하기 십상이다. 그는 놀라울 정도로 융합을 이루어 내면서 18세기 후반기에 독일 사상계의 주변부가 아닌 중심에 우뚝 섰다. 동시대 사람들에게 멘델스존은 예외적인 유대인일 뿐 아니라 예외적인 사상가, 즉 당대의 지적 경쟁 구도에서 칸트와 대적할 만한 인물이었다. 결국 멘델스존은 단순히 유대인 루터나 현명한 나탄에 머문 것이 아니라 '독일의 소크라테스'였다.

이번 장에서 필자는 '독일의 소크라테스'라는 용어를 이용해 독일이 격정적으로 헬레니즘을 신봉하던 시기에 계몽주의 사조와 유대교를 융합하려 했던 이러한 시도를 진지하게 탐색하고 싶다. 멘델스존은 자신을 소크라테스와 동일시함으로써 유대교가 그리스·로마의 유물에 버금가는 인정을 받을 수 있도록 유도했다. 그는 고대의 예루살렘이 아테네와 로마 같은 이상 사회의 경쟁자 역할을 할 수 있었다고 주장함으로써 고대 예루살렘의 유산이 유대교와 계몽주의 양쪽 모두 확실한 영향을 미친 게 틀림없다고 힘주어 말했다.[14] 멘델스존의 행보는 대범했다. 그리스도교도인 계

---

14) Nelson(2010년 책)이 추적한 초창기 정치 이론의 전통적 배경과 예루살렘은 반대 입장에 있다고 주장한 멘델스존의 글을 읽어보면 흥미로울 것이다.

몽주의 사상가들이 독점해 온 고대 그리스·로마 연구에 도전장을 내밀었기 때문이다. 멘델스존은 그리스와 로마로 이원화 된 틀을 무너뜨렸을 뿐만 아니라 그리스도교도의 용어가 아닌 유대인 용어로 이들 고대 문헌을 번역하기도 했다.

경력 초기에 멘델스존은 플라톤의 《파이돈(Phaedo)》을 해석한 책을 쓰기 시작했다. 영혼의 불멸성에 관해 멘델스존이 직접 대화한 형식의 이 책은 출간 즉시 베스트셀러가 되었다. 출간 후 넉 달도 채 안 되어 초판이 모두 팔려 나가면서 이후 개정판이 거듭 출간되었으며 멘델스존 생전에 독일어, 프랑스어, 러시아어, 덴마크어, 이탈리아어, 그리고 영어로 번역되었다. 그가 대화편을 선택한 것이 적중했던 것이다. 꿋꿋한 소크라테스가 걱정 가득한 추종자들과 자신의 죽음을 놓고 침착하게 논쟁을 벌이는 이미지는 두려움과 미신을 극복한 이성의 승리를 상징하는 고전적인 장면을 만들어 냈다. 하지만 영혼의 불멸성에 관해 대화 형식을 선택함으로써 18세기의 종교 담론 내에 특별한 반향을 불러일으켰다. 알렉산더 알트만의 말처럼 영혼의 불멸성을 믿는 것은 '자연종교의 몇 안 되는 신조 중 하나'[15]였다. 멘델스존이 자신의 《파이돈》에서 이루고자 했던 과업은 계시를 들먹이지 않으면서 영혼의 불멸성을 입증할 증거를 제시하는 것이었다. 그는 이교도인 소크라테스의 입을 빌려 그 증거들을 제시함으로써 이성만으로도 불멸성이 어떻게 도출될 수 있는지를 입증하고자 했다. 그러다 보니 멘델스존의 대화편은 플라톤과 신플라톤주의, 이교도의 이성과 그리스도교도의 계시라는 양 극단 사이를 오간다. 그가 쓴 《파이돈》은 계몽주의를 위해 플라톤을 복원시키려는 대표적인 시도로 꼽힌다. 멘델스존은 자신의 소크라테스를 신플라톤주의자들의 신비주의에서 떼어내 이른바 이성의 전당에 복위시키고자 했다.

---

15) Altmann, 1973년 책, 148~149면 참조

그럼에도 불구하고 계몽 사상가들에게 소크라테스는 여전히 문제적 인물이었다.[16] 18세기 독자들에게 플라톤은 철학과 신학의 간극을 메워주는 존재였다. 신플라톤주의 전통이 이어지는 과정에서 소크라테스는 반대파라기보다 이성과 계시 사이의 타협점을 상징하게 되었다. 그리스도교에서 소크라테스를 그리스도의 선도자로 전유(專有)했다고 한다면, 유대교는 대체 연대표를 채택하는 쪽이었다고 할 수 있다. 기원전 1세기의 필로(Philo of Alexandria) 이후로 플라톤은 모세의 추종자로 알려졌다. 이와 관련해 누메니오스(Numenius, 그리스의 신피타고라스학파 철학자-옮긴이)는 다음과 같이 말했다고 한다. "플라톤이 아티카 그리스어(Attic Greek, 수 세기 동안 아테네인들이 썼던 방언-옮긴이)를 쓰는 모세가 아니고 뭐란 말이냐?" 필로에 따르면, 신성한 진리는 플라톤에서 시작해 피타고라스를 거쳐 다시 모세로 이어지는 단단한 고리를 따라서 흘러갔다. 이러한 해석에 의하면 플라톤학파의 교리는 구약성서에 담긴 지혜를 다듬은 것에 불과했다. 멘델스존이 그럴 마음만 있었다면 신학적으로 접근하는 플라톤주의의 이러한 전통에 자신의 소크라테스를 쉽게 동화시켰을 것이다. 하지만 더 큰 뜻이 있어 그런 선택을 하지 않았다. 독일계 유대인이라는 배경에 따라 불멸성의 문제를 논의하는 편을 선택하는 게 특별한 공감을 불러일으켰기 때문이다. 그리스도교도들은 오랫동안 유대교가 영혼의 불멸이라는 문제를 등한시한다고 비난해 왔다. 그들이 볼 때, 히브리어 성경에는 이 문제를 터놓고 언급한 대목이 하나도 없었다. 그리스도교도들의 관점에서 이러한 불멸성의 문제는 유대교의 본질적인 결핍을 보여주는 또 하나의 단적인 예였다. 우리가 이 점을 결핍으로 보든 아니면 미덕으로 보든, 불멸성은 유대인의 머리에서 나온 게 아니라 그리스인의 머리에서 나온 것이다. 역설적이게도 필로는 유대교의 신학적 간극을 채우기 위해 플

---

16) Gay, 1967년 책, 82~83면

라톤에 의존할 수밖에 없었다. 플라톤주의는 유대교의 반대편이 아니라 보충적인 존재였던 것이다. 플라톤이 이교도 신앙으로 유혹하는 위험인물이었던 적은 거의 없다. 유대인들이 더 나은 유대인이 되기 위해서는 플라톤이 필요했다.

사정이 이렇다 보니 소크라테스는 이성적이고 양면적인 인물이 되었다. 멘델스존이 소크라테스를 선택하고 그의 동시대 사상가들이 멘델스존을 소크라테스와 동일시하기로 하면서 계몽주의와 종교 간의 단순한 갈등을 넘어서 한결 위험한 상황들이 펼쳐졌다. '독일의 소크라테스' 라는 별칭에는 유대교에 대한 일련의 복잡한 의구심과 불안이 고스란히 담겨 있을 뿐만 아니라, 유대교가 이교도 사회인 아테네는 물론 그리스도교를 믿는 베를린과도 연관되어 있다는 뜻을 담고 있었다. 18세기 말에 플라톤을 수용함에 따라 이성이라는 획일적인 개념을 받아들였던 계몽주의의 태도에 의문이 제기됐다. 더구나 멘델스존의 저작에서 플라톤주의와 유대교의 융합이 구체화되자 오랜 역사로 굳어진 소크라테스와 모세의 관계에 새로운 장이 열렸다. 멘델스존이 자신의 《파이돈》에서 끈질기게 파고들었던 이성과 계시 사이의 불안정한 타협점은 그의 가장 유명한 저작인 《예루살렘》에서도 중점적으로 다루고 있다. 바로 이 책에서 멘델스존은 그리스도교에 맞서 유대교를 노골적으로 옹호했으며 정치학과 신학의 이상적인 관계상을 제시하기 시작했다. 알트만에 따르면, 멘델스존의 《예루살렘》은 '근대기에 유대교를 철학의 장에 세우려고 한 최초의 시도' 였다.[17] 사실상 《예루살렘》은 궁극적으로 궤변적인 도전을 가하려고 했다. 유대교가 계몽주의와 조화를 이룰 수 있었을 뿐, 이성이 지배하는 삶의 가장 설득력 있는 모델을 제시했다는 것을 알려 주려 했기 때문이다. 그는 고대 유대인들의 정치 조직체를 역사적으로 해석함으로써 자신의 주장을 뒷받침했다.

---

17) Altmann, 1983년 책, 3면

멘델스존은 당대에 널리 인정받던 지혜에 반기를 들어 민주적인 아테네나 공화정의 로마가 아닌 군주제의 예루살렘을 계몽된 도시의 전형적인 예로 내세웠다.

그러나 고대를 둘러싼 논쟁에 특이한 기여를 한 멘델스존은 동료 철학자들 사이에서 역사주의가 지배적인 논증 방식으로 부상하는 것에 대해서는 회의적인 입장을 밝혔다.[18] 멘델스존의 이러한 유대교 분석은 19세기에 역사적 태도가 좀 더 강했던 독자들에게 끊임없이 공격을 당했다. 왜냐하면 멘델스존이 이성의 자율성은 변화무쌍한 역사 발전의 영향을 받지 않는다고 주장하고, 레싱과 칸트는 물론 나중에는 헤겔에게도 아주 중요했던 역사적 진보를 다룬 가장 중요한 이론들에 대해 유독 강하게 반대하고 나섰기 때문이다. 이에 대해 매트 얼린(Matt Erlin)은 다음과 같이 말했다. "멘델스존은 …… 전반적인 인류 진보에 대한 생각을 부정할 뿐만 아니라, 과거와 현재의 실질적인 차이를 조금도 인정하지 않으려 함으로써 결과적으로 역사의 질적 차이라는 측면에서 이해되는 근대의 그 가능성 자체를 부인하는 것 같다."[19] 멘델스존이 《예루살렘》에서 선보인 역사의 복합적 활용은 보편주의에 대해 자신의 생각을 발전시킬 때 철학적으로 중요한 역할을 했을 뿐만 아니라, 18세기에 벌어진 고대와 근대 사이의 연속성과 파열에 관한 논쟁에서도 광범위한 반향을 일으켰다.

소크라테스와 계몽주의 시대

소포클레스를 흥미진진하게 해석한 프로이트의 영향으로 말미암아 20

---

18) Reill, 1975년 책 ; Meinecke, 1972년 책 ; Myers, 2003년 책 ; Hess, 2002년 책 등을 참조
19) Erlin, 2002년 저널 기고문, 85면

세기가 '오이디푸스의 시대'로 통한다면 18세기는 소크라테스의 시대라고 할 수 있겠다. 이에 대해 베노 뵘(Benno Böhm)은 "소크라테스는 자기 자신을 한층 잘 이해하고자 하는 18세기 사람들이라면 반드시 거쳐야 하는 '지옥불'이다."라고 주장했다.[20] 물론, 기원전 5세기 이후부터 철학자들에게 소크라테스의 생애와 죽음은 중대한 관심사였다. 그러나 18세기는 소크라테스가 근대성을 띤 인물로 탈바꿈하는 시기라는 점에서 뚜렷한 차이를 보인다. 레이몽 트루송(Raymond Trousson)의 말을 빌리자면, 계몽주의 시대에 그야말로 소크라테스 식 '자각(prise de conscience)'[21]이 일어난 것이다. 18세기 초반만 해도 소크라테스는 여전히 철학사에서 상대적으로 중요하지 않은 인물로 여겨졌다(고대 전통 철학자라고 하면 아리스토텔레스와, 그에 못 미치긴 했지만 플라톤을 꼽았다). 반면에 프랑스혁명 무렵에는 소크라테스가 지배적인 인물로 올라섰다. 18세기 중반에 이미 프랑스에서는 《소크라테스의 죽음(La Mort de Socrates)》이라는 제목의 희곡이 6년 동안 세 편이나 출간됐다.[22]

사방에서 각종 신문과 정기 간행물들이 자랑스럽게 소크라테스의 이름을 내걸고 출간 경쟁에 가세했다. 애디슨(Addison)과 스틸(Steele)은 《근대적인 소크라테스(Modern Socrates)》를 출간했으며, 베를린과 드레스덴, 그리고 라이프치히에서는 《소크라테스(Socrates)》라는 제목을 단 출판물들이 등장했다. 또한 하만(Hamann)은 《소크라테스의 비망록(Memoires Socratiques)》을 썼고, 베르네(Vernet)는 《소크라테스의 대화편(Dialogues Socratiques)》를 썼으며, 퐁트넬(Fontenelle)은 소크라테스와 몽테뉴가 서로 대화를 나누게 했다(프랑스의 극작가이자 18세기 계몽주의 사상가인 퐁트넬은 루키아노

---

20) Böhm, 1966년 책, 3면
21) Trousson, 1967년 책, 17면
22) Wilson, 2007년 책, 172면 참조

그림 1. 독배를 마시는 소크라테스

스의 《죽은 자들의 대화》를 새롭게 탄생시켜 《신(新) 죽은 자들의 대화》라는 저서를 출간했다. 그는 이 책의 대화편 제1권에서 소크라테스와 몽테뉴를 등장시켜 서로 대화하는 내용을 담았다–옮긴이). 그 외에도 톨런드(Toland) 는 로크의 뒤를 이어 모든 종교에 대해 자유롭게 토론할 수 있는 '소크라테스협회(Socratic Society)'를 창설했다.[23]

알렉산더 네하마스(Alexander Nehamas)가 볼 때 '소크라테스 식 물음 (Socratic question)'은 고대의 유산이 아니라 18세기의 발명품이었다.[24] 소크라테스가 매혹적인 인물로 떠올랐다는 것은 다른 말로 이 시기에 고대를 보는 눈이 크게 변했다는 뜻이기도 하다. 소크라테스를 재발견했다는 것은 부분적으로 고전을 학문의 분야로 재발견했다는 말이다. 소크

23) Montuori, 1981년 책, 15면. 이 책은 Trousson의 1967년 책을 거의 직역한 것이다.
24) Nehamas, 1998년 책, 93면

라테스가 이성의 이론적 틀로 떠오른 데에는 그 시기에 급성장하고 있던 학문 분야인 언어학의 발전이 어느 정도 영향을 끼쳤다고 할 수 있다. 새로운 원전 자료를 손에 넣을 수 있게 되고 고대 문서를 훨씬 더 전문적으로 분석할 수 있는 기술이 발달하면서, 이 시기에 철학의 최초 순교자는 특별한 모습을 띠게 되었다. 19세기가 시작되었을 때 프리드리히 슐라이어마허(Friedrich Schleiermacher)는 이와 같은 원문 분석 분야의 혁명이 플라톤을 복권시키는 데 결정적인 역할을 했다고 본 것이다. "여태까지 살았던 모든 철학자 중에서 플라톤만큼 여러 가지 오해를 받았다. 즉 전혀 이해 받지 못했다는 너무나 흔해 빠진 볼멘소리를 할 자격이 있는 사람은 아무도 없기 때문이다."[25] 슐라이어마허가 볼 때, 플라톤을 오독에서 구하려면 먼저 플라톤의 원문으로 돌아가야 했다. 슐라이어마허의 해석학은 원문 분석을 해석의 기초로 삼았다. 소크라테스라는 인물이 이러한 문학 비평 방법론의 발전에 결정적인 역할을 했다. 왜냐하면 소크라테스를 피곤하게 간접적으로 전해 듣는 설명에서 해방시키는 작업이 이 방법론의 핵심이기 때문이다. 플라톤과 크세노폰(Xenophon, 고대 그리스의 역사가이자 철학자—옮긴이)의 원문에 직접 접근한다면 당연히 소크라테스를 직접 접하게 될 테니까 말이다. 더구나 이러한 방법론은 형편없는 라틴어 번역본에 의존하는 것이 아니라 그리스어 원전으로 돌아가는 사례인 것은 물론 나중에 마구잡이로 덧붙여져 손상된 부분들을 복구하는 작업까지 포함되어 있다. 플라톤과 특히 소크라테스를 복권시킨다는 것은 넓게 보면 이들을 역사의 '오역'에서 구해 낸다는 뜻이기도 했다.

신플라톤주의야말로 이런 역사적 기형의 가장 분명한 경우가 아닐까 한다. 슐라이어마허가 언어학적으로 플라톤을 살리려고 노력한 이유는 플라톤이 신학적으로 해석되는 걸 막기 위해서다. 왜냐하면 줄리아 램(Julia

---

25) Schleiermacher, 1836년 책, 4면

Lamm)의 말처럼 "플라톤 철학과 관련된 이런저런 주장들은 저작물 자체를 근거로 삼아야 한다. 다시 말해 교리에 매몰되거나 신학적 의제나 다른 철학 체계로 더럽히지 않아야 하기 때문이다."[26] 슐라이어마허는 개인적으로 그리스도교에 공감하는 처지임에도 불구하고 그 자신은 물론 그의 해석 방법은 신플라톤주의를 적대시하는 계몽주의를 따랐다. 네하마스의 말처럼, 슐라이어마허는 플라톤을 근대적으로 해석한 진정한 최초의 인물이 아닐까 한다. 그뿐만 아니라 그의 엄격한 언어학적 잣대는 일찍이 소크라테스의 정체성을 놓고 벌어졌던 논쟁들에 뿌리를 두고 있는 것 같다. 슐라이어마허가 플라톤의 대화편의 연대를 추정하고 순서대로 정리하는 일에 몰두했던 데에는 역사상 소크라테스의 사상이 플라톤의 학설로 대체되었던 시기를 규명하고자 하는 열망이 크게 작용했다. 그러한 과도기를 정확히 찾아냄으로써 플라톤 때부터 18세기까지 지속된 소크라테스 도용 사례 외에도 소크라테스의 독특성을 입증할 수 있게 되었다.

당대의 철학자들은 초기의 난제로 점철된 대화편의 소크라테스와 플라톤의 후기 사유 양식의 선험적 전환으로 소크라테스를 분리함으로써, 소크라테스를 계몽주의의 인물로 다시 선보일 수 있었다. 이와 관련해 트루송은 역사적 인물로서 소크라테스의 덕목은 "전적으로 세속적인 덕목인데, 분명 이는 무신론자가 갖는 덕목이 아니라 성직자들의 교리와 관계가 없는 덕목인 것이다. …… 그리하여 그는 일종의 자연 종교의 사도이자 신앙 문제에 관한 자유로운 사상가의 전형이 됨으로써 이신론을 위해 싸우는 투사로 임명되었다."라고 썼다.[27] 살아있는 소크라테스의 역사성을 재건해야만 소크라테스를 이교도적인 배경을 지닌 본래의 인물로 되돌려 놓을 수 있다. 이렇게 되면 나중에 그의 저작들을 읽는 독자들이 반드시

---

26) Lamm의 2005년 수록 글, 93면. 슐라이어마허의 해석학이 갖는 철학적 의의에 관해서는 Bowie의 2005년 글을 참조
27) Trousson, 1967년 책, 18면

기독교 신자여야 할 이유 또한 없어지게 된다. 하지만 이처럼 역사성을 중시하는 태도 자체도 역사적 사실을 근거로 삼아야 한다. 5세기의 아테네가 18세기의 파리에 그대로 흡수되었다. 루소와 디드로는 소크라테스에게 국가와 싸우느라 고통을 받고 있는 동포의 모습을 발견한 반면, 볼테르에게 "이 대가의 죽음은 철학의 극치였다."고 말했다.[28]

비에야르 바롱(Vieillard-Baron)에 따르면, 18세기 전반 무렵에는 플라톤의 대화편이 거의 읽히지 않았다. 그럼에도 불구하고 "굵직굵직한 신학적 논쟁들은 사이비 그리스도교도로서 이단자인 동시에 정통 그리스도교를 타락시키는 자로 대변되던 플라톤의 이름으로 벌어졌다."[29] 18세기 중반에 일어난 소크라테스의 재발견이 이런 신학적 논쟁과 직결된다. 언어학은 대화와 난제로 상징되는 소크라테스를 교조적인 플라톤에게서 제외시키기 위해 철학과 손잡고 작업했다. 소크라테스는 합리적 회의론자로서 그리스도교가 이미 공언하고 나섰던 신앙심이 있는 플라톤에 반대하는 인물로 제시되었다. 하지만 소크라테스를 기술한 여러 글은 그를 그리스도교의 틀에서 제외하지 못한 탓에 결국 그러한 틀을 강조하는 역할만 했을 뿐이다.

신플라톤주의 철학 외에도, 소크라테스를 그리스도교적 인물로 관련짓는 전통이 별도로 존재했다. 좀 더 구체적으로 말하자면, 소크라테스의 영웅적인 죽음을 메시아의 순교와 관련짓는 전통이었다. 퍼시 셸리(Percy Bysshe Shelley)가 소크라테스를 '그리스의 예수그리스도'라고 선포하기 훨씬 전에도 그리스도교도 저술가들은 소크라테스의 죽음을 그리스도가 겪을 고난의 전조로 설명할 정도였다. 좋은 뜻으로 그리스도를 소크라테스에 빗대는 것이 초기 그리스도교 저작들의 고정 기법이 되었다.[30] 하지

---

28) Voltaire, 1994년 책, 729면
29) Vieillard-Baron, 1979년 학술지 논문, 64면
30) Hanfmann, 1951년 논문, 214~218면

그림 2. 자크-루이 다비드, 〈소크라테스의 죽음〉, 1787. 메트로폴리탄 미술관

만 이렇게 두 인물을 동일시하는 행태는 고대 말기와 중세 시대에도 여전히 계속되었다. 플라톤의 저작들을 라틴어로 번역하면서, 계몽주의 철학자들이 광범위하게 참고하는 라틴어 번역판을 탄생시킨 피치노(Marsilio Ficino)가 이 두 순교자를 아주 정교하게 비교하는 글을 썼다. 에밀리 윌슨(Emily Wilson)의 말처럼 18세기에 행해진 소크라테스의 도상학적 재현은 주제 면에서 그 이전부터 있던 것을 다시 만든 것이었다. "1세기 전이었다면 〈십자가에서 내려지는 예수(Deposition of Christ)〉를 그렸을 법한 화가들이 …… 이제는 적합한 죽음을 찾기 위해 고전 문학을 뒤졌다."[31] '세속적인 피에타'를 내세우는 이런 전통은 1762년 프랑스 왕립 아카데미가 최우수상작 주제로 소크라테스의 죽음을 삼았을 때 정점을 찍었다. 심지어 자크 루이 다비드의 굉장히 세속적인 〈소크라테스의 죽음(Mort de Socrate)〉 (그림2 참조)에서도 죽어가는 그리스도의 망령이 어렴풋이 보인다. 이성의 시대는 예수그리스도를 권위 있는 자리에서 끌어내리고 그곳

---

31) Wilson, 2007년 책, 172면

에 이교도인 소크라테스를 앉히기 위해 공을 들인 것인지도 모른다. 하지만 이런 노력은 대부분 간단한 대체가 아닌 은근슬쩍 병존하는 상황으로 끝났다. 볼테르도 소크라테스를 새로운 종교의 화신으로 열렬히 떠받들긴 했지만 다른 이들과 다름없이 예수를 소크라테스에 상응하는 존재로 들먹일 수밖에 없었다. 결국 예수에게 '팔레스타인의 소크라테스' 라는 이름을 붙인 장본인도 볼테르였다.

이후 종교와 관련된 문제는 계몽주의가 소크라테스에 몰두해 있는 동안 한 번도 표면 위로 떠오르지 않았다. 18세기 지식인들이 본질적으로 윤리적 삶의 모범적인 예를 찾기 위해 소크라테스에 집중하긴 했지만, 당대의 형이상학과 인식론 분야의 긴급한 문제들에 대해서도 깊은 관심을 기울였다. 이 시기에 소크라테스를 둘러싸고 벌어진 논의들은 도덕적 논쟁과 존재론적 논쟁은 물론 인식론적 논쟁까지 서로 복잡하게 얽혀 있었다. 요한 하만(Johann Georg Hamann)의 1759년 작 《소크라테스의 회고록(Sokratische Denkwürdigkeiten)》이 그 좋은 예다. 칸트의 또 다른 측근이었던 하만이 런던 출장이 어그러진 기간 동안 놀랄 만큼 경건한 개종을 경험했을 때, 칸트는 그에게 합리적 방법론에서 이탈했던 것을 바로잡을 겸 프랑스 백과사전의 일부 항목을 번역하도록 했다. 하만은 '독일 계몽주의와 질풍노도(Sturm und Drang, 18세기 말에 있었던 독일 낭만주의의 문학운동 중 하나-옮긴이)의 첫 번째 충돌이라고 부를 만한' [32] 편지로 대답을 대신했다. 이 편지에서 하만은 칸트에게 소크라테스의 역할을 부여하고 스스로를 다이몬(diamon), 즉 소크라테스를 통해 자신의 목소리를 내는 천재적인 인물과 동일시했다. [33] 하만의 예언자적 메시지는 계몽주의 압제가 끝나고 신앙과 감정의 시대로 회귀함을 알렸다. 이렇듯 하만은 소크라

---

32) Beiser, 1987년 책, 23면
33) Nicholls, 2006년 책, 82면과 그 다음 면을 참조

테스 자체를 이용해 자신이 계몽주의를 받아들이는 동안 억눌려 왔던 영감의 목소리를 드러냈다. 칸트에게 보내는 답변에서 하만은 비아냥거리듯 소크라테스를 이성의 인물이라는 자리에서 끌어내렸다. 그 편지는 그저 서막에 불과한 것으로 그는 《소크라테스의 회고록》에서 소크라테스의 정신에 더욱 광범위하게 관여하게 된다. 하만이 소크라테스의 삶을 자세히 기술했다는 것은 계몽주의의 대표적인 최대 수혜자의 이름으로 다름 아닌 계몽주의의 오만함을 전면적으로 공격한 것이나 마찬가지였다. 성서에서 참고한 내용을 촘촘하게 인용해 모호한 산문으로 변한 《소크라테스의 회고록》에서 소크라테스와 소피스트들의 싸움은 앞으로 벌어질 하만 자신과 칸트 같은 다른 동료 계몽주의 사상가들과의 싸움을 상징했다.

소크라테스의 견해는 그가 당시 학식깨나 있다던 소피스트들에게 "나는 아무 것도 모른다." 라고 했던 이 직설적인 말로 요약될 수 있다. 따라서 이 말은 그들의 눈을 찌르는 가시이자 등을 때리는 채찍이었다. 자신의 무지를 뱉어내고 배출한 것에 불과했던 소크라테스의 사상 전체가 그들에게는 방패 아이기스에 있는 메두사의 머리만큼이나 무시무시했던 것 같다.[34]

하만 입장에서는 자신의 무지를 선언하는 것이야말로 칸트에게 가장 도발적인 도전이 될 수 있다고 생각했을 것이다. '메두사의 머리' 처럼 무시무시한 '나는 아무 것도 모른다.' 라는 자각은 계몽주의의 상징적 거세였다. 소크라테스가 무지를 '배출' 함으로써 훨씬 큰 타격을 입은 쪽은 수많은 교리가 아니라 그와 동시대를 살아가는 소피스트들이었다. 소크라테스의 계획은 자신의 생각을 담지 않는 것이었다. 플라톤의 소크라테스가 신념과 확실성, 진실과 견해의 차이를 자세하게 설명하는데 반해 하만의

---

34) Hamann, 1967년 책, 167면

소크라테스는 시비를 걸듯 '견해(Meinung)'에 자족한다. 하만은 좀 다른 이유로 자세히 설명하는 것에 반대했다.

소크라테스의 무지는 감성(Empfindung)이었다. 하지만 감성과 이론적 명제의 차이는 살아있는 동물과 해부도 상의 뼈만 남은 동물의 차이보다 훨씬 크다. 고대와 근대의 회의론자들은 소크라테스 식 무지라는 사자의 가죽으로 몸을 완전히 덮을지도 모른다. 그럼에도 불구하고 그들은 자신들의 목소리와 귀로 정체를 드러낸다. 그들이 아무것도 모른다면, 세상은 왜 그 사실을 유식하게 입증해 주길 원하는 걸까? 그들의 위선은 우스꽝스럽고 무례하다. 그러나 자신이 무지하다고 확신하기 위해 굉장히 많은 수완과 능변이 필요한 사람은 누구나 그것은 진실이 아니라고 마음 깊이 강력하게 반대해야 한다.[35]

소크라테스의 세계에서 감성은 으뜸이다. 감성은 존재를 지배하는 원리다. 그러나 무지와 감성의 동일시는 하만에게 특별한 의미가 있었다. 인간이 자신의 무지를 깨닫는다는 것은 신앙이 이성의 지배권을 벗어난 영역임을 인정하는 것과 마찬가지기 때문이다. 계몽주의 사상은 그 뿌리에 회의론이 자리 잡고 있어서 비판을 방법론의 기준으로 여길지도 모르나 진정한 자아비판은 계몽주의 사상의 영역을 벗어나 있다. 왜냐하면 진정한 자아비판은 반드시 이성적 분석에 반하는 경험들과 대면할 수밖에 없기 때문이다. 하만의 소크라테스는 감성을 발휘하는데, 하만은 감성을 발휘하는 것이야말로 합리적 정신이 파악하는 범위를 초월하는 무언가가 있음을 인정하는 것으로 이해했다. 신앙을 포착할 수 있는 수사법도 없고 '이론적 명제'도 없다. 신교도임이 분명하게 드러나는 그의 표현에 따르

---

35) 같은 책

면, 그것은 "즉각적인 경험, 즉 그 내용이 사적이고, 말로 표현할 수 없으며, 그저 주어지는 ……그런 것 말이다. 신앙은 오렌지의 시큼한 맛, 바늘의 날카로움, 색상의 밝기처럼 우리의 단순한 감각의 질과 같다."36)

우리 자신의 존재와 다른 모든 것의 존재는 믿어야 하는 것이지, 그 외의 어떤 방법으로도 정해질 수 있는 게 아니다. 인간의 종말보다 더 확실한 게 무엇이며, 어떤 진리에 대해 이보다 더 보편적이고 입증된 지식이 있겠는가? 그럼에도 불구하고 모세가 분명히 보여 주었듯, 제 수명대로 살다 간다는 것을 신이 직접 가르쳐 주어서 알게 되는 사람을 제외하고는 그 사실을 믿을 정도로 현명한 사람은 없다. 따라서 인간이 믿는 것은 입증하지 않아도 되며, 그렇기 때문에 하나의 명제는 믿지 않는 한 결코 그렇게 확실하게 입증될 수 없다.37)

'믿어라' 라는 명령은 '생각하라' 는 계몽주의의 명령과 완전히 배치된다. 칸트의 '과감히 알려고 하라(sapere aude)' 에 대해 하만은 '과감히 믿으려고 하라(credere aude)' 라고 대답한 셈이다. 그러면서 하만은 자신의 주장을 뒷받침하는 실례로 다름 아닌 불멸성의 문제를 선택하는데, 이후 멘델스존은 소크라테스를 집중적으로 연구할 때 이 문제에 가장 중점을 두게 된다. 과학적 이유가 무색하게도, 인간에게 인간 자신은 확실히 죽는다는 것을 납득시키기 위해 종교를 끌어들였던 것이다. 인간은 자신이 언젠가 죽는다는 것을 터득하는 데 이성이 아니라 신의 힘을 빌린다. 하만의 논거는 그 특성상 역설적이다. 이성은 일반적으로 죽음의 불가피성을 실증해 준다고 인정받는 반면에 그가 요구하는 신앙이 결국 우리로 하여금

---

36) Beiser, 1987년 책, 28면
37) Hamann, 1967년 책, 167면

불멸성을 믿게 만드는 것 같다. 하지만 모세만이 신을 통해 '자신의 수명이 정해져 있다'는 것을 느끼고 있을 뿐이다. 자연 종교의 지지자들이 불멸성의 '증거들'을 만들어 내느라 여념이 없을 때, 사실은 그 정반대의 것이 신빙성이 크다는 점을 알았다고 해서 하만의 잘못이라고 할 수는 없다. 모세는 인간의 이성이라는 매개체 없이 신의 지혜에 직접 접근했다. 종교적 지식은 이성의 범주에 들지 않는다. 더구나 하만이 볼 때 소크라테스의 종교적 지식은 모세와 같은 수준이었다.

호메로스 같은 극작가에게는 후대에 아리스토텔레스 같은 철학자가 고안한 예술 법칙을 몰라도 될 만큼 무엇이 있는 걸까? 또한 셰익스피어 같은 극작가에게는 그러한 비평 법칙을 무시하거나 위반해도 될 만큼 무엇이 있는 걸까? 이 질문에 대한 만장일치의 답은 천재다. 정말이지 소크라테스는 무지해도 하등의 지장이 없었다. 왜냐하면 그에게는 수호신 같은 천재가 있었으니까. 소크라테스는 그 천재의 과학에 기댈 수 있었고, 자신이 섬기는 신처럼 천재를 사랑하고 두려워했으며, 자신에게 이집트인과 그리스인들의 전체 이성보다 천재의 평화가 더욱 중요했으며, 그의 음성을 믿었으니, 그의 입김을 감안하면 …… 소크라테스 같은 철학자의 비어있는 오성은 순결한 처녀의 자궁만큼이나 생산적인 게 될 수 있다.[38]

하만이 '천재'를 찬미한 덕분에 그가 어떻게 낭만주의 선구자로 돋보이는지 어렵지 않게 알 수 있다. 하만이 자신의 저작 《소크라테스의 회고록》에서 소크라테스를 온전히 묘사한 것은 불안정하게나마 근대적인 듯하다. 그가 궁극적으로 무지와 자기 인식을 강조함으로써 19세기는 물론 20세기까지 소크라테스라는 인물을 평가해야 한다는 강박에 많이 시달리

---

38) 같은 책, 171면

게 되리라는 것을 예견했다.[39] 하지만 천재에 대한 하만의 개념에는 문화적 충돌도 똑똑히 드러난다. 소크라테스에게 '수호신 같은 천재'는 자신의 정체성에 '이집트인과 그리스인들의 이성 전체'보다 더욱 중요한 필수불가결한 요소였다. 비록 호메로스를 언급하긴 했지만, 하만은 소크라테스 식 천재를 분명 '그리스인답지 않은 인물'로 보았다. 처음은 아니지만, 하만은 넌지시 소크라테스와 예수가 공통적인 특성을 띠고 있다는 것을 암시했다. 소크라테스의 '비어있는 오성'은 '순결한 처녀의 자궁'과 같은 가능성을 지니고 있다면서 말이다. 소크라테스의 무지는 예수가 출현하게 될 자궁이나 거의 마찬가지였다. 소크라테스의 부족함은 그의 신앙으로 보상되는 수준을 넘어서고 이런 신앙은 그리스도교의 신앙이었다. 한편 하만은 그리스의 이성과 모세와 그리스도 같은 '천재'가 반대되는 것임을 밝혔던 것 같다. '순결한 자궁'이 그리스와 이집트의 이성에 영향을 받지 않는 입장이므로 모세는 그리스 소피스트들의 '이론적 명제'에 귀를 막았다. 히브리인과 그리스인은 뚜렷하게 다른 두 개의 양립할 수 없는 세계관을 상징했다. 반면에 하만은 소크라테스의 생애를 소개하면서 그리스 문화와 그리스도교 문화가 깊이 연관되어 있다고 주장했다. 이미 알아봤듯, 하만은 소크라테스와 그리스도를 비교하는 광범위한 전통에 기댈 수 있는데도 그가 소개한 사악한 소크라테스에는 하만 특유의 운치가 깃들어 있었다. 아울러 그가 모세를 언급하면서도 그리스도교도인 소크라테스가 민주적인 아테네인이 된 모습을 그렸다는 것은 그가 종교적 이력을 설명할 때 예루살렘을 과감하게 무시했다는 말이다. 그리스도교와 헬레니즘의 밀접한 관련성은 오직 그리스도교와 유대교의 관계를 훼손시킬 때만 얻을 수 있는 것이다.

---

39) 이를테면, 헤겔에서 라캉에 이르기까지. Leonard, 2005년 책 ; Kofman, 1998년 책 ; Harrison, 1994년 책 ; 그리고 Trapp의 2007년 첫 번째 책과 두 번째 책 참조

게다가 하만이 원(原)그리스도로 내세운 그리스인은 계몽주의뿐만 아니라 계몽주의 사상이 그리스를 합리성의 본고장으로 삼는 것에 대해서도 격렬하게 비판한다. 칸트와의 대결에 갇혀 버린 탓으로 교만해진 하만은, 본인이 이성의 친(親)그리스주의적 열망에 빠진 시대의 오만과 위선이라고 여겼던 것을 폭로하기 위해 소크라테스의 역할을 맡으려 했다. 이와 관련해 오플레어티(O'Flaherty)는 다음과 같이 썼다. "1759년 계몽주의 영향력이 절정에 이르렀을 때, 하만이 계몽주의가 설명한 해당 철학자 상과 정반대되는 인물인 소크라테스를 소개하는 《소크라테스의 회고록》을 출간했다는 점은 문화사의 흥미진진한 사실 중 하나다."[40] 하만의 《소크라테스의 회고록》은 계몽주의 시대를 뒤죽박죽 어지럽게 만들어 놓았다. 그가 소개한 소크라테스는 근대 이전의 인물인 동시에 탈 근대적이었다. 그의 소크라테스는 중세의 신심은 물론 현재의 의심을 상징했다.

하만이 소크라테스를 내세워 비난한 글이 언론에 등장했을 무렵 모제스 멘델스존은 이미 자신만의 소크라테스 연구 과제를 진행하려던 참이었다. 알렉산더 알트만은 자서전에서 멘델스존이 《파이돈》을 구상하고 실행하기까지의 과정과 어려움들을 흥미롭게 설명하고 있다.[41] 멘델스존은 소크라테스라는 수수께끼 같은 인물 때문에 밤을 지새웠던 수많은 사상가 가운데 한 명에 불과했다.[42] 멘델스존이 동시대의 다른 소크라테스 연구물들을 훑어보고 세 편의 비평문을 썼으며, 하만은 나중에 정기 간행물에 수록된 이 세 편 중 한 편에 대해 답변하는 글을 올리게 된다. 멘델스존의 비평문(1843)은 뜻밖에도 긍정적이었다. 사실 그는 하만의 그리스가 분명

---

40) O'Flaherty, 1967년 책, 5면

41) Altmann, 1973년 책, 140~179면

42) 1979년에 번역 출간된 Nietzsche의 책, 127면에 나오는 "소크라테스가 내게 아주 가까이 있어서 나는 계속해서 그와 싸우고 있다시피 하다." 라는 대목이나 라캉의 1991년 책, 101면에 나오는 "이렇게 기진맥진한 상태를 가장 잘 요약해 줄 수 있는 게 있는데, 그것은 바로 불면의 일요일 밤을 보내던 어느 날 문득 떠오른 '소크라테스가 나를 죽인다(Ce Socrate me tue).' 라는 말이었다. 그런데 이상하게도 아침에 일어났을 때 기분이 그지없이 상쾌했다."

빙켈만적인 그리스에 버금갈만하다는 찬사까지 보냈다.

그의 서술 방식을 보면 빙켈만의 서술 방식이 떠오른다. 똑같이 거칠면서도 어두운 문체하며, 미묘하면서도 고상한 아이러니, 그리고 고대의 정신과 친밀한 성향까지 똑같다. 독자들은 특히 우리의 저자가 소크라테스의 순진한 기질을 아주 멋지게 바꾸어 놓았다는 것을 알아차릴 것이다. 소크라테스의 성격도 아주 실감나게 묘사한 듯하다.[43]

멘델스존이 이 비평문을 썼을 때, 요한 요하힘 빙켈만(Johann Joachim Winckelmann)은 자신의 획기적인 저작인 《그리스 미술 모방론(Gedanken über die Nachahmung der griechischen Werke in der Malerei und Bildhauerkunst)》(1755)을 막 출간한 터였다. 다채로운 생애뿐만 아니라 문체와 그리스 미술 및 문화에 대한 생생한 묘사 덕분에 빙켈만은 계몽주의와 낭만주의 시대에 엄청난 인기를 누렸다. 자주 제기되는 말 가운데 빙켈만이라는 한 사람 때문에 독일이 장차 1세기 넘게 지속될 고대 그리스와의 열정적인 연애사에 돌입하게 되었다는 주장이 있을 정도였다. 빙켈만의 '고결한 단순성과 고요한 위엄' 이라는 상찬은, 수잔 마르찬(Suzanne Marchand)이 '구(舊)정권의 바로크적이고 귀족적인 취향과 가치들에 반기를 든 사회적 혁명' 이라고 일컫는 것을 재촉했다. 이와 관련해 루트비히 쿠르티우스(Ludwig Curtius)는 이렇게 주장했다. "사회의 부패에 대한 치료제인데, 루소에게는 이것이 자연으로 돌아가는 것이었다면 빙켈만에게는 그리스인들에게 돌아가는 것이었다. 여기서 본질적인 인간성이 발견되는데, 이런 인간성의 바탕에서는 지위나 역할을 고려하지 않고서도 각 개

---

43) Mendelssohn, 1843년 책, 4.2:99

인의 고결함과 아름다움이 인정받았고 함양되었다."[44]

멘델스존이 소크라테스를 악명 높을 정도로 못생기게 묘사한 하만과 그리스인들의 아름다움에 야릇하다 싶을 만큼 찬가를 보낸 빙켈만을 비교한 대목을 보는 것도 흥미롭다. 알렉스 폿츠(Alex Potts)는 18세기 말의 정치적 급진주의가 근본적으로는 빙켈만의 미학주의에서 비롯된 하나의 유산이라고 보았다. 그는 "프랑스 혁명기의 급진적인 자코뱅파와 연관된 고대의 이상과 팽팽한 긴장감이 감도는 관계"를 면밀히 연구했는데, 결국 "이러한 관계는 그리스적 이상의 아름다움을 정치적 자유의 상징으로 제시하고자 한 빙켈만과 다시 관련되어 있음"을 발견했다. 폿츠의 사례 외에도 다비드의 〈소크라테스의 죽음〉에 등장하는 소크라테스 역시 프랑스혁명의 빙켈만적인 순간을 앞선다고 할 수 있다. "영웅적인 궁핍, 즉 남성적인 고결함에 대한 생각은 〈호라티우스 형제의 맹세(Oath of the Horatii)〉, 〈소크라테스의 죽음〉, 그리고 〈브루투스(Brutus)〉 같은 작품에 담긴 메시지에도 동일하게 적용될 수 있다. 관람객 입장에서는 호라티우스 형제에게 동질감을 느끼고 그들을 찬미하고 싶을 수도 있겠으나 그들을 욕망하는 데까지 이끌려 가지는 않는다." 반면에 에밀리 윌슨은 다비드의 소크라테스를 성적 매력 면에서 획기적인 작품이라고 평한다. "앞선 미술계 선배들을 모두 능가할 정도로, 다비드는 소크라테스를 아주 매력적인 인물처럼 보이게 했다. 소크라테스는 반짝이는 지성과 성적 매력으로 동료 철학자들에게 영감을 준다."[45] 폿츠와 윌슨이 다비드의 1787년 작품에 등장하는 소크라테스가 빙켈만적인 한계의 어느 편에 해당하는지를 놓고 설전을 벌인 반면, 그보다 거의 30년이나 앞선 시기에 멘델스존은 이미 하만의 소크라테스와 빙켈만의 미학을 단호하게 관련지었다. 더구나

---

44) Marchand, 1996년 책, 9면 ; Curtius, 1954년 책, 58면(Marchand의 1996년 책의 번역본, 5면)
45) Potts, 1994년 책, 223면과 224면 ; Wilson의 2007년 책, 177면

소크라테스의 몸을 두고 제기된 물음은 멘델스존이 직접 쓴 《파이돈》과 이에 대한 반응에서 가장 중요한 요소가 된다.

하지만 이런 면 때문에 멘델스존이 빙켈만을 언급한 것이 장차 하만이 소크라테스를 설명하게 될 것임을 예견하는 혁명적인 의미를 띤 반면, 그의 비평문 때문에 하만의 급진주의가 덜 중요해 보이게 되었다. 멘델스존은 빙켈만의 '고대의 정신과 친밀한 성향'을 하만에게 관련지음으로써 하만의 친그리스주의를 약화시켰다. 하만의 소크라테스는 소크라테스가 살았던 시대의 정신을 상징하는 인물이 아니라 시대를 잘못 타고난 고독한 급진주의자였다. 헤겔의 소크라테스와 달리 하만의 소크라테스는 '땅에서 떨어져 사는 버섯'처럼 자랐다. 그는 '동시대와 연속선상에 서 있지' 않는다. 이 대목 외에도 그의 비평문을 보면, 멘델스존은 하만이 증거와 신념에 대해 앞뒤가 안 맞는 주장을 펼쳤다고 비난하고 있지만, 정작 하만의 논거가 계몽주의 원리에 실제로 위협이 되고 있음을 알아채지 못 했다. 하만이 소크라테스 식 혹평으로 특징지은 것을 멘델스존은 그의 '순진한 변덕'으로 묘사했다. 어쩌면 여기서 문제가 되는 것은 멘델스존 자신의 '순진한 성격'이 아닐까 한다.[46]

알트만이 《파이돈》의 탄생 과정을 설명한 글을 보면 멘델스존이 연구 과정에서 하만의 저작을 이와 같이 선별적으로 읽은 것이 분명해 보인다. 알트만은 소크라테스의 문장들이 '체계적으로 이어주는 다리와 배가 부족한 수많은 작은 섬들'이라는 하만의 말에 멘델스존도 찬성한 점을 지적했다. 알트만은 멘델스존의 대답을 다음과 같이 요약했다. "멘델스존이 보기에 '소크라테스의 위대한 진실과 불성실한 논거들을 이보다 더 정확하게 판단할 수 있는 사람은 없을 것이다.' 따라서 멘델스존이 플라톤이 제

---

46) Hegel, 1974년 책, 384면. 나중에 하만이 멘델스존의 저작에 대해 어떤 반응을 보였는지는 Feuchtwanger의 2003년 책을 참조

기한 소크라테스의 증거들에 대해 불만이 많다는 것이 일찍이 드러났던 셈이다. 그 결과 좀 더 설득력 있는 증거들로 대체하고자 하는 마음이 드는 것은 당연했다."[47] 한편 멘델스존의 비평문은 증거와 가설의 문화를 비판한 하만의 논점을 지나치다 싶을 만큼 놓치고 있다. 알트만에게는 미안한 말이지만, '좀 더 설득력 있는 증거들'을 찾겠다는 멘델스존의 결심을 "감성과 이론적 명제의 차이는 살아있는 동물과 그것의 해부학 해골 간의 차이보다 훨씬 크다."는 하만의 주장에 대한 적절한 반응으로 보기는 어렵다. 멘델스존에게 더 나은 증거들을 찾고자 하는 열망이 당연한 결과였다면, 하만에게 그것은 분명히 잘못된 전환이었다.

멘델스존의 《파이돈》

아마도 멘델스존은 표면적으로 이런 부조화가 뚜렷하게 나타나지만 더 깊이 들어가 보면 자신의 프로젝트와 《소크라테스의 회고록》 사이에 연속성이 존재한다고 본 것 같다. 멘델스존이 소크라테스의 삶을 설명하기에 앞서 자신의 대화편을 선보임으로써 하만의 작업 방식을 이어받으려 한 것 같다는 점은 분명히 인상적이다. 하만은 《소크라테스의 회고록》을 집필하기 시작했을 때 플라톤은 물론 크세노폰의 저작도 읽지 않았던 것 같다.[48] 설령 슐라이어마허가 하만의 그리스도교도적 감정에는 동조했을지 몰라도 그의 철학자적인 자격에 대해서는 강한 거부감을 느꼈을 것이다. 그가 소크라테스의 전기를 쓰기로 한 데에는 자신이 구할 수 있는 원자료가 어느 정도 결정적인 작용을 한 것 같다. 그에 반해, 멘델스존 판(版)에

---

47) Altmann, 1973년 책, 141~142면
48) O'Flaherty, 1967년 책, 59~60면

서는 전기체의 묘사조차도 의식적인 학문의 냄새가 강하게 풍긴다. 하만 판과 멘델스존 판의 이러한 차이가 가장 생생하게 드러나는 곳은 바로 소크라테스의 다이몬을 설명하는 대목이 아닐까 한다.

소크라테스의 소유로 추정되는 존재로서 그의 말마따나 해로운 것은 무엇이 되었든 소크라테스로 하여금 그만두게 만드는 그 수호신(Daemon)을 둘러싸고 학자들의 견해가 양분됐다. 일부는 소크라테스가 미신을 믿는 사람들의 주의를 끌기 위해 여기서 약간의 시적 자유를 누렸는데, 이것 때문에 그의 평소 성실성이 반박당하는 것 같다고 믿는다. 반면 다른 학자들은 이 수호신을 예민한 선악의 감각으로 해석한다. 그리고 이 선악의 감각은 심사숙고와 오랜 경험, 그리고 부단한 연습을 통해 도덕적 본능이 되며, 이런 도덕적 본능의 힘으로 그는 판단력을 통해 설명할 수 없을 때 가능한 결과와 효과를 바탕으로 자유 의지에서 비롯된 모든 행동을 판단하고 시험할 수 있다고 본다. 그러나 크세노폰과 플라톤에게서 이 수호신이 소크라테스에게 이런저런 것들을 예언해 주는 사례들이 발견되는데, 이는 영혼의 그 어떤 자연력으로도 설명될 수 없다. 이런 사례들은 그의 학생들이 좋은 의도로 추가한 게 아닌가 한다.[49]

여기서 멘델스존의 논거는 언어학적 학식의 미사여구에 완전히 파묻혔다. 그의 글은 그가 직접 그 차이점을 판별해야만 하는 학자적 견해의 배경과 맞지 않았다. 여기서 '수호신'은 신학적 신념이라기보다 학문적 논쟁의 대상이다. 멘델스존과 하만 모두 소크라테스 전기의 이러한 면이 논란의 여지가 있음을 강조했다. 하지만 하만은 이런 논란을 혁명적인 사상사의 발판으로 이용한 반면 멘델스존은 학계를 곤경에 빠뜨렸다. 소크라

---

49) Medelssohn, 2007년 책, 54~55면

테스의 다이몬은 독자들을 이성의 끝으로 이끄는 것이 아니라 그 끝이 어디인지를 가늠하기 위해 이성의 능력을 이용한다. 신비주의에 대한 호소처럼 생각되는 것이 '시적 자유'나 또 다른 이름의 도덕적 본능, 즉 '예민한 선악의 감각'으로 이해될 수 있다. 그리고 "이 선악의 감각은 심사숙고와 오랜 경험, 그리고 부단한 연습을 통해 도덕적 본능이 되며, 이런 도덕적 본능의 힘으로 그는 판단력을 통해 설명할 수 없을 때 가능한 결과와 효과를 바탕으로 자유 의지에서 비롯된 모든 행동을 판단하고 시험할 수 있다." 한편으로 멘델스존은 소크라테스의 행위들이 '본능'에 따른 것이기 때문에 판단력으로 그 행위들을 설명할 수 없다는 점을 인정했다. 그럼에도 불구하고 그는 이런 '본능'의 바탕에는 '심사숙고'와 '오랜 경험'뿐만 아니라 결국 '판단력'도 함께 자리하고 있음을 주장했다. 소크라테스는 엉겁결에 아직 설익은 칸트학파로 남게 된 셈이다. 소크라테스의 가장 미심쩍은 부분인 특이한 성격조차도 여기서는 도덕의 이성적 의무 및 이성의 도덕적 의무와 비슷한 비중으로 다루고 있다.

그래도 멘델스존은 소크라테스의 다이몬이 어떤 면에서는 계몽주의 사상의 도식을 거스르는 듯 보인다는 것을 알아차렸던 것 같다.

어쩌면 우리가 알다시피 기쁨을 표현하기를 즐겼던 소크라테스가 유약하거나 열정적이었는지도 모른다. 그가 설명할 방법을 몰랐던 이런 생생한 도덕적 감정을 친숙한 기분으로 탈바꿈시킨 다음 전혀 다른 근원에서 생겨나는 불길한 예감들을 이 기분 탓으로 돌릴 수 있을 만큼 말이다. 그렇다면 존경스러운 사람은 반드시 약점과 편견이 전혀 없어야 하는가?

오늘날 유령을 조롱하는 것은 더 이상 인기가 없다. 아마도 소크라테스가 살던 때에는 그렇게 하려면 그가 좀 더 생산적인 일에 쏟던 천재성을 발휘해야만 했을 것이다. 그런데도 그는 대체로 어떤 미신이나 다 받아 주었으나 그게 곧바로 도덕적 부패로 이어지지는 않았다. …… 인류의 더할 나위 없는 행복이 그의 유일한 연구 대상이었다. 편견이나 미신이 공공연한 폭력, 인권 훼손, 도덕 문란 등을 일으키면 그는 즉시 그런 편견이나 미신에 반대한다고 천명했다. 세상의 그 어떤 위협과 박해도 그런 그를 막을 수는 없었다.[50)]

소크라테스조차 머리를 끄덕일 것이다. 하지만 소크라테스가 '약점과 편견'이 없는 사람이 아니라면 다른 사람들에게 어떤 희망이 있겠는가? 멘델스존은 소크라테스의 '열정'을 계몽주의가 계몽주의 사상을 의심하는 사람들을 어떤 식으로 다루어야 하는가를 가늠할 시험 사례로 이용했다. 이에 대해 프란시스코 토마소니(Francesco Tomasoni)는 다음과 같이 주장했다.

'급진적 계몽주의'는 '각인'이라는 것, 즉 우리를 규정하는 '범위'라는 것을 잊은 채 완전히 자유롭고 자주적인 이성이라는 불가능한 꿈을 키웠다는 이유로 자주 비판받았다. 그런데도 합법적인 편견과 비합법적인 편견을 구별하게 되었고, 그 때문에 이성의 상위 기준이 다시 제시되었다. …… 계몽주의 시기 동안, 이성과 편견의 상호 작용에 대해 일반적으로 인정되던 것보다 훨씬 더 또렷하게 의식하기 시작했다.[51)]

토마소니는 멘델스존과 칸트가 '편리한' 편견과 '해로운' 편견을 구별하는 데에는 이성의 실행이 뒤따른다는 것을 입증하기 위해 각각 다른 방식으로 어떤 노력을 했는지 보여주고 있다.[52)] 더구나 멘델스존이 소크라

---

50) 같은 책, 55면
51) Tomasoni, 2003년 책, 2~3면
52) 같은 책, 3~4면

테스의 덕으로 돌린 '관용'은 그가 품고 있는 계몽된 사회에 분명 중요한 문제였다. 그러나 편견에 대한 관용은 관용이라는 이름으로 각종 위반이 행해질 때 한계에 부딪힌다. 멘델스존은 편견이 '인권'과 대립되는 지점이 생기면 소크라테스가 제일 먼저 나서서 그 편견을 맹렬히 비난할 것이라고 분명히 말했다. 물론 앞서 진술한 내용에서 소크라테스로 하여금 편리한 편견과 해로운 편견을 구별할 수 있게 한 것은 그의 추론 능력이 아니라, 그의 다이몬이었음을 인정한다면 여전히 앞뒤가 안 맞는다. 멘델스존은 자신이 설명한 것들을 합리화하는 대부분의 과정에서 하만의 비이성적인 소크라테스라는 망령을 몰아내지 못했다.

멘델스존이 소크라테스의 다이몬을 해석한 부분은 그의 저작을 좀 더 개괄적으로 특징짓게 해 줄 역사적 거리와 차이에 대해서도 똑같이 양면적인 태도를 드러낸다. 하만이 학계라는 든든한 무기를 전부 내려놓은 데 반해 멘델스존은 자신의 논거를 학식으로 포장했다. 다시 말해 멘델스존은 플라톤과 크세노폰을 인용한 반면 하만은 개의치 않고 이들을 무시했다. 또한 하만은 소피스트와 칸트, 소크라테스와 자신을 공공연하게 구별한 데 반해 멘델스존은 소크라테스 '시대'와 '현재'를 일관적으로 구별했다. 하만은 소크라테스를 기원전의 그리스교도인 동시에 18세기 프러시아의 시민이 될 수 있도록 도발적일 만큼 연대기를 엉망으로 만들었다. 멘델스존이 의식적으로 만든 시대착오는 좀 더 미묘하다. '인권'의 이름으로 '모든 위협과 박해'에 저항하게 될 소크라테스라는 인물이 5세기 아테네 시민을 상징한다고 보기는 어렵다. 그렇다고 멘델스존의 현대식 견해가 순진한 몰역사주의였던 것은 결코 아니다. 멘델스존은 자신의 기획을 역사적 감성과 철학적 관련성 사이에서 위태롭게 균형을 잡는 일이라고 분명하게 개념화했다. 그는 《파이돈》의 서문에 다음과 같이 썼다. "그리스 저자의 《파이돈》이라는 이름의 대화편에는 불멸성이라는 신조의 최고봉으로 활용될 만한 특별한 미적 요소들이 아주 많다. 필자는 이 대화편의 형식은 물론 배치 방식과 수사법을 활용했기 때문에 형이상학적 진리를 우리 시대의 취향에 맞게 각색하려고 노력했을 뿐이다." 한편으로는 플라톤의 대화편이 '불멸성이라는 신조의 최고봉' 을 상징한다. 하지만 다른 한편으로 불멸성의 문제는 멘델스존이 플라톤의 논거들을 새로 살려내지 않는다면 무책임한 사람으로 낙인찍힐 만큼 당대의 긴급한 문제였다. 멘델스존은 과거를 수동적으로 받아들이는 생각 자체를 거부했다. 고대와 근대는 서로 역동적인 관계로서 근대인들에게는 자신들이 과거에 진 빚을 비판적으로 반성해야 할 의무가 있다고 여겼다.

세 번째 대화편에서 필자는 근대인들로부터 완전히 벗어난 덕분에 필자의 소크라테스가 거의 18세기의 철학자처럼 말할 수 있게 해 주었다. 필자는 논거들을 빼먹기보다 차라리 시대착오를 범하고는 했는데, 그 이유는 그래야만 독자들을 납득시킬 이유가 생기기 때문이었다. 결국 이런 식으로 번역본과 필자가 쓴 작품의 중간지대가 생겨났다.[53]

멘델스존이 계획한 시대착오는 형이상학적인 계몽주의가 치러야 할 작은 대가였다. 하지만 이는 단지 수사학의 문제만은 아니었다. 소크라테스를 둘러싼 역사적 사실성의 문제 이면에는 보편적 진리 대 역사적 진리라는 더 큰 논쟁이 자리하고 있으며, 후에 멘델스존은 자신의 저서 《예루살렘》에서 이 문제를 깊이 파고들면서 칸트는 물론 레싱과도 충돌하게 된다. 멘델스존은 플라톤이 제시한 논거의 내용이 아니라 그의 문체에 드러난 한계를 조심스럽게 강조했다. 그는 플라톤의 '증거들' 을 거부한 것이 아니라 그 증거들을 '우리 시대의 취향' 에 맞게 각색했다. 설득이 목적이기 때문에 플라톤이 제시한 논거의 타당성에 의문을 제기하지 않았다는

---

53) Mendelssohn, 2007년 책, 42면

말이다. 하만과 마찬가지로 멘델스존도 일관되게 소크라테스의 소신과 자신의 소신을 연관시켰다. 멘델스존의 임무는 역사의 파편 아래에 숨겨진 보편적인 진리를 밝히는 것이었다. 5세기 아테네의 소크라테스나 18세기 베를린의 멘델스존 그 누구도 이와 같은 통찰력이 오롯이 자기 것이라고 주장할 수는 없다. 양측의 철학 모두 세월이 흘러도 변함없이 자신들을 하나로 묶어주는 윤리적 신조에 접근하기 위해 분투하는 과정에서 '당대의 취향'을 표현한 것에 불과하기 때문이다.

이렇듯 멘델스존과 소크라테스는 단결하여 계시를 들먹이지 않고도 영혼의 불멸성을 입증해 보려고 했던 셈이다. 하지만 소크라테스를 통해 이런 목적을 달성하려고 노력하는 과정에서 멘델스존은 예기치 않은 방향으로 빠지고 말았다. 특히 그는 소크라테스 식 합리성에 동화되면서 유대교를 계몽주의와 관련짓는 놀라운 결과를 낳았다. 이미 언급했듯, 멘델스존은 사후세계의 문제에 몰두함으로써 1인 2역을 해야 했다. 불멸성의 개념은 독일 계몽주의의 종교적 본질을 확인할 때도 중요한 단서를 제공했다. 불멸의 영혼을 찬성하는 소크라테스의 논거들을 최신화하는 멘델스존의 작업은 고트프리트 라이프니츠(Gottfried Leibniz)와 크리스티안 볼프(Christian Wolff)의 더욱 광범위한 합리론자들의 의제와 딱 들어맞았다. 멘델스존은 자신이 쓴 《파이돈》에서 자신과 다른 철학자들이 신의 존재를 위해 했던 것을 불멸성의 문제를 위해서라도 해야 한다고 주장했다. 칸트를 누른 승리의 상징으로 여겨지는 이른바 수상작 논문에서 멘델스존이 파고들었던 연구 과제 역시 신의 존재를 입증할 형이상학적 증거들을 발견하는 것이었다.[54] 한참 뒤에 칸트가 《순수이성비판》에서 그런 증거들을 일축한 것을 가리켜 멘델스존이 '세상을 짓이기고 있다

---

54) Tomasoni, 2004년 계간지 기고문 참조

(wltzermalmend)'고 했을 때에는 칸트의 승리로 끝났다.[55] 멘델스존이 몰두한 영혼 불멸성의 증거들에 대해 칸트가 제시한 반대 증거들 역시 엄청난 것들로 판명될 터였다.

《파이돈》의 두 번째 대화편 말미에서 멘델스존은 영혼의 불멸성을 뒷받침할 가장 특징적인 증거들 중 하나를 제시했다. 멘델스존의 소크라테스는 플라톤 철학의 교리에서 확실하게 벗어나면서 영혼이 단순하게 구성되어 있음을 주장했다.

만약 우리의 관념들이 여러 갈래로 나뉘어 가장 가까이 연결된 곳에서도 하나로 만나지 못한다면 우리는 기억할 수도, 반성할 수도, 비교할 수도, 생각할 수도 없을 것이다. 우리는 분명히 잠시 전 그 사람조차 되지 못할 것이다. 따라서 우리는 각 구성 요소들의 개념을 모두 하나로 묶어 주는 한 가지 물질을 최소한 가정이라도 해 봐야 한다. 하지만 각 요소들에서 이런 물질이 구성될 수 있을까?

부분에서 시작해 전체가 되도록 우리가 다시 결합과 대조 과정을 요구하고, 우리가 시작했던 지점으로 다시 돌아가지 않는다면 불가능하다.

그렇다고 해서 그게 단순해질 것인가?

당연하다.

또한 늘어나지도 않는단 말인가? 왜냐하면 연장된 것은 나눌 수 있으며, 나눌 수 있는 것은 단순하지 않기 때문이다.

맞다!

따라서 우리의 육체에는 적어도 하나의 물질이 있는데, 이 물질은 늘어나지도 않고 합성된 것도 아니지만 단순하며 지적능력도 있어서 우리의 관

---

55) Wood, 1992년 책과 Adams, 1998년 책 참조

념과 욕망, 그리고 본래의 성향들을 모두 하나로 묶어 준다. 무엇 때문에 이런 물질을 우리의 영혼이라고 부르지 못하겠는가?[56]

멘델스존은 서문에서 이런 구절을 쓰도록 영감을 준 이가 바로 신플라톤주의자인 플로티누스(Plotinus)라고 주장했다. 하지만 여기 등장하는 소크라테스의 말에서 라이프니츠의 《단자론(Monadology)》이 연상되는 것 또한 분명하다. 비평가들은 멘델스존의 주장이 질적으로 라이프니츠의 것보다 떨어지지만, 멘델스존이 플라톤의 저작을 다시 쓸 때 라이프니츠의 형이상학이 지적 바탕이 되었음은 분명하다는 것을 곧바로 알아차렸다. 영혼의 단순성과 관련된 논거는 멘델스존이 일찍이 육체의 무한한 가분성(加分性)에 대해 주장했던 내용을 따르고 있다.

동물의 육체가 소멸돼도 잃을 것은 아무것도 없기에 분해된 부품들은 무한한 변이를 통해 또 다른 구성체의 부품으로 변할 때까지 계속해서 존재하며, 활동하고, 고생하며, 결합되고, 분리된다. 일부는 먼지가 되고, 일부는 습기가 되며, 먼지가 된 것들은 공중으로 올라가고, 습기가 된 것들은 식물 속으로 이동하고, 그 식물에서 살아있는 동물에게 옮겨가며, 벌레에게 영양분을 공급해 주기 위해 그 동물을 떠난다.[57]

육체의 죽음이란 그 육체를 구성했던 요소들로 해체되는 것이 아니라면 무엇이겠는가? 하지만 영혼에는 그런 파편들이 없기 때문에 해체가 불가능해 영혼의 불멸성이 확보된다는 얘기였다. 그런데도 이 구절에 나타난 소크라테스의 고차원적인 유물론은 극단적인 이원론에 근거를 두고 있

---

56) Mendelssohn, 2007년 책, 119~120면
57) 같은 책, 93면

다. 칸트는 멘델스존이 전개한 바로 이런 '영혼의 영속성을 입증해 주는 증거들'을 《순수이성비판》에서 아주 단호하게 반박하고 나섰다.

멘델스존은 자신이 쓴 《파이돈》에서 단일한 생명체는 소멸할 수 없다는 것을 보여줌으로써 영혼은 진정한 소멸이 될 그와 같은 해체의 과정을 겪을 수 없음을 입증하려고 노력했다. 그의 논거는 이렇다. 영혼이란 감소될 수 있는 게 아니며, 생존에 필요한 것을 점차 잃어버려서 서서히 무(無)로 변할 수 있는 게 아니므로(왜냐하면 구성 성분들이 없으니 본래 다중(多重)도 없기 때문이다), 영혼이 존재하는 순간과 존재하지 않는 다음 순간(이 자체가 불가능하지만) 사이에 시간 간격은 없을 것이다. 그러나 우리가 영혼의 단순성, 즉 서로 외부에 있는 여러 구성 성분이 없는 관계로 광대한 양도 없다는 것을 인정한다고 하더라도 영혼의 모든 기능에 관한 어느 정도의 실재성까지 부인할 수는 없다. …… 영혼은 그만큼 엄청나게 더 작은 단계를 거쳐 줄어들지도 모른다.[58)]

칸트는 "이렇듯 영혼의 영속성은 …… 여전히 논증되지 않은 상태이므로 도저히 입증할 수 없다."고 결론을 내렸다. 칸트는 신의 존재를 입증할 형이상학적 증거를 제공하려는 연구에 대해 그랬듯, 이러한 라이프니츠식 불멸성의 증거에 대해서도 똑같이 일축하는 입장을 취했다. 칸트가 볼 때 그런 형이상학적 확실성은 인간의 사고 영역을 벗어나 있었다. 이성의 한계로 인해 그런 식의 입증은 어떻게든 불가능하다고 봤다. 그러나 칸트가 무신론을 선언한 것은 결코 아니지만, 합리론자들의 기획에 이렇게 회의적인 태도를 보인 것은 종교적 감정으로 되돌아가고자 하는 그의 열망 때문이었다. 하만을 떠올리게 하는 구절에서, 칸트는 "신앙이 자리할 여지

---

58) Kant, 1929, 제2판 413~414면

를 주기 위해 나는 지식을 부정해야만 했다."고 주장했다. 그러면서 그는 하만과 마찬가지로 이러한 이성의 한계에 대한 고백을 소크라테스라는 인물과 분명하게 결부시켰다. "소크라테스 식으로 말하자면 반대자들의 무지라는 가장 명백한 증거 때문에 도덕성과 종교를 반대하는 모든 목소리가 영원히 침묵하게 될 것이다."[59] 멘델스존에게 소크라테스는 신을 섬기면서 이론적 이성의 힘을 대변하는 인물인 데 반해, 칸트에게 소크라테스는 도덕성과 종교를 섬기면서 과학의 한계를 선언한 사람이었다. 이와 관련해 로버트 메리휴 아담스(Robert Merrihew Adams)는 다음과 같이 썼다.

칸트가 생각하는 신앙은 전적으로 합리적 신앙이지만, 그 뿌리를 두고 있는 곳은 이론 이성이 아니라 행동과 도덕적 판단을 유도하는 실천 이성이다. 칸트의 견해에 따르면, 우리의 이론적 능력이 종교적 주장의 허와 실을 입증할 수 없기에 실천 이성이 우리의 종교적 입장을 결정할 여지가 남게 된다. 칸트는 종교가 도덕적 고려의 통제를 받는 것이 중요하다고 생각했기 때문에 이 점을 반겼다.[60]

칸트가 《실천이성비판》에서 멘델스존과 대비되는 자신만의 불멸성을 구체화하는 주장을 펼친 것도 바로 이런 의식에서 비롯되었다.

세상에서 최고선(summum bonum)의 실현은 도덕 법칙으로 결정할 수 있는 의지의 필연적인 대상이다. 하지만 이런 의지 안에서 마음과 도덕 법칙의 완벽한 일치는 최고선의 최상의 조건이다. …… 그런데 의지와 도덕 법칙의 완벽한 일치는 신성함이자, 합리적인 세상에 사는 어떤 이성적 존재도 실

---

59) 같은 책, 서문 30면
60) Adams, 1998년 책, 서문 7~8면

재하는 순간에는 도달할 수 없는 완벽함이다. 그럼에도 불구하고 그것은 거의 꼭 필요한 것으로 요구되기 때문에 그런 완벽한 일치를 향해 무한히 진보해야만 찾을 수 있다. 따라서 순수한 실천 이성의 원리에 관해서는 우리 의지의 실질적 대상 같은 실천적 진보를 가정할 필요가 있다.[61]

칸트는 인간 삶의 궁극적인 목적은 우리가 성취할 수 있다고 믿어야만 하는 특정한 도덕적 목적들을 성취하는 것이라고 주장했다. 그러나 칸트는 인간의 생애를 따져볼 때 우리의 덕이 완벽해지기란 현실적으로 불가능하다고 믿었다.

이런 무한한 진보는 동일한 이성적 존재의 생존과 인격이 지속된다(이른바 영혼의 불멸성)는 가정 하에서만 가능하다. 그 다음에 최고선은 사실상 영혼의 불멸성을 가정할 때만 가능하다. 그 결과 도덕 법칙과 불가분의 관계인 이런 불멸성은 순수한 실천 이성을 가정(여기서 뜻하는 것은 이론적 가정인데, 흔히 말하는 입증할 수 있는 그런 가정이 아니라 무조건적이고 선험적인 실천 법칙의 필연적인 결과다)할 때 가능하다.

우리는 무한한 진보를 통해서만 도덕적 법칙과 완벽한 일치를 이룰 수 있다는 이러한 인간 본성의 도덕적 목적의 원리는, 사변적 이성의 무기력을 보충하는 현재의 목적을 위해서 뿐만 아니라 종교에 관해서도 가장 유용하다.[62]

칸트가 볼 때 불멸성을 믿는 것은 도덕적 수양에 꼭 필요한 조건이다. 그는 절멸을 확실한 것으로 받아들이는 세상은 훨씬 비윤리적인 세상일

---

61) Kant, 1998년 책, 147면
62) 같은 책, 148면

것이라고 추정했다. 그리스도교의 도덕 계율이 연상되긴 하지만, 그렇다고 해서 칸트의 자세를 단순히 그런 쪽으로 축소시킬 수 없다. 그가 여기서 그려 내고자 한 것은 선행(善行)의 유한한 삶에 대한 도덕적 보상으로 내세를 믿는 것이 아니다. 칸트의 윤리학은 언젠가 죽게 되는 현세에 뿌리를 두고 있다. 칸트의 도식에서 내세는 현세의 윤리적 열망들과의 파열을 뜻하는 게 아니라 단지 시간의 연장을 나타낸다. 이렇듯 칸트는 불멸성의 문제를 형이상학적 차원에서 벗어나 윤리적 차원으로 발전시켰다. 멘델스존이 합리주의에 헌신한 탓에 불멸의 영혼을 입증할 훨씬 더 정제된 '증거들'을 발견한 반면, 칸트 자신은 이성에 헌신한 결과 그런 증거들을 궁극적으로 잘못된 것들로 일축하게 되었다. 칸트의 도식에서 불멸성은 계몽주의의 윤리적 계율에 꼭 필요한 것이 된다.

멘델스존이 형이상학적 논증이라는 합리론적 연구 과제를 결코 포기하지 못 하는 사이, 유대교를 이성의 요구 조건에 조화시키려는 그의 과업은 점점 더 윤리적인 방향으로 나아갔다. 칸트가 멘델스존의 라이프니츠 식 불멸의 증거를 《파이돈》의 핵심으로 삼으려고 했더라도, 그가 멘델스존의 대화편을 폭넓게 수용함으로써 윤리적 관심사를 우선시했다는 것을 보여 주는 충분한 증거가 있었다. 멘델스존이 이교도 소크라테스라는 매개자를 통해 자신의 생각을 말하기로 마음먹었다는 것은, 종교라는 개념 자체를 초월하지 않으면서 종교 간 차이를 넘어서 새로운 윤리적 담론을 만들어 내고 싶은 열망을 단적으로 표현한 것이다. 멘델스존의 소크라테스는 이성과 윤리학을 평범한 언어로 만들었다. 이 유대인 철학자는 아테네 이교도의 입을 빌려 라이프니츠 식 증거를 언급함으로써 증거를 거부하는 보편주의를 실제로 보여 준 것이다. 멘델스존의 《파이돈》은 합리적 신학이라는 고상한 개신교에 이중의 도전을 가한 셈이었다. 비록 멘델스존이 이 저작의 대화편을 쓰면서 유대교 문제를 공개적으로 제기한 적은 없지만, 그는 계몽주의가 종교를 재평가하는 데에 유대교가 어느 정도 역할을 했다는 뜻을 넌지시 밝혔다. 유대인은 개신교도 중에서도 가장 합리론적인 이들 만큼이나 자기 비판적인 성향이 강할 수 있다.[63] 멘델스존이 유대인 루터라고 불리는 데에는 그만한 이유가 있었다.

멘델스존은 이와 같은 형이상학적인 관심사 외에도, 유대교가 종교적 윤리의 담론에 결정적인 역할을 하고 있다고 생각했다. 우리는 이미 유대인이 불멸성의 문제를 터놓고 말하는 아이러니를 탐구한 바 있다. 앞선 시대의 필로처럼 멘델스존은 내세와 관련된 유대인의 철학을 자세히 설명하기 위해 플라톤을 파고들었다. 이렇듯 플라톤주의는 유대교가 종교적 헌신이라는 공통의 언어로 진입하는 통로 구실을 했다. 그리스도교가 종교로 간주되는 것들에 대해 기준을 세운 데 반해 유대교는 부족한 처지를 깨달을 수밖에 없었다. 그러나 멘델스존이 영혼의 현세와 내세에 몰두했다는 것이 더 아이러니할지도 모른다. 위대한 유대인 선배이자 내재의 철학자인 바뤼흐 스피노자(Baruch Spinoza)와 대조적으로, 멘델스존은 플라톤의 대화편을 뒷받침하는 이원론을 완전히 전유했다. 그는 소크라테스로 변장해 유대인이 어떻게 육체는 없고 영혼만 있는 존재가 될 수 있는지를 여실히 보여 주었다. 이에 대해 제프리 리브렛(Jeffrey Librett)은 이렇게 주장했다. "멘델스존의 초기 저작을 보면 그가 유대인임에도 꾸준히 '한 영혼'으로서, 다시 말하면 실질적인 자기 성찰을 통해 말하고자 한다는 것을 누구나 쉽게 알아차릴 수 있을 것이다."[64] 멘델스존의 대화편은 유대인의 극단적 상징에 대한 전형적인 반유대적 묘사와 달리 육체에서 빠져나오는 영혼을 다룸으로써 유대교에 덧씌워진 유물론의 혐의를 벗겨 주었다.

유물론의 문제는 물론, 유물론과 그리스인·유대인의 대립 구도에 대한 관계는 빙켈만 이후 시대에 이루어진 소크라테스의 시각적 표상이라는

---

63) 멘델스존이 루터파 개신교를 우연히 접하게 된 자세한 내막에 관해서는 Librett의 2000년 책을 참조
64) Librett, 2000년 책, 43면

맥락에서 특별한 반향을 일으켰다. 빙켈만이 고대 미술을 묘사한 방식이 묘한 매력을 풍기면서 독일의 예술 비평계에서는 그리스를 미화하는 것이 대세였다. 그 결과 18세기 말에는 못생긴 외모로 유명한 소크라테스조차 성적 매력이 있는 인물로 표현됐다. 소크라테스의 추함은 플라톤의 유체이탈 철학과 같은 선상에 있을지언정 육체적 아름다움과 선함을 동류로 치는 계몽주의의 고전 미학과는 분명하게 어긋나 있었다. 다시 말하면, 다비드는 소크라테스를 아름답게 그릴 수밖에 없었다. 심지어 소크라테스의 재현이라는 측면에서도 아무리 플라톤이 이원론에 전념했다고 하더라도 계몽주의 시대의 헬레니즘이 보여 준 단호한 반이원론적 심미학에는 대적할 수 없었다.

'독일의 소크라테스'의 시각적 표상과 관련해서는 이와 같은 고려 사항들이 어떤 결과를 낳았을까? 멘델스존에게 소크라테스의 분신적 이미지가 워낙 강하게 박혀 있기 때문에 이 사상가를 예술적으로 재현한 작품들에도 그 특징이 고스란히 남아 있다. 유대인 화가이자 판화가인 미하엘 지크프리트 로베(Michael Siegfried Lowe)가 여러 번 복제한 어느 그림에서 멘델스존과 소크라테스는 지혜를 겨루듯 서로 마주보는 옆모습으로 등장한다. 이들 위로는 부엉이 한 마리가 후광에 쌓여 날고 있으며, 두 사람 앞에는 해골이 하나 놓여 있고 해골 위에는 나비 한 마리가 앉아 있다. 이 해골과 나비는 멘델스존의 《파이돈》의 권두 그림에서도 같은 주제로 등장한다. 요한 빌헬름 마일(Johann Wilhelm Meil)이 스케치한 이 그림에서 소크라테스는 혼자 의자에 앉아 해골을 응시하고 있으며, 그 해골 위로 나비 한 마리가 날아다니고 있다. 마일의 그림은 렘브란트의 동판화 작품인 〈어두운 방 안의 성 제롬(St Jerome in a dark chamber)〉에서 아주 크게 영감을 받은 듯하다.[65](그림3 참조). 아울러 나비의 존재는 이 그림이 초기의 그

---

65) 이런 의견을 내준 데 대해 존 벤더(John Bender)에게 감사의 뜻을 전한다.

그림 3. 렘브란트, 〈어두운 방 안의 성 제롬〉, 1642, 보스턴 미술관

리스도교적인 주제와 관계가 있음을 확실히 보여 준다. 이 나비는 부활의 상징물로 육체에서 나온 영혼이 내세를 기약하며 날아가고 있음을 암시한다. 그러니까 로베의 멘델스존 그림에서는 그리스를 상징하는 것과 그리스도교와 유대교를 상징하는 것들이 앞다투어 주목을 끄는 셈이다. 멘델스존과 소크라테스는 서로 공통된 철학자다운 관상(넓은 이마, 활 모양의 눈썹)을 띠고 있는 한편 두 사람 모두 자기만의 특성을 지니고 있다. 소크라테스는 들창코로 유명하고 멘델스존은 영락없는 유대인의 외모를 타고난 것처럼 말이다. 이 두 사람을 가까이 붙여 놓을수록 서로의 다른 점이 더욱 도드라진다. 그리스도교의 교리는 그리스 현자와 유대인 현자의 극명하게 다른 사고방식을 합한 것 같다.

그러나 이러한 골상학은 1775년 요한 카스파 라바터(Johann Caspar Lavater)의 《골상학론(Essays on Physiognomy : Designed to Promote the Knowledge and Love of Mankind)》이 출간되면서 새로운 국면을 맞게 되

었다. 이 스위스 신학자의 네 권짜리 걸작은 당시에 큰 화젯거리가 되었다.[66] 라바터는 연구 대상들의 얼굴 모양에서 겉으로 드러나지 않는 그들의 성격을 탐지했다고 주장했다. 그의 방법론은 괴테의 코를 분석한 대목에 인상적으로 잘 요약되어 있다. "그 코에서는 표정과 시적 생산력(취향과 애정)이 넘쳐난다." 괴테의 시적인 코에 천직이 담겨 있는 셈이다. 라바터의 논문이 겉으로는 훌륭한 가정학 총서(1801년에 〈스코츠 매거진(Scots Magazine)〉에 수록된 어떤 비평문에는 다음과 같은 주장이 있다. "한때 라바터의 설명과 판화 작품을 참고로 젊은 남자나 여자의 얼굴에 드러난 주름과 특징들을 세심하게 비교해 보기 전에는 하인을 고용하기가 어려웠다.") 인 척 했지만, 그가 제시한 대부분의 사례는 위인들의 이목구비를 자세히 연구한 데서 나온 것들이다.[67] 그 중에서 소크라테스가 단연 눈에 띈다. 라바터는 "소크라테스가 못생겼다는 것은 의심의 여지가 없다."고 인정하면서 외모의 '불균형'과 내적 지혜가 그와 같이 두드러지게 차이가 나는 것 때문에 골상학의 수칙에 문제가 생긴다는 점을 시인했다.[68] 하지만 라바터 입장에서 골상학자와 같은 전문가의 안목이 필요한 이유도 분명 이런 불일치 때문이었다.

"강렬하면서도 서로 모순되는 강점을 지닌 사람들은 대개 얼굴에 두드러진 특징이 아주 많다. 그런데 이런 것들은 다소 심각하거나, 폭력적이거나, 당혹스럽게 여겨진다. 그러다 보니 이런 사람들은 고대 그리스의 예술가들과 멋을 아는 사람들이 미(美)라고 부르는 것과 큰 차이가 난다. 이런 두드러진 특징들의 의미와 표현은 연구되지도 않고 이해 받지도 못하고, 오히려 오직 아름다움만을 찾는 눈에 거슬릴 뿐이다." 소크라테스의 생김새는 분명

---

66) Shookman, 1993년 책을 참조
67) Graham, 1979년 기고문, 61면에서 발췌
68) Lavater, 1848년 책, 114면

이런 축에 든다.[69)]

비록 맞은편 페이지에서 빙켈만이 인용되고 있긴 하지만 라바터는 분명 빙켈만이 생각하는 '그리스의 아름다움'에 저항한 듯 했다. 라바터는 골상학이 해결해야만 하는 마음 대 육체의 문제를 옹호하는 동시에 부정했다.

라바터가 소크라테스의 독특한 아름다움을 골상학이라는 학문의 시험 사례로 여겼다면, 멘델스존의 실루엣을 분석한 글에서는 궁극적으로 그런 아름다움을 옹호했다.

혹시 당신은 그 실루엣을 알고 있나요? 필자에게 그 실루엣이 굉장히 소중하다는 것을 당신에게 숨기기 어렵군요! 정말 인상적이죠! …… 당신은 "멍청이인가 보군! 천박하고 눈치 없는 작자!"라고 말하거나, 그렇게 말하고 싶어서 잠시 주저할 수도 있을 겁니다. 이런 말을 할 수 있거나 또 다른 말까지 감수할 수 있는 사람이라면 반드시 필자의 책을 덮고 던져 버려야 합니다. 필자가 그를 재단하지 않도록 생각 자체를 그만하게 해야 하니까요. 필자는 이 실루엣을 대단히 즐깁니다! 필자의 눈이 그의 근사한 이마의 곡선에서 그의 뾰족한 눈의 뼈까지 훑어 내립니다. …… 그 눈 깊숙이 소크라테스적인 영혼이 박혀 있답니다! 견고한 코(코에서 윗입술로 이어지는 참으로 아름다운 변화)와 도톰하면서도 위아래 어느 쪽으로도 돌출되지 않은 도톰한 입술이여! 이 모든 것이 어떻게 다른 것과 조화를 이루어 필자가 관상의 신성한 진리를 감지할 수 있고 알아볼 수 있으려나. 물론 필자는 아브라함의 아들인 그가 언젠가 플라톤과 모세와 힘을 합쳐 십자가에 못 박힌 영광의 주님을 알아보고 숭배하리라는 것을 압니다.[70)]

---

69) 같은 책, 115면
70) Lavater, 1775년 책, 243~244면 ; Altman, 1973년 책, 319면에 번역되어 나옴

라바터의 열광에도 불구하고 그의 가상의 관찰자는 일찍이 소크라테스를 마주하면 어떨까, 하고 상상했을 때와 마찬가지로 멘델스존을 대면했을 때도 쉽사리 믿지 못 하는 마음을 고백한 것 같다. 교육을 받지 않은 사람이 보기에는 소크라테스나 멘델스존 둘 다 천박한 멍청이일 수 있다. 하지만 라바터는 소크라테스의 못생긴 외모에 대해서는 아주 자세히 설명하면서도 정작 멘델스존을 향한 그러한 반응에 대해서는 아무런 설명도 하지 않았다. 라바터의 설명에 문외한인 이들도 '아브라함의 아들들'의 좀 더 보편적인 옆얼굴에서 악담거리를 끌어낼 수 있었을까? 논문의 다른 곳에서도 라바터는 《질풍노도(Strum und Drang)》를 쓴 야콥 미하엘 렌츠(Jakob Michael Lenz)의 '관찰'을 인용했다. "놀랍게도 유대인들은 자신들의 나라와 인종의 특징들, 다시 말하면 그들의 짧고 검은 곱슬머리와 갈색 피부색 같은 특징들을 세계 곳곳으로 가지고 간 게 틀림없는 것 같다. 또한 그들의 빠른 말투와 급하고 느닷없는 행동거지 또한 같은 이유에서 비롯된 듯하다. 유대인들은 다른 사람들보다 얼굴이 몇 배나 더 두꺼운 게 아닐까 한다."

라바터는 1인칭 시점으로 설명을 이어갔다. "내 생각을 더하자면 유대인 민족의 얼굴은 뾰족한 턱과 삐죽 내민 입술, 그리고 또렷한 입술의 중간선이 특징이다." 이와 같은 묘사에서 라바터는 유대인의 코, 즉 샌더 길만(Sander Gilman)이 "서구 유대인들에게 나타나는 유대인 특유의 병리학적 증세"라고 했던 그 유명한 '매부리코'에 관해서는 입을 다물었다. 그러나 다른 글에서 라바터는 코끝이 아래로 숙은 이 코에 대해 이렇게 말했다. "아래쪽으로 많이 숙은 코들은 진짜 보기 좋다거나, 진짜 생기 넘친다거나, 고상하다거나, 멋지다고 할 수 없다. 그들의 생각과 성향은 푹 파묻혀 있기 십상이다. 그들은 폐쇄적이고, 차갑고, 비정하며, 붙임성이 없고, 자주 심술궂게 비꼬며, 언짢아하거나, 극도로 침울하거나, 우울하다. 윗부분이 휘어진 코는 무서우면서도 육감적이다." 괴테의 시적인 코가 천재의 성향을 함축하듯 유대인의 매부리코는 타락의 성향을 암시한다. 이와 관련해 주디스 벡슬러(Judith Wechsler)는 다음과 같이 논평했다. "라바터의 골상학 책에 묘사된 유대인들은 한 경우를 제외하고 모두 옆모습으로 나오는데, 이는 코를 설명할 때 더 효과적이기 때문이다."[71]

뚜렷하게 아래쪽으로 숙였음에도 멘델스존의 코는 이와 같은 혹독한 분석을 피해갔다. 하지만 라바터가 멘델스존의 외모에 드러난 특징들을 '한껏 즐기고' 있긴 하지만 궁극적으로 그의 관심을 끈 것은 바로 멘델스존의 '소크라테스적 영혼'이었다. 라바터는 멘델스존의 유대인적인 육체를 통해 그의 그리스인적인 영혼을 꿰뚫어 보았다. 아울러 라바터가 멘델스존의 구원에 이르는 길을 포착하게 된 것도 이러한 그리스인적인 내적 성향이 드러남으로써 가능했다. '골상학의 신성한 진리'는 개종의 서막이었음이 밝혀진다. 멘델스존의 유대인적인 육체와 그리스인적인 영혼의 대립은 그리스도교라는 합으로 해결되었다.

라바터의 골상학적 분석은 일찍이 그가 멘델스존에게 플라톤주의를 채택하는 것이 논리적으로는 결국, '십자가에 못 박힌 영광의 주님'을 '알아' 보고 '숭배'하는 것임을 알게 해주려 했던 시도가 희망적인 방향으로 확장된 것이었다. 왜냐하면 여기서 그가 말한 내용들은 1769년에 드러난 그 악명 높은 '라바터 사건'의 신호탄에 불과했기 때문이다.[72] 멘델스존이 《파이돈》에서 영혼의 불멸성에 관해 주장한 내용들에 힘을 얻은 라바터는 그의 저작에서 플라톤의 대화편에서 발견한 것과 똑같은 원(原)그리스도교의 가능성을 보았다. 라바터는 멘델스존이 《파이돈》에서 영혼에 대해 논의한 내용이 이미 드러난 그리스도교의 진리에 미치지 못한다는 이유를 들어 비판했던 샤를 보네(Charles Bonnet)의 책을 번역해 출간하면

---

71) Lavater, 1848년 책, 352~353면, 472면 ; Gilman, 1991년 책, 181면 ; Wechsler, Shookman의 1993년 책, 112면

72) 이 사건과 그 여파는 Altman의 1973년 책, 201면과 그 다음 면을 참조

서 멘델스존에게 부치는 '헌정 편지'를 덧붙이기로 했다. 그는 이 공개된 편지에서 멘델스존에게 "그리스도교의 실체를 옹호하면서 제시한 필수적인 논거들이 틀렸다는 것을 알게 됐을 때는 공개적으로 반박하되, 그것들이 맞았다는 것을 알았을 때는 신중함과 진리에 대한 사랑 그리고 정직이 시키는 대로 하라. 즉 소크라테스가 이 논문을 읽고 반박의 여지가 없음을 알았을 때 어떻게 할지를 생각해 보고 그대로 하라."고 촉구했다.[73] 다시 말해, 라바터는 소크라테스가 단지 메시아 이후 시대에 태어나는 역사적 혜택을 누렸더라면 그리스도교로 개종했을 테니, 멘델스존 역시 자신의 종교적 문화 변용의 한계를 돌이켜 고백하고 그리스도의 교리를 받아들여야 한다고 주장했다. 이렇듯 소크라테스는 착한 유대인, 즉 자신의 외고집과 완고함을 뛰어넘어 그리스도교로의 개종을 받아들이는 유대인의 입장을 떠맡게 된 셈이다.

멘델스존은 이에 공개적으로 답장을 썼다. 이 편지에서 그는 후에 《예루살렘》에서 발전시키게 될 용어를 동원해 그리스도교에 분연히 맞서 유대교를 옹호했다. 하지만 멘델스존 혼자만 라바터에게 분개했던 것은 아니었다. 샤를 보네는 물론, 요한 다비드 미카엘리스(Johann David Michaelis), 헤르더, 하만, 그리고 괴테까지 모두 지면을 통해 당 사건을 비난하고 나섰다. 이러한 즉각적인 반응 외에도 사건의 여파는 계속 이어져 계몽주의에 대한 신학적 논쟁으로 전개되었다. 순수한 신학적 영역을 벗어나 살펴보면 개종의 문제는 앞으로 수십 년 간 유대인의 해방과 통합을 둘러싸고 벌어질 논쟁과 결코 무관하지 않을 터였다. 라바터는 관용이라는 계몽주의 원리를 어겼던 것이다. 그는 개종을 유대인이 지성적인 시민 사회로 진입하기 위한 허가 조건으로 만들어 버렸다. 샤를 보네의 번역판에 첨부한 '헌정 편지'에서 라바터가 써먹은 설득 기법은 묵살되었을 게

---

73) Mendelssohn, 1929~1938년 책, 7면 3줄 ; Altman, 1973년 번역서, 209면

뻔하다. 그리고 그가 지적인 면뿐만 아니라 신체적인 면에서도 멘델스존이 그리스도교적 구제의 대상임을 입증하려고 시도했던 분야는 다름 아닌 골상학이었다. 멘델스존이 《파이돈》에서 육체를 초월하고 영혼을 통해 불멸성을 이루어 내고자 했던 열망은 유대교의 물질성과 그리스도교의 정신성을 대비시키는 반유대적 고정관념은 물론, 그리스인의 육체적 아름다움에서 그들의 고귀한 영혼을 엿보는 식으로 고대 그리스를 미학적으로 이상화하는 관행과도 관련이 있었다.

에밀리 윌슨은 "멘델스존의 《파이돈》이 모든 유럽인, 즉 유대인과 그리스도교도 모든 이를 위해(소크라테스의 죽음관 뿐만 아니라) 소크라테스의 죽음을 복구하고자 한 시도"였다고 주장했다.[74] 분명 멘델스존이 합리적 신학의 담론에 몰두하고 불멸성의 문제를 강조한 것은 계몽주의가 전통 종교에 대해 광범위한 의문을 제기하는 데에 유대교가 어떤 기여를 할 수 있었는지를 입증하려는 노력의 일례였다. 멘델스존은 이교도 소크라테스의 역할을 맡음으로써 이성이 각 종교의 도덕적 계율과 신학적 계율을 설명하려면 모든 종교를 신봉할 수 있어야 한다고 주장했다. 그러나 라바터의 해석에서 보았듯이, 멘델스존이 소크라테스를 조우한 것 자체가 유대교와 계몽주의 사이에 어떤 긴장감 같은 게 있음을 상징한다고 비칠 수도 있는데, 이런 긴장감 역시 그리스도교를 둘러싼 논쟁으로 변했다. '계몽이란 무엇인가?' 라는 질문에 대한 대안적인 해답을 제시하는 것이 아니라, 그리스인과 유대인을 대립 구도로 몰아가는 것은 그리스도교의 새로운 표현법에 불과했다. 라바터가 《파이돈》에 대해 보인 반응은 동화가 실패했음을 단적으로 보여 준 사례였다. 유대인이었던 멘델스존은 당대의 종교 논쟁에서 독특한 목소리를 낼 수 없었다.

라바터 같은 인물에게 멘델스존이 보여 준 유대교의 이성에 대한 반성

---

74) Wilson, 2007년 책, 190면

은 유대교를 완전히 버리고 그리스도의 교리를 따르라고 요구할 구실에 지나지 않았다. 리브렛은 이를 다음과 같이 표현했다. "멘델스존이 외형상 유대인임에도 …… 스스로 이성적인 사람임을 표방했다는 점만으로도 원칙적으로는 이미 개신교로 기꺼이 전향하겠노라고 선언한 셈이다."[75] 반면 칸트가 볼 때 멘델스존이 《파이돈》에서 그토록 다듬고자 했던 바로 그 이성이라는 개념 자체가 잘못된 것이었다. 칸트는 실천 이성의 윤리라는 이름을 내건 멘델스존의 형이상학적 강령을 비난했다. 멘델스존이 소크라테스를 합리적 종교의 명분으로 삼은 데 반해 칸트는 그를 윤리적 자기 이해에 이른 인물로 되살렸다. 칸트가 볼 때 소크라테스는 도덕적 계몽주의의 대안적인 강령을 알리기 위해 과학의 한계를 폭로한 이였다.

이성의 한계 내에서의 종교

멘델스존은 《파이돈》에서 형이상학과 도덕성을 둘러싼 계몽주의의 토론에 유대교를 끼워 넣으려고 했지만 결국에는 그리스도교로 개종하라는 요구만 받고 말았다. 돌이켜 생각해 보면 대화편이 폭넓게 인기를 끈 것도 결국 이런 해석 덕분으로 비칠 수 있다. 멘델스존은 불멸성을 논의하는 과정에서 지배적인 종교와 양립할 수 있었으니 큰 혜택을 입은 셈이었다. 이와 관련해 비에야르 바롱은 이렇게 썼다. "사실, 모든 이가 영혼의 불멸성을 화제로 삼는 것에 동의한다."[76] 멘델스존이 고대 그리스 사람인양 비쳤다는 것을 다르게 해석하면 그가 그리스도교의 교리를 잠자코 따랐다는 뜻이었다. 소크라테스는 이성의 상징이 결코 아니며, 기껏해야 서로 다른

---

75) Librett, 2000년 책, 32면
76) Vieillard-Baron, 1979년 논문, 442절 ; Vieillard-Baron, 1974년 학술지에 실린 논문도 참조

영성의 양식들을 중재하는 세력에 불과했다.[77]

이른바 라바터 사건 때문에 멘델스존은 어쩔 수 없이 이 문제를 정면으로 다룰 수밖에 없었다. 멘델스존의 《파이돈》이 유대교를 비방하는 그리스도교도들에 맞서 함축적으로 유대교를 옹호하는 저작으로 비칠 수 있는 데 반해, 그의 《예루살렘》은 대놓고 유대교를 옹호한다. 멘델스존은 자신의 대작에서 논쟁의 방향을 형이상학과 도덕성에서 탈피해 역사와 정치 쪽으로 잡았다. 그러면서 아예 첫 장부터 그는 자신의 연구에 얽혀 있는 이해관계를 만천하에 알렸다. "국가와 종교(시민 헌법과 교회 헌법), 세속의 권위와 교회의 권위(사회생활을 떠받치고 있는 이와 같은 기둥들이 균형을 이루되 사회생활에 짐이 되지 않도록, 즉 사회생활을 떠받치게끔 도와주는 것을 넘어서 그 기반을 짓누르지 않도록 서로 맞서게 하는 법)야말로 정치의 가장 어려운 과업 중 하나다."[78] 이 저작에서 멘델스존은 '정치의 과업'을 떠맡았고 더욱이 고대와 근대의 유대인 문제를 공개적으로 언급함으로써 그 서막을 열었다. 구체적인 역사적 공간으로서 뿐만 아니라, 상징적인 모습의 예루살렘이 멘델스존으로 하여금 '양심의 자유'는 물론 이 양심의 자유와 교회 및 국가와의 관계를 연구하도록 이끌었던 셈이다.[79]

새로운 정치 조직체에서 종교를 위한 역할을 찾는 과업은 계몽주의 사상가들의 중대한 관심사였다. 비종교 국가에 힘쓰는 것이 정치 철학의 기정사실이 되었다면, 공적 양심과 사적 양심의 경계와 관련된 문제는 멘델스존의 말마따나 아직 '정확하게 정해'지지 않았다. 물론 종교적 정체성과 시민적 정체성을 조화시키는 문제는 개혁 의지가 있는 그리스도교적 유럽의 관심사였다. 하지만 계몽 사상가들에게는 시민권에 대한 새로운 청사진에서 그리스도교 신앙의 역할을 제한하는 일보다 유대교가 야기한

---

77) Mendelssohn, 1983년 책, 33면

78) 멘델스존의 국가론에 관해서는 Goetschel의 2007년 기고문을 참조

79) 위의 책, 33면

도전이 더 큰 장애물로 다가왔다. 유대인이라는 조건은 한 개인을 구성하는 워낙 두드러진 특징이었기 때문에 시민적 충성의 요구조건과 합의점을 찾을 수 없었다. 그리스도교의 유럽이 '아직 경계를 정하지 않은' 상황에서 유대교를 향해 어떤 식으로든 그렇게 구별하는 것은 본질적으로 나쁘다는 비난 여론이 조성되었다. 반항적인 멘델스존을 둘러싸고 개종의 가능성이 거론되면서, 개인의 믿음을 재조정하는 일보다 더 많은 것이 위태로운 상황에 놓이게 되었다. 한 사람이 근대 시민이 될 수 있느냐, 아니냐는 유대교의 포기 여부에 달려 있었다.

《예루살렘》에서 멘델스존은 시민적 충성이 유대교와 양립할 수 없다는 생각을 거부하는 유대인 해방 기획에 동조했다. 그러나 멘델스존의 친구이자 공동 연구자인 크리스티안 빌헬름 돔(Christian Wilhelm Dohm)을 포함해 다른 이들은 시민권을 유대인에게까지 확장해 주어야 한다고 주장한 데 반해, 《예루살렘》은 훨씬 더 논쟁적인 입장을 취했다.[80] 유대인을 옹호하는 측은 전형적으로 유대인 해방을 계몽 국가와 해당 사회의 세속적 보편주의에 대한 헌신을 판가름하는 궁극적인 기준으로 삼았다. 유대인들까지 근대 국가의 시민 구성원으로 편입될 수 있다면 그들의 관용 기획이 성공한 것으로 간주될 수 있었기 때문이다. 반면 멘델스존은 유대교가 단지 그런 혁신적인 국가상과 일치하는 데 그치지 않고 실제로 그런 국가의 가장 매력적인 모형을 제공할 수 있다고 주장했다. 멘델스존은 계몽주의 사상의 교리들이 유대교에 필수적인 것들이라고 진술했다. 계시에 대한 믿음을 통해 신봉자들에게 이성에 반하는 지적 요구를 하는 그리스도교와 달리 유대교는 그런 열망 자체를 하지 않는다고 했다.

---

80) 돔은 1781년에 그의 중요한 저작으로 꼽히는 《유대인의 시민적 지위 개선 방안(Über die Bürgerliche Verbesserung der Juden)》을 출간했다. 해당 저작에 관해서는 Hess, 2002년 책을 참조

나는 인간의 이성으로 이해할 수 있을 뿐만 아니라 인간의 힘으로 설명하고 입증할 수 있는 진리 외에 다른 어떤 영원한 진리도 알지 못한다. 그런데 모어쉘(Mörschel)은 내가 선조들의 종교에서 벗어나지 않으면 이런 교리를 옹호할 수 없다고 생각하다니 유대교를 단단히 오해하고 있다. 그와 달리 나는 이러한 교리가 유대교의 핵심이라고 보며 이것이야말로 유대교와 그리스도교의 특징적인 차이라고 믿는다. 간추리자면, 내가 알기로 유대교는 그리스도교도들이 이해하는 계시 종교라는 것을 전혀 모른다. 유대인들은 신성한 입법(일시적으로나 영구적으로 더 없는 행복에 이르기 위해서 어떻게 처신해야 하는지에 관한 법률·율법·조례·생활 규칙·하나님의 뜻에 따른 가르침 등)을 갖추고 있다.[81]

유대교가 계시 종교가 아니라 계시 입법체라는 주장은 유대교를 이성의 진리와 일치하는 행동 규칙으로 바꾸어 놓았다. 멘델스존은 스피노자에게서 자신이 꿈꾸는 시나이산의 계시를 보았다.

유대교는 구원에 꼭 필요한 영원한 진리를 전혀 독점적이지 않게 계시를 받는다며 자랑하고, 흔히 알고 있는 계시 종교가 결코 아니라고 떠벌린다. 계시 종교와 계시 입법은 별개다. 위대한 그날 시나이에서 들은 그 목소리는 "나는 인간들에게 그들의 행위에 따라 내세에서 보상을 내려 주는, 영원한, 너희들의 하나님, 꼭 필요하고, 독립된, 전지전능한 존재다." 라고 선포하지 않았다. 이것은 보편적인 인류의 종교이지 유대교가 아니다. 그런데 없으면 인간들이 고결하지도 않고 더 없는 행복에 이를 수도 없는 이러한 보편적인 인류의 종교는 그곳에서 계시 되지 않았다.[82]

---

81) Mendelssohn, 1983년 책, 89~90면
82) 같은 책, 97면

스피노자는 《신학정치론(Tractatus Theologico-Politicus)》에서 신의 율법들이 정치 조직인 유대 연방(Jewish commonwealth)을 자리 잡게 했다고 주장했다. 멘델스존은 이러한 율법들을 지키는 것은 신앙이 아닌 복종의 문제라는 스피노자의 견해에 찬성했다.[83] 하지만 계시에 관해서는 이해를 같이 했음에도 불구하고 멘델스존은 스피노자가 모세의 율법이 단순한 정치 규약으로 격하될 수 있다고 주장하자, 그와 결별했다. 멘델스존은 유대교가 그리스도교와 달리 교리를 따르는 부담으로부터 자유롭다고 주장하고 싶어 했다. 그렇다고 유대교가 자연 종교의 진리와 무관하다는 뜻은 아니었다. 유대교는 이러한 진리에 결코 '독점적'으로 접근하지는 않을지 모르나 성서를 통해 접근하기 때문이다. "우리가 모세를 통해 받은 성서가 엄밀히 말해 복종과 생활규칙과 규범을 담고 있는 율법서와 다르지 않더라도, 잘 알려졌다시피 그 안에는 이성적 진리라는 무궁무진한 보물도 담겨 있다."[84] 멘델스존에게 영원히 변치 않는 이성의 진리들은 성서의 진리와 겹쳐 보였다.

멘델스존이 유대교를 이렇게 표현한 데에는 동시대의 많은 사상가와 구별되는 그의 특별한 역사 인식 덕분이었다. 그는 역사를 꾸준한 진보로 보는 18세기 역사주의와 일치한 견해에 반대했다.

나로서는 고인이 된 내 친구 레싱이, 내가 모르는 인류의 역사가에게 영향을 받아 상상한 것이기 때문에 인류의 교육이 어떤 것인지 이해할 수 없다. 인간은 인류라는 집단적 실재를 한 개인으로서 상상하며, 신이 인류를 어릴 때부터 어른이 될 때까지 키우기 위해 이곳 지상의 학교에 맡겼다고 믿는다. 사실 인류는 세상의 서로 다른 지역과 종교에 존재하긴 하지만 거의

---

83) 멘델스존과 스피노자에 관해서는 Goetschel의 2004년 책과 Zac의 1989년 책을 참조
84) 위의 책, 99면

모든 세기에, 아이에게, 어른에게, 그리고 노인에게 동시에 존재한다.[85]

레싱과 달리 멘델스존에게 이성의 진리들은 역사 발전과 무관해 보였다. 그는 변덕스러운 역사의 영향을 받지 않는 자주적인 이성을 굳게 믿었다. 한나 아렌트는 《계몽주의와 유대인 문제》라는 논문에서 멘델스존의 역사에 대한 회의적인 태도는 유대인들의 역사 체험에서 비롯된 것이라고 주장했다.

이와 같은 현실 배제는 세상에서의 그 유대인의 실제 입지와 밀접하게 관련되어 있다. 그에게 세상은 중요하지 않았기 때문에 그 세상은 바꿀 수 없는 것의 전형이 되었다. 이러한 새로운 이성의 자유, 형성의 자유, 스스로 생각할 자유는 세상을 전혀 바꾸지 못한다. '교육 받은' 그 유대인은 게토에서 탄압받는 유대인의 심정과 똑같이 무관심하게 역사적 세계를 바라본다.[86]

아렌트가 볼 때, "유대인들이 역사를 헤아리지 못 하는 것"은 "역사가 없는 민족이라는 그들의 운명에 근거한 것이며 계몽주의를 단지 부분적으로만 이해하고 동화됨으로써 육성된 것이다."[87] 비역사적인 유대인이라는 아렌트의 고정관념은 오래 이어진 독일의 사상사에서 충분히 가다듬었다. 계몽주의가 유대인을 근대성과 유독 맞지 않는 민족으로 특징짓는 데에는 역사를 모르는 민족이라는 견해가 많이 작용했다. 유대인의 문제적 역사로 인해 그들은 고대인들과 근대인들 간의 충돌과 간접적인 관계에 놓이게 되었다. 계몽주의가 그리스 · 로마 문화에 관심을 갖는 데 활력소가

---

85) 같은 책, 95~96면
86) Arendt, 2007년 책, 8면
87) 같은 책, 8면

되었던 고대와 근대의 대화는 유대인들의 체험이 비켜간 것 같은 역사주의 개념에 의존했다. 근대는 과거와 구별하고자 하는 열망에도 불구하고, 근대와 고대를 경쟁 관계로 설정하는 역사적 연속성의 개념에 근거를 두고 있었다. 계몽주의가 유대인들을 역사가 없는 민족으로 묘사한 결과 역동적인 교류 같은 것은 전혀 불가능하게 되었다. 그러나 이보다 더 문제적인 사실은 유대 민족이 역사의 영역에 들어갈 수 없다는 것이었다. 먼 과거로 안착한 그리스와 로마의 문명과 달리 유대인의 체험담은 계속 진행 중이었다. 그 결과 과거로 한정된 역사적인 그리스인들과 현재까지 이어져 온 비역사적인 유대인들 사이에 역설적인 대립 구도가 형성됐다.

필자는 멘델스존이 역사적 진보를 소홀히 취급한 데에는 나름의 목적이 있었고, 이것이야말로 훨씬 더 큰 논쟁거리였다고 생각한다.[88] 멘델스존이 자기가 그렇게 논박하고 싶어 했던 그리스도교의 승리주의 담론으로부터 유대교를 구출할 수 있으려면 목적론적 역사관을 훼손하는 방법밖에 없었다. 레싱 등이 지지한 인간 진보론은 필연적으로 그리스도교적 구원이 예루살렘의 원시 종교를 대신하면서 해당 종교를 부적절한 것으로 만들어 버렸다고 믿을 수밖에 없었다. 돔처럼 유대인을 지지하는 이들조차 유대인들이 근대 국가에 좀 더 맞는 조건을 갖추도록 유대인들에게서 그들의 역사를 제거하고 싶어 했다. 하지만 돔은 역사적 사례에 기초한 주장을 바탕으로 반역사론을 세웠다. 언뜻 납득이 안 가는 조처로서, 그는 로마인들의 예루살렘 성전 파괴를 유대인 해방 역사의 결정적 순간으로 만들어 버렸다. 돔의 도식대로라면 로마의 예루살렘 정복은 근대의 전형적 순간이 되는 셈이었다. 로마 제국은 그들만의 시민적 관용의 윤리를 지키고 교회와 국가를 명확히 구분함으로써 근대의 계몽 국가 이전에 있었던 완벽한 국가처럼 보였다. 이 점에 대해 조너선 헤스(Jonathan Hess)는 다

---

88) 또한 Erlin의 2002년 논문과 Honig의 2009년 책을 참조

음과 같이 썼다.

돔이 생각한 근대적이고 세속적인 국가의 원형은 예루살렘을 파괴하고 최종적으로 유대인 이산자들을 출현시킨 정복국이었다. 따라서 이러한 제국주의 국가와 동일시하는 상징적 의미를 과소평가할 수 없다. 일례로 유대인 해방 때 도시 개량을 빌미로 예루살렘의 몰락을 재현하려고 했다.[89]

이렇듯 예루살렘을 저버리는 것이 유대인을 근대에 편입시키기 위한 필요조건이 되었다.

돔과 달리 멘델스존에게 로마는 결코 본보기가 될 수 없었다. 그가 로마인들이 예루살렘 성전을 파괴한 것을 설명한 글에서는 꽤 다른 정취가 풍긴다.

예루살렘을 정복한 이들은 성전을 약탈하던 중 계약의 궤에 새겨진 지천사를 발견하자, 그것들이 유대인의 우상이려니 생각했다. 그들은 모든 것을 야만인의 눈으로, 그리고 자신들의 관점으로 바라봤다. 그들은 자기네들의 관습에 따라 신의 섭리와 널리 퍼진 은총의 형상을 신의 형상, 즉 신 자체로 간주하고 자신들의 발견에 기쁨을 감추지 못했다.[90]

멘델스존은 앞선 구절에서 로마인들을 동시대의 계몽주의 인류학자들에 비유했다. "우리 시대의 여행자들도 우리에게 먼 곳에 사는 민족의 종교를 전할 때 이와 비슷한 실수를 무척 자주 범할지도 모른다."[91] 인도적 관용을 묘사한 돔과 달리 멘델스존은 로마인들의 오만한 팽창주의를 강조

---

89) Hess, 2002년 책, 33면
90) Mendelssohn, 1983년 책, 114면
91) 같은 책, 114면

했다. 그는 로마의 제국주의 기획을 동시대 계몽주의파의 민족지학적 임무에 비유하면서 두 사례 모두 자신들이 우연히 마주하게 되는 진짜 다름을 제대로 알아보지 못했다. 항상 거울에 비친 자신들의 모습을 보고 거울 속의 형상이 진짜 또는 보편적인 줄 안다고 넌지시 꼬집었다. 멘델스존이 로마를 비판한 대목에서, 고대든 근대든 제국에 대한 보편주의자들의 윤리적 혹은 합리적 환상과 정치적 보편주의와 연결된 제국주의의 기미가 은연중에 보였다. 로마인들이 모든 것을 단지 '야만인의 눈으로' 그리고 '자신들의 관점으로' 바라본 것과 똑같이 그들의 근대 계몽주의파 후계자들 또한 예루살렘을 자신들만의 종교와 국민성의 틀에 욱여넣으려 했다. 멘델스존은 합리성을 다르게, 즉 대안적 보편주의로 이해하기 위해 예루살렘을 로마에 비유했다.

멘델스존은 레싱의 목적론적 역사관에 저항함으로써 유대교를 그리스도교의 승리주의 담론으로부터 구할 뿐만 아니라, 예루살렘을 위대한 그리스·로마 문명의 잠재적인 경쟁자로 되살리고자 했다. 그가 이른바 역사주의 부상에 저항한 것 또한 당대의 유대인 문제를 확실히 의제화하기 위한 전략에서 비롯되었다.[92] 멘델스존이 고대 예루살렘의 도시 구조에 관심을 갖긴 했지만 역사성을 띤 유대인들의 신정 국가를 되살리고자 하는 마음은 없었다. 대신에 그는 예루살렘이 지닌 윤리적 모범성을 끌어내고자 했다. 아테네 및 로마의 시민들과 달리 고대 예루살렘의 거주민들은 근대 유럽에 실제로 살고 있는 존재였다. 비록 왜곡되기는 했으나 당대의 유대인들이 간직한 고대 유대교의 역사적 기억 덕분에 그들에게는 자신들이 본받고자 노력할 수 있는 양심에 대한 자유의 전형이 생기게 되었다. 이에 대해 조너선 헤스는 다음과 같이 주장했다.

---

92) Reil의 1975년 책, Myers의 2003년 책, 2007년 책에 실린 Hess의 글을 참조

이런 식으로 제시된 덕에 유대교는 더 이상 동양학자들이 역사적 과거로 격하시키는 정치 체제가 아니라, 해당 재계(齋戒)를 교회와 국가가 구별된 근대의 본보기로 삼을 수 있는 종교가 되었다. 더 이상 서방의 원시적인 기원도 대체 기원도 아닌, 동방에는 분명 근대 정치를 위한 초석이 되어야 하는 양심에 대한 자유의 전형이 담겨 있다.[93]

이렇듯 멘델스존은 예루살렘을 그리스도교는 물론 동시대 사상가들이 고대에서 찾으려고 했던 국가의 지위에 관한 세속적인 틀에도 대비되는 것으로 설정했다.[94] 멘델스존이 라바터 사건에 대응해 《예루살렘》에서 그리스도교에 반대한다는 것을 분명히 밝혔음에도, 그의 생각에 동조하는 독자들 가운데 상당수는 그가 유대교를 해석한 것을 두고 그리스도교를 잠자코 따랐다고 주장하기에 이르렀다. 헤스는 이어 주장하기를, "나름의 보편주의를 발휘해 유대인이나 유대교를 기꺼이 수용하는 이들은, 멘델스존의 도전을 중화시키면서 유대교를 '정화' 하려는 시도야말로 멘델스존이 그토록 깎아 내리려고 했던 그리스도교적 보편주의를 향해 정확히 한 발짝 다가간 것이나 다름없다고 생각하는 경향이 있었다."[95] 그 중에서도 특히 임마누엘 칸트가 대표적이었다. 멘델스존과 마찬가지로 칸트도 양심의 자유를 수용한 합리적인 신학을 찾고 있었다. 그는 멘델스존과 함께 형이상학적 원칙보다 실천 윤리를 우선시하는 종교에 몰두했다. 하지만 칸트는 멘델스존이 유대교를 바로 그런 종교라고 내세우는 데에는 열을 올리며 반대했다. 결국 1783년에 칸트는 멘델스존에게 다음과 같은 내용의 편지 한 통을 썼다.

---

93) Hess, 2002년 책, 109면
94) 또한 Witte의 2007년 책을 참조
95) Hess, 2002년 책, 135면

다비드(David) 프리들란더(Friedländer)는, 자네의 《예루살렘》이 보여 준 통찰력과 예리함과 지혜를 내가 얼마나 칭찬하는지 말해 줄 걸세. 난 이 책이 점차 임박해지고 있는 위대한 개혁, 즉 자네 민족을 위해서 뿐만 아니라 다른 나라들에게도 똑같이 다가오고 있는 개혁을 선포하는 것이라고 본다네. 자네는 거의 불가능하다고 여겼을 터라서 어떤 다른 종교도 장담할 수 없는 수준의 사상적 자유와 자네 종교를 가까스로 결합시켰네. 동시에 자네는 반드시 모든 종교가 무제한의 사상적 자유를 누려서 결국, 교회마저도 인간의 양심을 짓누르고 억압하는 모든 것에서 벗어날 방법을 생각해 봄으로써 인류가 마침내 종교의 주안점에 대해 일치된 태도를 보이게 되리라는 점을 철저하고 분명하게 보여 주었네. 왜냐하면 우리의 양심을 짓누르는 모든 종교적 명제는 역사, 즉 그와 같이 역사적으로 반대되는 것들의 진리를 믿는 것에 따라 행복의 여부가 결정되도록 하는 관행에 바탕을 두고 있기 때문이네.[96]

이 편지에는 칸트가 10년 후에 선보인 종교를 다룬 걸작 《이성의 한계 내에서의 종교(Religion within the Limits of Reason Alone)》에서 발전시키게 될 주제들이 상당수 담겨 있었다. 칸트에게 있어 멘델스존의 《예루살렘》은 종교가 이성의 테두리 안에서 생각될 수 있음을 입증하기 위한 잘 기획된 시도로 비쳤다. 그가 볼 때 《예루살렘》은 유대교를 계몽주의와 조화시키는 도전적인 작업을 성공적으로 이루어 냈다. 문제는 무엇을 위해서 그랬냐는 것이었다. 칸트가 멘델스존에게 보내는 칭찬에는 암묵적인 위협이 가미되어 있었다. 멘델스존이 오직 이성만을 바탕으로 마음에 품을 수 있는 종교가 있는데 그 종교가 바로 유대교임을 입증하고 싶어 했던

---

96) Kant, 1967년 책, 107~108면

반면, 칸트는 멘델스존의 개혁적인 의제를 중시했다.[97] 멘델스존의 입장에서는 《예루살렘》이 합리적 측면에서 유대교의 가능성을 있는 그대로 설명했다지만, 칸트는 이 책이 오히려 유대교(혹은 대부분의 종교)가 무엇이 될 수 있는지를 규정해 놓았다고 본 것이다. 칸트는 거듭 특정한 종교에서 보편적인 종교로, 유대교의 특수성에서 종교의 일반성으로 관심을 돌렸다. '다른 나라들'과 마찬가지로 유대 민족에게도 '점차 임박해지고 있는 위대한 개혁'이 목전에 있다고 보았다. 다시 말해 이들 유대인은 그러한 진보가 가능하도록 다른 나라들과 같이 행동해야 할 것이라는 뜻이었다. 좀 더 정확히 말하자면, 그들은 자신들만의 특정한 역사의 무게를 '덜어' 내야 했다. 유대인들이 자신들의 종교적 특수성이 역사 단독의 산물임을 인식할 때, 다른 모든 나라가 참여한 개혁의 길을 그들도 똑같이 따라갈 수 있을 터였다. 칸트가 생각하는 유대교는 역사였다.

멘델스존과 칸트가 이성과 종교를 분석할 때 역사는 근본적으로 각각 다른 역할을 했다. 멘델스존에 따르면, 유대 역사로 인해 유대인들은 합리적 도덕성을 좋아하게 되었다. 반면에 칸트는 유대 역사를 유대인들이 새로운 합리적 종교를 계승하기 위해서 반드시 극복해야 할 장애물로 보았다. 멘델스존에게 유대교는 종교들이 감내해야 하는 개혁이었다. 칸트에게 모든 종교의 개혁이 필요하지만 유대교는 그들의 역사적 '짐' 때문에 특히 더 그러했다. 실제로 칸트는 "유대교는 사실 전혀 종교가 아니"라고 믿었던 것으로 유명하다. 그는 다음과 같이 주장했다.

유대교 신앙의 원래 형태는 정치 조직을 설립할 때 기초가 되었던 단순한 제정법들의 집합체다. …… 이러한 정치 조직은 신권 정치를 근거로 삼는다. …… 따라서 여기서는 양심을 결코 요구하지 않고 양심에 전혀 호소하지

---

97) Rotenstreich, 1984년 책, 23~36면. 또한 Witte의 2007년 책을 참조

도 않는 단순한 속세의 섭정에 불과한 신의 이름이 추앙받는다. 바로 이 점 때문에 그것은 종교 조직이 못된다.[98]

칸트는 유대인의 도덕 계율의 외적 특성 때문에 유대교가 윤리의 영역에 속하지 못한다고 보았다. 유대교는 종교가 아니라 입법 체계였다. 게다가 유대교에서 도덕적 행위들은 내적인 '양심에의 호소'를 통해서가 아니라, 법의 외적 요구에 따라서 행해지기 때문에 유대교는 실천 이성에서 아주 중요한 자율성에 조금도 의존하지 않는다고 생각했다.

칸트는 편지에서 멘델스존의 《예루살렘》을 향해 조건부로 열광을 표명한 후, 《이성의 한계 내에서의 종교》에서는 좀 더 노골적으로 비판하고 나섰다. 칸트는 멘델스존의 '재간'을 다시 한 번 칭찬하면서도 본질적으로는 그가 진정한 합리적 종교를 찾기 위한 합동 탐색에 나서기 위해 독실한 유대교 신자이길 포기했다고 주장했다. 멘델스존이 그리스도교로 개종하기를 거부한 것을 두고 칸트는 특이의 극치로 해석했다. "그는 이렇게 말하는 셈이다. (비록 신앙과 관련한 역사적 가르침에 따르면 유대교는 항상 유물로 머무르게 해야 한다지만) 우선 당신의 종교에서 유대교를 빼버려라. 그러고 나면 우리는 당신의 제안을 숙고해 볼 수 있을 것이다. (실제 그렇게 된 다음에는 법규들로 인해 홀가분해진 순수한 도덕적 종교를 제외하고는 아무 것도 남지 않게 될 것이다.)"[99] 칸트는 유대교가 '유물', 즉 종교 발전의 역사적이고 한물간 단계로만 남을 수 있다고 보았다. '순수한 도덕적 종교'로 접근하려면 유대교를 저버리는 길밖에 없다고 생각했다. 칸트는 이런 '유대교를 빼버리는' 절차를 다음과 같이 직접 규정했다.

---

98) Kant, 1998년 책, 130면
99) 같은 책, 162~163면

따라서 이런 목적 때문에 우리는 진실하고 보편적인 종교(그리스도교가 점차 이러한 종교에 가까워지고 있다)적 신앙을 객관적으로 통합시키는 근원과 원리들을 처음부터 그 안에 지니고 있는 교회의 역사만을 다룰 수 있다. 게다가 무엇보다도 유대교는 …… 비록 그것이 그리스도교보다 앞서 생겨나 이 교회(그리스도교)를 세워야 할 물리적 근거를 제공했더라도, 우리가 고려하고자 하는 역사를 갖고 있는 그리스도교와 본질적으로 전혀 관련이 없는 게 분명하다. 유대교는 원래 확립된 대로 정치 국가를 지원하는 단순한 제정법의 집합체에 불과했다. 왜냐하면 처음부터 혹은 나중에든 도덕적 부가물이 덧붙여진 종교는 흔히 말하는 유대교에 어떤 식으로도 해당되지 않기 때문이다. 엄격히 말하자면 유대교는 결코 종교가 아닌 많은 사람의 연합체, 즉 특정한 종족에 속하는 터라 순전히 정치적인 법규를 따르는 공동체일 뿐이지 어떤 교파가 아니다.[100]

이렇듯 칸트에게 그리스도교라는 '진정한 보편적 종교'는 유대교라는 내향적인 개별주의와 정반대되는 것이었다. 그러나 칸트는 단순히 유대교와 그리스도교를 바라보는 견해에만 이의를 제기한 것이 아니라 좀 더 계통 중심의 주장을 펼쳤다. 그는 유대교가 그리스도교의 발전과 '본질적으로 무관함'을 입증하고자 했다. 칸트는 유대교를 그리스도교의 발전에 필수적인 것으로 보기는커녕 이 둘의 관계를 역사적이고 지정학적인 하나의 사건에 지나지 않는다고 여겼다. 유대교는 앞서 등장해서 그리스도교를 설립해야 할 '물리적 근거'를 제공하긴 했지만 혈족 관계임을 주장할 수 없다고 본 것이다. 칸트는 멘델스존이 고대 예루살렘을 묘사한 부분을 고의적으로 축소해 해석함으로써 이러한 논거를 구축했다. 또한 멘델스존이 거슬러 올라가 스피노자를 주목한 부분에는 뜻을 같이 하며 유대 역사를 정치 역사로

---

100) 같은 책, 130면

재구성했다. 하지만 멘델스존과 달리 칸트는 고대 이스라엘의 시민적 정체성을 그 어떤 도덕적 차원과도 전혀 관련이 없는 것으로 간주했다. 그가 볼 때 윤리는 "흔히 말하는 그런 유대교에 속하지 않는" 것이었다.

이러한 정부(유대교 식 신권 정치)에서 국민들은 이승의 재물 외에는 어떤 다른 것에도 의욕을 갖지 않게 되고, 오직 바라기만 하므로 이승의 상벌을 통해 다스려지게 되었다. 이런 점에서 그들은 어느 정도 부담스러운 의식과 제전(祭典)이 강요하는, 즉 부분적으로는 정말 윤리적이지만 외적 강제력을 지닌 탓에 오직 민사와 관련된 법만 따를 수 있었다. 그러다 보니 도덕적 성향의 열세는 전혀 문제가 되지 않았다. …… 그런 상황에서 비록 이런 국민들의 노예근성 때문에 불안정하긴 하지만, 점차 그들에게 영향을 미쳐 국민들 대부분이 깊이 생각을 하게 되었다. 그렇게 유도한(그리하여 그들이 혁명을 일으킬 수준에 이르게 한) 그리스의 슬기롭고 도덕적인 자유에 관한 신조들 덕분에 그들이 그런 위계적인 헌법의 모든 악을 완전히, 그리고 아주 잘 체감하고 있었다. 이때 이전 철학자들보다 훨씬 순수한 지혜를 소유한 자가 마치 하늘에서 내려온 듯 느닷없이 이들에게 나타난다.[101]

칸트가 볼 때 유대인들의 물질적이고 '세속에 집착하는' 열망들은 윤리적 공동체로 발전시키지 못하는 그들의 무능력을 다시 한 번 보여 주는 단 한 가지 사례에 불과했다. 그들의 주된 동기 요인으로 작동하는 외적 강제성은 칸트의 자율적인 이성의 원리와 대립되었다. 하지만 이전과 같이 칸트는 유대교의 한계에 관한 이런 철학적 관측을 그리스도교 역사에 대한 역사적 주장과 결합시켰다. 칸트는 '그리스도교적 혁명'의 시작을 유대 민족의 과거와의 '느닷없고' 단호한 단절로 묘사했다. 그런데도

101) 같은 책, 95면

칸트의 설명은 약간의 역사적 기폭제 없이는 제구실을 못할 것 같았다. 그는 유대인들이 현재의 도덕 환경에 불만을 품기 시작했음을 간파했다. 천성적으로 도덕적 관념이 전혀 없다고 한 바로 그 유대인들이 '위계적인 헌법의 악을 완전히' 인지할 수 있게 되었다고 생각했다. 그들의 타고난 결점을 고려하면 이런 자각은 저절로 생성된 것이라고 보기 어려웠다. 칸트는 '노예근성'이 이렇게 변한 근거를 그리스의 '슬기롭고 도덕적인 자유에 관한 신조들'을 접한 순간에서 찾았다. 헬레니즘이 유대인들의 윤리적인 자기인식에 산파 역할을 했던 것이다.

이렇듯 그리스도교가 느닷없지만 예상대로 생겨나게 된 원인은 바로 이러한 유대교 때문이었다. 그런데 여기서 말하는 유대교는 더 이상 가부장적이지도 않고, 청정하지도 않으며, 더 이상 이미 산산조각이 난 정치 헌법에만 의거하지 않는다. 또한, 점차 그 안에서 대중적으로 수용되어 온 도덕적 교리 덕분에 종교적 신념이 이미 섞여 버린 유대교다. 게다가 이때의 상황은 여태 무지한 상태였을 이들 국민에게 많은 외래(그리스)의 지혜가 이미 퍼진 터였다. 아마도 이런 지혜는 덕의 개념을 통해 계몽시켜주고, 여전히 유대교의 교리 중심적인 신념이 무겁게 짓누르고 있었을 것이다. 그럼에도 불구하고 성직자들이 외래의 모든 대중적인 종교에 무관심한 민족의 규율에 복종한 탓에 그들의 권력이 약화된 결과 발생된 이런저런 변혁에 대비시키는 등의 더 큰 영향을 미쳤을 때였다.[102]

유대교가 그리스도교의 만족할 만한 모체가 되기 위해서는 인간답게 만들어 주는 그리스인들의 지혜에 의해 유연해져야만 했다. 그리스는 두어 가지 방법으로 그리스도교가 유대교에 오염되는 것을 막아 주었다. 우

---

102) 같은 책, 132면

선 유대교 자체가 다른 성질의 것으로 변형되도록 힘썼으며, 그 다음으로는 그리스도교에 토착 사상을 제공했다. 하만과 마찬가지로 칸트 또한 헬레니즘과 그리스도교가 연계되어 있다고 설명했다. 그런데 이러한 연속성은 유대교와 그리스도교의 대조적인 속성에 바탕을 둔 것이었다.

칸트는 《이성의 한계 내에서의 종교》에서 멘델스존의 《예루살렘》에 열광했다고 고백했지만, 유대교를 '오로지 이성'에만 바탕을 둔 종교로 제시한 그의 철학적 입장은 물론 유대인이라는 태생적 관점에서 그리스도교의 쇠락을 끊임없이 주장하는 그의 역사적 설명까지도 반박하고 나섰다. 하지만 칸트는 종교적 차원에서 멘델스존의 저작에 대해 말하고자 하는 것들이 상당히 많았지만 시급한 정치적 답변은 내놓지 못 했다. 그럼에도 불구하고 헤스는 이렇게 썼다. "《이성의 한계 내에서의 종교》는 관심 대상을 유대인이 아니라 유대교로 철저히 한정했지만 종교 논문 그 이상임이 분명하다. 출간 당시의 분위기를 고려할 때 유대교는 도덕성과 양립할 수 없으며, 도덕적인 인간을 배출할 수 없다는 내용은 분명 근대의 유대인들에 관한 정치적 주장이었다."[103] 칸트는 《이성의 한계 내에서의 종교》에서 자율적인 이성에 근거한 도덕률이 아직 내면화 되지 못한 유대교는 계몽 국가의 시민권의 요구조건에 부합할 수 없음을 암시했던 것 같다. 그가 복원한 역사적 서사에 따르면, 유대인들은 시민이 되려면 먼저 그리스인이 되어야만 했다. '그리스의 슬기롭고 도덕적인 자유에 관한 교리들'은 유대인들이 '위계적인 헌법'의 노예 상태에서 풀려나려면 반드시 필요한 선결 조건이었다. 시민권과 관계된 칸트의 개념은 윤리와 정치의 밀접한 관련성에 바탕을 둔 것이었다. 역설적이게도 그들의 정치적 성향을 강조함으로써 유대인들에게 정치적 권리를 되돌려 주고자 한 멘델스존의 시도가, 칸트에게는 유대인들이 그러한 목적을 달성하는 것을 어렵게 만드

---

103) Hess, 2002년 책, 156면

는 장해물이 되었던 셈이다.

멘델스존의 저작을 지나치게 있는 그대로 해석한 칸트는 예루살렘을 정치체로 복원함으로써 그곳을 근대 시민에게 요구되는 윤리 지식과 동떨어진 곳으로 만들었다. 이와 관련해 나단 로텐스트라이히는 멘델스존이 자신의 설득력 있는 미사여구의 희생양이 된 게 이때가 처음이 아닌 점에 주목했다.

멘델스존이 그리고 있는 유대교의 이미지를 칸트, 헤겔, 포이어바흐 (Feuerbach), 브루노 바우어(Bruno Bauer), 마르크스 등은 널리 통용되는 이미지로 받아들였다. 그러면서 이들은 각자 그 내용물을 자신만의 개념적 틀에 결합시켰다. 분명 멘델스존은 유대교에 반대하거나 그것을 비판했다는 비난을 받지는 않을 것이다. …… 그러나 19세기는 그를 그리스도교적인 유대교론을 확립한 사람으로 간주했다.[104)]

칸트는 시민 해방에 관한 입장을 《이성의 한계 내에서의 종교》와 《학부들의 논쟁(The Conflict of the Faculties)》에서 함축적으로 드러냈지만 종교 역사와 동시대 논쟁 간의 연관성은 좀 더 분명하게 밝히고 있다.

그래서 우리는 예수의 종교를 공개적으로 채택하자는 …… 굉장히 명석한 유대인인 벤 다비드(Ben David)의 제안을 가장 다행스럽게 생각할 수 있다. 더구나 그 제안이 만약 실행된다면 유대인들에게 독특한 신앙을 남겨주는 동시에 그들이 시민권을 획득할 준비가 되어 있고, 정부로부터 신앙을 재가 받을 수 있는 교육을 받고 문명화된 사람들로 빠르게 주목 받게 해 줄 유

---

104) Rotenstreich, 1964년 책, 45면. 멘델스존이 칸트에 미친 영향력에 관해 똑같이 주장하고 있는 Munk 의 2006년 논문 또한 참조

일한 계획이다. …… 유대교를 안락사해야 일부가 그리스도교에 존속하게 마련인, 법으로 명시된 고대의 모든 교리로부터 자유로운 순수한 도덕적 종교가 나온다. …… 그러나 종파를 나누는 것 또한 제때 사라져야 한다. 그래서 적어도 마음으로 만이라도 우리가 지구상의 위대한 종교적 변화의 드라마라고 결론지을 수 있는 것(만물의 복원)에 도달해야 한다. 그때가 되면 오직 한 명의 양치기와 한 무리의 양떼만 존재하게 될 것이다.[105]

위 단락의 내용은 레싱의 《유대인들》에 나오는 "실제로는 유대인이 아닌 유대인들이 있는 게 틀림없다."는 논평으로 요약될 수 있겠다. 유대인들이 사회에 우리가 이미 알고 있을 그것, 즉 그들이 '시민권을 획득할 준비가 되어 있음'을 입증할 수 있으려면 그리스도교를 '공개적으로' 채택하는 길밖에 없었다. 이 대목에서 칸트의 수사법은 확실히 모호하다. 그는 먼저 유대인의 개종을 요구한 다음 그들을 '교육을 받고 문명화된 사람들'로 특징지었다. 칸트는 유대인의 개종을 그가 자기와 같은 시민들이 경험하길 바라는 정신적 해방을 향한 첫걸음으로 보았다. '유대교의 안락사'는 '순수한 도덕적 종교'를 성취하는 데 결정적이었다. 궁극적으로 칸트는 '그러한 종파를 넘어서'고자 하는 열망, 즉 자신이 합리적 종교를 찾는 과정에서 그리스도교 자체를 넘어서고자 하는 열망을 표출했다. 하지만 그가 여기서 보편주의 언어를 사용한 것 자체가, 그가 다른 곳에서는 흔히 칭송하는 그리스도교의 보편주의를 표명한 것이나 마찬가지였다. 멘델스존이 과감히 파헤치고자 했던 것도 바로 이런 패권적 열망이었다. 그는 《예루살렘》에서 관용이 널리 퍼지고 많은 목동이 자유롭게 많은 양떼를 통치하는 대안적 보편주의를 기대하고 있음을 밝혔다.

---

105) Kant, 1979년 책, 95면

멘델스존과 프랑스혁명

멘델스존을 독일의 소크라테스라고 부른 데에는 계몽주의의 신학적·정치적 담론을 지배했던 복잡한 관계가 깊이 투영되어 있었다. 한편으로는 소크라테스로 가장한 멘델스존이 게토를 탈출해 베를린의 지식인 사회에 들어와도 되는 이성적 인물을 상징했다. 그러나 다른 한편으로 그와 소크라테스의 관련성은, 그를 지지하는 사람들과 욕하는 사람들이 하나같이 그에게 시대에 뒤떨어진 자신의 종교를 버리고 예수의 교리를 받아들이라고 설득하려고 할 때 꺼내드는 도구로 전락했다. 소크라테스는 멘델스존이 결국에는 자신의 진짜 정체성을 그리스도교도로 인정하기 위해서 반드시 되어야만 하는 그리스인이었다. 하지만 멘델스존과 소크라테스의 정체성을 둘러싼 이러한 의도들은 이 두 인물이 제각기 원인 제공자가 되고 마는 정치 논쟁과 무관하지 않았다. 멘델스존과 소크라테스는 프랑스를 집어삼키고 있던 정치 혁명에서 각자 자기만의 방식으로 역할을 했다. 얄궂게도 이 독일의 소크라테스는 자신의 조국에서 그토록 열망했던 정치 개혁을 불러일으키기 위해 프랑스 시민이 되어야만 했다.

멘델스존의 소크라테스는 죽는 순간까지 형이상학적 계몽주의를 탐색한 반면, 다비드의 소크라테스는 다른 무엇보다도 정치적 인물이었다. 혁명을 목전에 두고 있던 1787년에 그려진 〈소크라테스의 죽음〉은 조국이라는 이름으로 행해진 영웅적인 자기희생을 보여 주었다. 소크라테스의 죽음은 정치적 저항 행위로 묘사되었다. 진리와 덕의 이름으로 전제 국가에 저항하는 소크라테스는 새로운 사회 질서, 이전과는 다른 개인과 국가 간의 관계, 그리고 시민권의 혁명적인 모델을 상징했다. 이렇듯 소크라테스는 계몽주의 이성의 열망들을 나타낼 뿐만 아니라 고대 그리스·로마 국가에 뿌리를 두고 있는 시민 사회에 대한 새로운 인식을 예시했다. 마르크스는 익히 알려진 대로 프랑스혁명은 로마의 복식을 걸치고 로마의 문구를 가지고 거행되었다고 선언했다. 하지만 혁명가들이 급진적 민주주의를 갈 망함으로써 촉진된 것은 바로 고대 그리스 식 시민권이었다.[106] 역사상의 소크라테스는 민주주의에 반대했다는 아이러니에도 불구하고, 다비드의 그림 등에 등장하는 소크라테스는 그리스 식 자유를 향한 이런 갈망과 연 관되어 있었다. 소크라테스를 멘델스존 같은 유대인과 얼마나 많이 비슷 하다고 할 수 있는가, 라는 질문은 정치적인 문제가 되었다.

유대인들을 시민 사회는 물론 시민권에서 배제시키느냐 마느냐는 프랑 스혁명 이전 시기의 가장 뜨거운 논쟁을 불러일으킨 정치 문제 중 하나였 다. 앞서 살펴본 멘델스존은 고대 예루살렘이 고대 아테네에 버금갈 만큼 충분히 근대 도시의 본보기를 제시할 수 있다고 주장하면서 살아생전 상 당 기간을 유대인 해방 운동에 바쳤다. 생전에 그의 저작들이 프러시아의 정치 풍광에 얼마간 영향을 미치긴 했지만, 그가 밀어붙인 의제가 가장 직 접적인 성공을 거둔 것은 바로 그가 죽고 난 후인 프랑스혁명 때였다. 멘 델스존의 사상은 혁명적인 미라보 백작(comte de Mirabeau, 프랑스 혁명 때의 거물 정치가—옮긴이)에게도 아주 지대한 영향을 미쳤다. 미라보 백작 은 멘델스존이 죽자마자 1787년에 이 베를린 유대인의 58쪽짜리 전기를 집필한 후, 그가 보편적이라고 여긴 권리들을 유대인들도 누리도록 해 주 는 나름의 정치 개혁안을 내놓았다.[107] 다비드가 소크라테스의 죽음을 그 리는 동안 미라보는 그가 이른바 '근대의 플라톤'이라 칭한 인물에게 바 치는 추도사를 썼던 셈이다.[108] 프랑스혁명을 설명할 때 1780년대 이전에 는 프랑스에서 유대인의 입지에 관한 일관된 지적 논쟁이 없었다는 점을 강조하는 한편, 새로운 혁명가들의 요구 사항을 공식화하는 데에 독일에

---

106) 고대 그리스·로마의 유물과 프랑스혁명에 관해서는 Mossé의 1989년 책과 Vidal-Naquet의 1990년 책, 그리고 Hartog의 2005년 책을 참조
107) Schechter의 2003년 책, 95~101면
108) Mirabeau, 1968년 책, 1면

서 벌어진 논쟁이 중요하게 작용했음을 빼놓을 수 없다. 델페시(Delpech) 도 "이처럼 여전히 불리한 상황에서, 처음으로 진지한 충격파가 베를린에서 나왔다."고 쓰면서 연이어 멘델스존을 구체적으로 언급했다. "유대인들의 개혁이라는 생각은 상당 부분 그가 제시한 예와 그를 숭배하는 이들의 저작물에서 비롯된 것이다."[109] 이 독일의 소크라테스는 프랑스혁명이라는 상에 유대인 해방이라는 문제를 차려놓은 것으로 명성이 높았다.

미라보가 쓴 멘델스존의 전기는 동시대인들이 그를 묘사할 때 썼던 익숙한 비유 방법들을 상당 부분 활용했다. 특히 유대인이라는 보편화된 열악한 조건에서 출발해 사회적으로나 지적으로 인정받는 최고의 자리로 나아갔던 멘델스존의 비범한 여정을 강조했다. 미라보는 다음과 같이 운을 뗐다. "본디 천한 무리로 내던져진 한 남자가 …… 이번 세기가 배출한 독일 태생의 가장 위대한 저자들 가운데 한 사람의 반열에 올랐다." 하지만 그가 더 폭넓은 주장을 펼치려면 멘델스존의 궤적의 예외성이 아니라 전형성을 강조해야만 했다. 미라보는 멘델스존이 온갖 역경을 뚫고 누릴 수 있었던 시민 혜택을 모든 유대인에게 허용한다면 그들 또한 자신들을 그토록 괄시했던 사회에 혜택을 베푸는 존재가 될 것이라고 주장했다. 새삼스러울 것도 없이 미라보는 유대인의 역사적 조건을 바탕으로 장차 유대인을 해방시켜야 한다는 주장을 펼쳤다. 그는 크리스티안 돔을 떠올리게 하는 구절에서 로마를 계몽 사회의 원형으로 꼽았다.

유대인들은 로마 제국에서 유용한 백성들이었다. 정복당한 연유로 결국 노예가 된 그들은 모든 공공사옥과 군사무소에 출입하는 등의 상당한 특혜를 받았고, 무엇보다도 그들 자신의 법을 지키며 살아갈 수 있도록 허락받았다. 그들은 거의 4세기 동안이나 무한한 시민의 권리를 향유했다. 즉, 그

---

109) Delpech, 1976년 책, 7~8면

들이 맡은 바 의무를 성실히 수행했다고 말할 수 있을 만큼 충분히 누렸다는 뜻이다.110)

　유대인들이 노예 신분에서 시민권의 특권을 완전히 누리는 신분으로 상승했다는 것은 로마의 정치 구조가 지혜로웠다는 증거였다. 로마인들은 유대인들에게 시민권의 특혜를 주고 그에 대한 보상으로 로마를 섬기는 유대인들을 갖게 되었다. 미라보는 편의주의에서 나온 이런 주장에 제아무리 편견이 심한 동시대인들이라도 마음이 흔들릴 것이라고 생각했다. 로마 공화국이 혁명 이후 프랑스의 청사진이 되려면 이런 해방 조치가 종교적 관용에 헌신한 로마의 전례를 충실히 따라야 한다고 여겼다.

　멘델스존이 사망하고 5년이 지난 1791년 9월, 프랑스는 유럽에서 최초로 유대인들에게 완전한 시민권을 인정해 주었다. 근대 유럽의 역사에서 처음으로 유대인들은 외견상으로나마 조건 없이 프랑스에 기꺼이 편입하게 되었다. 프랑스는 여전히 유대인이기를 원하는 유대인들까지도 받아들일 수 있는 나라가 된 듯했다. 그럼에도 불구하고 로날트 셰크터(Ronald Schechter)의 주장처럼 "프랑스혁명이 법제화한 '그 해방'이 유대인들에게 좋은 것이었는지 아니면 나쁜 것이었는지에 관해" 여전히 한 가지 문제가 남아 있었다.

　역사가들이 음으로 양으로 거듭 물어왔던 게 있다. 1791년 가을에(프랑스혁명 당시의) 국민 의회가 선포한 유명한 법령이 그때부터 프랑스가 그들을 동포로 간주하게 함으로써 유대인들을 환대하는 오랜 전통(비록 드레퓌스 사건과 비시 정부[Vichy regime, 2차 대전 당시 프랑스의 친나치 괴뢰 정부―옮긴이] 때문에 비극적으로 중단되기도 했지만)의 시초인지, 아니면 오

---

110) Mirabeau, 1968년 책, 67~68면

히려 동화의 서곡, 즉 전통적인 유대인의 정체성에 내린 사형 선고로 결국 유대인들을 제거하기 위한 무혈 수단에 불과했던 게 아니냐는 것이다.[111]

혁명의 도시 파리가 정말로 멘델스존이 주장한 예루살렘의 대안적 보편주의를 존중해 줄 수 있었을까? 아니면 로마 제국의 패권적인 보편주의를 재현한 것에 불과했을까?

멘델스존의 희망은 아직 이루어지지 않았고 '진정한' 해방이라는 점점 멀어져 가는 목표는 근대성과 관련해 계속 진행 중인 연구 과제 중 하나가 되었다. 하지만 이 장(章)에서 보여 주고자 한 것은, 푸코가 유럽을 근대성 논쟁에 끌어들인 문제라고 했던 유대인 문제를 체계적으로 설명할 적절한 방법을 찾기 위해 고대 그리스와 고대 로마의 사례들이 필요했다는 점이다. 독일뿐만 아니라 유대인의 소크라테스이기도 했던 모제스 멘델스존의 이중적 정체성이 문제가 되었다. 그는 이성이 히브리 철학을 접하게 함으로써 그리스 철학의 한계를 은근히 폭로하는가 하면, 유대교가 근대 도시의 바람직한 자산이라고 주장함으로써 그리스의 유산으로 당연시되었던 시민권을 다른 각도로 보게 해 준 인물이다. 멘델스존과 칸트에게 자율적 이성과 윤리적 의무의 문제는 헤브라이즘과 헬레니즘이 충돌하게 될 역사적 서사와 연관되어 있었다. 푸코는 "우리가 경험한 많은 것에 비추어 볼 때 계몽주의라는 역사적 사건은 우리를 성숙한 어른으로 만들어 주지 못한 게 확실하다."고 주장했다. 필자는 오히려 계몽주의가 우리를 아테네와 로마와 예루살렘에 살던 어린 시절로 되돌려 보냈다고 주장하고 싶다.[112]

---

111) Schechter, 2003년 책, 150면

112) Foucault, 2003년 책, 56면. 흥미롭게도 Peter Gay가 1967년에 출간한 두꺼운 계몽주의 관련 고전의 제목이 '히브리인과 그리스인'이다. Gay의 책에서 '히브리인'은 그리스도교도를, '그리스인'은 계몽된 세속주의자들을 가리킨다. 필자는 일부 용어의 복잡한 특징들과 이런 그리스도교와 세속주의 간의 갈등에 영향을 미친 유대교와 헬레니즘의 양면적인 역할을 모두 보여 주었기를 바란다.

2장

노아 그리고 노에시스
: 그리스인, 유대인 그리고 헤겔의 변증법

Noah and Noesis
: Greeks, Jews and the Hegelian Dialectic

· 소크라테스와 예수, 그리고 칸트와 헤겔
· 노아와 데우칼리온
· 아브라함과 그리스 공화국
· 유대교의 비극

베르너 하마허(Werner Hamacher)는 "멘델스존의 《예루살렘》은 헤겔의 첫 철학 단편들의 중요한 참조 문헌으로 인정받아야 한다."고 썼다.[1] 앞 장에서는 유대교에서의 이성의 위치를 놓고 벌인 멘델스존과 칸트의 논쟁이 어떤 윤리적·정치적 결과들을 불러왔는지 자세히 살펴봤다. 이번 장에서는 헤겔의 초기 신학 저작들이 칸트 및 멘델스존과의 대화를 통해 이성의 문제에 어떻게 각별히 접근했는지를 탐색하려고 한다. 베른·프랑크푸르트 평론으로 알려진 이 저작들은 헤겔이 튀빙겐에서 신학 공부를 하던 시절에 쓴 것들이다. 당시 헤겔은 튀빙겐에서 동문수학하던 셸링(Schelling), 횔덜린(Hölderlin)과 함께 칸트의 《순수이성비판》의 영향을 고스란히 받고 있었다.[2] 유대교의 본질을 다루어 가장 인정받는 헤겔의 분석 또한 1790년대에 집필한 바로 이 평론들에 들어 있다.[3] 헤겔의 최초 저작들에는 소크라테스, 예수, 그리고 랍비들이 함께 등장한다. 하지만 바로 1798~1799년의 평론인 《그리스도교의 정신과 그 운명(The Spirit of Christianity and Its Fate)》에서 그가 계몽주의와 궤를 같이해 유대교에 열중한 것이 어떤 의미인지 완전하게 드러난다. 프랑스혁명의 배경에 대해

---

1) Hamacher, 1998년 책, 22면. 헤겔의 초기 저작들에서 멘델스존이 중요한 역할을 담당했음을 처음 지적한 이는 헤르만 놀(Hermann Nohl)이었다. 그는 이 단편들을 모아 1907년 《청년 헤겔의 신학론집(Hegels Theologische Jugenschriften)》을 출간했다. Rosenstock의 2010년 책 209~214면과 "그가 학생 때부터 자신의 사상을 설명할 때 이용하는 주요 책 목록에 멘델스존의 《예루살렘》이 들어 있었다." 라고 쓴 푀겔러(Pöggeler)의 1974년 논문도 참조해 볼 만하다.

2) 이 시기 헤겔의 사상적 발전에 관한 권위 있는 설명을 보고 싶으면 Harris의 1972년 책을 참조

3) 이와 관련해 헤겔의 자서전을 집필한 로젠크란츠는 유명한 말을 남겼다. "유대교는 알기 어려운 수수께끼처럼 그(헤겔)를 평생 괴롭혔다." 헤겔은 《법철학》, 《역사철학강의》, 《미학강의》, 그리고 특히 《종교철학강의》에서 다시 유대교 분석에 집중했다. 유대교를 드러내 놓고 언급하는 것은 《정신현상학》에서는 거의 찾아볼 수 없었다. 헤겔이 유대교를 평가하는 방식이 이들 저작에서 제각각 다르게 나타나지만, 대다수 학자는 그의 초기 저작들에서 다듬어진 유대교 비평이 그의 후기 사상 발전에 중요한 역할을 했다는 데에 이견이 없다. Yovel의 1998년 책, 21면과 비교해 보라. "청년 헤겔은 유대교가 종교의 부정적인 면만 띠고 있다, 즉 전부 버려야 할 것들로만 되어 있다고 믿었다. 완전한 어른이 된 후 그는 자신의 시각을 수정하여 유대교가 종교사와 인간 정신사에서 중대하고 긍정적인 역할을 했다고 여겼다. 하지만 그건 오래 전에 완성되어서 역사적으로 무의미한 역할이다. …… 이는 의식적으로든 아니든 성인 헤겔이 모든 종교의 병폐를 떠넘길 희생양으로 만들어 버릴 정도로 유대교에 부정적인 역할을 부여했음을 말해 준다." 정반대 관점에 관해서는 Fackenheim(1973년 책)을 참조. Fackenheim은 헤겔의 초기 저작들과 그가 자신의 '원숙한 종교철학'에서 유대교에 관해 논의한 것은 '분명하게' 구별된다고 생각했다(163면). 유대교와 관련된 헤겔의 사상적 진화에 대해 좀 더 자세히 살펴보려면 Hodgson의 2005년 책, 228~237면을 참조

반대의 입장을 밝히면서, 헤겔은 유대교와 그리스도교의 도덕적·정치적 정체성을 연구하는 데 있어서 그리스인과 유대인을 대립 구도로 설정했다. 헤겔의 중요한 철학 법칙들은 그가 유대 사회와 그리스도교 세계, 그리고 고대 그리스 사회 사이에 구축한 관계를 통해 이들 평론에서 명확하게 설명되었다. 자유와 미(美), 이성과 주관성, 압제와 사랑, 주인과 노예, 그리고 불멸성과 시민권 등은 모두 그리스인과 유대인의 갈등 형식을 취하게 되었다. 이때부터 헤겔의 초기 저작들에서 아테네와 예루살렘은 철학의 명제가 되었다.

또한 《그리스도교의 정신과 그 운명》은 헤겔의 역사 분석에서 아주 중요하게 자리할 변증법의 발전 과정에도 결정적인 역할을 했다. 그리스인과 유대인의 대립 구도는 헤겔의 변증법이 탄생할 때 그 중심에 있었기 때문에, 그가 나중에 역사 철학을 완성시킬 때에도 중요한 역할을 했다. 그래서 장 뤽 낭시(Jean-Luc Nancy)도 이렇게 썼다. "헤겔의 사상에서 유대인이 차지하는 위치는 단연 최고다. 다시 말해 그것은 따라잡힌 자리, 인정받지 못하면서도 우월한 형태로 만회된 부정할 수 없는 위치다. 지양(Aufgehoben), 즉 억제되고 숭고한, 숭고해지기 위해 억제되는, 억제된 결과 숭고한과 같은 단어의 위치 바꿈이다."[4] 헤겔의 초기 변증법은 결국 그리스 비극과 유대의 비극을 비교하는 《그리스도교의 정신과 그 운명》에서 그 표현 방식을 찾게 되었다. 이번 장의 마지막 부분에서 필자는 비극에 열중한 헤겔의 초기 행보를 탐색하고, 니체가 《비극의 탄생》에서 그리스인과 유대인에 관해 논의한 내용과 비교해 볼 것이다. 필자는 두 사람의 비극 철학을 각각 분석함으로써 그리스인과 유대인, 그리고 그리스도교도의 계보가 헤겔이 역사 철학을 개념화하는 데 어떻게 중심적인 역할을 하게 되었는지를 보여줄 것이다.

---

4) Nancy, 2005년 책, 11면

소크라테스와 예수, 그리고 칸트와 헤겔

이런 점에서 칸트주의는 구조적으로 유대교다.   _ 데리다

헤겔은 이른바 베른 단편에서 이렇게 썼다. "모든 시민이 누구와도 자유롭게 말하고, 최하층 사람들 사이에서도 화려하고 세련된 교류가 번성한 공화국에 살았던 소크라테스는 사람들에게 더없이 자연스러운 방식으로 자신의 의견을 거리낌 없이 말했다. 그는 설교하려 들지 않고 계몽하고 싶은 티도 내지 않은 채, 일단 일상적인 대화로 시작해서 가장 오묘한 방식으로 점점 저절로 깨우치게 되는 수업을 진행하고는 했다."[5] 헤겔의 최초 저작들에서도 그의 소크라테스는 이제 막 이성의 새로운 개념을 세우려는 인물로 등장했다. 계몽주의의 소크라테스는 칸트 철학의 주제를 상징하는 인물이었다. 이 아테네 철학자는 자신의 대화 상대들을 이성의 법정에 세웠고, 그들은 각자 자신에 대해 여론과 미신의 느슨한 명령을 넘어서는 설명을 해야 했다. 이성의 시대에 소크라테스는 교회와 국가 양측에 모두 용감하게 맞서는 지조 있고 자율적인 개인이었다. 그런데 헤겔의 소크라테스는 다른 유형의 개인이었다. 그의 가르침은 여전히 '계몽'으로 여겨지지만 그것은 은밀한 계몽이었다. 소크라테스의 교훈은 이성의 법정이 필요 없는, '저절로 깨우치게 되는 교훈'이었다. 이미 초기 저작 (1793~1794)에서도 헤겔의 소크라테스는 《철학사》(1805~1806)에 구현된 이런 후기적인 특성을 띠고 있었다. "그리스의 의식은 이제 아테네에 생각의 주관성을 좀 더 뚜렷하고 완벽하게 자각한 소크라테스라는 훌륭한 본보기가 나타날 정도로 무르익은 상태였다."[6] 소크라테스의 '생각의 주

---

5) Hegel, 1984년 책, 59면
6) Hegel, 1974년 책, 384면

관성'은 계몽주의가 주장하는 이성의 보편성에 반대되는 개념이었다.

소크라테스는 "객관적인 진실을 주관적인 생각으로 되돌리는 한없이 중요한 요소"를 소개한 것인지도 모르지만, 그의 궤적이 단순한 개인주의와 혼동되어서는 안 된다. 실제로 헤겔이 소크라테스를 특징짓는 가장 뚜렷한 요소 중 하나는 그가 사회 구조에 깊이 인식되고 있다는 것이었다. 그의 방식은 지배적인 사회 질서의 반영으로 여겨졌다. 헤겔이 볼 때 소크라테스의 변증법은 공화주의의 표현이었다. 계몽주의 사상가들은 소크라테스를 계몽되지 않은 사회의 계몽된 순교자라는 관점으로 접근하기 위해 그를 둘러싸고 있던 억압적인 사회 환경과 떨어뜨려서 생각하는 경향이 많았다. 이에 반해 헤겔은 소크라테스를 현 시민사회의 연장으로 생각했다. 이와 관련해 그의 《철학사》에 소크라테스는 "버섯처럼 땅 위로 쑥 올라오지 않았다. …… 그는 자신의 시대와 연속선상에 있다."[7]

헤겔의 이력에서 소크라테스와의 동행은 그가 자신만의 철학을 완성해가는 여정이었다. 그에게 소크라테스는 젊은 시절의 단편들에서부터 사후에 출간된 강의록에 이르기까지 내내 같이한 동반자였다. 하지만 헤겔이 계속해서 이 아테네인 현자를 거론했더라도, 그가 초기에 이 철학자에게 이와 같이 열중한 점은 맥락상 그가 청년기에 정치와 종교를 탐구한 것과 관련짓지 않을 수 없다. 헤겔이 볼 때 '생각의 주관성'을 창시한 자이자 개인과 국가 간의 조화를 상징하는 인물이라는 소크라테스의 이중적 정체성의 특이성은, 그가 베른에 이어 프랑크푸르트에 터를 잡고 있을 시절의 초기 단편들에서부터 그의 저작 전반에 광범위한 반향을 불러왔다. 헤겔의 소크라테스는 헤겔이 그리스도교의 결점과 그리스 사회의 '아름다운 완전함'을 고찰한 것과 깊이 연관되어 있었다. 헤겔이 소크라테스를 행복한 공화주의자 이야기꾼으로 그렸다는 것, 즉 그리스적 이상을 유대교 회

---

7) 같은 책, 384면, 386면

당이라는 귀에 거슬리는 반이상향과 대비시켰다는 뜻이다.

반면에 유대인들은 선조들의 전통에 따라 그들의 국민 시인들이 훨씬 더 원색적으로 늘어놓는 장광설에 오랫동안 이골이 나 있었다. 유대교도들은 직접 지시와 도덕적 설교가 귀에 익은데다 성서를 중시하는 당국자들과 바리새파 사이의 말다툼 탓에, 그들은 훨씬 더 야비하게 자신의 반대자들을 비난하는 일에 단련되었다. 이런 이유로 바리새파나 사두개교도(Sadducee, 부활이나 천사 등을 믿지 않는 유대교의 일파—옮긴이)가 아닌 사람조차 늘어놓기 일쑤인 "이 교활하고 독사 같은 것들아"로 시작하는 장광설이 그들의 귀에는 그리스인들이 들으면 느끼게 될 정도보다 덜 가혹하게 들렸다.[8]

'화려하고 세련된' 민주주의는 '선조들의 전통'과 반대되며 자유로운 연설은 '원색적인 장광설'과 반대된다. 소크라테스의 변증법이 공공연하게 공화정치에 비유되듯 유대교의 설교 역시 암암리에 폭정과 동일시되었다. 유대교 식 설득의 폭력성은 소크라테스 식 가르침의 상냥함 속에 감춰진 간교함과 크게 다르다고 할 수 없었다.[9] 그러나 헤겔은 소크라테스와 랍비들에 대해 곰곰이 생각하던 끝에 소크라테스와 예수라는 좀 더 익숙한 양자 관계에 안착하게 되었다. 여기서 헤겔은 유대·그리스도교 식 사회성과 고대 그리스 식 사회성 간의 근본적 차이라는 주제를 확장시키기 위해 예수 본인뿐만 아니라 그를 신봉하는 이들까지 이용했다.

그리스도에게는 열두 명의 사도가 있었다. 그런데 그의 제자들은 이보다

---

8) Hegel, 1984년 책, 59~60면
9) 헤겔이 랍비의 유대교 식 대화 습관을 전혀 몰랐다는 의견에 관해서는 Fackenheim 관련 1973년 책, 181면을 참조

훨씬 많았다는 사실에도 불구하고 열둘이라는 수는 그대로 유지되었다. 오직 사도들만 예수와 친밀하게 지내면서, 그의 동료애와 가르침을 위해 그 외의 다른 모든 유대관계를 정리했고, 가능한 그와 같이 완전하게 되기 위해 힘썼으며, 그의 가르침과 생생한 예에 힘입어 결국에는 그의 정신을 소유하려고 했다. 그들이 처음 품었던 기대, 그들의 소망, 그들의 생각은 참으로 속 좁은 유대인다웠고 참으로 철저히 속물적이었다. 그들은 아주 천천히 시선을 올려 장군들과 온갖 고관까지 완비된 제국을 세우게 될 유대인 메시아에게서 희망을 얻었다. 그들은 항상 '나'를 먼저 생각하는 이기심을 버리고 시각을 넓혀 단지 하나님 왕국의 같은 시민이 되겠다는 야망을 아우르는 것이 얼마나 어려운지 알게 되었다.[10)

　헤겔은 그리스도와 사도들과의 관계를 성토하면서 "참으로 속 좁은 유대인다웠고, 참으로 철저히 속물적이었다."고 한 것처럼 계몽주의가 유대교를 설명할 때 써먹은 기존의 비유법을 그대로 썼다. 유대교의 배타적 성향에 대한 비난이 여기서는 유대교의 물질주의에 대한 비판으로 바뀌었지만 그 뜻은 같았다. 스피노자, 멘델스존, 그리고 칸트와 함께 헤겔은 유대교를 정치 조직체, 즉 '장군들과 온갖 고관까지 완비된 제국'으로 표현했다. 하지만 칸트와 달리 이 시기의 헤겔은 유대교와 그리스도교의 밀접한 연관성을 강조했다. 그리스도는 참으로 유대인답게 '이기적인' '유대인 메시아'며, 그의 제자들은 '항상 나를 먼저 생각하는' 유대인다운 성향을 나눠 갖고 있었다. 헤겔이 볼 때 유대교는 정치일 수도 있으나, 개인을 넘어 '하나님 아래 같은 시민'을 헤아릴 수 있는 정치는 아니었다. 유대의 정치(그리고 그리스도교의 정치)는 고대 그리스의 정치에 적수가 되지 못했다. 공교롭게도 헤겔은 행복하고 정중한 고대 그리스 정치의 원형으로

---

10) Hegel, 1984년 책, 61~62면

다름 아닌 소크라테스를 꼽았다.

반면에 소크라테스에게는 각양각색의 제자들이 있었다. 아니, 좀 더 정확히 말하면 아무도 없었다. 그는 그저 교사였다. 모범이 될 만한 고결함과 우월한 이성으로 돋보이는 모든 개인이 모든 이의 교사이듯 말이다. 그가 가르침에 힘을 쏟고, 사람들의 가장 열띤 관심을 불러일으키는 게 마땅한 문제들에 관해 그들을 깨우치고 활기를 띠게 하는 데 힘을 쏟는 동안, 누구도 그가 권위적으로 말하거나 산꼭대기에서 설교했다는 말을 듣지 못 했다. 정말이지, 그가 어떻게 그리스에서 설교할 생각을 할 수 있었겠나?[11]

소크라테스의 교육법은 공화국의 교육법이었다. 헤겔은 예수 및 랍비의 설교와 이 아테네인 현자의 점잖은 계몽을 대비시켰다. 자유 성향을 타고난 그리스는 설교가의 생색내는 태도를 받아주지 못했을 것이라고 여겼다. 이와 관련해 헤겔은 "그리스 사람들 사이에서 그 사람은 조롱의 대상이 되었을 것이다."라고 간단하게 정리했다.[12] 소크라테스 자신은 민주국가의 반대자로 출세했는지 모르지만, 그의 지도 방식은 민주 국가의 근본 원리들과 더할 나위 없이 일치했던 셈이다. 헤겔의 소크라테스는 뼛속까지 평등주의자였다. 이에 대해 루카치(Georg Lukács)는 다음과 같이 썼다. "예수는 그의 제자들을 사회에서 그리고 삶에서 떼어내고, 그들을 단절시켜서 주된 특징이 딱 제 자신뿐인 사람들로 만들었다. 소크라테스의 경우를 보자면, 그의 제자들은 현 상태 그대로 사회생활을 하며 그들의 개성은 인위적으로 변경되지 않는다. 그러다 보니 그들은 풍족해져서 공무에 복귀한다."[13] 그러나 헤겔이 소크라테스를 모범적인 시민으로 복권시

---

11) 같은 책, 62면
12) 같은 책, 63면
13) Lukács, 1975년 책, 49면

킨 것보다 훨씬 더 눈에 띄는 것은 그가 예수와 그의 제자들의 물질적 열망과 소크라테스의 정신관을 비교한 대목이었다.

죽기 직전(그는 아이스쿨라피우스(Aesculapius) 신에게 수탉을 바친 뒤 그리스인으로 죽었다. …… 소크라테스는 자신의 제자들과 영혼의 불멸성에 관해 말했다. 그는 그리스인으로 말했다. 청중들의 이성과 상상력에 호소하고, 그들에게 자신이 그토록 전적으로, 직접적으로, 그리고 설득력 있게 소망하는 것을 보여줌으로써) 그들이 자신들의 삶에 대해 자명한 원리의 전제를 얻고 있다고 느낄 만큼 힘차게 말했다.[14]

알다시피 헤겔이 떠받들어 모시는 소크라테스가 플라톤의 소크라테스 못지않게 멘델스존의 소크라테스와 닮았다는 것은 놀라운 일이 아니었다. 헤겔은 청년기에 멘델스존의 《파이돈》을 읽고 깊은 영향을 받았다. 헤겔이 베른 시기에 영적인 소크라테스에 심취하도록 직접적인 영감을 준 것도 《파이돈》의 소크라테스, 즉 멘델스존의 책을 읽고 나서 무척이나 많은 독자가 그리스도교로의 개종을 그가 권유한다고 믿게 만들었던 바로 그 인물이었다. 그러나 멘델스존처럼 헤겔 역시 소크라테스가 내세에 관심을 가졌다고 해서 숨겨왔던 그리스도교적 성향을 드러낸 것으로 보지 않았다. 헤겔이 볼 때 소크라테스의 그리스적 합리성은 예수의 사도들의 세속적인 시선보다 훨씬 더 높은 정신성을 요구했다. 그럼에도 불구하고 그가 내세에 몰두한 사실과 별개로 헤겔이 다시 강조하고자 한 것은 소크라테스가 그리스 사회에 깊은 뿌리를 두고 있다는 점이었다. 잘 알려졌듯이 헤겔은 소크라테스가 마지막으로 아이스쿨라피우스에게 제물을 바친 행위를 두고, 그가 해당 종교에 독실했음을 보여주는 예로 해석했다. 이에

---

14) Hegel, 1984년 책, 63~64면

대해 해리슨(Harrison)은 이렇게 썼다. "헤겔은 소크라테스를 당시의 착한 아들, 다시 말하면 아테네의 선하고 용감한 자유 시민이자 모든 관습과 종교적 의무를 다한 인물로 묘사한다." 헤겔이 궁극적으로 소크라테스를 당대의 종교적 관점에 맞추려 한 것은 자유로운 사람들에게 적합한 종교를 규정해야겠다는 좀 더 일반적인 목적 때문이었다. 소크라테스 식 이성과 동일한 자격을 갖춘 것이 고대 그리스·로마의 토속 종교에 있다고 본 것이다. "토속 종교의 교리들은 비록 어느 정도 신의 계시라는 권위에 의존하긴 하지만, 그 교리들이 사실상 인류의 보편적 이성에 의해 권위를 인정받기 위해서는 반드시 제정 절차를 거쳐야 한다."[15] 멘델스존의 손을 거친 소크라테스는 그리스도교의 계시를 초월하는 이성을 갖춘 인물로 떠올랐다. 그런데도 그의 소크라테스는 그리스화한 유대교의 새로운 표상이라는 임무 또한 맡았다. 반면에 헤겔의 그리스인 소크라테스는 유대교와 그리스도교 양쪽에 모두 반대되는 인물이었다.

하지만 소크라테스는 이런 희망을 어찌나 북돋았는지 …… 그가 마치 무덤에서 걸어 나와 우리에게 신성한 정의에 관해 알려주고, 모세의 바로 그 명판과 우리 마음에 전해지는 예언자들의 온갖 신탁보다 훨씬 귀 따가운 소리를 늘어놓는 것 같았다. 그런데 설령 인간 본성의 법칙과 다르게 그런 일이 실제로 벌어질 수 있었다고 해도 소크라테스는 부활이라는 것으로 동지들에게 확증할 필요는 없었을 것이다. 왜냐하면 오직 정신이 빈곤할 때만, 즉 이런 희망의 전제(곧, 덕과 최고선 사상)들이 넘쳐나지 않는 상태에서만 불멸성에 대한 희망이 그렇게 미약해지기 때문이다.[16]

---

15) Harris, 1972년 책, 서문 17면 ; Harrison, 1994년 책, 40면 ; Hegel, 1984년 책, 49면
16) 같은 책, 64면

헤겔의 초기 저작 속의 소크라테스는 대안적인 정신적 지도자의 역할을 맡고 있었다. 영혼의 불멸성에 관한 그의 가르침은 십계명과 부활을 모두 능가하는 능력을 갖추고 있었다. 우리의 최대 관심을 끄는 인물은 모세나 예수가 아닌 소크라테스였다. 소크라테스의 능력은 자명했다. 왜냐하면 그 능력은 "설교로 주입될 수 있는 것이 아니었으며", 그가 "프리메이슨 표식을 남긴 것도 아니고, 자신의 이름을 선언할 명령을 남긴 것도 아니기" 때문이었다. 소크라테스는 "매개자를 없앰으로써 개인에게 손님이 묵을 방을 내달라고 요구하지도 않고, 그 개인이 오직 자기 자신에게만 이르도록 했기" 때문에 모세와 예수가 실패한 곳에서 성공을 거두었다.[17]

헤겔은 불멸성을 논의하면서 오로지 모세와의 무관함을 강조할 목적으로 멘델스존의 《파이돈》 속 소크라테스를 도용했다. 헤겔의 도식에 따르면 아테네는 예루살렘보다 우월했다. "그리스·로마 종교는 자유로운 사람들만을 위한 종교였다."[18] 유대교와 그리스도교의 전통은 고대 그리스·로마 시민들의 자유에 반하는 것들이었다. 외부에서 가하는 도덕적 구속 때문에 이들 종교를 믿는 백성들은 지적·정치적 자율권을 누릴 수 없었다. 예수는 영혼에게 '손님이 묵을 방을 내달라'고 요구했다. 열두 사도가 있어야 함을 고집하는 유대교와 그리스도교는 우리가 더 이상 내 집의 주인이 아니라고 못 박았다. "니체 철학파의 비판을 예견하는 것이나 다름없다고 여겨지는" 그의 그리스도교의 결함에 관한 분석에도 불구하고, "헤겔은 여전히 그리스도교 철학자였다."[19] 결국 헤겔은 자신의 비판 논리를 끝까지 지키지 못했다. 소크라테스를 예수와 모세를 대신할 정신적 지도자로 추어올렸지만 기대에 미치지 못했기 때문이다.

---

17) Hegel, 1984년 책, 65면. Jim Porter가 필자에게 말해 준 바에 따르면, 이 구절에서 영어 'Guest(손님)'가 독일어로 'Gast('가스트'로 읽음)'고 영어 'Spirit(정신)'이 독일어로 'Geist('가이스트'로 읽음)'인 점을 이용해 익살을 편 것인지도 모른다.

18) Lukács의 1975년 책, 45면에 나오는 Hegel의 말

19) Harrison, 1994년 책, 32면

우리가 소크라테스를 덕의 본보기로 받아들인다면 우리의 어떤 면이 모자라서 그런 걸까? 소크라테스는 우리보다 나을 것 없는 능력을 지닌 사람이 아니었을까? 우리는 살다보면 우리도 그만큼 완벽해질 수 있다고 확신하기 때문에 그를 본받겠다고 장담할 수 없는 걸까? 그럼 반대로, 예수가 병자들을 도울 때 몇 마디 말 외에 들인 품이 무엇인가? …… 그럼에도 불구하고, 우리의 오성이 냉정하게 이런 추론 방침을 따를 때 우리의 상상력은 그저 무심해질 뿐이다. 덕이 높은 사람인 예수가 덕의 이상(理想)에 딱 들어맞는 인물이 될 수 있는 이유는 신성함이 섞이고 덧붙여졌기 때문이다. 그 사람에게 신성함이 없다면 우리는 그저 그 사람 자체만을 갖게 될 테지만, 지금 우리는 진정으로 초인적이고 이상적인 인물을 갖게 됐다.[20]

이성 덕분에 소크라테스는 예수보다 더 우월한 도덕적 본보기가 된 것이다. 생각이 있는 사람이라면 영감의 원천으로 더 나은 인물이 소크라테스라고 결론을 내릴 수밖에 없을 터였다. 소크라테스의 도덕적 가르침은 이치에 맞는 주장을 펼치기 위해 각고의 노력을 기울인 결과물인데 반해, 예수가 병자들에게 전한 말은 '전혀 품이 들지 않은' 것이었다. 소크라테스에게는 우리네와 같이 자신의 지성 외에는 완벽해지는 비결 따위가 전혀 없는 반면, 예수의 모든 능력은 신성함과의 관계에서 비롯된다고 여겼다. 그런데도 세계사적 측면에서 소크라테스를 특징짓는 요소는 바로 이러한 '모자람'이었다. 소크라테스의 인간적인, 무척이나 인간적인 이성은 이상이라는 지위에 오르는 데 방해가 되었다. 게다가 헤겔은 소크라테스가 '냉철한 이성을 추구'했던 것과 예수의 '무심한 상상력'을 대비시켰다. 헤겔은 이 단락에서 냉철한 이성보다 신성함이라는 상상력을 더 높게 평가함으로써 계몽사상 특유의 성격을 한층 더 거세게 비난했던 셈이다.

---

20) Hegel, 1984년 책, 88면

헤겔의 베른 단편을 보면 그가 소크라테스, 모세, 그리고 예수와 복잡한 관계를 맺게 된 내력을 알 수 있다. 헤겔은 초기 신학 저작들에서 고대 그리스·로마 사회와 유대교 및 그리스도교의 발전이 교차하며 갈등을 겪는 데에 거듭해서 골몰했다. 이 시기 내내 헤겔은 계몽주의의 지적 가르침과 그것의 비판 공식 사이에서 위태롭게 균형을 잡았던 것 같다. 그가 예수와 대비시킨 소크라테스는 여전히 칸트가 중시한 자율적 주체의 속성들을 모두 지니고 있는 듯했다. 소크라테스의 독립적인 이성 탐구는 외부에서 부과한 일련의 도덕적 제약들로 묘사된 그리스도교와 대비되었다. 반면에 그런 탐구가 보편성에 대한 계몽주의의 끈질긴 호소와 구별되는 것은 바로 '주관성' 때문이었다. 소크라테스는 주체의 생각을 자아로 되돌림으로써 헤겔이 이 시기에 정언 명령의 억압적 형식주의라고 묘사한 것으로부터 이성을 해방시켰다.[21] 헤겔의 용어를 빌리자면, 소크라테스는 '실증성'에 반대했다. 다시 말해 그는 물려받아서 사실로 받아들여지는 모든 권위에 반대했다. 소크라테스의 '주관성'은 예수의 '실증성'과 정반대였다.

헤겔은 평론 《그리스도교의 실증성(The Positivity of Christianity)》(1795~1796)에서 "그리스도교는 왜 신자들이 이성의 발휘가 아니라 외부의 권위에 인도받도록 독려할까?"라는 진보적인 개신교도들이 골몰했던 질문에 답을 제시하려 했다. 칸트의 개신교 정신을 바탕으로 헤겔은 종교에서 모든 제도적 치장, 신화, 의례, 의식 등을 벗겨 내서 자연 상태로 되돌리고 싶었을 것이다. 칸트와 마찬가지로 헤겔 역시 종교가 '성문법'의 노예가 된 기원을 분석하면서 유대교에 관심을 가질 수밖에 없었다. 헤겔에게 유대교는 완전한 실증성의 종교였다.

---

21) 헤겔이 후기에 《법철학(Philosophy of Right)》에 수록한 좀 더 인정받는 칸트의 정언명령 비판문은 '공허한 형식주의'를 비난하는 내용이 주를 이룬다. 이 내용에 관해서는 Sedgwick 관련 2011년 책을 참조

유대인들은 하늘에 있는 최고의 지혜에게 자신들의 법률을 얻은 민족이다. 그들의 정신은 당시(예수 시절) 일상의 모든 우연한 행동에 아는 체하며, 일일이 규칙을 정해 모든 사람이 수도사의 눈빛을 띠게 만든 성문법에 짓눌려 궤멸되었다. 이런 체계 때문에 가장 신성한 것, 즉 신과 덕을 섬기는 것은 폐기된 신앙 고백문에 잘 요약되어 있다. 따라서 이렇게 그들이 정하지 않은 법에 복종하는 것에 대한 자부심을 제외하고는 유대인의 정신에 남겨진 게 아무것도 없었다.[22]

죽어가는 유대인 종교의 가장 큰 특징을 율법주의라고 본 것이다. 유대교의 정신은 법의 무게에 짓눌려 뭉개지고 있었다. 유대인들이 공모하여 외부 권위의 명령을 무조건적으로 따르기 때문에 노예 상태가 유지되었다. 그러나 헤겔이 볼 때 유대교는 이미 소멸 단계에 이르렀다. 당시 유대교 내부의 흐름을 보면 이미 그 이상이 되었음을 알 수 있었다.

이렇게 비참한 상황에서 더 이상 자신의 감정을 포기하거나 부인할 수 없으며, 수치를 무릅쓰고 생기 없는 기계처럼 살 수 없는 좀 더 나은 가슴과 머리를 지닌 유대인들이 분명 있을 것이다. 틀림없이 그들 마음에서 이렇게 기계나 다름없는 노예 상태를 자랑하는 것보다 더 고결한 만족감에 대한 욕구, 즉 자의식 없이 존재하는 것, 수도자처럼 하찮고, 기계적이고, 영혼이 없는, 그리고 시시한 관습에 사로잡혀 지내는 삶보다 좀 더 자유롭게 활동하고자 하는 욕구가 솟아났을 것이다. 외국을 알게 되면서 이들 중 일부는 인간 정신이 더 멋지게 꽃핀 사례들을 접하게 되었다.[23]

---

22) Hegel, 1948년 책, 68면
23) 같은 책, 69면

헤겔은 이후 일부 유대인들은 틀림없이 그런 기계 같은 삶을 박차고 일어날 수 있었을 것이라고 추측했다. 그러나 이와 같이 자의식에 눈을 뜨는 것 역시 자기 발생적이지 않다고 여겼다. 이런 면에서 유대인들은 그들과도 관련 있는 '동방의 정신'을 대표하는 다른 민족보다 못한 축에 들었다. 자의식의 부족은 헤겔이 《역사철학》에서 고대 이집트인들을 설명할 때 갖다 붙인 특징들 중 하나였다.[24] 그런데도 헤겔이 분석한 이집트인들은 자신들의 한계를 암암리에 알고 있었다.

어느 이집트의 성직자는 그리스가 영원히 아이 상태에 머물러 있다고 말한 것으로 전해진다. 우리는 반대로 이집트인들은 자기 이해를 열망하는 원기 왕성한 소년이라고 말할 수 있겠다. 그런데 이 소년이 젊은이가 되기 위해서는 반드시 자기 자신을 이상적으로 분명하게 이해해야만 한다. 동방의 정신에는 그 바탕에 자연에 열중하는 거대한 실체의 정신이 자리하고 있다. 이집트의 정신은(비록 여전히 당혹스러운 것들에 연루되어 있긴 하지만) 더 이상 그런 것에 만족할 수 없게 되었다. 아프리카의 바위투성이 자연은 그러한 원시적인 통일체를 해체했고, 그로 인해 자유로운 정신이 해결책인 그 문제를 우연히 발견하게 되었다.[25]

'더 나은 가슴을 가진' 유대인들처럼 이집트인들도 '그런 것에 만족할 수 없게' 되었다. 하지만 헤겔은 이집트인은 이른바 그들만의 신을 넘어 자유의 가능성을 엿볼 수 있다고 설명했다. 이렇듯 헤겔은 이집트의 존재를 자기 자신과의 전쟁 상태로 표현했다. 자의식을 향한 충동은 '아프리카의 바위투성이 자연'에서 자유로워지기 위해 쉼 없이 투쟁한다고 본 것

---

24) 헤겔의 유대인 논의와 이집트 분석 방식의 관계에 관해서는 Newman의 1993년 학술지 논문을 참조
25) Hegel, 1902년 책, 296~297면

이다. 그러나 유대교의 경우에는 이러한 자기 해방이 불가능하다고 생각했다. 한편으로 유대인과 '자연'과의 관계는 법적 제약이라는 인공 체계에 의해 완전히 더럽혀졌다고 여겼다. 헤겔이 '동방 정신'의 주된 특징으로 꼽은 자연에의 '열중'은 유대교가 선택된 사람들과 그들의 신으로만 형성된 배타적인 관계만을 고집함으로써 처음부터 이미 물 건너간 것이다. 반면에 헤겔이 이집트의 필수 요소로 지적한 자기 개선의 가능성은 유대교에 어림도 없는 것이었다. 자신들을 노예로 만든 압제적인 종교로부터 탈출하고자 하는 '더 나은 머리를 가진 유대인'들은 외부 문화를 접해야만 했다. '외국'의 영향을 받지 않고서는 가장 똑똑한 유대인들조차도 노예 상태에서 벗어날 수 없을 터였다. 앞 장에서 살펴보았듯, 앞선 세대의 칸트처럼 헤겔 역시 유대교의 변신 시점을 고대 그리스·로마 문화를 접하는 때로 보았다. 유대교 역사 내에서 예수의 출현은 본질적인 발전으로 여겨질 수 없었다. 오히려 그의 출현은 고대 그리스·로마 문화가 이웃 민족에게 희망으로 제시한 자유를 향한 강한 충동에서 나온 결과물이었다.

성인기까지 자신의 개인적 발전에 관심을 가졌던 예수는 당시 자기 민족에게 전염되고 있던 병폐로부터 자유로웠고, 공통의 욕구와 생활의 편의에만 활동력을 소모하는 억제되고 무력한 타성에 젖지 않았다. …… 그는 종교와 덕을 도덕의 수준까지 끌어올리고 도덕에 그것의 본질인 자유를 되돌려주겠다고 약속했다.[26)

예수는 그와 같은 자아실현의 단계에 도달하기 위해 자기 민족의 병폐에 등을 돌려야만 했다. 그가 종교의 '본질'을 이해하게 된 것은 바로 그

---

26) Hegel, 1948년 책, 69면

리스인의 자격 덕분이었다. 얄궂게도 예수가 자기 민족의 집단적 전염병에 걸리지 않은 이유는 그의 개인주의 때문이었다. 소크라테스와 마찬가지로 예수도 자아 돌보기, 즉 '생각의 주관성'을 자신의 계몽의 뿌리로 보았으나 소크라테스와 달리 그는 이런 자아 성찰에 이르기 위해서 자기 민족으로부터 철저하게 고립되어야만 했다. 자연을 훼손시키는 유대교의 '실증성'에서 벗어나기 위해서 예수의 도덕적 가르침은 이교도의 신앙에서 영감을 받아야만 했다. 왜냐하면 유대교가 완전한 실증성의 종교를 상징한다면, 고대 그리스·로마의 종교는 가장 강력한 해독제 역할을 맡기 때문이다.

그리스와 로마의 종교는 자유로운 사람들만을 위한 종교다. …… 그리스와 로마인은 자유인으로서 그들 자신이 제정한 법을 지켰고, 자신들이 임명한 사람들의 말을 따랐으며, 자신들이 결정한 전쟁을 벌였고, 자기들의 목적을 위해 재산을 내놓았으며, 열정을 쏟았고, 수천 명씩 목숨을 바쳤다. 그들은 도덕 체계를 배우거나 가르치지 않았으나, 그들이 자신들만의 것이라고 부르는 도덕적인 격언을 행동으로 증명해 보였다. 사생활이나 가정생활처럼 공적으로도 모든 개인은 각자 자신의 법칙대로 사는 자유인이었다.[27]

이와 관련해 루카치는 이렇게 썼다. "헤겔이 가장 중요하게 여긴 이념 문제는 …… 이른바 실증성과 대비되는 주관성이다. …… 사람들의 자유와 독립은 고대 그리스·로마 종교의 비실증적이고, 맹목적으로 숭배되지 않으며, 비객관적인 특징의 원천이다."[28] 예수는 유대인 사회에서 빠져나와 자신에게 생각을 돌림으로써 자각의 순간에 도달했다. 그러나 예

---

27) 같은 책, 154면
28) Lukács, 1975년 책, 47~48면

수가 자신에 대해 생각하기 시작하면서 알게 된 것은 이미 그의 주변에 있는 이교도 문화권에서는 익숙한 것들이었다. 더 넓은 세상에 등을 돌리지 않는 소크라테스의 내면화 작업은 사실상 그리스·로마 사상의 본능적 주관성과 일치했다. 예수가 내면으로 관심을 돌렸을 때 그가 발견하게 된 것은 자신의 신분이 이미 그리스인이라는 점이었다. 예수가 '실증적 종교가 아닌 순전히 도덕적인 종교의 스승'이 될 수 있었던 것은 그가 그리스인의 신분을 취하고 유대인이라는 정체성을 거부한 덕분이었다.[29]

그러니까 헤겔의 초기 전략은 예수에게서 그런 혐의를 벗겨주기 위해 유대교를 실증성의 보고로 만드는 것이었다. 그리스도교가 실증성이라는 짐을 지고 있으면, 예수의 추종자들인 '참으로 속 좁은 유대인들'이 예수처럼 성공적으로 유대교를 극복하지 못하기 때문이다. 하지만 평론이 전개될수록 헤겔은 이런 입장을 포기하더니 그리스도교가 실증성을 취하는 순간을 사실상 예수가 살아있을 때로 잡았다. 헤겔은 자신의 초기 전망에도 아랑곳없이 예수가 자신의 종교에 권위적인 형식을 부여함으로써 점차 합리적이고 도덕적인 그 종교를 타락시켰다고 주장했다. 아울러 소크라테스 식 본보기를 거부하고, 그리스도교에서 도덕적 실체를 없애버리고, 자유 성향의 뿌리를 뽑는 이전의 권좌를 가르치기로 결정한 사람 역시 예수라고 생각했다. 유대교적인 외형에서 유일신교를 해방시키겠다는 의도에서 출발했는지 몰라도, 결과적으로는 예수가 자신의 가르침을 통해 자신도 모르게 그리스도교에 유대교라는 전임 종교의 병폐를 다시 들여오고만 셈이다. 이에 대해 이르미야후 요벨(Yirmiyahu Yovel)은 다음과 같이 말했다.

이 시점에 청년 헤겔은 그의 향후 저작들을 특징짓게 될 준(準)변증적 틀

---

29) Hegel, 1948년 책, 71면

(즉 내용과 형식의 대립, 본질과 실제 형상의 대립)을 선보인다. 여기서 우리는 예수의 의도와 그로 인해 발생된 결과 사이의 역설적인 대립을 목격하게 된다. 이와 같은 의도와 의미의 부조화는 성인 헤겔이 역사의 방식에서 보았던 대표적인 특징이었다.[30]

"그리스 종교나 근본 원리가 완전한 도덕성인 다른 종교에서, 주체적인 이성에 대한 도덕적 명령은 오성이 다루는 객관적인 규칙으로 취급되거나 제정되지 않았다. 하지만 그리스도교는 이성의 주체적인 요소를 취해 마치 그것이 객관적인 양 규칙으로 제정했다."[31] 그러니까 헤겔이 말한 실증성 측면에서 그리스도교는 그 내용은 헬레니즘이지만 형식은 유대교였던 것이다. 이런 점에서 보자면 그리스도교는 다음과 같은 내용의 칸트 철학과 똑같은 결점을 공유했던 셈이다. "이성은 도덕적이고, 필수적이며, 그리고 보편적으로 타당한 법들을 제정한다. 그래서 칸트는 이러한 것들을 객관적이라 일컫는다. …… 이제 문제는 이런 법들을 주관적으로 만드는 것이다."[32] 헤겔이 볼 때 칸트를 넘어서고자 하는 사람은 먼저 실증성을 넘어서야 했다. 이와 관련해 데리다는 도발적으로 "이런 점에서 칸트 철학은 구조적으로 유대주의다." 라고 썼다.[33] 데리다는 다른 저작에서도 유대인이자 칸트학파인 헤르만 코엔(Hermann Cohen)의 말을 쉽게 바꿔 써가며 다음과 같이 추측했다. "칸트는 누구인가? 그는 독일 정신의 가장 성스러운 성인이자 독일 정신의 가장 깊은 곳에 자리한 지성소다.

---

30) Yovel, 1998년 책, 143면
31) Hegel, 1948년 책
32) 같은 책, 143~144면
33) Derrida, 1986년 책, 34면. 그 내용에 관해서는 Critchley이 1997년에 쓴 글을 참조

하지만 그는 또한 유대교와 가장 깊이 관련된 인물이기도 하다."[34] 칸트의 저작에 유대주의에 대한 반감이 뚜렷하게 드러남에도 불구하고 헤겔의 도식대로라면 칸트는 자신의 도덕 원리의 '실증성' 덕분에 '유대인'이 되었다. 헤겔은 기독교에서 형식적이고 추상적인 도덕성을 벗겨 내는 동시에 세계사에서 유대주의라는 망령을 쫓아내고 그의 도덕 철학에서 칸트의 망령을 몰아냈다. 예수가 소크라테스로 귀환할지의 여부는, 횔덜린이 '모세의 민족'이라고 칭한 인물에 대한 헤겔의 생각 여부에 달려 있었다. 그리스도교에 헬레니즘이 깃들어 있음을 깨닫기 위해서는 헤겔이 먼저 '유대인' 칸트로부터 해방되어야만 했다.[35]

노아와 데우칼리온

(Deucalion, 대홍수에서 살아남아 인류의 조상이 된 그리스신화 속 인물 – 옮긴이)

노아 시절, 홍수가 분명 인간의 마음에 깊은 혼란을 남겼을 테고, 그런 느낌 때문에 틀림없이 자연에 대한 엄청난 불신이 생겨났을 것이다. …… 인간이 그때부터 적대적으로 변한 자연의 폭발에 저항하려면 자연을 다스려야만 했다. 또한 모든 것이 이상과 현실로 나누어질 수 있기 때문에 지배력을 최상으로 조화시키는 것 또한 생각의 산물 또는 실제의 결과물이었다. 노아가 심란한 세상을 다시 일으킨 것은 바로 생각의 산물에 속했다.

_ 헤겔

---

34) Derrida, 1991년 학술지 논문, 58면. 데리다는 "《실천적 관점에서 본 인류학(Anthropology from a Practical Point of View)》에 적어도 한 개의 제대로 된 반유대주의 주석(그야말로 반팔레스타인적인)이 들어 있다는 사실은 칸트의 준유대주의와 모순되지 않는다."(1991년 책, 16~17면)는 다소 설득력이 떨어지는 주장을 함으로써 칸트의 유대주의를 둘러싼 역설에 대해 답했다.

35) 또한 Legros의 저작도 참조할 만하다. 그는 "우리 다 같이 집중해서 칸트가 유대교와 거의 동급이고, 그리스도교가 그리스 이교와 동급이라는 이 이상한 위계의 원리에 의문을 제기해 보자."(1997년 책, 16~17면)고 썼다.

노아는 개념이다. 조이스의 유대그리스인(Jewish-Greek, 제임스 조이스가 《율리시스》에서 만들어 쓴 말. 좀 더 자세한 내용은 서문 참조-옮긴이)처럼 고약한 말장난과 프랑스 말(Noé, Noah에 해당하는 프랑스어-옮긴이)을 약간 섞어서, 혹자는 노에시스(noesis)라고 부를 것이다.

_ 데리다

유대교에 대한 헤겔의 비판에는 역설적이게도 이성에 대한 비판이 암호처럼 숨어 있다. 헤겔은 자신이 제일 크게 반유대주의를 외친 저작 《그리스도교의 정신과 그 운명》(1978~1999)에서 유대교를 분석하면서 계몽주의 이성에 문제를 제기하는 동시에 그 이성과 윤리적 삶의 관계에 의문을 제기했다. 그는 아브라함이라는 인물에게서 소크라테스는 물론 그리스도와도 대립되는 점을 발견했다. "유대인의 진정한 조상인 아브라함과 함께 이민족의 역사는 시작된다. 즉 그의 정신은 단일체고, 영혼이며, 그의 후손 전체의 운명을 규정한다."[36] 아브라함의 영혼은 유대인 민족을 민족 공동체와 하나의 국가로 이해하는 데 중요한 단서가 되었다. 하지만 헤겔이 '유대교 정신'을 연구할 때 아브라함이 그 중심에 선다고 해도 처음 이론을 다듬을 당시에는 다른 일반인 한 쌍, 즉 노아와 니므롯(Nimrod, 구약성서에 나오는 용맹하고 힘센 사냥꾼-옮긴이)에게 그 자리를 내 주어야 했다. 헤겔은 아브라함의 권위를 '자연 상태의 상실'을 예견하는 징후로 여겼다.

아브라함은 인간과 자연으로 이루어진 '단일체'가 '붕괴'된 후 '인간이 다양한 경로로 야만인에서 본래의 상태로 되돌아가려고 분투하던 중요한 시기'에 출현했다. 아브라함이라는 인물로 형상화된 '유대 정신'의 운명은 노아의 시대와 대홍수를 언급하지 않고서는 파악될 수 없었다. "공

---

36) Hegel, 1948년 책, 182면

식적으로는 상냥하거나 평온한 자연이 이제 자연력의 균형을 이루도록 돌보지 않았고, 자신을 향한 인류의 굳은 믿음을 가장 파괴적이고, 극복할 수 없고, 대항할 수 없는 적개심으로 갚았다. 격노한 자연은 인정사정없었다. 인류에 대한 애정이라고는 눈곱만큼도 없이 모든 것을 잔혹하게 초토화했다."[37] 헤겔의 설명에 따르면, 대홍수 동안 인간은 자연환경과의 공생 상태에서 잔인하게 내쳐졌다. 처음부터 헤겔은 유대 정신과 그리스도교 정신의 운명을 분석하는 데 필수가 될 도덕과 관계된 어휘를 발전시켰다. 앞선 평론에서 '실증성'과 '주관성'을 대비시켰다면, 여기서는 '적대감'과 '애정'이라는 새로운 어휘를 대립시켰다. 헤겔은 유대교의 정신이 이러한 '적대감'의 대재앙 때 만들어졌다고 생각했다.

노아와 니므롯은 각각 '이제 적대적으로 변한 자연'을 '다스리고자' 했던 유대인의 두 번의 시도를 상징했다. 노아에게 다스림은 무엇보다도 지적 능력을 요하는 일이 될 터였다. 그는 '관념'의 횡포를 대변했다.

노아가 산란한 세상을 재건했다는 것은 바로 생각의 산물이라는 측면에서 그랬다는 것이다. 그는 자신의 생각에서 만들어진 이상을 실제적 존재로 바꾼 후 다른 모든 것을 그것에 대립되도록 설정했다. 이런 대립 관계를 통해 실체가 생각, 즉 다스려지는 것이 되도록 말이다. 이 존재는 노아에게 앞으로 홍수 같은 것이 인류를 파괴하지 못 하도록, 자신의 종복인 자연력이 한도를 벗어나지 못 하도록 제한하겠다고 약속했다.[38]

노아는 인류를 자연에서 구하기 위해 신을 창조했다. 하지만 '생각으로 만들어 낸 이상'인 신은 처음부터 그의 영토와 적대적이고 폭압적인 관

---

37) 위의 책, 같은 면
38) 같은 책, 183면

계로 설정되었다. 노아와 신의 관계는 본질적으로 모든 '실체'와 '대립' 되는 배타적인 관계로 정해졌다. 더구나 인간이 신과 계약을 맺으면 그 즉시 인간은 '그 법에 종속'되게 마련이었다. 신이 자연을 다스리니, 인간은 당연히 신의 명령에 복종할 수밖에 없었다. '서로 죽이지 말라'는 명령은 자연의 파괴로부터 인간을 지켜주기 위해 신이 내건 조건이었다. 인간은 자연을 지배하라는 선물을 받는 순간 그들 자신은 신의 지배를 받았다. 노아의 홍수는 유대교가 실증적인 종교로 발전했음을 알린 사건이었다. 이렇듯 유대교는 인간을 실제 세상과 대립시키는 지적 지배는 물론, 주관성이라는 내적이고 윤리적인 삶에 맞서게 하는 법적 지배처럼 이중적 특성을 띠고 있었다.

이와 같이 헤겔에게 노아의 홍수는 이성이라는 계몽주의 개념과 윤리라는 칸트의 개념이 담긴 하나의 우화(寓話)였다. 헤겔이 볼 때 '전체'를 '관념'과 '실체'로 '나누는' 자율적이고 합리적인 주체에 대한 믿음은 계몽 이성의 한계를 상징했다. 게다가 인간이 추상적인 이상에 굴복하는 행태는 법과 추상적 명령으로 유지되는 정권에 인간이 도덕적 책임을 맡기는 방식으로 복제된다고 생각했다. 죽이지 않겠다는 도덕적 결정은 먼저 합리화된 뒤 구체화되었다. 헤겔은 유대교의 발전을 설명하면서 신과 도덕적 삶 모두 관념을 실체화한 결과물로 본 것이다.

노아와 반대로 니므롯은 좀 더 직접적인 지배 방식을 택했다. 노아가 자연으로부터 인간을 지키기 위해 신을 만들어 냈다면, 니므롯은 신으로부터 인간을 지켜내려고 노력했다. "니므롯은 단일체를 인간의 자리에 앉히고, 다른 실재들을 생각으로 만들어 줄 존재로 그를 임명했다. …… 만약 신이 세상을 다시 홍수로 뒤덮으려 하면 그가 그 신에게 온갖 수단과 힘을 동원해 적절히 맞서야 한다고 으름장을 놓았다."[39] 헤겔이 우리에게

39) 같은 책, 184면

알려 준 유세비우스(Eusebius, 교회사를 저술한 그리스의 신학자—옮긴이)에 따르면, 니므롯은 홍수에서 살아남은 사람들에게 자연의 파괴력에도 끄떡없을 성채를 세워 자연의 복수로부터 인간을 지키라고 명했다. 노아처럼 니므롯 또한 난폭한 자연을 자신이 지배하고 있는 생각의 세계와 대비시켰다. 또한 노아처럼 니므롯도 삶을 존중할 것을 명했다. 하지만 노아와 달리 니므롯은 인간의 생존에 대한 책임을 신에게 위임하지 않았다.

서로 불신하게 되어 점점 사이가 멀어지고 급기야 뿔뿔이 흩어졌던 사람들을 그는 하나로 뭉쳤다. 하지만 그가 그들에게 통일을 선사했다는 것은 그들이 다시 자연을 믿고 서로 신뢰하며 유쾌하게 사회생활을 하게 되었다는 뜻이 아니다. 그는 그들을 진정 하나로 묶었지만 그것은 강제적 힘에 의한 것이었다. 그는 성벽으로 물의 공격을 막아냈다. 그는 사냥꾼이자 왕이었다. 결핍과 맞서 싸움으로써 결국 자연력과 동물과도 맞서 싸웠으니, 사람들은 비록 살아있는 존재의 법이라도 더 강한 자의 법을 감내해야 했다.[40]

성서에 나와 있듯 니므롯은 파괴하고, 노아는 구했다. 그러나 이런 차이에도 불구하고 대홍수 이후 노아와 니므롯의 수습책은 폭압의 징후라는 면에서 일맥상통한다. 노아는 자연을 지배함으로써 인간 자신은 신의 법적 지배를 받았다. 더구나 노아가 구상한 압제적인 신의 모습은 강제로 하나가 된 니므롯의 사회에서도 똑같이 나타났다. 유대교는 신이 있든 없든 '더 강한 자의 법으로' 하나로 묶인 종교였다. 추상적이고 권위주의적인 신성함에 형이상학적 노예가 되었던 유대인들은 다시 '왕'에게 정치적인 노예가 되었다.

결국 노아와 니므롯의 공통점은 적대감을 영구화했다는 것이다.

---

40) 같은 책, 같은 면

노아가 자연의 적대적인 힘에 대항하여 자연은 물론 자신까지 좀 더 힘이 센 것에 종속시킴으로써 자신을 구했다면, 니므롯은 자연을 자신에게 복종시킴으로써 자신을 지켰다. 두 사람 모두 필연적으로 적과 평화를 이룸에 따라 적대감을 영속화했다. 당시 대홍수 이후 사람들을 다시 한 번 세상과 자연에 우호적이도록 유도하고, 그들의 결핍과 적대감을 기쁜 마음으로 잊게 했으며, 사랑 가득한 평화를 이루고, 좀 더 아름다운 사람들의 조상이 됨으로써 그들의 시대를 새로 시작된 자연 친화적 삶의 어머니로 만들었다. 그러면서 계속 청춘의 꽃을 피우게 한 좀 더 아름다운 짝인 데우칼리온(Deucalion)과 피라(Pyrrha)와 달리, 이 둘은 모두 자연과 화해하지 않았다.[41]

헤겔이 처음에는 노아와 니므롯의 서로 대립되는 세계관을 설명하는 것 같으나, 좀 더 자세히 살펴보면 이런 대립은 단지 착각에 불과했다는 것을 알게 된다. 노아와 니므롯은 그들의 진짜 대립자인 '좀 더 아름다운 짝 데우칼리온과 피라'와 대비되었다. 이렇듯 노아와 니므롯은 잘못된 변증법을 상징했다. 이들이 각각 선택한 해결책은 생산적인 상호 학습 과정에서 일어난 충돌이 아니라, 단지 두 가지 다른 판의 바로잡을 수 없는 실패를 나타낼 뿐이었다. 이와 관련해 조지프 코언(Joseph Cohen)은 다음과 같이 주장했다.

유대교는 세상의 부정적 기원으로 묘사된다. 왜냐하면 좋은 시작은 그리스의 도시로 대표되는 '아름답고 도덕적인 완전체'의 기원이기 때문이다. 그리스 도시에서 신성함은 인간적인 것, 즉 아주 특별하면서도 보편적인 것 속에서 그리고 그것을 통해 늘 하나가 되고 조화를 이루고 있다. 이에 반해

---

41) 같은 책, 184~185면

나쁜 시작은, 유대교의 분리가 그 시작인 나쁜 기원은 인간에게 복종의 운명을 지우고 인간을 완전히 추한 존재로 규정했다. 프랑크푸르트 시절의 헤겔에게 유대인은 반역사적이어서 정신사는 물론 정신의 정체를 역사적으로 밝히는 일과 아무런 관련이 없는 듯했다.[42]

코언에 따르면, 노아와 니므롯은 완전한 부정성(否定性)을 상징했다. 그리스 신화에 나오는 '아름다운 짝(schöneres Paar)'과 달리 성서 속 주인공들은 완력에 그저 완력으로 대응할 줄만 알았다. 그런 상황에서는 팽팽하게나마 현 상태는 유지되지만 진보는 불가능했다. 역경을 겪은 그리스인들에게는 '우정', '기쁨', '즐거움' 등이 생기는데, 이중에서도 헤겔이 가장 중요하게 여긴 것이 '사랑'이었다. '사랑'은 유대교의 정신과 구조적으로 대립되는 바로 그 도덕적 덕성이었다. 하지만 헤겔이 주장한 그리스인과 유대인의 대립 구도는 독특한 역사 철학을 낳기도 했다. 그는 그리스 신화 속의 짝을 역사적 진보의 서사로 보았다. 데우칼리온과 피라는 아름다움 그 자체인데다 '좀 더 아름다운 사람들의 조상'이었다. 하지만 이 아름다운 짝은 자기 보전을 상징하는 단순한 계보학적 서사 이상으로 세계사적 부담도 떠안았다. 이들은 '자신들의 시대를 새로 시작된 자연 친화적 삶의 어머니로 만듦으로써 계속해서 청춘의 꽃을 피우게 했다.' 그리스인들은 여전히 같은 상태로 남아 있으면서도 진보하는 자기 모순적인 입장을 구현했다. 그들은 '어머니'가 될 수 있는 동시에 영원히 '청춘의 꽃'을 간직할 수 있었다. 영원한 젊음이라는 선물은 문화적 성숙을 이야기할 때 빠지지 않는 그들의 특권적 역할과 연관되어 있었다. 헤겔은 이렇듯 그리스의 정신을 묘사하면서 도덕적·역사적 진보에 대한 자신만의 색다른 설명에 빙켈만적 탐미주의의 상투적 문구들을 결합시켰다. 말하자면

---

42) Cohen, 2005년 책, 23면

헤겔은 선택의 여지가 없었다. 그가 살던 시대에는 그리스인들이라면 모두 당연히 '아름다웠다.' 하지만 그는 어차피 이미 빙켈만과 그의 여러 숭배자에게 함축된 것을 넘어선 이런 미학적 안정책을 하나의 윤리적 담론뿐만 아니라, 원래의 의도대로, 세계 정신의 역사적 진보에 대한 설명으로 변형시킬 수 있었다. 헤겔에 의해 그리스의 미(美)는 도덕적 자의식을 발전시킬 책임과 그 흐름을 같이 했다.

역설적이게도, 이성의 발달을 자연과의 관계로 풀어낸 헤겔의 설명은 당대 계몽 이성의 발생을 설명할 때 주로 사용하던 문화적 비유 방식에 역행하는 것이었다. 이에 대해 번스타인(J.M. Bernstein)은 다음과 같이 말했다. "평론 《그리스도교의 정신과 그 운명》의 첫 구절에 나오는 바로 그 설명을 읽어보면, 이 논문의 논증 방식이 막스 호르크하이머(Max Horkheimer)와 아도르노(T. W. Adorno)가 《계몽의 변증법》에서 제안한 이성의 계보학과 굉장히 비슷하다는 게 드러난다."[43] 아도르노와 호르크하이머는 이렇게 썼다. "아주 광범위하게 생각의 진보로 인식되는 계몽은 언제나 인간을 두려움에서 해방시켜 그들 스스로 주인이 되게 하는 것을 목표로 삼았다. 그러나 완전히 계몽된 땅은 기세등등한 재앙으로 뒤덮인다. 계몽의 계획은 세상에 대한 환상을 깨는 것이었던 셈이다."[44] 그러나 이들의 설명에서 도구적 이성이 가하는 폭력을 상징하는 쪽은 역설적이게도 그리스인이지 유대인이 아니었다. 아도르노는 자연계와 그리스인들의 관계를 이야기할 때 헤겔의 신화 속 짝을 대신해 호메로스의 오디세우스를 예로 들었다. "오디세우스의 간교한 속임수의 유형은 자연을 지배하는 것이다. …… 오디세우스의 사기 공식은 자연을 고분고분 받아들임으로써 초연한 도구적 정신으로 자연에게 자연의 것을 주어서 결과적으로

---

43) Bernstein, 2003년 학술지 논문, 16면
44) Horkheimer 와 Adorno, 2002년 책, 1면

자연을 속이는 것이다." 그렇다면 어느 쪽이 헤겔의 '이성의 간계(List der Vernunft)'를 더 잘 설명한 것일까? 아도르노는 오디세우스에게 데우칼리온과 피라의 순수한 믿음 같은 것은 전혀 없다고 생각했다. 그들의 '우정'과 '사랑'은 오디세우스의 '간계'와 '사기'와 대립되었다. 오디세우스는 평화의 표시로 자연에 복종하는 대신 복종을 가장함으로써, 결국 자연을 더 잘 다스리게 되었다. 아마도 이런 점 때문에 아도르노가 평론 후반에 가서 "오디세우스는 이미 유대인의 특징들을 지니고 있었다."[45] 라는 도발적인 주장을 했는지도 모른다.

아브라함과 그리스 공화국

헤겔이 그리스도교의 정신을 탐구하는 데 실마리가 되었던 그리스 신화와 성서 속 이야기 간의 변증법은 그가 아브라함을 분석할 때 또 다시 등장했다. 이와 관련해 데리다는 다음과 같이 썼다.

그리스의 홍수는 화해, 사랑, 그리고 가문 세우기처럼 유대인보다 그리스도교 정신과 더 많이 비슷하다. 가문과 관련해 유대인과 그리스인은 뚜렷하게 대립된다. 한쪽은 아브라함이고, 다른 한쪽은 카드모스(Cadamus, 그리스 신화 속 인물로 원래는 페니키아의 왕자였으나 모국을 떠나 테베를 건설했다—옮긴이)와 다나오스(Danaus, 그리스 신화 속 인물로 모국을 떠나 아르고스의 왕이 된다—옮긴이)로 이루어진 대립 구도는 그 의미를 볼 때 한쪽은 노아와 니므롯이고, 다른 한쪽은 데우칼리온과 피라로 구성된 대립 구도를

---

45) 같은 책, 45면, 54면. 이 부분과 관련해서는 Porter의 아주 흥미로운 2010년 평론을 참조

낳게 된다.[46)

그러나 데리다가 가문과 관련된 헤겔의 그리스인과 유대인의 대립 구
도를 강조했음에도 헤겔이 나라의 건립을 탐구할 때 훨씬 더 중요하게 여
긴 것은 정치적 문제였다. 헤겔은 바로 모국이라는 측면에서 아브라함과
그의 그리스인 상대자들의 이질적인 운명을 추적했다. 좀 더 정확히 말하
자면 헤겔은 그리스 정신과 유대 정신을 연구하는 연장선에서 가문과 국
가, 즉 아버지와 모국의 변증법을 탐구했던 것이다.

칼데아(Chaldea)에서 태어난 아브라함은 젊었을 때 이미 자신의 아버지
와 함께 모국을 떠났다. 그리고 나서 그는 메소포타미아의 평원에서 자신의
가족으로부터 빠져 나왔다. 완전히 자립한 독립적인 인간, 즉 스스로 주인이
되기 위해서 말이다. 그는 그 과정에서 상처를 입거나 의절당하지도 않았으
며, 나쁜 짓이나 난폭한 행동을 한 후에 사랑을 영원히 갈구하는 것을 뜻하
는 그런 비통함도 없었다. 그럴 때 사랑은 사실 상처를 받긴 하지만 완전히
사라지지 않으며, 그곳에서 번창하고 마음껏 즐기기 위해 새로운 모국을 찾
아 떠난다.[47)

헤겔의 아브라함은 노아가 갔던 지배와 극기의 길을 똑같이 따라갔다.
홍수의 여파로 상처를 입은 노아처럼 아브라함 역시 신뢰와 의존으로 이
루어진 관계에서 빠져나오고자 했다. 그의 목적은 자신이 '주인'이 되는
것이었다. 하지만 노아와 달리 아브라함은 어떤 도발적 행위도 하지 않았
다. 홍수도, 상처도, '억누를 수 없는 적대감'도 그 자신의 적대감을 자극

---

46) Derrida, 1986년 책, 40면
47) Hegel, 1948년 책, 185면

하지 않았다. 아브라함의 시대에 유대 정신은 적대감에 대한 의존이 워낙 내면화되었기 때문에 적대감은 완전히 자발적이고 저절로 생기는 것이 된 터였다. '사랑을 영원히 갈구하는 것'은 데우칼리온과 피라에게 필수였던 반면 아브라함에게는 그만큼 익숙하지 않았다. 그런데 이런 사랑의 부재 때문에 아브라함은 아버지를 떠나 자신의 모국으로 이주할 수 있었다. "아브라함을 한 나라의 조상으로 만들어 준 첫 번째 행위는 공동생활과 사랑으로 이루어진 유대의 끈을 끊어 낸 분리의 행위였다. 그때까지 그가 사람들과 어울려 자연에 순응하며 살았던 그 모든 유대 관계이자, 그토록 젊고 아름다운 관계들(여호수아서 24장 2절)을 걷어차 버렸다."[48] 가족을 저버리고 나라를 세운 일은 아브라함의 입신출세 과정에서 생긴 우연한 결과가 아니었다. 가족과의 이별과 사랑의 부정은 '아브라함이 한 나라의 조상이 되게 해 준' 본질적인 힘이었다. 아브라함은 스스로 시조가 되기 위해 아버지를 죽여야 했고, 부성이라는 개념 자체와 그 개념과 닿아 있는 가족의 사랑이라는 어휘까지 없애야만 했다. 그가 세운 나라가 '공동'의 유대를 끊어내는 순간 건설된 공동체였듯 아브라함은 부성의 억제로부터 탄생된 아버지였다. 이 유대인 선조는 좋게 말해 법적 허구고, 그의 유대인 공동체는 나쁘게 말해 불가능한 가설이었다.

아브라함의 정치적 망명은 적대감의 시작이 아니라 그 끝을 뜻했다. 그는 강제로 기존의 공동체를 떠나 어쩔 수 없이 새로운 공동체를 택한 것이 아니라, 동족애라는 짐에서 자유로워지기 위해 스스로 모국을 버렸다. 반면에 그리스판 아브라함은 정반대의 궤적을 보여 주었다.

카드모스나 다나오스 등도 똑같이 모국을 저버렸지만 그들은 전투 중에 어쩔 수 없이 그랬다. 그래서 이들은 자유가 보장되며 자신들이 사랑하게 될

---

48) 같은 책, 같은 면

지도 모를 땅을 찾아 나섰다. 아브라함은 사랑을 안 하고 싶었고, 사랑을 안 함으로써 자유롭고 싶었다. 그러나 그리스의 그들은 더 이상 모국에서 누리지 못하게 된 순수하고 아름다우며 화합하는 삶을 살기 위해 자신들이 신봉하는 신들도 함께 데려갔다. 하지만 아브라함은 그러한 관계로부터 자유롭고 싶었다. 그러는 사이 그리스인들은 고상한 예술과 방식으로 그들보다 덜 문명화된 원주민을 자기편으로 만든 뒤, 행복하게 어울려 사는 민족을 만들기 위해 그들과 어우러졌다.[49)]

이렇듯 카드모스와 다나오스도 자유를 갈망한다는 점에서 아브라함과 다를 게 없었다. 하지만 그리스의 자유가 사랑할 자유라면 유대인의 자유는 증오할 자유였다. 그리스인들은 자신들의 문화, 자유, 미, 그리고 사랑 중 최상의 것들을 전하고 '고상한 방식으로' 자신들보다 '덜 문명화된' 사람들을 자기편으로 만들었다. 행복한 그리스인들은 단지 주변 민족보다 우월하게 태어나는 축복을 받았기 때문에 행복한 것이 아니었다. 그들은 주변 민족에게 자신들 삶의 방식을 전하고자 했기 때문에 행복했다. 아브라함은 남은 일생 동안 우연히 외국 사람들을 만날 때면 처음 가족과 떨어질 때와 똑같은 적대감을 느꼈다. 다른 사람들과 거리를 둔다는 것은 세상 자체와 거리를 두는 것이었다. "그는 지상의 이방인이었고, 자기 땅은 물론 사람들에게까지 이방인이었다."[50)]

헤겔이 이처럼 아브라함을 설명한 것에 대해 훗날 20세기 철학자 에마뉘엘 레비나스(Emmanuel Lévinas)는 다른 설명을 내놓았다. 레비나스는 헤겔이 망명의 전형적인 예로 보았던 아브라함을 율리시스라는 인물과 대비시켰다. "우리는 이타카로 귀환하는 율리시스(Ulysses, 오디세우

---

49) 같은 책, 같은 면
50) 같은 책, 186면

스의 라틴 명—옮긴이) 신화와, 미지의 땅을 찾아 영원히 모국을 떠나면서도 하인이 출발 지점에 그의 아들을 데려오는 것조차 막았던 아브라함의 이야기를 대비시킬 수 있다."[51] 레비나스에게 오디세우스의 모험은 돌고 돌아 마침내 집으로 돌아오는 것을 상징하는 반면, 아브라함의 망명은 완전한 소외의 한 가지 양상이었다. 레비나스는 이러한 그리스인과 유대인의 대비를 다름 아닌 철학의 여정을 빗댄 우화로 읽었다. 람브로풀로스(Lambropoulos)는 율리시스에 대해 이렇게 썼다.

단지 귀향에 불과한 그의 이력은 파르메니데스(Parmenides, 이탈리아 태생의 고대 그리스 철학자—옮긴이)에서 하이데거(Heidegger)에 이르는 그리스 및 대다수 서구 사상가의 주요 관심사인 자아, 즉 진리의 탐구와 향수를 상징한다. 철학은 오랫동안 완전한 고향과 같은 상태, 즉 현존의 고향성(Heimatlichkeit)이라는 이상을 열망하다가 그리스의 객관적 표상에서 그 본보기를 발견했다.[52]

다음과 같은 한 가지 철학 개념에서 헤겔의 친헬레니즘의 중심 강령을 엿볼 수 있다. "철학은 자신과 함께 고향에 있는 것이다, 마치 그리스라는 고향에 있는 것처럼 말이다. 이렇듯 철학은 인간이 자기 마음의 고향, 즉 자기 자신과 함께 고향에 있는 것이다."[53] 헤겔에게 철학은 반드시 그리스적이어야 했다. 왜냐하면 철학은 본질적으로 고향과 같은 활동이기 때문이었다. 망명 상태는 철학적 삶과 대비되었다. 따라서 레비나스는 다음과 같이 확언했다. "철학의 여정은 여전히 율리시스의 여정이다. 왜냐하면 그가 겪은 세상 속 모험은 단지 자신이 태어난 섬으로의 귀향(동일자에

---

51) Lévinas, 1986년 책, 348면
52) Lambropoulos, 1993년 책, 215면
53) Hegel, 1948년 책, 187면

안주하고 타자를 인지하지 못하는 것)이었기 때문이다."[54]

코언의 표현처럼, 아브라함은 '가정(chez-moi)'을 아주 싫어했다. 유목민이라는 그의 존재는 유대인들이 고향에 있는 것처럼 느낄 수 없음을 상징한다. 자기 소외의 경험은 유대교 정신을 구성하는 하나의 요소다. 이렇듯 헤겔은 '방랑하는 유대인'이라는 신학적·정치적 담론을 철학적 관용구로 바꾸어 놓았다. 유대인들이 국가적 유대를 형성할 수 없다는 시각은 유대인들을 해당 국가로 통합시킬 수 있을지의 여부를 놓고 벌어진 당대의 정치적 논쟁에 연루되었다. 헤겔의 아브라함이 현세에 참여할 수 없는 것은 신과 그의 철저한 배타적인 관계의 산물이었기 때문이다. 아브라함이 압제적인 신에 헌신한다는 것은 그 외의 다른 누구와 어떤 관계도 맺지 않는다는 뜻이었다.

아브라함은 온 세상을 단지 자신의 대립자로 간주했다. 그래서 그는 온 세상을 가치 없는 것으로 여기거나 그 세상과 맞지 않는 신이 그 세상을 지탱하고 있다. 즉 만물은 단지 신의 지배하에 있다고 여겼다. 온 세상의 대립자로서 아브라함은 더할 나위 없이 고결한 존재 방식으로 반대편에 있었기 때문에 신의 지지까지 받았던 것이다. 더구나 아브라함이 그에게 가능한 유일한 종류의 관계로서 세상과의 간접적인 관계를 맺게 된 것도 오직 신을 통해서였다.[55]

'온 세상'을 자신의 대립자로 간주하는 것은 그리스 정신의 '아름다운 전체성'에 정면으로 대립된다는 뜻이었다. 그리스인들의 통합적 삶은 유대인들의 삶을 특징짓는 본질적 파열을 더욱 눈에 띄게 했다. 그리스인들

---

54) Lévinas, 1986년 책, 349면
55) Hegel, 1948년 책, 187면

이 주변의 자연계와 그들의 행복한 공생을 축하하는 의미로 신들을 숭배했던 데 반해, 아브라함의 신앙생활은 그를 세상과 단절시켰다. 그런데도 그가 세상과 조금이라도 관계를 맺을 수 있었던 것은 오직 그의 종교를 통해서였다. 아브라함과 신의 관계는 세상에 관여하는 것을 막지만, 동시에 세상과 이어주는 유일한 통로 역할을 했다. 인간은 오직 그의 신을 통해서만 세상을 체험할 수 있었다. 신의 매개 없이는 사람들과 그들 주위의 환경 간에 어떤 자발적 관계도 개선할 수 없었다. 그때의 노아처럼 아브라함도 '생각이 만들어 낸' 이상을 상징했다. 그가 현세에 관여하는 것은 지력을 통해 중재될 뿐만 아니라, 이러한 지성화 과정에는 폭력적인 지배 행위가 뒤따랐다. "그의 이상이 세상을 그에게 예속시켰기" 때문이었다. 이러한 지배 명령조차 가족이라는 윤리 공동체의 자연스러운 유대를 약화시켰다.

오직 사랑만은 그의 능력 밖이었다. 그래서 그에게 있는 단 하나의 사랑조차, 그리고 그의 아들에 대한 사랑, 또한 후세를 향한 소망까지도 그를 억압할 수 있었고, 그의 아주 배타적인 마음을 괴롭히고 불안하게 만들어 그가 한때 파괴하고 싶었던 바로 그 사랑의 수준으로 떨어뜨릴 수 있었다. 그래서 그의 마음은 이 사랑이 그가 자신의 손으로 사랑하는 아들을 죽일 수 없게 만들 만큼 그렇게 강력하지 않을 것이라고 확신할 때만 잠잠해졌다.[56]

아브라함은 사랑을 오직 그가 지배해야만 하는 힘으로만 인식할 수 있었다. 그에게는 아들에 대한 사랑이 아주 위험했다. 왜냐하면 그 사랑 때문에 자신에게 내려진 명령을 납득하지 못할 게 뻔했기 때문이다. 유대인의 세속적인 열망을 설명하는 헤겔 식 표현법이 아브라함의 제한된 불멸

---

56) 같은 책, 같은 면

성 개념에서도 발견된다. 아브라함은 아들을 통하는 것 말고 '자신의 존재를 확장시킬' 다른 방식을 전혀 몰랐다. 헤겔이 묘사한 유대인 가부장의 특징은 세속적 경험에 갇혀 있는 종교인 유대교에 대한 광범위한 편견과 일치했다. 멘델스존의 동시대 철학자들과 마찬가지로 헤겔도 유대인의 내세관을 상상할 수 없었다. 하지만 이러한 제한된 내세관조차도 아브라함은 이해하지 못했다. 아브라함이 이삭을 통해 자신의 존재를 확장하려고 했다가 모면하게 된 이유는 결국 그가 자신은 내세관 없이도 해낼 수 있다는 것을 알았기 때문이다. 그가 물질적 세계에 뿌리를 내리고 있다는 사실은 문제가 되지 않았다. 이삭이 제물이 되었다가 목숨을 건진 이유는 아브라함이 결국 자신은 사랑할 수 없다는 것을 알게 되면서 위안을 받았기 때문이다. 이에 대해 코언은 다음과 같이 표현했다. "아들이 '제물'이 되려다 중단된 것은 넘치는 사랑이 아닌 부족한 사랑 덕분이라고 한다." 따라서 이삭이라는 제물은 사실상 제물이 아니었다. 왜냐하면 아브라함은 사랑을 할 수 없는 사람인지라 아들을 잃는 아픔을 진정으로 경험할 수 없기 때문이다.[57]

헤겔은 "유대인은 그 어떤 영원한 것에도 관여하지 않는다."라고 단언했다.[58] 바로 이 대목에서 헤겔은 멘델스존을 가장 노골적으로 언급했다. 앞서 살펴보았듯, 멘델스존은 청년 헤겔에게 중요한 영향을 끼쳤다. 헤겔이 이 시기에 읽은 《예루살렘》은 그가 종교에 관해 자신만의 사상을 완성하는 데 중추적인 역할을 했다. "헤겔이 《그리스도교의 정신과 그 운명》과 다른 초기 신학 저작들에서 유대인과 유대교의 특징을 설명한 것을 보면, 멘델스존이 《예루살렘》에서 유대교를 계몽된 사회성의 모범적인 형태로 제시한 것을 대놓고 공격하는 내용이다." 또한 요벨은 "청년 헤겔은 칸

57) Cohen, 2005년 책, 55면. 헤겔이 여기서 이삭과 예수의 평범한 유사점을 근거로 삼고 있는 게 분명하다.
58) Hegel, 1948년 책, 195면

트를 따라한다. …… 그가 숭배했던 위대한 유대인을 자기 민족에게 불리한 증인으로 만든다."라고 주장했다.[59] 계몽주의가 유대교를 비판하자 멘델스존은 그의 저작 《파이돈》에서 영혼의 불멸성을 믿는 것이 보편적임을 재차 확인시켜 주었다. 그런데도 헤겔은 멘델스존의 유산은 단지 유대교의 세속적인 열망에 대한 그의 꿈을 입증할 따름이라고 여겼다.

인간 정신에 관한 다른 반성, 의식의 다른 양식이 이들 종교법에서는 나타나지 않는다. 그래서 멘델스존은 그의 신앙에서 그 어떤 영원한 진리도 전하지 않는 것을 큰 가치로 여긴다. "하나의 신이 있다"는 국가법의 맨 꼭대기에 있는 언명이다. 그런데 만약 이런 형태로 제공된 것이 진리로 불릴 수 있다면, 그때는 물론 누군가 이렇게 말할 수 있을 것이다. "노예들에게 자신들이 주인을 모신다는 것보다 더 깊은 진리가 또 있을까?" 하지만 멘델스존은 이것을 진리라고 부르지 않아야 옳다고 말했다. 왜냐하면 우리가 진리로 알고 있는 것이 유대인들 사이에서는 진리나 신앙의 문제로 보이지 않았기 때문이다. 진리는 자유로운 것으로 우리는 그것을 지배하지도, 또 그것의 지배를 받지도 않는다.[60]

멘델스존은 유대교를 계시 입법의 체계로 설명한 데 반해 헤겔은 그리스도교를 진리의 종교로 제시했다. 멘델스존은 유대교가 형이상학적 교리로부터 자유로운 덕분에 유대교 신자들은 자유롭게 이성을 추구했다고 주장했다. 헤겔은 이 말을 진리가 유대인들을 회피했다고 받아들였다. 헤겔은 그 반대임을 보여주는 멘델스존의 주장을 무시했다. "설령 우리가 모세를 통해 받은 성서가 엄격히 말하면 법령, 생활 수칙, 처방 등을 담고 있

59) Rosenstock, 2010년 책, 207면 ; Yovel, 1998년 책, 44면 ; Pöggeler, 1974년 논문, 530면
60) Hegel, 1948년 책, 195~196면

는 법률서를 뜻한다고 하더라도, 그 안에는 잘 알려졌다시피 이성적 진리라는 무궁무진한 보물 또한 담겨있다."[61] 멘델스존에게 이성의 영원한 진리는 성성의 진리와 일맥상통하는 반면, 헤겔에게 유대인들은 자유가 없는 탓에 구조적으로 진리가 금지되어 있었다. 헤겔이 볼 때 진리는 바로 자유의 본질인데, 유대인들은 일련의 '처방'과 '법령'에 종속되어 있기 때문에 자유를 이해할 수 없었다.

신의 존재는 유대인들에게 진리가 아닌 명령으로 나타난다. 유대인들은 신에게 완전히 의존한다. 그런데 인간이 의존하는 것은 진리의 형태를 띨 수 없다. 진리는 지적으로 표현된 미(美)다. …… 하지만 만물에서 오로지 물질만 보았던 그들이 어떻게 미를 알아차릴 수 있었을까? 오직 지배를 받는 사람, 아니면 지배자로만 존재했던 그들이 어떻게 이성과 자유를 발휘할 수 있었을까? 개인의 의식이 보존된 열등한 불멸성인들 어떻게 그들이 희망할 수 있었겠나? 의지를 작용케 하는 능력과 그들이 존재한다는 그 사실조차도 사실상 포기했고, 자기 자손들로 무가치하고 수치스러운 이름을 계속 이어가면서 후세를 통해 그들의 땅을 계속해서 소유하는 것만을 바랐으며, 먹고 마시는 것보다 고상한 삶이나 의식 따위는 전혀 누려본 적 없는 사람들이 어떻게 자립을 고집하길 원할 수 있었겠는가?[62]

이 단락에서 헤겔은 형이상학과 미학, 그리고 정치학이 중첩되는 담론으로 헬레니즘과 헤브라이즘을 아주 치밀하게 대비시켜 설명하고 있다. 헤겔은 유대인들에게 미(그리스의 정체성을 한 마디로 표현해 주는 특성)가 없으며, 심미적 영역과 관련된 이런 결핍은 자유의 결핍을 수반한다고 여

61) Mendelssohn, 1983년 책, 99면
62) Hegel, 1948년 책, 196면

겼다. 헤겔은 그 안에서 진리, 미, 자유, 그리고 정신성이 각각 상호 구성적인 것으로 간주되는 강력한 등식을 구축했다. 유대인들은 자신들이 만든 영속적인 악순환에 빠지고 말았다. 모세의 법이라는 도덕적 명령이 유대인들을 노예 상태로 만들었기 때문에 오직 새로운 종교의 출현만이 그들을 거기서 벗어나게 해 준다고 보았다.

"예수는 신을 섬김, 직계 노예, 기쁨이 없는 복종, 즉 만족이나 사랑이 없는 복종, 신을 섬기는 것과 관련된 명령들과 인간의 충동, 즉 인간의 욕구를 대립시킨다." 이미 살펴보았듯이 헤겔은 그리스도교의 출현을 유대교의 '실증성'을 외면하는 것으로 특징지었다. "예수는 순전히 객관적인 명령들과 그것들과 완전히 이질적인 것, 즉 일반적으로 주관적인 것과 대립시킨다."《그리스도교의 정신과 그 운명》은 예수와 유대인들의 연관성을 전혀 추적하지도 않은 채 예수를 유대인 신앙의 대척점에 놓았다. 아브라함은 '온 세상'을 '그의 대립자'로 간주한 반면 예수는 아브라함 한 사람만을 대립자로 여겼다. "예수는 유대인의 운명에 있어 단지 한 가지 부분에만 맞섰던 것이 아니다. 만약 그랬더라면 또 다른 부분의 올가미에 걸렸을 것이다. 그러나 그는 그러지 않았다. 이렇듯 그는 스스로 그 운명을 초월하게 되었고, 그의 민족 또한 그것을 초월하도록 했다." 예수가 상징하는 도덕 원리에 대한 이와 같은 새로운 구상은 칸트의 '도덕 명령'을 거부하는 분명한 표시였다.[63] 이에 대해 번스타인은 다음과 같이 주장했다.

헤겔은 그리스도교의 출현, 그 중 특히 예수의 이야기에서 칸트가 놓치고 또 잘못 전하고 있는 도덕적인 내용이 내포되어 있다고 생각한다. 칸트가 그리스도교의 근본적인 도덕 논리를 완전히 잘못 해석한 탓에 그의 논리는 전혀 그리스도교적이지 않고, 오히려 성서적 그리스도교가 밀어내려고 했던

---

63) 같은 책, 205면, 206면, 209면, 213면

바로 그 유대교를 합리화한 셈이다.[64]

헤겔에 따르면 유대교가 스스로의 족쇄에서 풀려날 수 있는 유일한 방법은 그리스도교에 있었다. 그의 '민족'이 유대교를 '초월'하게 하라는 명령은 예수가 설파한 산상수훈의 핵심적인 메시지였다. "이러한 예수의 정신, 즉 도덕성의 상위에 있는 이 정신은 직접적으로 계율을 공격함으로써 산상수훈에 현존한다. 따라서 그 정신은 …… 계율에서 적법성을 벗겨내려는 하나의 시도다."[65] 예수의 산상수훈은 시나이 계약(Sinaitic Covenant)의 발전이 아니라 오히려 그것을 완전히 부인하는 것이었다.

《그리스도교의 정신과 그 운명》의 목표가 유대교와 그리스도교를 양립할 수 없는 대립자로 설정하는 것이라면, 이러한 목표는 오직 그리스인과 유대인의 엄청난 차이성에 대한 수긍할 만한 탐구를 통해서만 가능하다. 유대교를 반드시 극복해야 한다고 주장하려면 한편으로는 그리스 문화에 원(原)그리스도교적인 특징이 있음을 입증해야 하고, 다른 한편으로는 그리스도교를 '그리스의 기적'의 최정점이자 완성임을 설명해야 했다. 유대인의 정치적 조직체에 관한 분석이 종교인 유대교를 비난하는 단서로 이용되는 것도 바로 그리스를 예로 삼았기 때문이다. 헤겔은 "유대인들은 그 어떤 영원한 것에도 관여하지 않는다."고 단언했다. 그런데 앞에서는 정신적 진리를 이해할 수 없는 세속적 시각의 종교라고 성토하면서, 뒤로는 보편적인 것에 관여하지 않는 민족을 정치적으로 비난했다. 이와 관련해 데리다는 다음과 같이 말했다. "유대인은 흔히 말하는 시민이 될 수 없다. 왜냐하면 그들에게 진정한 국가의 법률 같은 게 있을 수 없기 때문이다. …… 유대인들에게는 자유의 개념도, 정치적 합리성의 개념도 없기 때

---

64) Bernstein, 2003년 계간지 수록 논문, 3면
65) Hegel, 1948년 책, 212면

문에 정치적 의무 또한 전혀 없다."[66] 그러나 유대인들은 도덕률을 효과적인 정치 관행으로 바꿀 수 없다는 주장은 모순적이게도 그리스인들에게 유추하여 구축된 것이었다. 헤겔은 유대인들의 재산권 제한에 관해 논의하다가 아테네의 솔론(Solon)과 스파르타의 리쿠르구스(Lycurgus)가 제정한 법률의 반복임을 알게 되었다.[67] 이 두 사람은 유대인들과 마찬가지로 '부의 불평등을 종식' 시키고자 했다.[68]

이처럼 대립되는 조건에서 '진리에서의 해방' 이라는 비슷한 결과가 나오듯, 시민권을 국법에 예속시키는 것과 관련해서도 마찬가지 결과가 나온다. 또한 모세의 나라에서 법령이 제정되는 과정을 보면 비록 그 원천이 아주 다른데도, 이 두 유명인이 그리스 공화국에 몰고 왔던 상황과 굉장히 비슷하다. 솔론과 리쿠르구스는 그들의 나라에서 부의 불평등 때문에 자유가 위험해지는 것을 막기 위해 재산권을 여러 방법으로 제한했으며, 선택의 자유가 불평등한 부로 이어지지 않도록 방책을 세웠다.[69]

그러나 데리다도 안타까워했듯, "또 다시 그리스인과 유대인의 유사점은 외형에 국한된다." 글자로 된 외형은 '정신' 의 심오한 차이를 덮어버렸다. 이들 두 법은 얼핏 보면 평등을 향한 공통의 관심, 그리고 차이를 '중화' 시키려는 시도를 통해 자유를 보존하고자 하는 공통의 열망을 나타내는 듯 보였다. 그러나 헤겔에 따르면 "똑같은 글자라도 그리스인들의

---

66) Derrida, 1986년 책, 51~52면
67) 모세와 법률 제정자와 솔론과 리쿠르구스가 비슷하다는 말은 이미 고대 때부터 떠돌던 이야기다. 역사가 헤카타이우스(hecataeus), 디오도루스(Diodorus), 스트라보(Strabo), 그리고 특히 요세푸스(Josephus)에게서 찾아볼 수 있다. 요세푸스와 필로 모두 모세가 그리스 입법가들이 이룩한 업적을 퇴색시켰다고 주장한다. Gruen의 2009년 논문 참조
68) Derrida, 1986년 책, 52면
69) Hegel, 1948년 책, 197면

것에는 완전히 다른 정신이 들어 있을 것이다. 그런데 무엇보다 정신, 즉 내면의 법을 움직이는 내적 의식이 먼저다."[70] 또 역시나 유대인들이 진정한 도덕적(그리고 정치적) 의식에 접근하지 못하는 이유는 그들의 '실증성', 즉 그들의 '외면성' 때문이었다. 유대인들에게는 글자가 있는 반면 그리스인들에게는 정신이 있으며, 유대인들에게는 율법이 있는 반면 그리스인들에게는 자유가 있다고 본 것이다.

그리스 공화국에서 이들 법령의 원천은 이들 법이 없다면 불평등이 발생할 것이기 때문에 가난한 사람들의 자유가 위험에 처해 그들이 정치적으로 전멸할지도 모른다는 사실에 있었다. 이와 달리 유대인들의 경우에는 그들에게 자유가 없고 권리가 없다는 사실에 해당 법령의 원천이 있었다. 왜냐하면 그들은 단지 빌린 것을 갖고 있을 뿐 재산이라는 게 없었고, 시민 자격으로 갖고 있는 것도 전혀 없었기 때문이다. 그리스인들은 모두 자유롭고 자립적이었기 때문에 평등하지만, 유대인들은 모두 자립할 수 없기 때문에 평등했다.[71]

유대인은 그들의 땅에 관해 모두 똑같이 빈곤하기 때문에 평등할 만하다는 주장이었다. 헤겔은 자신의 주장을 뒷받침하기 위해 레위기(Leviticus, 구약성서의 모세 5경의 하나로 이스라엘인의 종교 의식이나 생활 규칙 등이 기록되어 있다-옮긴이)와 '희년(Jubilee, 이스라엘인들이 50년마다 한 번씩 희년을 기념하라는 명령이 레위기의 25장에 기록되어 있다-옮긴이)'의 풍습을 인용하면서 유대인이 어떻게 그들의 땅을 사실상 소유하지 못하고 단지 신에게서 빌려 쓰고 있는 것인지 소상히 밝혔다. 흔히 말하듯

---

70) Derrida, 1986년 책, 52~53면
71) Hegel, 1948년 책, 198면

그들에게는 가문의 재산이라는 개념이 없다고 했다. "그리스 식 공정(工程)은 권리와 정치의 기초를 세우고 가족 주체들을 시민으로 지정한다. 이와 달리 유대 식 공정은 권리와 정치를 조롱한다."[72] 유대인들은 노아 이후부터 그들의 존재를 훼손하며 똑같은 진퇴양난에 빠져있다고 했다. 그들은 가족이 될 수 없기 때문에 시민이 될 수 없으며, 시민의 정치적 권리가 없기 때문에 가족이 될 수 없었다. 결국 헤겔이 볼 때 유대인은 그리스인이 아니기 때문에 시민이 될 수 없었던 셈이다. 모세의 명령에서 솔론과 리쿠르구스의 법이 떠오를지 모르나, 유대인에게 정치는 본질적으로 낯선 것이었다. 왜냐하면 정치는 그리스적 경험과 떼려야 뗄 수 없기 때문이었다.[73] 헤겔은 유대인들에게 정치적 개념을 부여하지 않음으로써 그리스인과 유대인의 차이를 둘러싸고 또 다시 칸트와 차이를 보였다. 칸트는 비록 바람직하지 않지만, 유대교를 정치로 특징지음으로써 헤겔이 그리스인들에게만 독점적으로 부여하는 일정 수준의 의식을 유대인들에게도 부여했다. 이와 관련해 브루스 로젠스탁(Bruce Rosenstock)은 다음과 같이 주장했다.

칸트는 히브리 성서(구약성서)에 어떤 식으로든 내세가 전혀 언급되어 있지 않은 게 분명하다는 것은, 유대교가 단지 '정치적 신앙'일 뿐임을 입증하는 것이라고 생각했다. 헤겔은 더 나아가 히브리 성서의 그와 같은 순전히 세속적인 보상과 처벌을 유대인들이 정치 이하의 조건, 즉 노예 상태로 전락했으며 그 상태에 너무나 깊이 빠져 있기 때문에 "그들은 의지를 밝힐 능력

---

72) Derrida, 1986년 책, 52면

73) 이와 관련해 부르지와(Bourgeois)는 다음(1970년 책 46~47면)과 같이 썼다. "시민 삶의 절대 중심이자 도시 자체가 목적인 이 고대 도시와 달리 …… 유대 국가는 국가 자체가 목적이 아니라 유대인들이 그들의 가치와 신을 섬기게 하는 수단이다. 다시 말해 유대 국가는 그들의 천연 방호물인 셈이다. 유대 국가는 유대인들의 동물적인 이기주의를 지키기 위해 없어서는 안 될 필수 도구다."

은 물론 그들이 존재한다는 그 사실까지도 포기해 버렸다."[74]

칸트가 《이성의 한계 내에서의 종교》에서 유대교에 대해 논하면서 암암리에 유대인의 당시 상황을 연관시켰다면, 헤겔의 《그리스도교의 정신과 그 운명》에서는 그러한 연관성이 점차 노골적으로 드러났다.

차후 유대인들의 상황이 비천하고, 비참하고, 불쌍한 지경까지 이르러 그런 상황이 오늘날까지 이어지는 것은 단지 그들의 원래 운명의 결과이자 정교화 과정이다. 이런 운명(그들 스스로 자신들에게 대항하도록 설정한 탓에 결코 정복할 수 없는 무한한 힘) 때문에 유대인들은 지금껏 학대를 당했는데, 미의 정신으로 달래고 화해로 그런 운명을 지워 버리지 않는 한 학대는 계속 이어질 것이다.[75]

헤겔이 볼 때 18세기 말의 정치적 싸움에서 탄생한 시민권 양식이 근대성 특유의 것일지는 모르겠으나, 그 양식이야말로 민주 아테네와 공화국 로마의 정치 조직체들과 꾸준히 대화한 결과로 탄생된 것이었다. 앞 장에서 시민권을 유대인들에게 확대하는 문제를 놓고 벌어진 논쟁에 대해 살펴보았듯, 혁명파는 유대인이 과연 얼마나 많이 그리스인(혹은 로마인)과 같을 수 있을까, 라는 질문에 직면했다. 이에 대해 헤겔의 대답은 단호했다. 그리스인과 유대인은 비교 자체가 안 될 정도로 엄청 다르다는 것이었다. 헤겔은 '차후 유대인들의 상황'이라고 묘사하면서 구원의 길을 열어 주는가 싶더니 곧바로 그 문을 닫아 버렸다. 그는 '화해'의 전망을 내놓았지만 그것은 오직 완전한 자기 부정을 통해서만 이룰 수 있는 '화해'였다.

74) Rosenstock, 2010년 책, 206면
75) Hegel, 1948년 책, 199~200면

결국 유대인들은 결코 그 변증법에서 살아남을 수 없을 터였다. 그리스인의 반(反)인 상황에서 합(合)으로의 회복을 희망할 수는 없었다. 왜냐하면 헤겔은 유대교를 전혀 종합할 수 없는 것으로 규정했기 때문이다. "모세의 실패는 유대인의 마음을 움직이지 못했다. 유대교는 처음부터 자기 민족을 일으켜 세울 수 없고, 교육할 수 없으며, 구제할 수 없는 모세의 불가능성으로 만들어진 것이다." 이에 대해 데리다는 이렇게 추측했다. "유대인은 그들의 가족, 정치, 종교, 수사학에서도 이런 종합을 할 수 없다. 만약 유대인이 그것을 할 수 있다면 그 순간부터 그들은 더 이상 유대인이 아닐 것이다. 그들이 그것을 할 수 있게 되었을 때 그들은 그리스도교교도가 될 것이기 때문이다."[76]

그러니까 그리스도교는 히브리적인 것과 그리스적인 것의 융합이 아니었다. 그리스도교의 위업은 스스로 이미 그리스적이었다고 항상 밝힘으로써 유대교라는 속박에서 스스로 벗어났다는 것이다. 데우칼리온과 피라가 대홍수에 대처하는 과정에서 그들이 이미 그리스인임을 알게 된 것처럼, 예수도 자신이 여전히 그리스인임을 깨닫게 된다는 논리였다. 프랑스 의회 본회의에서 유대인에 대한 시민권 확대를 둘러싸고 논쟁이 벌어진 후, 겨우 7년이 지나서 쓴 헤겔의 평론에 당대의 시각이 영향을 미쳤다. 그러나 헤겔의 이력에서 이 시기에 혁명파가 유대인에게 똑같은 권리를 인정하기로 결정했는데도, 그에게 시민권은 여전히 그리스도교만의 특권이었다. 시민이 된다는 것은 그리스인이었던 덕분에 그리스도교도가 되는 것이었다. 데리다의 말로 마무리하자면, 시민권은 "처음부터 그리스에 있던 사건으로 그리스도교가 그리스에서 그것을 도입했다면 자기 것으로 발전시켰을 것이다."[77]

---

76) Derrida, 1986년 책, 54면
77) 같은 책, 56면

이렇듯 헤겔의 초기 신학 저작들에서 고대 유대인과 그들의 '차후 운명' 간의 관계는 감지하기 어려울 정도로 모호했다. 프랑스혁명의 여파로 그가 글로 남긴 고대와 근대의 유대인 시민권에 관한 의견에는 적의가 가득 배어 있었다.[78] 《그리스도교의 정신과 그 운명》에서 헤겔이 동시대 유대인들에게 취한 입장은 그가 고대 이스라엘을 향해 퍼부었던 비난의 연장에 불과했다. 이와 관련해 에이미 뉴먼(Amy Newman)은 헤겔을 논하는 대목에서 이렇게 썼다. "이 시기 동안 개신교적 신념과 가치들이 신앙의 교리 조항에서 점차 사회적 의제로 해석됨에 따라 유대교의 죽음의 장은 형이상학의 무대에서 점차 사회·역사적 무대로 옮겨졌다."[79] 그러나 수년 후 나폴레옹 전쟁의 여파로 특정 유대인들이 독일에서 정치적 권리를 얻기 시작하자 헤겔은 다른 입장을 취했던 것 같다. 그의 저작들 가운데 근대 유대인의 권리에 대해 분명한 입장을 밝힌 곳은 딱 한 군데에 불과하다. 바로 거기서 헤겔은 유대인 해방의 지지자로 나섰다. 이와 관련해 그의 《법철학》(1821)에 붙은 방대한 주석을 다음과 같이 꽤 길게 인용해 보고자 한다.

엄밀히 말해 그들을 마땅히 종교적 분파일 뿐만 아니라 외국의 민족으로 여겨야 한다는 점을 고려하면, 유대인에게 동일한 시민권을 인정하지 않은 것이 옳았는지도 모른다. 하지만 이런 관점에서 유대인을 격렬하게 반대하는 측은 무엇보다도 이들이 인간이라는 사실을 모른 체 한다. 사실 인간다움은 단지 피상적이고 추상적인 자질이라기보다 오히려 그 반대다. 즉, 시민권이 그것을 소유한 사람들로부터 불러일으키는 것은 자기 자신이 시민 사회에서 권리를 지닌 사람으로 간주되고 있다는 느낌이다. 그것은 무한하고

78) 프랑스혁명과 헤겔의 관계와 관련해 정평 있는 설명을 보려면 Ritter의 1982년 저작을 참조
79) Newman, 1993년 학술지 논문, 479면

모든 제약으로부터 자유로운 이런 느낌에서 사고의 성향과 방식의 유사성을 생성하는 근거로 작용한다. 따라서 유대인에게 이러한 권리를 주지 않으면 그들이 비난 받았던 원인인 고립만 키우게 될 것이다. 그렇게 되면 결국 그들에게 시민권을 주지 않는 국가는 비난과 질책을 면할 수 없을 것이다. 왜냐하면 해당 국가는 시민권 인정을 거부함으로써 국가 고유의 기본 원리와 객관적이고 강력한 기관으로서의 본질을 왜곡하는 게 될 테니까 말이다. 유대인에게만 시민권을 주지 않는 것이 가장 공정한 줄 알고 그런 이유를 들어 당연하게 여길지도 모른다. 하지만 그동안의 경험에 따르면 그들을 그렇게 배제시키는 것이야말로 가장 어리석은 짓임이 입증되었으며, 지금과 같은 방식으로 그들을 대우하는 정부야말로 신중하고 위엄이 있는 정부임이 밝혀졌다.[80]

이에 대해 제임스 도울(James Doull)은 다음과 같이 추정했다. "헤겔은 당시 반유대주의에 반대하면서 유대인은 그들이 사람이기 때문일 뿐만 아니라 유대인이기 때문에 시민권을 인정받아야 한다고 썼다."[81] 《법철학》에 드러난 헤겔의 입장은 마르크스가 '유대인 문제'에 대해 자신의 입장을 다듬는 데에도 중요한 역할을 하게 된다. 이에 대해서는 4장에서 자세히 살펴볼 것이다. 헤겔은 시민권에 관해 칸트와 분명히 차별되는 입장을 취했다. 그는 인권의 추상적인 원리에 근거를 둘 뿐만 아니라, 체화된 개인성에 대한 그들의 권리를 이유로 들어 유대인들이 시민권을 받을 자격이 있다고 주장했다. 따라서 헤겔은 계몽주의의 보편적 관용의 원리를 받아들였을 뿐만 아니라, 특이성에 대한 관용을 지지한 셈이었다. 그는 이처럼 대안적 보편주의를 인정함으로써 유대인이 해방되려면 그러한

---

80) Hegel, 1942년 책, 168~169면 주석1
81) Doull, 1973년 책, 195면

특이성을 버려야 한다고 주장한 칸트보다는 멘델스존의 유산을 더 신뢰했던 것 같다.

그러나 헤겔이 《법철학》에서 근대 유대인에 관해 분명한 의사를 밝혔다고 해서 거듭 유대교의 한계를 역사적 종교로 특징지은 그의 태도까지 무마시키기는 어렵다. 그는 《그리스도교의 정신과 그 운명》에서 '유대 민족의 차후 상황'에 관해 굉장히 부정적인 논평을 했을 뿐, 그 외 어디에도 유대인들의 당시 상황을 언급한 적이 없었다. 이에 대해 요벨은 다음과 같이 썼다.

그가 볼 때 고대 유대인들에 대한 평가는 그들의 살아남은 근대의 자손들과 거의 관련이 없는 일이었다. 그들이야말로 그들의 탄생 배경인 종교적 현상이 아니라, 현존하는 존재로 대우받아서 그들이 맞이한 시대의 새로운 윤리 의식에 따라 판단되도록 해야 함에도 말이다. 그렇기 때문에 역사상의 유대교를 비판한 헤겔과 유대인 해방을 지지한 헤겔 간에는 넘을 수 없는 큰 차이가 존재한다.[82]

이와 같은 큰 차이는 유대인들에게 철학적 이유나 단순한 실용적 이유 때문에 시민권을 인정해야 하는가, 라고 묻는 《법철학》 속 구절에도 드러난다. 문법이 대단히 복잡한 그 구절의 마지막 문장은 헤겔의 주저하는 마음을 대변했다. 헤겔은 유대인 해방을 철학적으로 완전히 지지하지 못했다. 헤겔은 유대교는 패배할 수밖에 없다는 자신의 역사 철학론 때문에 유대인들에게 근대 사회에서의 능동적이고 철학적인 역할을 인정할 수

---

82) Yovel, 1998년 책, 94면. 또한 다음과 같은 Avineri의 글(1963년 논문, 47면)도 참조해 볼 만하다. "유대인에게 시민권을 인정해 주는 문제를 둘러싸고 헤겔이 보여 준 태도는 이렇듯 유대교의 내재적 내용에 접근할 때의 역사 철학적 태도와 완전히 분리된다." Yovel(1998년 책)과 Avineri(1963년 논문)는 또한 헤겔이 이들 문제에 끼어들게 된 직접적인 역사적·정치적 상황도 설명했다.

없었다. 유대교를 향한 헤겔의 태도가 복잡하게나마 진화를 했음에도 불구하고 그가 초기 신학 저작들에서 정립한 그리스인과 유대인의 대립 구도는 후기에 정신의 역사적 진화를 분석한 글에도 내재되어 있었다. 이와 관련해 레그로스는 다음과 같은 결론을 내렸다. "아무리 이전과 단절된 태도를 보였다고 해도 …… 헤겔은 그리스의 정신과 유대교를 미의 정신과 분리의 정신으로 대립시키는 것을 결코 취소하지 않을 것이다."[83] 헤겔이 당대의 유대인들에게 시민권을 인정해야 한다는 철학적 이유를 분명하게 설명하기 어려웠다면, 그 이유는 그가 초기 저작들에서 몰두했던 그리스인들과의 역사적 변증법의 틀 안에 여전히 유대교를 가두어 놓았기 때문이다.

유대교의 비극

유대 민족의 엄청난 비극은 그리스의 비극이 아니다. 다시 말해 그들의 비극은 공포나 연민을 불러일으킬 수 없다. 왜냐하면 공포나 연민은 아름다운 인물의 불가피한 몰락에서 생기는 것이기 때문이다. 그래서 그들의 비극은 오직 질색하는 마음만 불러일으킬 수 있다. 유대 민족의 운명은 자연 자체를 벗어나, 이질적인 신들에게 집착해서, 그 신들을 섬기기 위해 인간 본성에 깃든 신성한 것들을 모두 짓밟고 죽여야 했다. 그러나 결국 그 신들은 객체였고, 그는 그 신들의 노예였기 때문에, 그 신들에게 버림받고 자신의 신념까지도 산산조각내야 했던 맥베스의 운명이다.

_ 헤겔

---

83) Legros, 1997년 책, 45면

그것은 안티고네에서 예수에 이르는 짧은 여정이다.

_ 도미니크 자니코

그들(그리스인들)은 통합을 이루어야 했고 약간 품위 있게 신성을 모독할 방법을 짜내야 했기에 비극을 만들어 냈다. 유대인들이 숭고한 쪽으로는 시적 재능과 성향이 다분했음에도 불구하고, 예술 형식이자 즐거움인 비극은 그들에게 여전히 전적으로 이질적인 것이었다.

_ 니체

조지 스타이너(George Steiner)는 다음과 같이 썼다. "비극 형식은 종말을 고하기 직전까지도 그리스적이다. 비극은 유대교 세계관에 맞지 않는다."[84] 헤겔도 이 말에 전적으로 동의했을 것이다. 그는 《그리스도교의 정신과 그 운명》에서 '유대 민족의 비극은 결코 그리스의 비극이 아니' 라고 결론지으면서 '대신 맥베스의 비극' 이라고 했다. 여기서 헤겔은 다름 아닌 아리스토텔레스의 용어를 들먹이며 유대인들이 진정한 비극의 영웅이 될 수 있는 자격 자체를 부정해 버렸다. 그는 우리에게 그들의 운명은 '공포나 연민을 전혀 불러일으킬 수 없다' 고 하면서, 이 두 감정은 단지 '아름다운 인물' 의 '불가피한 몰락' 으로만 생겨날 수 있다고 했다. 독자들은 이 대목에서 유대인들은 미(美)와 자연스럽게 차단되어 있다는 생각이 떠오를 것이다. 그러나 이 구절에서 헤겔이 아리스토텔레스의 비극의 정의에 많이 의존한다고 해도, 독자들 눈에는 그가 나중에 특징적으로 묘사한 비극의 성격과 비슷해 보일 것이다. 헤겔의 급진적인 신비극론이 어떻게 다듬어졌는지는 《법철학》에 잘 나와 있다.

---

84) Steiner, 1961년 책, 3~4면

최고로 도덕적인 삶을 살던 인물들의 비극적 파멸은 우리의 흥미를 끌고 정신을 고양시킬 수 있으며, 그런 일도 일어날 수 있다고 이해시킬 수 있다. 물론 그 인물들이 똑같이 정당하지만, 불행을 겪으면서 충돌하는 서로 다른 윤리적 힘을 지닌 상대편과 같이 무대에 나타나는 한에서만 그렇다. 왜냐하면 그래야 이 인물들이 도덕률을 어기는 과정에서 죄책감을 느끼기 때문이다. 이런 상황이 펼쳐지면 정당한 쪽과 부당한 쪽이 갈리게 되고, 그 결과 진정한 도덕적 이상이 정제되어 이런 편 가르기를 딛고 승리하여 우리 안에서 융화된다. …… 이러한 것이 바로 고대 비극의 진정한, 그리고 완전히 도덕적인 흥미의 요소인 것이다.[85]

물론 헤겔이 상상하는 것과 가장 완벽하게 일치하는 비극은 소포클레스의 《안티고네》였다. 헤겔은 이 비극에 대해 다음과 같이 말한 것으로 유명하다. "이런 관점에서 판단할 때, 고대와 근대의 훌륭한 창작품(나는 이런 등급의 것들을 거의 모두 알고 있는데 그런 작품들은 누구나 알아야 하는 것들이며 충분히 다 알 수 있다)을 통틀어서 소포클레스의 《안티고네》야말로 가장 탁월하고 만족스러운 예술 작품이다."[86] 헤겔은 《정신의 현상학(Phenomenology of Spirit)》(1807)에서 이 비극을 독창력 넘치게 분석하면서, '똑같이 정당하지만 서로 다른 윤리적 힘들' 간의 충돌을 치밀하게 파고들었다. 그는 도덕성(Moralität)에서 인륜성(Sittlichkeit)으로의 이행을 탐구하는 과정에서 그리스 비극을 중심으로 정신의 윤리적 진보를 설명했다. 그러나 앞 구절에 분명히 드러났듯, '진정'하고 '완전히 도덕적인' 고대의 비극상은 이보다 하등한 비극상과 대비되었다. 아름다운 안티고네의 운명은 단지 끔찍하기만 한 맥베스의 몰락과 대립된다. 이에 대해 브래들

---

85) Hegel, 1942년 책, 102면
86) Hegel, 1986년 책, 550면

리(A. C. Bradley)는 다음과 같이 표현했다.

　가장 불리한 예를 골라 이런 생각들의 진위를 한 번 가려봐야겠다. 그런데 불리하다고 한 이유는 이 비극이 처음에는 단순히 선과 악의 충돌을 암시하는 것 같은데, 그러면 헤겔의 말마따나 …… 전혀 비극이 아니기 때문이다. 《맥베스》처럼 말이다. 그럼 《맥베스》에서는 무엇이 충돌하나? 두 가지의 윤리적 힘이나 보편적 목표들이 충돌하는 것이 아니라, 헤겔이 말한 대로 주된 흥미는 성격에 있다는 데 이견이 없을 것이다.[87]

　브래들리의 주장에 따르면, "충돌은 《맥베스》보다 《안티고네》에서 더욱 비극적이다."[88] 브래들리가 지적한 대로 그 이유는 단지 헤겔이 《미학》에서 공들여 완성한 비극의 서로 다른 형식 간의 위계 때문만은 아니었다. 사실 헤겔은 《미학》에서 등장 인물이나 '성격'의 비극은 좀 더 보편적인 목적에 역점을 두는 비극보다 수준이 떨어진다고 여겼다. 맥베스의 비극이 외부에서 생겼다는 것 또한 큰 이유였다. 헤겔은 후에 《그리스도교의 정신과 그 운명》에서 맥베스를 설명할 때, 그의 몰락이 '아름다운 인물'의 내적 결함 때문이 아니라 "수상쩍은 운명의 자매들"의 말을 듣기로 한 결정과 "그들이 '한 입으로 두 말한' 약속과 그릇된 훈계에 홀려 범죄를 저질러 버린 것"[89] 때문에 비롯된 것인지를 중점적으로 파헤쳤다. 맥베스의 몰락은 '자연 자체에서 벗어나 이질적인 신들에 집착해서 그 신들을 섬기기 위해 인간 본성에 깃든 신성한 것들을 모두 짓밟고 죽여야 했으나, 결국 그 신들은 객체였고 그는 그들의 노예였기 때문에 그 신들에게 버림받고 자신의 신념까지도 산산조각내야 했던' 인간의 운명이었다. 여기서

---

87) Bradley, 1962년 책, 382면
88) 같은 책, 384면
89) Paolucci와 Paolucci, 1962년 책, 서문 28면

《맥베스》속 마녀들은 유대교에 '실증성'을 마치 운명처럼 내세운 바로 그 도덕적 자유의 결핍을 예견하는 징후들이었다. 그러니까 맥베스의 비극은 윤리적 비극이 전혀 아니었다. 한편으로 이 비극은 단순히 옳음과 그름을 대비시켜 헤겔이 비극적 경험의 본질로 규정한 진정한 도덕적 충돌을 만들어내지 못했다. 다른 한편으로 이 비극이 그려가는 몰락은 복잡한 도덕적 존재의 내적 갈등을 통해 일어나는 것이 아니라 외부의 강제적인 힘에 의한 것이었다. 헤겔은 이 역시 유대 민족의 비극으로 추정했다.

스타이너가 예시했듯, 유대인과 비극의 정신을 무관하다고 본 인물은 헤겔이 끝이 아니었다. 니체의 《비극의 탄생》 또한 비극을 오로지 그리스적인 조건으로 특징지었다.[90] 니체는 프로메테우스 신화를 분석하기에 앞서 다음과 같이 운을 뗐다. "나는 이제 아이스킬로스(Aeschylus)의 《프로메테우스(Prometheus)》에서 시종일관 빛나는 수동성의 영예와 능동성의 영예를 비교할 것이다." 이에 대해 짐 포터는 니체가 무작위로 프로메테우스를 선택한 것이 아니라고 말했다. "프로메테우스의 행위가 갖는 도덕적 의미와, 유대교와 그리스도교의 원죄와 속죄의 틀 안에서 그 의미를 쉽게 읽어내는 것의 문제는 19세기 학자들의 오랜 논쟁거리였다."[91] 니체는 아래에 나오는 《비극의 탄생》의 단락에서 인도계 유럽인 학자 아달베르트 쿤(Adalbert Kuhn)과, 특히 프로메테우스의 '아리안' 신화와 '헤브라이 사람' 인 이브의 타락을 장황하게 대조한 프리드리히 베클러(Friedrich G. Weckler)의 《그리스 신화학(Griechische Götterlehre)》에 많이 의존했다.[92] 니체는 다음과 같은 새로운 '학문' 이라는 측면에서 자신만의 그리스인과 유대인의 대립 구도를 구축했다.

---

90) 제사(題詞)에 인용된 《즐거운 학문》 속 구절에 관해서는 Kofman의 1994년 책, 39~40면, 60면 참조
91) Nietzsche, 1999년 책, 49면 ; Porter, 2000년 책, 275면
92) Lincoln의 1999년 책과 Porter의 2000년 책을 참조

원래 프로메테우스 전설은 아리안족 사회 전체의 것으로, 진중함과 비극성을 타고난 그들의 재능을 기록한 것이다. 실제로 인간의 타락 신화가 유대인의 성격과 관련해 중요한 의미를 띠듯, 이 신화는 아리안족의 성격과 관련해 중요한 의미가 있는 것 같다. 따라서 이 두 신화의 관계는 형제와 자매의 관계라고 해도 될 것 같다.[93]

브루스 링컨(Bruce Lincoln)의 주장에 따르면, "이 장에서 니체의 초점은 그리스 문명에 내재된 필수 구성 요소인 아폴론적인 본질과 디오니소스적인 본질의 대립에서 그리스인들과, 그들과 현저하게 대조되는 타자의 대립으로 바뀌었다." 니체는 충돌과 대립을 비극의 본질적인 구성 요소로 보는 헤겔 식 수사법을 이어받아 두 가지의 그리스 문화상을 대립시키는 방법으로 분석을 시작했다. 이렇게 내적으로 균열된 그리스인들의 정체성에서 비극과 그들의 특권적인 관계가 만들어졌다. 헤겔처럼 니체도 그리스인들의 내적 갈등 능력에 그들의 위대성이 있다고 본 것이다. 하지만 니체는 다름 아닌 《비극의 탄생》에서 그리스와 대립되는 미학적 특징의 동력을 탐구하던 중 방향을 돌려 문화적 차이에 집중했다. "이 구절에서 니체는 사람들을 정형화할 뿐만 아니라 인종, 성, 종교, 그리고 도덕성의 범주를 한데 섞어 서로 맞물리게 하는 차별적인 2항 대립 구조를 세우기 위해 신화적 서사를 이용했다."[94] 비록 이러한 것들이 본문에서 유일하게 이 절에만 등장하는데도, 짐 포터의 주장처럼 "아리안이즘(Aryanism, 비유대계 백인 우월주의)을 암시하는 것들은 …… 단지 《비극의 탄생》의 제9절에서만 나오지만 …… 작품 전체에 깊은 영향을 미치고 있다." 실제로 포터는 급진적인 어휘로 표현된 이런 암시가 굉장히 만연해 있다며, 다음

---

93) Nietzsche, 1999년 책, 49면
94) Lincoln, 1999년 책, 64~65면

과 같이 단언했다. "이러한 암시 때문에 우리가 5세기 말의 소크라테스와 에우리피데스(Euripides)에 이르기까지 니체가 《비극의 탄생》에서 표현한 타락하기 전의 그리스인들에 관해 말할 때마다, 사실은 아리안인을 말하고 있는 것이 틀림없다."[95]

그러나 급진적일 만큼 다르고 새로운 학문적 담론을 향한 니체의 열의 말고도, 이 구절의 가장 특징적인 요소 중 하나는 헤겔의 초기 저작들에 배어 있는 유대교에 대한 구태의연한 비판을 그대로 반복한다는 점이다. 프로메테우스와 관련된 들어가는 말에서 암시했듯, 니체는 '능동성'과 '수동성'의 대립이라는 측면에서 그리스 비극과 유대인의 운명을 대비시킬 것이 분명했다. 니체의 비극에 대한 정의는 '자유로운 사람들'의 신앙인 그리스의 종교와 무조건적인 '실증성'으로 설명되는 종교인 유대교라는 익숙한 대립 구도를 유지하고 있었다.

인간성은 위법 행위를 저지름으로써 그것이 이룰 수 있는 최선과 최고를 성취한다. 따라서 그에 따르는 결과들, 즉 성이 난 성스러운 신들이 좀 더 고결한 것들을 향한 당당한 경쟁을 통해 인류에게 차례로 내려야만 하는 온갖 고통과 시련을 받아들여야 한다. 이는 괴로운 생각이지만, 이상스럽게도 셈족의 타락 신화와 대비된다. 그들의 타락 신화에서는 요컨대 악의 기원이 호기심, 거짓 핑계, 유혹에 열려 있는 마음, 음탕함에 있는 것으로 나타났다. 그런데 이렇게 모두 열거해 놓고 보니 대부분 여성과 관계된 속성들이다. 이와 구별되는 아리아인의 관점의 특징은 능동적으로 범한 죄는 진정한 프로메테우스적인 미덕으로 보는 숭고한 관점이라는 것이다. 그로 인해 우리는 또한 비관적 비극의 윤리적 토대를 발견하게 되었다. 다시 말하면 인간의 죄책감이라는 면에서 뿐만 아니라, 죄책감으로 인해 야기되는 고통이라는 면

---

95) Porter, 2000년 책, 274~275면

에서 인간의 삶에 내재된 악을 비극이 정당화한다는 것을 알았다.[96]

그리스인들이 '능동적으로 범한 죄'는 유대인들의 '거짓 핑계, 유혹에 열려 있는 마음', 그리고 '음탕함'과 대비된다. 니체는 본인의 반유대주의도 모자라 여성 같다는 근대 특유의 혐의까지 덧붙이려고 했는지 모르지만, 유대교를 향한 그의 비난은 헤겔의 분석을 인도했던 것과 똑같은 철학적 전제에 바탕을 두고 있다. 그리스인들의 대리인으로 고통을 받은 그가 유대인들의 생각 없는 굴종에서 자신의 진정한 반정립을 발견했듯, 그리스의 형이상학은 유대교의 유물론과 대립되었다. 헤겔에게 그랬듯, 니체에게도 유대 민족의 비극이 그리스의 비극이 될 수는 없었다. 아주 애처로운 불가피성, 한껏 과도하게 결정된 숙명이라는 비극의 본질은 자유와 확실하게 관련되어야 했다. 아울러 이런 자유에는 확실한 도덕적 전망도 따라야 했다.

그러나 프로메테우스를 그린 그 시에서 가장 근사한 것은 …… 정의를 지향하는 심오하고 아이스킬로스적인 경향이다. 한편으로는 용감한 '개인'의 무한한 고통, 다른 한편으로는 사실상 신들의 황혼(Twilight of the Gods, 북유럽 신화 속 최후의 전쟁을 뜻하는 것으로 이 전쟁에서 신들과 거인들이 싸워 신들이 패배하고 세계가 멸망함—옮긴이)을 예감할 만큼 신들의 극심한 곤경, 그리고 고통 받고 있는 이들 양 세계의 화해. 즉 형이상학적 합일을 강행할 힘(이 모든 것은 가장 강력한 방식으로 운명의 여신을 영원한 정의로서 신들과 인간보다 높은 자리에 앉아 있다고 보는 아이스킬로스적인 세계관)의 중심을 이루는 주요 교의를 떠올리게 한다.[97]

---

96) Nietzsche, 1999년 책, 49~50면
97) 같은 책, 48~49면

여기서 니체의 표현은 얼핏 보면 특별히 헤겔과 닮은 것 같지는 않다. 그럼에도 불구하고 '형이상학적 합일'이라는 니체 특유의 개념을 찾는 과정에서 헤겔의 비극 분석에서 가장 핵심적인 용어, 즉 '화해'를 최전면에 내세운 듯했다. 《법철학》에 나오는 화(Versöhnung)는 비극의 최종 목적(telos)이었다. 아리스토텔레스가 비극의 도덕적 힘을 카타르시스로 정한 데 반해, 헤겔은 대립하는 두 개의 힘이 '우리 안에서 화해'하는 것으로 보았다. 니체가 화해라는 용어를 쓴 것은 그 특유의 비극적 변증법이 여전히 헤겔의 영향을 받고 있음을 반증했다. 아폴론과 디오니소스는 가족과 국가가 아닐지 모르나, '정의'라는 이름으로 대립물들이 화해를 이루는 것은 분명 헤겔 식이었다.

게다가 코언의 주장대로 화해라는 개념이 그리스 비극의 본질과 관련이 있긴 해도 이 개념은 헤겔의 이교도적인 대다수 저작에서조차 그리스도교를 상징했다. 이와 같이 화해라는 개념은 그리스·그리스도교를 유대교에서 분리시켰다. 헤겔이 《그리스도교의 정신과 그 운명》에서 예수의 산상수훈을 분석할 때 중심 개념이 되었던 플레로마(pleroma, 보통은 채움이나 충만의 뜻이나 여기서는 '덕'이나 '지조'에 의한 '율법'의 보전이라는 의미로 사용됨-옮긴이)를 설명하면서, 코언은 다음과 같이 썼다.

사실 그는 그리스인들에게서 그 개념을 빌려와 그리스도교적인 주제로 바꾼다. 문제의 그 화해는 아름다운 그리스의 전체성이라는 이상과 그리스도교의 진리가 이루는 조화다. 아름다운 그리스의 전체성은 항상 너무 추상적이어서 오로지 심하게 분열되는 비극적 운명으로만 쇠할 수 있다. …… 그것이 예수의 열정으로 승화되었을 때 그것의 화해도 이루어진다.[98]

---

98) Cohen, 2005년 책, 76면 주석 1면

그러나 코언이 계속해서 입증해 보이듯, 이것은 결코 그리스인들에게 유대인과 동등한 지위를 부여하는 게 아니었다. "고립된 이종 문화권에 국한하지 않으며, 무한한 초월로 안전을 도모하지 않는 그리스적인 사고는 전력으로 다가오는 운명에 맞섬으로써 '비극'을 정면으로 마주한다. 다시 말해 그리스적인 사고는 항상 이미 화해의 과정에 개입하고 있다."[99] 그리스인들은 그리스도교도가 아니기 때문에 운명적으로 비극을 겪을 수밖에 없었다. 하지만 유대인들은 그 정도까지 이르지도 못했다. 결국 그리스인들은 능동적으로 자신의 운명에 맞섬으로써 여전히 비극적 운명으로 끝맺을 수 있었다. 그런데도 그들은 결국 그리스도교의 진리에 이르게 될 화해의 동력에 휘말렸다. 암시에 의해 한편에서는 운명과 능동적으로 맞서고 또 한편에서는 화해의 논리를 따르는 그리스 비극은 하나부터 열까지 원그리스도교적이었다.[100] 이와 관련해 자니코(Janicaud)는 다음과 같이 썼다.

유대인 사회는 선험적으로 소외된 세계이며 항상 그 상태로 남아 있을 것이다. …… 이러한 절대적 소외는 분명 비극적이지만, 맥베스의 비극처럼 그것의 기원은 단지 혐오만을 불러일으킬 수 있을 뿐이다. 이에 반해 그리스 비극은 두려움이나 연민을 불러일으킨다. 그런데 이런 연민이나 두려움은 삶을 긍정하는 힘이다. 따라서 그리스 비극은 정적이고 부정적인 성향이 아니라 화해할 수 있는 힘을 준다. 바로 이런 이유 때문에 가장 좋을 때의 그리스 사회는 그리스도교적인 사랑과 아주 가깝다. 따라서 그리스 비극은 안티고네에서 예수에 이르는 짧은 여정이다.[101]

---

99) 같은 책, 77면 주석 1면
100) Hodgson(2005년 책, 97면)은 헤겔이 볼 때 "그리스도교는 화해의 종교"였다고 단언했다.
101) Janicaud, 1975년 책, 71면

이와 관련해 짐 포터는 "니체가 고대 그리스에 접근하는 방식이 그리스도교화 되고 있는 게 아닐까?" 하고 추정했다.[102] 아리아인의 대리인과 비극적 화해를 강조한 것을 비추어 볼 때, 니체의 저작들조차 헤겔의 비극적 그리스인들의 그리스도교적 운명이라는 짐을 지고 있는 듯했다. 그러나 헤겔의 그리스도교화 명령이 니체에게 이어지고 있는 것이 분명하긴 해도, 헤겔과 니체의 비극관은 서로 다른 역사 철학에 바탕을 두고 있었다. 그리스인, 유대인, 그리고 그리스도교도는 이 두 인물이 각각 그려가는 진보의 서사에 아주 많이 등장하긴 했지만 각자 뚜렷이 구별되는 역할을 맡았다. 니체 식 비극의 서사는 비극의 궁극적 타락을 에우리피데스와 소크라테스라는 이중의 세력이 예시한 예수의 출현에 있다고 본 것이다. 《비극의 탄생》에서 니체의 소크라테스는 잘 알려진 대로 '학리적 인간의 원형'이지만 타협하지 않는 이성의 소유자인 이 인물은 분명 그리스도교도의 타락을 상징하기도 했다.[103] 니체는 후에 《우상의 황혼(Twilight of the Idols)》에서 "소크라테스는 하나의 오해였다."고 썼다.

그리스도교를 포함해 향상을 위한 도덕 전체가 하나의 오해였다. …… 가장 시린 햇빛, 목숨을 건 합리성, 명랑하고, 냉철하고, 신중하며, 본능에서 자유로운 혹은 본능에 저항하는 삶. 이것은 그 자체로 병폐, 곧 다른 병폐일 뿐이다. 따라서 본능과 싸워야만 하는 …… '덕', '건강', '행복'으로 되돌아가는 방법이 절대 아니다. 이는 타락의 공식이다.[104]

니체의 소크라테스는 그리스적 이성의 출현을 상징하는 동시에 행복한 이교도의 삶을 부정하는 그리스도교로의 이행을 뜻했다. 그러나 니체

---

102) Porter, 2000년 책, 275면
103) Nietzsche, 1999년 책, 72면
104) Nietzsche, 1998년 책, 15면

에게 종종 발견되듯, 그리스도교를 비판함으로써 유대교에 대한 더 날카로운 비난이 이어졌다. 소크라테스의 합리성이 예수의 자기 부정의 전조일지 모르나, 그의 '비뚤어진 악의'는 유대인들에게서 빌려온 것이었다. 니체는 다음과 같이 말했다. "사람은 오직 그 외의 다른 수단이 없을 때만 변증법을 택한다. …… 변증법은 다른 무기가 전혀 남아 있지 않을 때 오직 비상 방어용만 될 수 있다. 사람은 다른 사람들에게서 벗어나 강제로 자신의 존재를 도리에 맞추어야 한다. 그렇지 않으면 그것을 사용하지 못한다. 유대인들이 변증가였던 이유가 바로 이 점 때문이다. 따라서 여우 레이나르드(Reynard the Fox, 룩셈부르크의 작가 미셸 로당이 출간한 동명의 책 속에 나오는 꾀 많은 여우—옮긴이)도 변증가였다. 그럼 소크라테스 역시 변증가란 말인가? …… 소크라테스도 결국 그리스인이었나?" 새러 코프만은 다음과 같이 결론을 내렸다. "니체는 소크라테스를 그리스 철학의 덕망 있는 대가들에게 빗대는 것으로 시작해, 결국 그렇게 자신을 괴롭힌 이 인물을 진정한 괴물이자 잡종의 생명체이며 그리스인이 아닌 유대인으로 바꾸어 놓았다."[105] 니체에게 소크라테스는 또 다른 가면을 쓴 유대인을 상징한 데 반해, 헤겔에게 소크라테스는 당연히 반유대인을 대표하는 탁월한 인물이었다. 니체의 소크라테스가 그리스도교와의 관련성 때문에 유대인에 가깝다면, 헤겔의 소크라테스는 유대교의 '실증성'을 벗겨낸 좀 더 완벽한 그리스도교를 예시한다는 점에서 유대인과 거리가 멀었다. 따라서 비극적 운명에서의 추락은 헤겔과 니체 양쪽 모두 세계사적 서사에서 중요한 역할을 하지만, 이들 각자의 저작에서는 이 추락이 서로 완전히 다른 정반대의 기능을 했다. 니체의 저작에서 유럽 문화의 중요한 시점으로 간주되는 그리스인들의 비극의 시대에 타락의 마법을 부린 장본인은 바로 유대교와 그리스도교가 결합된 힘이었다. 반면에 헤겔의 저작에

---

105) 같은 책, 13면 ; Kofman, 1998년 책, 12면

서 그리스도교적인 화해의 전망을 예시하는 것은 다름 아닌 그리스인들의 비극적 운명이었다. 그리스인들이 그리스도교의 진정한 선구자로 보였던 이유는 그들이 비극적 세계관의 전달자였기 때문이다. 이에 반해 유대인들이 그리스도교적인 화해를 통해 구원에 다다르지 못하는 것은 그들이 그런 운명에서 배제되어 있었기 때문이다.

그러니까 비극의 변증법적 힘은 헤겔이 세계사의 변증법을 설명하려고 쓴 저작에 있었다. 왜냐하면 헤겔이 후기 저작들에서 유대인들의 특징으로 꼽은 것이 바로 역사의 변증법적 운동에서 그들이 아무런 역할을 할 수 없다는 점이었기 때문이다. 《정신의 현상학》(1807)에서 특이할 정도로 유대교에 관한 이렇다 할 논의가 없긴 하지만, 한군데에서 지나가는 말로나마 헤겔은 자신이 세운 가설에서 유대인들이 어떤 역할을 하는지 설명했다. "유대인들이 가장 배은망덕하고 거부된 사람들인 이유는 그들이 구원의 문 앞에 서 있기 때문일지도 모른다."[106] 이와 관련해 요벨은 다음과 같이 썼다. "유대인 민족이 구원의 문까지 가긴 했으나 그들을 문 안으로 들여보내지 않았다. 그래서 그들은 위대한 구원의 문 안으로 영원히 들어가지 못해 더 이상 진화도 못하고 진정한 희망도 품지 못할 것이다. 다시 말하면, 그들에게 더 이상의 역사는 없을 것이다. 가장 배은망덕한 민족으로서 유대인들에게 남은 것이라고는 계속해서 화석화된 존재로 살아가는 길 뿐이다."[107] 《정신의 현상학》속 같은 구절에서 헤겔은 연이어, 만약 유대인들이 그리스도교도로 바뀔 수 있었다면 그들은 역동하는 세계사에 다시 진입할 수 있었을 것임을 암시했다. 그러나 헤겔이 무척이나 잘 알고 있듯, 그럴 수 없는 것이 바로 그들의 정체성을 구성하고 있는 요소였다. 요벨은 계속해서 이렇게 썼다.

---

106) Hegel, 1977년 책, 206면
107) Yovel, 1998년 책, 55면

칸트처럼 유대인들에게 유럽 사회로 쉽게 진입할 수 있도록 그리스도교로 개종할 것을 추천했던 사람들과 달리, 헤겔은 그들이 흔히 말하는 그런 유대인으로 남을 수 있는 이유는 무엇보다도 그들이 원래 거부했던 것을 충실히 지키고 있기 때문이라는 점을 들어 개종 자체가 불가능하다고 여겼다. 결국 유대인들의 몰역사화는 돌이킬 수 없다는 것을 암시한 셈이다. 유대 역사는 기독교에 의해 부정(aufgehoben)되었을 뿐만 아니라, 고갈되고 메마르고 꽁꽁 얼어붙었음은 물론 정신적 내용물이 모두 바닥을 드러냈다.[108]

헤겔은 이런 점 때문에 유대인들이 근대에서 절대적으로 배제될 수밖에 없다고 본 것이다. 그래서인지 그는 모세와 고대 유대교를 분석하다가 전혀 어려움 없이 방향을 바꾸어 동시대 유대인들에 관해 의견을 쏟아 놓기 시작했다.

차후 유대인들의 상황이 비천하고, 비참하고, 불쌍한 지경까지 이르러 그런 상황이 오늘날까지 이어지는 것은 단지 그들의 원래 운명의 결과이자 정교화 과정이다. 이런 운명(그들 스스로 자신들에게 대항하도록 설정한 탓에 결코 정복할 수 없는 무한한 힘) 때문에 유대인들은 지금껏 학대를 당했는데, 미의 정신으로 달래고 화해로 그런 운명을 지워 버리지 않는 한 학대는 계속 이어질 것이다.[109]

그러니까 유대인들은 단순히 역사의 인물이 아닌 게 아니라 역사의 인물조차 못되는 부류라는 뜻이었다. 그들은 언제나 이미 역사가 경질한 사람들이고, 아직 역사에 진입조차 못한 사람들이었다. 역사의 과정에서 유

---

108) 같은 책, 같은 면
109) Hegel, 1948년 책, 199~200면

대인들은 애초부터 배제되어 있고, 진보는 이런 역사의 과정을 바탕으로 삼기 때문에 유대인들은 영원한 배제의 악순환에 빠져 있다고 생각했다. 이에 대해 데리다는 다음과 같이 간주했다. "유대 문화에는 확실히 발육이 불완전한 아이와 같은 면이 있다. 그런데 워낙 고집불통이다 보니 아이 특유의 깊은 매력마저 잃어버리고 있다. 유대 문화는 성숙하지도 않고 순수하지도 않다."110) 반면에 그리스 문화는 성숙하면서도 순수하다고 여겼다. 어린 아이의 아름다움은 물론 어른다운 미래의 전망까지 모두 들어 있다는 뜻이었다. 여기서 우리는 다시 한 번 니체와의 뚜렷한 차이를 발견할 수 있다. 헤겔의 몰역사적인 유대인들은 니체의 몰역사적인 그리스인들과 대비된다. 헤겔이 유대인들을 역사에서 배제시킴으로써 결과적으로 그들을 비난하는 꼴이 된 데 반해, 그리스인들에게 역사 감각이 없다는 니체의 주장은 가장 진심어린 칭찬이었다.111) 무엇보다도 비극이 이러한 차이에 결정적인 역할을 했다. 헤겔이 보기에 그리스 비극을 최고로 만들어 주는 변증적 운동은 세계사의 변증법에서 그리스인들이 차지하는 중요한 역할을 대신했다. 사실 헤겔은 자신이 비극의 본질로 간주하는 대립되는 세력들 간의 충돌을 역사적 진보라고 속속들이 설명하는 이론으로 승격시켰다. 그러니까 헤겔이 보기에 그리스인들은 비극을 만들어 냄으로써 역사 발전을 탐구하는 데 필요한 개념적 장치를 제공했다. 따라서 근대 문화를 분석할 때 그들의 역할을 무시할 수 없었다. 그리스인들은 역사적이기 때문에 근대성의 요소를 지니고 있었다. 혹은 레비나스의 말처럼 "그러므로 근대성의 궁극적 의미는 본질적으로 그리스적"이었다. 반면에 유대인들은 몰역사적이기 때문에 애초부터 근대성에서 배제되었다. 니체가 보기에 그리스인들이 그토록 매력적인 근대성의 본보기가 되는 이유는 바로 그리스

---

110) Derrida, 1986년 책, 74면

111) 니체가 자신의 평론 《삶을 위한 역사의 이용과 오용》(1987)에서 비역사적인 그리스인들에 관해 주장한 내용을 참조

인들이 시의에 맞지 않는 속성, 즉 그들의 몰역사성이었다. "그리스인들에게 시의에 맞지 않는 속성이 없다면, 다시 말해 우리 시대와 맞지 않음으로써 우리 시대에 영향을 미쳐 다가올 시대를 맞이하는 데 도움이 되지 않는다면, 우리 시대에 고대 그리스·로마 연구가 어떤 의미가 있을지 모르겠다."[112] 니체가 《비극의 탄생》에서 그리스 비극은 더 나은 미래에 대한 희망을 줄 수 있다고 한 이유도 분명 이런 '시의에 맞지 않는' 속성 때문이었다. 근대성과 역사성의 관계는 또 다시 그리스인과 유대인의 대립을 통해 생성된 셈이다.

조지 스타이너는 "프랑스혁명 이후 주요한 모든 철학 체계는 비극 체계였다."고 논평했다. 이 말에서 근대성이라는 '형이상학적 작품(opus metaphysicum)'을 완전히 바꾸어 놓는 데 그리스 비극의 영향력이 얼마나 컸는지 고스란히 드러난다.[113] 하지만 근대 철학이 비극의 틀을 벗어나서는 생각할 수 없는 문제와 관련해 스타이너가 논평한 내용은, 그가 일찍이 오직 비극적 시각으로만 설명되는 그리스의 정체성을 놓고 주장했던 내용과 연결해서 살펴봐야 한다. 스타이너는 "비극은 유대교의 세계관에 맞지 않는다."고 단언했는데, 이는 그가 비극이 특별히 근대성만을 상징한다는 것을 간파한 데 따른 부수적인 주장이 결코 아니라는 점을 말해두고 싶다. 우리는 비극을 연구한 그의 저작들에 기묘하게 반영된 헤겔의 변증법 체계를 밝혀냄으로써 헤겔의 비극에 대한 정의가 특별한 역사 철학에 근거하고 있음을 알았다. 헤겔이 비극을 분석한 것과 관련해 가장 중요한 점은 그가 그리스 문화를 광범위하게 격상시켜 유대인의 배제를 바탕으로 원그리스도교의 지위까지 올려놓았다는 것이다. 또한 그의 비극 철학은 그가 근대성을 그리스·그리스도교적인 기대의 실현으로 이해한 것과 밀접하

---

112) Lévinas, 1963년 책, 329면 ; Nietzsche, 1997년 책, 60면
113) Steiner, 1984년 책, 2면

게 관련되어 있었다. 우리가 헤겔의 비극 철학이 유대인을 배제시켰기 때문에 비극적이라는 점을 깨닫는 순간 조지프 코언의 다음과 같은 말도 이해하게 될 것이다. "유대교를 향한 그의 과격한 비난을 단순히 '그 시대의 일'로만 특징지을 수 없다. 그것은 오히려 헤겔의 철학에 전적으로 각인되어 있고, 고정되어 있으며, 뿌리를 내리고 있다. 마치 반유대주의가 그 자체로 신의 확언인 것처럼, 아니 '양지로 나올 수 있는' 가능성을 열어두기 위해 지속적으로 유대교를 '율법의 종교'로 부정하고 깎아내릴 수밖에 없다는 것처럼 말이다."[114] 이 말을 이해해야만 왜 "유대 민족의 엄청난 비극은 결코 그리스 비극이 아닌"지를 진짜로 알게 되지 않을까 한다.

---

114) Cohen, 2005년 책, 24면. 유대인 대학살의 의미를 알아보기 위해 헤겔의 '유대 민족의 비극'을 다룬 저작들의 유산을 탐구한 Lyotard(1990년 책, 85~89면)를 참조

3장

시온산의 매슈 아널드
: 히브리인, 고대 그리스인, 아리안족, 그리고 셈족

Matthew Arnold in Zion
: Hebrews, Hellenes, Aryans, and Semites

소크라테스는 시온에서 굉장히 교만한 자다.   _ 매슈 아널드

1870년 프로이센이 프랑스 전쟁의 여파로 정치적으로 극심한 혼란을 겪고 있을 때, 프랑스의 지식인 에르네스트 르낭(Ernest Renan)은 국가적 쇄신을 부르짖으며 《지적·도덕적 개혁(La Réforme intellectuelle et morale)》이라는 제목의 소책자를 썼다. 르낭은 프랑스가 프러시아와 대적하고 싶다면 정치·문화적 관점을 대폭 수정해야만 할 것이라고 주장했다. 그로부터 딱 1년 전, 매슈 아널드(Mattew Arnold)는 영국의 지적·도덕적 개혁을 호소하는 자신의 논쟁적 저작인 《교양과 무질서(Culture and Anarchy)》(1869)를 출간했다. 르낭의 열렬한 추종자이자 프랑스 문화를 강력히 지지했던 아널드는 르낭의 최신 저작에 대해 평소답지 않게 불편한 심기를 드러냈다.

우리는 헤브라이즘의 과장이 영국에 끼친 해악을 누구보다도 잘 알고 있지만, 이것(학문적 소신이 부족한 르낭의 비판)은 헬레니즘으로 복수한 꼴이다! 인간의 타고난 성향을 고려할 때 우리가 보기에 그와 같은 표현은 그 어디에도 맞지 않는 것 같다. 따라서 프랑스에는 돌이킬 수 없는 사태만 불러올 듯하다. 도덕적 양심, 자기 절제, 진지함, 착실함은 분명 인간 삶의 전부는 아니지만 단연코 거의 대부분을 차지하고 있다. 히브리 예언서의 무거운 짐이자 아주 오래된 경험에서 터득한 사실로서, 이런 것들이 없다면 국가는 지탱할 수 없다. 프랑스는 이러한 것들의 중요성을 제대로 보지 못하고 있다.[1]

아널드는 동포 영국인들의 결점을 지적하는 한편 헬레니즘에 지나치

---

1) Arnold, 1960~1977년 책, 7면 44~45줄

게 열광하는 프랑스를 질책했다. 그는 그리스적인 것들에 대해 그처럼 밑도 끝도 없이 열광하다가는 돌이킬 수 없는 사태가 일어날 수 있음을 암시했다. 이를 막기 위한 처방으로 아널드는 헤브라이즘의 적절한 복용을 권했다. 아널드가 암시했듯, 영국은 '히브리 예언서의 무거운 짐'에서 벗어날 필요가 있는 데 반해 프랑스는 그 짐을 넘겨받아야 잘 살 수 있었다. 아널드는 헬레니즘과 헤브라이즘의 개념에 막강한 문화적·정치적 처방력이 내재되어 있다고 본 것이다.

많은 연구에서 드러났듯, 19세기 유럽에서 고대로 관심을 돌린 데에는 민족주의라는 신생 담론이 깊이 관련되어 있었다.[2] 아널드와 르낭의 대화에서 분명히 나타났듯, 민족의 '문화'라는 문제는 우리가 탐구 중인 경합하는 고대 전통들 간의 대립이라는 면에서 분명 치열한 논쟁거리였다. '독일인', '프랑스인', '영국인'이라는 민족적 정체성은 그리스인과 유대인이라는 두 가지 범주와 관련해 규정되고 또 자세히 구별되었다. 그러나 중요하게도 그 시대에 민족주의와 배타주의가 고조되고 있던 것과 때를 같이하여 세계사 연구에 심취하는 경향도 점점 커지고 있었다. 제국이라는 배경과 레이몽 슈왑(Raymond Schwab)이 '오리엔탈 르네상스(Oriental Renaissance)'라고 이름 붙인 당시 상황에 힘입어 유럽 문명의 세계사적 위치를 둘러싼 의문은 이미 표면화된 상태였다. 그러나 낭만주의라는 지적 발달과 동반해 제국과 관련된 연구 작업들이 크게 늘어나면서 점점 팽창하고 있던 연구 분야에 새로운 길이 열렸다. 고대 그리스와 고대 이스라엘은 그 수가 점점 늘어나고 있는 다른 문화들과 경쟁 관계에 놓이게 된 것이었다. 하지만 이러한 '오리엔탈 르네상스'와 '히브리 문화'의 관계는 결코 간단치 않았다. '유대인'이 '동양'에 속하느냐 안 속하느냐의 문

---

2) Stephens와 Vasunia의 2010년 책과 Marchand 1996년 책을 참조

제는 여전히 풀리지 않고 있었다.[3] 그러다 보니 그리스인과 유대인의 양극 구도가 이러한 문화 분류 체계를 완성하는 데 필수적이었던 데 반해, 구체적으로 '히브리 문화'와 '그리스 문화'가 문화적 우월성을 다투는 경쟁 관계로 설정되기까지는 복잡한 사정이 있었다.

이미 예상했겠지만, 불후의 그리스인과 유대인의 대립 구도가 공식화된 곳이, 이미 19세기 중반 무렵 이런 대립 구도가 시대에 뒤떨어졌다고 여긴 독일이 아니라 영국이라는 점이야말로 역설이 아닐 수 없다. 매슈 아널드는 《교양과 무질서》에 수록된 유명한 평론 《헬레니즘과 헤브라이즘(Hellenism and Hebraism)》에서 '히브리인'과 '그리스인' 같은 용어가 전문어가 되는 순간을 보여 주었다. 이와 관련해 스테판 콜리니(Stefan Collini)는 다음과 같이 논평했다. "아널드에게는 자신의 사상이 주목받게 하는 방법을 찾아내는 영리한 논객의 안목과 함께 주장을 유명 문구로 압축하는 재능까지 있다."[4] 아널드도 자신의 저작이 지닌 영향력을 잘 알고 있었으며, 특히 사회·문화 비평에 구체적으로 개입할 정도로 파급력이 있다는 것을 확신했다. 그래서 그는 '헬레니즘과 헤브라이즘'을 논한 장(章)에 대해 "구구절절 가슴에 와 닿아서 여기서 다룬 문제들에 관해서 이 내용들이 영국의 사상과 공론의 중심을 이룰 것이다."라고 썼다.[5]

아널드는 특이하게도 처음 헬레니즘과 헤브라이즘의 대립 구도를 설명하고자 했을 때, 독일의 철학이나 학문적 전통은 전혀 언급하지 않은 채 영국의 제국주의 담론만을 중요하게 취급했다.

그래서 어떤 면에서는 이들 두 세력을 경쟁 관계로 볼지도 모르겠다. 그런데 이 경쟁 관계는 타고난 속성 때문에 필연적으로 생긴 것이 아니라 인간

---

3) Kirchhoff, 2006년 책 ; Marchand, 2009년 책
4) Collini, 1988년 책, 82면
5) Russell, 1895년 책, 2면 11절

과 인간의 역사에 공개된 그대로의 모습이다. 또한 이러한 경쟁 관계로 인해
세계라는 제국은 이 두 세력으로 양분된다. 아울러 우리는 이 두 세력을 가장
뚜렷하고 화려하게 드러나도록 한 두 종족의 이름을 따 이들 세력에 붙여줌으
로써, 이들을 각각 헤브라이즘과 헬레니즘 세력이라 부르게 될지도 모른다.[6]

　　헤겔이 히브리 민족과 그리스 민족을 '세계사적 정신'의 상반되는 발
로로 설명한 데 반해, 아널드는 이들을 '세계라는 제국을 두 세력으로 양
분시키는' 종족으로 묘사했다. 에드워드 사이드는 아널드를 "한정된 종족
관과 제국주의관을 지닌" 작가로 특징지었다. 이에 대해 로버트 영(Robert
Young)은 지지 입장을 밝히면서 《교양과 무질서》가 "영국적 삶에 흔히 말
하는 문화의 개념뿐만 아니라, 문화를 종족 및 국가와 동일시하는 강한 근
대적 속성까지 도입하는 등 수상한 특징"을 띠고 있다고 주장했다.[7] 1869
년은 영국이 인도를 통치하고자 하는 열의가 절정에 오른 시기로서, 머지
않아 인도의 황후에게 빅토리아라는 이름이 붙게 될 터였다. 따라서 제국
과 관련해 그의 의견에 결정적인 영향을 미칠 만한 전후사정도 없는 상태
에서 아널드가 영국이라는 나라를 대상으로 한 편의 성명서를 썼다고 보
기는 어려웠다. 그러니까 아널드가 넓디넓은 전 세계 영토를 규정하기 위
해 제국이라는 단어를 골랐을 때 그의 어휘 선택을 순수하게 보기는 어려
웠다. 오히려 정반대로 전 세계가 헬레니즘과 헤브라이즘으로 양분될 수
있다는 그의 주장은, 예루살렘은 물론 아테네와도 간접적인 관계에 놓인
문화들을 영국이 직접 접할 수 있게 함으로써 일종의 제국주의적 임무를
수행했다는 점에서 도발적이라 하겠다.

　　필자는 아널드가 영국 문화를 분석할 때 언어와 국가, 그리고 인종의

---

6) Arnold, 1993년 책, 126면
7) Young, 1995년 책, 62면, 83면

변화하는 담론들이 그리스인과 유대인의 대립 구도에 새로운 의미를 어떻게 부여했는지 설명하고자 한다. 필자는 '헬레니즘과 헤브라이즘'의 규정이 지나칠 정도로 과잉되었다고 본다. 이러한 규정은 독일의 친그리스주의 연구 열풍을 연장시키는 동시에 언어의 특수성은 물론, 차츰 인종의 특수성까지 결정적인 역할을 하는 새로운 문화적 개념을 정립하기 십상이다. 이미 살펴보았듯, 프랑스의 셈족 전문 학자인 에르네스트 르낭은 아널드에게 중요한 영향을 미쳤다. 분석 체계가 바뀐다는 점에서 앞선 두 장(章)의 핵심 관심사였던 종교의 문제는 수면 아래로 내려가긴 하지만, 결코 완전히 배제되진 않았다. 사실상 아널드의 평론은 종교적 몰두와 오리엔탈리즘이라는 새로운 담론의 융합을 보여주는 증거였다.

역사, 언어, 문화

그리스인과 유대인의 대립 구도는 놀라울 정도로 광범위하고 다양한 맥락에서 반향을 불러일으켰다. 앞의 1장과 2장에서 이런 양극 구도가 철학적 담론에 어떻게 자리매김을 했는지 살펴보았다. 헤겔은 세계사적 진보를 설명한 기념비적인 철학 서사에서 '히브리적인' 세계관과 '그리스적인' 세계관을 분명하게 대비시켰다. 그러면서 헤겔은 《철학사》에서 유대교의 역할을 이렇게 요약했다. "유대의 역사 전체에서 장엄한 성격적 특성이 드러난다. 하지만 이런 특성은 다른 나라들의 천재성을 대하는 배타적인 태도(이런 태도는 해당 종교에서 승인한 것임) 탓에 …… 대체로 문화가 부족한 탓에, 그리고 그들의 독특한 민족성이 대단히 가치가 있다는 생각에서 유발되는 미신 탓에 흉하게 망가진다."[8] 게다가 헤겔은 '히브리적

---

8) Hegel, 1957년 책, 197면

인 것'과 '그리스적인 것'은 범세계적인 전통의 배경과 분명하게 대치한다고 인식했다. 헤겔이 보기에 히브리 전통은 극복되어야 하는 동양의 정신에 흠뻑 젖어 있었다. 이와 관련해 수잔 마천드(Suzanne Marchand)와 앤터니 그래프톤(Anthony Grafton)은 다음과 같이 지적했다. "헤겔이 세계사의 변증법을 만들어 내면서 예술에서 종교와 정치, 그리고 사회 조직에 이르기까지 문화적으로 발전하는 모든 부문에서 눈에 띄는, 서로 다를 뿐만 아니라 대립되는 '정신'을 그리스와 동양에 부여했다는 점을 꼭 기억해야만 한다."[9] 헤겔 철학은 19세기 내내 역사적 사고에 깊은 영향을 미쳤다. 헤겔의 변증법은 물론이고 '동양'의 정신에 대해 그가 발언한 내용들은 다양한 담론으로 스며들었다. 그러니까 헤겔의 저작은 대립되는 문화들을 다루는 역사 연구에 철학적 틀을 제공했던 셈이다.

그러나 우리가 헤겔의 저작에서 발견한 이와 같은 그리스인과 유대인의 대립 구도가 광범위한 역사 철학에 흡수된 사례는 요한 고트프리트 헤르더(Johann Gottfried Herder)의 저작에서 이미 예견되었다. 설령 어느 정도까지는 그를 헤겔의 역사 철학에 영향을 미친 인물로 이해해야 한다고 해도, '역사주의'가 출현하는 데 기여한 그의 독보적인 역할 만큼은 많은 관심을 받을 만하다.[10] 낭만파의 선구자로 자주 거론되는 헤르더는 하만과 마찬가지로 칸트의 친구이자 계몽주의자였다. 따라서 후에 계몽주의에 대한 비판이 쏟아져 나올 때 그의 사상 역시 많은 비판을 받았다. 그가 민족주의라는 새로운 담론을 발전시키는 데 이바지했다는 것은 잘 알려져 있다. 하지만 민족 문화 분야의 영향력 있는 그의 저작들은 훨씬 더 복잡한 역사 철학의 일부라서 아주 다르게 해석될 여지가 있다. 헤르더는 미술사 분야에서 빙켈만의 위대한 저작들이 출간됨에 따라 독일 지성계

---

9) Marchand와 Grafton, 1997년 논문, 14면
10) Zamitto, 2009년 책, 65면

를 휩쓴 친그리스 운동에서 중요한 역할을 했지만, 헌신적인 히브리어 학자이기도 했다. 그의 헬레니즘에는 분명 그리스 문화를 이상화하는 동시대의 취향이 약간 가미되어 있었다. "그들의 의복, 그들의 멋진 비율, 사상의 개요, 자연스럽고 생기발랄한 정서, 그리고 마지막으로 아직까지 그에 버금가는 것을 찾을 수 없을 만큼 듣기 좋은 리듬의 언어를 통해 우리가 배울 게 많다. 삶의 모든 예술에서 …… 그리스인들은 거의 정점에 이르렀다."[11]

그러나 이와 동시에 헤르더는 비교 문화적이고 초역사적인 모방에 대한 이러한 요구를 새로운 역사주의적 관점에서 자세히 조사하는 비평 방식을 발전시키고 있었다. 모리스 올렌더(Maurice Olender)에 따르면, 그의 많은 동시대 철학자와 달리 헤르더는 "비교할 수 없을 만큼 다양한 나라와 문화를 찬양했다." 헤르더는 과거의 문화적·미학적 업적을 좀 더 근대에 가까운 시기의 업적과 비교하려는 잘못된 시도들을 비판했다. 따라서 그는 그리스 예술을 당대의 미학적 본보기로 치켜세우고자 하는 빙켈만의 열망은 물론, 이집트 예술을 '그리스의 눈으로' 평가하려는 빙켈만의 분석 방식까지 의심했다.[12] 이에 대해 자미토(Zamitto)는 다음과 같이 표현했다. "헤르더는 그리스를 문화적 업적의 영원한 기준으로 삼으려 한 빙켈만의 노력을 논박하면서 문화 형식의 위치 구속성을 강조했다. 이로 인해 결국 당시 해석학적 측면에서 가장 급진적인 역사주의가 탄생되었다." 헤르더는 다음과 같이 유명한 말을 남겼다. "모든 영역에 나름의 중심이 있듯, 모든 나라에는 내심 나름의 행복이 있다."[13]

헤르더가 문화적 차이를 분석하면서 중점적으로 다루었던 것은 바로 언어였다. "18세기의 그 어떤 철학자도 …… 헤르더만큼 그렇게 열정적으

11) Herder, 1968년 책, 4면 3절
12) Olender, 1992년 책, 39~40면
13) Zamitto, 2009년 책, 70면 ; Herder, 1968년 책, 5면

로 언어에 매달린 이는 없었다."[14] 그에게 민족성을 역사 설명의 원리로 도입한 책임이 있을지는 몰라도, 이런 도입이야말로 언어에 대한 체계적 분석의 기틀을 마련한 셈이다.[15] 18세기에 이르러 언어 연구는 민족적·문화적 정체성의 변별적 특성을 밝히는 단서로 부상했다. 이렇듯 헤르더는 푸코가 그 출현을 두고 '우리가 근대성의 문턱'에 와 있음을 뜻한다고 표현했던 학문을 발전시킴으로써 더 광범위한 지적 운동에 이바지했다. 이에 푸코는 다음과 같이 단언했다. "언어는 촘촘하고 일관된 역사적 실체가 되었기 때문에 전통의 현장이며, 생각이라는 언어적 습관의 장이자, 한 민족의 정신에 숨어 있는 것들이 모이는 곳이다."[16]

헤르더의 역사주의는 주로 언어의 중요성을 문화적 개별성의 도구로 인식하는 데서 나왔다. 앞서 살펴보았듯, 헤르더는 '그들의 듣기 좋은 리듬의 언어'를 그리스인들의 핵심적인 덕목으로 보았다. 그러나 이러한 독특한 언어적 업적 때문에 그리스인들은 자신들과 엉뚱하게 비교되는 다른 민족과 구별되었다. 그리스 예술과 이집트 예술을 명석하게 서로 비교할 수 없는 결정적인 이유는 그들의 언어 자체가 비교의 대상이 될 수 없었기 때문이다. 이와 같이 비교할 수 없는 속성은 유대인과 그리스인의 관계에도 똑같이 적용되었다. 헤르더가 언어 문화의 특수성을 통찰할 수 있었던 데에는 그가 히브리 성경을 연구한 덕이 아주 컸다.[17] 히브리 성서의 숭고함을 높이 샀던 헤르더는 결국 유대인들이 인류 역사에 특별한 기여를 했다고 평했다. 그러나 그는 문화적으로 낯설게 하기 과정을 거치지 않으면 히브리 성서의 가치를 제대로 이해할 수 없다고 단언했다. 그러면

---

14) Trabant, 2009년 책, 117면
15) Bernal, 1987년 책, 224면
16) Foucault, 1966년 책, 13면 ; Foucault, 1970년 책, 297면
17) 독일의 오리엔탈리즘과 관련해 헤르더의 구약성서 연구가 갖는 중요성에 관해서는 Marchand, 2009년 책, 43~52면을 참조

서 그는 "그들이 태어난 환경에서 우주 만물을 즐기고 싶다면 목동 곁에서 목동으로 살고, 농부들 틈에서 농부로 살고, 동양의 원시 부족들 틈에서 동양인으로 살아라." 하고 촉구했다. 유대인들의 위대한 저작들은 "고대의, 단순하고, 소박하고, 시적이지만 추상적이거나 철학적이지 않은 언어로 쓴" 것들이었다.[18) 헤르더는 히브리 민족의 시에서 그리스인들의 철학적 관념을 찾기를 기대해도 소용없다고 주장했다. 히브리인들의 시어는 독특하며 그들 문화의 원시주의와 어울린다고 보았다. 근대인들이 구약성서를 완전히 이해하려면 먼저 당대의 유산에서 벗어나고, 그 다음에는 그리스인들과 동일시되는 거대한 문화적 특권을 박탈해야 한다고 했다. "벗이여, 그대도 알다시피 이 성서들이 내게 얼마나 성스럽고 숭고한지 모르네. 그래서 그것들을 읽을 때면 볼테르의 농담처럼 내가 얼마나 많이 유대인 같아지는지 모를 거네. 우리가 그리스인이나 로마인의 책을 읽을 때도 그들이 되지 말란 법이 없지 않은가? 모든 책은 거기에 깃든 혼으로 읽어야 한다네."[19)

이와 동시에 헤르더는 원시 유대인들의 저작들을 그리스인들의 문화적 업적과 비교하는 관행은 물론, 동시대 독일 문화가 그리스적 경험에 쉽게 동화되는 것에도 반대하는 입장을 취했다. 그는 그리스와 로마의 저작들을 읽으려면 동양의 저작들을 해석하는 것에 상응하는 낯설게 하기 과정이 우선되어야 한다고 주장했다. 헤르더는 절대적인 고립과 급진적인 동화의 과정을 동시에 요구했던 것 같다. 모든 문화는 똑같이 난해하지만 각 집단의 문화적 유물을 이해하기 위해서는 해당 문화의 사고방식에 정통하도록 모든 노력을 기울여야 한다고 여겼다. 헤르더는 문화를 이해하라는 이런 명령에 그치지 않고, 급기야 "나는 유대인이다." 라는 선언까지 했

---

18) Herder, 1877~1913년 책, 5권 436면, 438면
19) Herder, 1790년 책, 192면

다. 이에 대해 폴 해밀턴(Paul Hamiltom)은 다음과 같이 표현했다.

여기서 드러난 철학적 입장을 바탕으로 헤르더의 역사주의를 두 가지 방식으로 자세히 설명할 수 있다. 첫째, 그의 언어 결정론이 눈에 띈다. 그는 우리가 다름 아닌 언어를 사용함으로써 인간다워진다고 확신한다. …… 언어로 드러나는 인간성은 시간과 장소의 관습을 따르는 문화적 발현이다. 그런데 '히브리 성서'의 경우에는 목가적이고 동양적인 문화가 드러난다. 이렇게 문화적으로 다양하게 인간다워짐을 결정짓는 것이 헤르더의 역사주의에서 두 번째로 눈에 띄는 주된 측면이다.[20]

헤르더는 "나는 유대인이다." 라고 선언함으로써 오로지 "나는 그리스인이다." 라는 인식만 만연한 국가 분위기를 비꼬았을 뿐만 아니라, 이와 같은 인식 이면에 자리한 역사 철학 전반을 비판했다. 실제로 헤르더는 후기 역사 사조에 지대한 영향을 미쳤다. 이와 관련해 해밀턴은 헤겔 철학이 이를 직접 계승했다고 여겼다.

헤르더는 특정 언어의 특정 의미인 역사, 문화, 그리고 개별성을 선험적 과정에 도입함으로써 결과적으로 그 과정들이 더 이상 선험적이지 않게 만들었다. 그러나 이런 결과는 한 세대가 완전히 지난 후 헤겔에 이르러 완성된 것이다. 헤겔은 …… 헤르더의 인류학적 통찰을 본받았다. 그러나 오히려 더 가까운 동시대 철학자들과 칸트 추종자들은 헤르더의 이런 통찰을 받아들이지 못했다.[21]

---

20) Hamilton, 2002년 책, 33면
21) Trabant, 2009년 책, 138면

하지만 헤르더의 공헌에서 가장 눈에 띄는 점 중 하나는, 묘할 정도로 근대적인 그의 '역사주의'가 그 자신이 공들여 연구한 성서 문화와 무관하지 않다는 것이다.[22] 역설적이게도 헤르더가 단순화할 수 없는 인간 존재의 다양성을 꿰뚫어 볼 수 있었던 것은 히브리 성서를 연구한 덕분이었다. 더구나 헤르더가 인류의 역사 발전을 '신의 서사시'라고 불렀다는 것을 고려하면, 그의 역사 관련 저작들이 종교적 세계관에 젖어 있었음을 짐작할 수 있다.[23] 올렌더의 표현대로, "누구든 그의 저작들에서 민족과 정신의 다양성을 탐색하는 문화 역사서를 쓰고자 하는, 굉장히 세속적인 열망과 신의 뜻을 따르는 인류학을 만들고자 하는 루터교도 같은 갈망이 교차하는 것을 따라가다 보면, 이 낭만파 현인의 저작에 숨겨진 놀라운 면을 발견하게 될 것이다." 이에 대해 자미토는 다음과 같이 썼다. "헤르더에게 역사 철학은 언제나 신이 창조한 세상과 인간의 역사에서 신의 섭리를 인정하고 찬양하는 신정론이기도 했다."[24] 이와 같이 지속적으로 성서에 몰두한 헤르더의 면모는 그가 생각한 언어학의 이미지와 세속적 학문으로 언어학을 규정한 그의 태도와 대조되면서 특히 더 흥미롭다. 이와 관련해 사이드는 다음과 같이 썼다.

분명 내적으로 그리스도교가 바탕을 이루는 역사와 비교적 신생 학문인 언어학이 바탕이 된 역사의 차이 때문에 근대 언어학이 나올 수 있었다. …… 18세기 말 무렵부터 19세기 초까지 '언어학'이 입에 오르내릴 때마다 우리는 새로운 언어학으로 알아들었다, 주된 성과에 비교 문법은 물론, 언어를 어족별로 재분류한 것과 최종적으로 언어에서 신성성을 배제시킨 것까지

---

22) 철학적 발전과 히브리어 연구의 연관성에 관해서는 Aarsleff의 1982년 책과 Olender의 1992년 책을 참조
23) Herder, 2004년 책, 72면
24) Olender, 1992년 책, 44면 ; Zamitto, 2009년 책, 70면

포함되는 그런 언어학 말이다. …… 따라서 푸코가 언어의 발견이라고 일컬은 것은 신이 에덴동산의 인간에게 언어를 어떻게 전했는가와 같은 종교적 관념을 대신한 세속적 사건이었다.[25]

그러니까 언어학에 명시되어 있는 언어 연구의 토대는 성서 연구와 거리가 먼 명백히 세속적인 전제였던 것이다. 실제로 여러 학자도 주목했듯, 고전 언어학은 성서 연구와 분명히 반대되는 학문으로 출현했다. 하지만 제임스 포터와 앤터니 그래프톤이 주장했듯, 새로운 언어학은 그리스도교라는 신학적 바탕과 거리를 두기보다는 오히려 동양인 연구와 거리를 두려했는지도 모른다. 이에 포터는 프리드리히 아우구스트 볼프(Friedrich August Wolf)가 그의 《고고학 묘사(Darstellung der Altertumswissenschaft)》에서 어떻게 "자신의 고전고대관을 정당화하고 해당 학문을 강력한 배제를 통한 '자기 폐쇄적'인 완전함이라고 의미심장하게 정의했는지" 자세히 보여 주었다.[26]

누구나 오직 학문적 목적 때문에 '고대 사회의 가장 아름다운 지역'으로 여기는, 이곳에 살았던 모든 사람에 대해 알고 싶은 게 무척 많았을 것이다. 그러나 여러 가지 이유 때문에 분할할 수밖에 없었고 이집트인, 히브리인, 페르시아인, 그리고 동양의 다른 나라 사람들을 그리스·로마인들과 동등한 위치에 놓을 수 없었다. 전자의 국민들과 후자의 국민들의 가장 큰 차이 중 하나는 전자의 국민들은 교양을 전혀 높이지 못했거나, 그나마 높였다고 해도 고상하고 참된 지적 문화와 비교할 때 가까스로 시민 질서나 문명이라고 불러야 할 수준에 도달했을 뿐이라는 것이다.[27]

---

25) Said, 1978년 책, 135면
26) Porter, 2000년 책, 278면 ; Kirchhoff, 2006년 책, 107면
27) Porter가 2000년 책, 278면에 인용해서 번역함.

그러나 그래프톤이 밝혔듯, 이와 같이 연구 분야에서 동양인들을 배제한 결과 성서 중심의 학문 연구 방식과 근본적으로 단절할 수 있었다. "성서 중심의 연구와 논쟁의 전통은 18세기에도 여전히 활개를 치고 있었다. 그러다 보니 볼프도 호메로스를 연구할 당시에는 이런 전통을 염두에 두고 있었다." 그래프톤은 볼프의 중대한 호메로스 연구가, 그가 서문에 인용한 아이히혼(J. G. Eichhorn)의 신·구약 역사 연구의 덕을 어떻게 보게 되었는지 자세히 설명했다.[28] 이런 점에 비추어 볼 때, 볼프의 연구 작업은 과거로 거슬러 올라가 그리스어에 심취한 것 못지않게, 히브리어에도 조예가 깊었던 조제프 스칼리제르(Joseph Saliger)와 이작 카조봉(Isaac Casaubon) 같은 르네상스 시대 인문학자들의 박학다식한 전통을 연장한 것에 불과했다.[29] 그런데도 볼프는 고대 그리스·로마 문화와 동양을 나눔으로써 새로운 언어학의 창시를 알렸다. 성서 역사학과 신흥 학문인 언어학은 종교와 세속으로 서로 분리되기는커녕 오히려 유대 민족의 반대자로 맥을 같이 했다. 고고학의 새로운 지지자들이 동양의 유대인들과 구분함으로써 그리스인들의 민족적 순수성을 지키려고 했던 데 반해, 새로운 유형의 성서학자들은 그리스도교에서 유대인의 원죄를 벗겨내기 위해 힘썼다.[30]

막스 뮐러(Max Müller)는 자신이 쓴 《언어학 강의》에서 비교 언어학 분야의 진보 세대를 되짚어 보면서 그리스도교와 신언어학의 관계를 다음과 같이 밝혔다.

인간성은 사람들이 플라톤이나 아리스토텔레스에게 부질없이 찾고는 했던 단어다. 인류를 하나의 가족, 즉 신의 자녀들로 보는 사상은 그리스도교

---

28) Grafton, 1981년 책, 120~121면
29) Grafton, 1999년 책, 12면
30) Marchand의 2009년 책과 Heschel의 1998년 책과 2008년 책을 참조

의 성장과 관련된 사상이다. 아울러 인류의 학문과 인류의 언어를 다루는 학문은 그리스도교가 없으면 결코 탄생하지 못했을 것이다. 그래서 사람들이 모든 인간을 교우로 여기라고 배웠을 때, 그때서야 비로소 생각이 깊은 사람들에게 다양한 인간의 말이 해결책을 요하는 하나의 문제로 보이기 시작했다. 따라서 나는 언어학의 진짜 시작을 성령 강림절 첫날로 잡는다.[31]

이와 관련해 프랭크 마누엘(Frank Manuel)은 다음과 같이 주장했다. "19세기 그리스도교 국가들에서 유대교를 정의하는 데 비교 언어학의 괄목할 만한 성장과 인류학적 인종론의 발전, 그리고 근동에서의 고고학적 발견이 지대한 영향을 미쳤다."[32] 그러나 한편에서는 유대교가 고대 그리스·로마 문화와 그리스도교에 비해 하찮게 취급받았다면, 다른 한편에서는 유대교를 '동양'이라는 더 광범위한 개념과 연결하는 문제를 두고 다른 쪽에서 이의를 제기하고 있었다. 헤겔은 유대교를 불신하게 하는 '동양 정신'의 전형으로 확신한 데 반해 언어학이 발전함에 따라 히브리어는 다른 동양의 언어들에 비해 점차 과소평가되었다. 올렌더의 표현에 따르면, 18세기 말엽에는 "산스크리트어가 유행어 순위에서 히브리어를 제쳤다."[33] 그런데 인도 고전어를 이와 같이 새로 유행시킨 일등 공신은 영국의 시인이자 법학자였던 윌리엄 존스(William Jones)였다. 그는 벵골 고등법원 판사로 임명되자 산스크리트어를 체계적으로 연구하기 시작했다. 1786년 2월에 그는 창립된 지 얼마 안 된 아시아벵골학회(Asiatic Society of Bengal)에서 공식 연설을 통해 인도유럽 연구의 시작을 알리는 일종의 성명을 발표했다.

31) Müller, 1862년 책, 123면
32) Manuel, 1992년 책, 302면
33) Olender, 1992년 책, 6면

산스크리트어는 어디서 유래된 것이든 간에 훌륭한 구조를 갖고 있다. 다시 말해 그리스어보다 더 완벽하고, 라틴어보다 더 방대하며, 이 두 언어보다 더 아름답게 정제되어 있다. 그럼에도 불구하고 동사의 어근과 문법 형식에서 우연히 생성되었다는 수준을 넘어설 만큼 이 두 언어와 많이 비슷하다. 어찌나 비슷한지 어떤 언어학자라도 이 세 언어를 연구해 보면, 이 세 가지가 지금은 더 이상 존재하지 않을 동일한 원천에서 생성된 것이라고 믿을 수밖에 없을 것이다. 꼭 그렇게 유력한 것은 아니지만 이와 비슷한 이유로 고트어와 켈틱어 둘 다 비록 서로 다른 고유어와 섞이긴 했지만, 산스크리트어와 그 기원이 같다고 추정할 수 있다. 그리고 이 자리에서 고대 페르시아의 풍습이나 유물들과 관련해 조금이라도 의문이 생기는 점들을 논의해 본다면, 옛 페르시아어도 같은 어족에 추가될지도 모르겠다.[34]

존스의 통찰력은 프리드리히 폰 슐레겔(Friedrich von Schlegel)이 그의 언어학적 분석과 민족지학적 인종 연구 간의 연관성을 입증하면서 새롭게 적법성을 인정받았다. 1863년 막스 뮐러는 이와 같은 초기의 전개 과정들을 회고하면서 다음과 같이 썼다.

산스크리트어라고 불리는 고대 인도어를 발견해 주어서 고맙고 …… 이 언어와 유럽 주요 인종들의 고유어 간의 밀접한 유사성을 발견해 주어서 감사할 따름이다. 이런 유사성은 슐레겔, 훔볼트, 보프 같은 천재들이 입증한 것으로 세계 원시 역사의 연구 방식에 대단한 혁명이 일어났다고 할 만하다.[35]

---

34) Jones, 1788년 학술지 논문, 422~423면
35) Müller, 1864년 책, 404면

폴리아코프(Poliakov)가 '아리안 신화'라고 부른 가설이 공식화되면서 헬레니즘과 헤브라이즘의 개념적 대립은 새로운 국면을 맞았다. 존스와 그의 계승자들은 산스크리트어가 '아리안족'의 윤곽을 잡게 해 주리라 기대했다. '셈족'의 언어와 문화 연구를 체계화한 인물이 바로 에르네스트 르낭이었다. 당시 인도유럽 연구의 발전에 힘입은 르낭은 세계를 '아리안족'과 '셈족'이라는 두 지배 구조의 측면에서 바라보았다. "그의 개념적 도식 전체가 인간 문명의 원천을 이루는 이 '두 물줄기', 즉 이 두 어족에 바탕을 두고 있었다."[36] 그는 아리안족과 셈족을 '인류 활동의 양극'으로 간주했다. 그러나 르낭의 양극은 결코 대안자적 관계가 아니라 굉장히 위계적인 관계였다. 그는 다양하고 역동적인 인도유럽어의 변증법을 단일하고 고정적이며, 아직 발달되지 않은 셈어족과 대비시켰다.

이번 세기 초엽만 해도 흩어진 인도유럽어족의 어파(語派)들이 서로 연관되어 있다는 것을 의심조차 못했던 데 반해, 셈어족의 단일성은 고대부터 주지의 사실이었다. 그런데도 이 두 어족에 비교 연구법을 적용했더니, 그 결과가 얼마나 차이가 나던지! 인도유럽어의 분석을 통해 가장 심오한 언어 법칙들을 규명하는 데 3~4년밖에 걸리지 않는다. 반면 셈족의 언어 연구는 지금까지도 여전히 해당 언어에 접근 중인 상태이다 보니, 일반적인 학문의 진전 양상과는 많이 다르다.[37]

르낭은 언어학과 비교 언어학 같은 학문들이 탁월한 발달을 이룬 데에는 해당 학문의 분석 대상이 끼친 공이 크다고 여겼다. '방법(methode)'과 '소재(matière)'의 공생 관계가 르낭의 설명에서 드러난 셈이었다. 인

---

36) Olender, 1992년 책, 53면
37) Renan, 1855년 책, 서문 11면

도유럽어의 발견은 부상하는 비교 언어학의 획기적인 방법론에 딱 들어맞았다. 르낭이 보기에 셈족의 언어를 연구하는 언어학은 명사의 모순에 해당됐다. 언어학은 오로지 인도유럽어만이 될 수 있었기 때문이다. 이 대목에서 르낭은 이런 차이를 결정하는 것은 언어지, '생리학'이 아니라고 주장할 터였다. 왜냐하면 "셈족어와 인도유럽어로 구분한 것은 생리학이 아닌 언어학이 주도했기 때문이다."[38] 그런데도 이 두 어족의 언어학적 상반성은 이미 '특성'의 차이와 연관되어 있었다. 이에 대해 르낭은 다음과 같이 이어갔다.

이러한 독특한 현상이 생긴 원인은 다름 아닌 셈족 고유어의 특성에서 찾을 수 있다. 사실상 내면생활을 전혀 보여주지 못하는 언어들은 해당 언어의 유기적 조직과 분해 법칙도 드러내 줄 수 없다. 우리는 인도유럽어처럼 소멸했다가도 재생할 수 있는 능력과 자기복제 능력이 사실상 셈족의 언어에는 전혀 없다는 점을 입증할 것이다. 셈족은 엄청난 변혁이나, 발전, 진보 등을 전혀 겪지 않았다. …… 셈족의 언어학에는 인도유럽 언어학의 특징인 자유자재로 변할 수 있는 능력이 없다. 셈족의 언어학은 금속성으로서 태곳적부터, 아니 어쩌면 언어가 출현한 그 첫날부터 지금껏 놀라울 만큼 거의 똑같은 상태를 유지해 왔다.[39]

따라서 이와 같은 언어학적 양분은 연이어서 훨씬 더 광범위하게 진행되었던 문화적 대립의 표시였다. 누구라도 유대인들의 금속 같은 언어와 잘 변하는 액체 같은 인도유럽어를 대비시킬 수 있었다. "셈족의 언어는 변하지 않는 것을 전달할 수 있다는 점에서 탁월하다. 객관적인 언어

38) Renan, 1947년 책, 8장 102면
39) Renan, 1855년 책, 서문 12~13면

적 사실로 간주되는 이러한 불변성은 당연히 바뀌지 않고, 역사에 휘둘리지 않으며, 운명과 타협하지 않는다고 전해지는 히브리 민족의 이미지와 잘 어울린다." 올렌더의 설명처럼, 르낭은 저술 작업 중에도 그만의 언어적 특이성을 살려 다음과 같이 익숙한 일련의 문화적 대립을 만들어 내고는 했다. "추상적인 형이상학 대 감각적인 시, 과학적 이성 대 종교적 감성, 철학 대 음악, 가문 대 부족, 정치 조직 대 사막의 유목 생활."[40] 그러니까 르낭이 셈족의 언어를 '미성숙' 하고 내향적이라고 특징지은 것은 그가 유대인들의 유일신교를 그렇게 이해했기 때문에 빚어진 당연한 결과였다. 앞선 세대의 헤겔처럼, 르낭 역시 구약성서의 엄격한 구속성과 그리스인들의 느긋한 다신교를 대비시켜 히브리인들의 유일신교를 지나치고 전제적인 종교로 전형화하려 했다. 셈족의 인종적 기질의 초시간적인 속성 때문에 이런 대립 구도를 동시대 유대인들에게 똑같이 적용해도 겉보기에는 문제가 없어 보였다. 언어학의 학문적 맥락에서 형성된 '아리안족'과 '셈족'의 논쟁은 강력한 당대의 문화적 고정관념의 특성을 띠게 되었다. 그러다 보니 셈족에게 근대 유대인의 데면데면한 특성이 부여된 데 반해, 아리안족에게는 빙켈만 이후 퍼져 버린 기쁨이 넘치는 고대 그리스인들과 같은 이상화된 관점이 적용되었다.[41] 이와 관련해 올렌더는 다음과 같이 정리했다.

많은 전문가가 모든 셈족 집단에게 역사시대의 히브리인에게서 유래된 것으로 보이는 특성들이 있다고 생각했다. 그러다 보니 르낭을 비롯해 다른 19세기 유럽의 학자들은 당연히, 그들이 이른바 아리안족(혹은 인도—게르만인이나 인도유럽인)이라고 부르는 집단에게 그들이 그리스인들의 것이라고

---

40) Olender, 1992년 책, 55면, 79면
41) 우리가 이미 살펴보았듯, 그리스인들과 유대인들에게 서로 다른 다양한 특성이 있다는 생각은 전혀 일관적이지 않을 뿐만 아니라 사실상 아주 유동적이다.

생각했던 특성들을 부여했다. 아리안인들의 세계에서 그리스인들의 기운과 추상적인 그들의 지적 재능은 인도유럽 사회의 진보를 예시했다. 반면에 베다어를 쓰는 반대편 사회는 원시사회의 힘을 상징했다.[42]

르낭은 셈족어의 특성과 그 언어가 유대교에 예시된 사례들을 분석하면서 종교 연구에 더욱 광범위한 영향을 끼쳤다. 히브리의 유일신교에 대한 그의 유별난 적대감은 종종 그 자신과 그리스도교의 복잡한 관계에서 비롯된 결과로 여겨졌다. 르낭이 겉으로는 계몽된 세속주의를 위해 가톨릭을 거부하는 듯했지만, 그는 이른바 '진보적인 그리스도교'를 셈족의 선조에게서 구해내는 일에 여전히 헌신적이었다. 그래서 그는 다음과 같이 썼다. "셈족은 본질적인 것과 더 이상 아무 관계가 없다. …… 그러니 우리는 게르만족과 켈트족으로 남자. 우리의 '영원한 복음'을 지키자. 그리스도교 …… 오로지 그리스도교에만 미래가 있다."[43] "근본적으로 예수와 유대인은 전혀 관련이 없다."는 르낭의 소신이 언어학 분석에도 투영되었을 게 분명하다.[44] 비록 르낭의 표현법이 "그리스도교는 셈족의 종교가 지니고 있는 한계를 완전히 초월했다"는 것처럼 전통적인 신학의 영역을 벗어나지 않을 때도 있었지만, 종교의 기원에 대한 그의 연구는 셈족 및 인도유럽인의 인종학적 탐구와 관련되어 있을 때가 훨씬 더 많았다. "원래 속속들이 유대교적 속성이 강했던 그리스도교가 시간이 흐르면서 유대 민족에게서 물려받은 거의 모든 것으로부터 벗어나게 되었다. 따라서 그리스도교를 탁월한 아리안인의 종교로 간주하는 사람들은 여러 면에서 제대로 본 것이다." 르낭에 따르면, 유대교는 그리스도교를 향해 출발부터 잘못된 셈이었다. 유대교가 진정한 결실을 이룰 수 있으려면 오로

---

42) Olender, 1992년 책, 12면
43) Poliakov의 1974년 책, 207면에서 인용
44) Olender의 1992년 책, 69면에 인용된 Renan의 노트

지 아리안인의 종교로서 출발해야 했다. 따라서 유대인들은 가장 기본적인 속성에서 여전히 자신들과 상반된 해당 종교가 후에 발전을 거듭한 것에 대해 자신들의 공적을 주장할 수 없었다. "따라서 성서는 원래의 자기 것이 아닌 결실을 본 셈이다. 유대교가 나무줄기라면 아리안족은 그 위에 꽃을 피웠기 때문이다."[45]

여기서 르낭의 유형학은 좀 더 전통적인 역사 발전관을 뛰어넘었다. 그가 그리스도교에 깃든 셈족의 성격 때문에 고심했다는 것은 이 시기에 인종과 종교 담론들이 복잡하게 중첩되어 있었다는 단적인 증거였다. 르낭이 아리안족 대 셈족으로 양분하는 데 그치지 않고, 유럽의 그리스도교의 미래를 둘러싼 논쟁으로 변형시켰다는 것은 당대에 이런 학문적 논쟁이 얼마나 적절했는지를 알게 했다. 더구나 르낭이 사용한 언어학은 물론 인종과 문화, 그리고 종교와 관련된 어휘들이 교차한다는 것은 그 시기에 학문적 논쟁이 광범위한 문화 담론에 전적으로 관련되어 있었다는 증거였다. 우리는 르낭에게서 다른 인종의 유형 간 경쟁으로 변형된 역사 발전을 철학적으로 고찰했던 헤겔을 떠올리게 된다. '정신'이라는 단어가 언어와 국가와 인종이라는 새로운 담론으로 바뀌었을 뿐이다.

아널드 : 영혼의 갈등과 생리학 사이

이와 같은 배경을 알고 나면 아마 아테네 및 예루살렘 연구와 관련된 후기 계몽주의 시대의 가장 영향력 있는 원전을 이해할 수 있을 것이다. 아널드의 평론은 전통적으로 헬레니즘을 다룬 빅토리아 시대의 가장 중요한 기록물 중 하나로 읽혔다. 이에 터너(Turner)와 젠킨스(Jenkyns)는 19세기

---

45) Renan, 1904년 책, 440면 ; Renan, 1947년 책, 5장 1142~1143면

영국 문화에 깃든 '그리스의 유산'을 연구하고 저술하면서 아널드에게 많은 지면을 할애했다.[46] 그런데 아널드의 저작들이 차지하는 중요성을 인정하는 것과 별개로 《교양과 무질서》를 당대의 헬레니즘 연구 저작들과 같은 선상에 두는 비평가는 거의 없다. 아직까지도 아널드가 근대 학문과 특히 고대 학문의 연구 결과물을 접하지 않았다는 게 중론이다. 대다수 비평가는 아널드가 18세기 말에 성행했던 독일의 친그리스주의를 들여온 완고한 인물로 생각한다. 이 비평가들은 그가 그리스인을 묘사하는 방식에는, 그리스 문화를 학술적으로 연구하는 풍토 때문에 오랫동안 뒷전으로 밀려났던 빙켈만적인 평화가 주입되어 있다고 여겼다. 콜리니는 널리 알려진 대로, 아널드가 소포클레스를 '삶을 견실하게 바라보고 삶 전체를 볼 수 있는' 사람이라며 칭송한 것과 거의 동시대 인물이나 다름없는 니체가, 그리스 비극의 디오니소스적인 특성에 초점을 맞추었던 접근법이 얼마나 뚜렷하게 대비되는지를 강조(월터 페이터[Walter Pater]가 설명한 그리스인과 대조적으로)했다. 아널드의 아폴론형 그리스인은 재미나는 시대착오로 간주되었다.[47] 실제 터너는 훗날 아널드의 책을 읽은 이들이 고의적으로, 그의 과거 회고적인 시선에 공모했다고 주장했다. "후에 인류학자들과 고고학자들이 상당히 다른 그리스 생활상을 밝혀내자 수많은 지식인이 아널드가 그린 그리스로 돌아가고 싶어 했다."[48]

이와 같이 독창적이지 않다는 비난은 아널드의 헬레니즘을 비판할 때 가장 중요한 판단 근거였다. 아널드가 그리스 문화에 관심을 쏟은 결과 독일의 문화적 망상이 영국적인 상황으로 바뀌었을 뿐이라는 견해가 지배적

---

46) Turner, 1984년 책 ; Jenkyns, 1981년 책

47) Pater가 헬레니즘을 다르게 특징지은 것은 아널드의 그리스도교화 된 헤브라이즘을 암암리에 비판한 것이라고 주장한 Evangelista(2009년 책)를 참조. Evangelista는 또한 Pater가 디오니소스와 예수를 대등하게 놓고 비교한 점을 언급하는데, 이런 병치법에는(다음 장에 나오는) 니체의 사상이 강하게 반영된 것이다.

48) Turner, 1984년 책, 18면

이었다. 그러나 아널드와 독일의 친그리스주의 전통의 관계는 보기보다 훨씬 복잡했다. 아널드의 헬레니즘은 노골적인 문화적 차용만큼이나 독일 사상을 비판하는 역할도 만만치 않게 했기 때문이다. 실제로 그리스와 아널드의 이런 관계는 그의 저작에서 국가적 정체성의 주된 항목이었다. 헬레니즘이라는 용어가 효력을 발휘한 것도 분명 이런 독특한 국가적 특성을 찾아 나서는 상황일 때였다. 아널드가 볼 때 독일과 프랑스가 그리스·로마 문화를 전폭적으로 지지한다는 점은 곧바로 모방할 만한 본보기가 있다는 의미보다는 오히려 근심거리였다. 그에게 친그리스주의는 도덕과 관계된 일종의 도전이었다. 독일의 친그리스주의자들에게 그리스의 '완전성'으로 돌아가고자 하는 열망이 18세기 말의 도덕적·정치적 결함에 대처하는 한 방편이었듯, 아널드가 독일 헬레니즘을 재평가한 데에는 당대의 문화적 병폐들을 나름대로 탐구하고자 했던 진의가 깔려 있었다.

그러나 아널드의 고대 그리스인은 결국 근대 독일인으로 밝혀졌고, 영국에서 되살린 고대 그리스인은 '진짜' 고대 그리스인과 거리가 더 멀었다. 정말이지, 아널드의 손을 거쳐 역사적 실체가 편리한 문화적 비유로 완벽하게 바뀌었다. 그리스인(Hellene)이라는 용어는 역사상 실제로 아테네에 거주했던 이들과 아무런 관계가 없었다. 그리스인은 도리어 영국 사회 비평계의 유행어가 되었다. 그리스인이 아널드의 동시대 사회에 소속된 이들을 대신했듯, 그 반대형인 히브리인 또한 고대 유대교 역사와 아무런 관계가 없는 이들이 된 것이다. 이에 대해 터너는 다음과 같이 결론을 내렸다.

아널드의 히브리인은 유대인이 아니라 동시대 영국의 개신교 비국교도였다. 또 그의 그리스인은 고대의 그리스인이 아니라 주로 19세기 말 독일의 문학적·미학적 상상력이 빚어낸 인간형이었다. 그리고 아널드에게 헬레니즘은 고대 그리스의 경험이나 사상이 아니라 오랜 기간 상업주의와 과도한 종교적 열의를 견제하고 영국 국교회주의, 철학 기제, 정치적 급진주의, 주관적 도덕성, 그리고 사회적 개인주의에 반대하기 위해 사용된 일련의 다소 전통적인 영국의 인본주의적 가치들이었다.[49]

실제로 대다수 비평가는 아테네와 예루살렘을 놓고 논쟁을 벌이기는커녕, 아널드의 개입을 자기들 멋대로 해석해 버렸다. 그러면서 그의 도발적인 용어들이 지시하는 '실제' 대상들은 그리스도교는 물론, 그리스도교가 영국 문화에 기여한 역할을 다르게 이해한 데서 나온 결과물이라고 주장했다. 논쟁은 세속적인 그리스인과 종교적인 유대인 구도가 아니라, '비국교도들'과 '가톨릭교도'의 구도로 벌어졌다.

헬레니즘과 헤브라이즘의 대립을 그리스도교의 미래라는 부차적인 논의로 바꾸어 놓았다는 점에서 르낭이 몰두했던 주제가 떠오른다. 우리는 르낭이 아리안족과 셈족의 논쟁에 학문적으로 공헌한 것이 그 자신이 그리스도교를 극복한 문제와 어떤 관계가 있는지 살펴봤다. 르낭에게 인도유럽 세력과 셈족 세력의 역사적 대립은 세속적인 근대 사회에서 그리스도교의 역할을 둘러싸고 벌어진 19세기의 논의 선상에서 여전히 벗어나지 못하고 있었다. 그러나 르낭에게 '아리안족'과 '셈족'은 단순한 은유가 아니었다. 이들은 매우 사실에 가까운 역사적 전통은 물론 해당 민족이 타고난 기질까지 가리켰다. 아널드가 르낭의 덕을 본 사실은 그의 헬레니즘과 관련된 논의에 묻혀 소홀히 취급됐다. 프레데릭 패버티(Frederic Faverty)가 "어떤 동시대 작가도 그만큼 매슈 아널드의 사고에 영향을 미치지는 못했다."고 단언했음에도 불구하고 아널드를 분석한 최근의 글들을 보면, 그리스인과 관련해 아널드의 저작에 미친 르낭의 공헌도를 하찮

---

49) 같은 책, 21면

게 여기는 경향이 강하다.[50] 이렇게 소홀히 대접하는 데에는 그리스 문화를 공들여 연구한 아널드로부터 르낭 철학의 인종적 특징화 경향을 떼어내고자 하는 열망이 크게 작용한 것 같다. 이와 관련해 로버트 영(Robert Young)은 이렇게 단언했다. "《교양과 무질서》의 인종 중심적 내용에 대해 학계에서 그 정도까지 침묵했다는 게 정말 놀라울 따름이다."[51] 일례로 다비드 드 로라(David De Laura)는 《빅토리아 시대 영국의 히브리인과 그리스인(Hebrew and Hellene in Victorian England)》이라는 장편의 고전 연구서를 쓰면서, 어느 대목에서도 이들을 구별하는 인종적 근거를 언급하지 않았다. 아널드를 비판하는 이들은 하나같이 그가 영국 문화를 분석하면서 인종적 특성을 근거로 삼았다는 점을 밝혀내지 못했다.

그런데도 아널드의 평론이 여전히 흥미로운 이유는, 그가 르낭의 인종적 도식과 거리를 두면서 동시에 그것과 전적으로 관련되어 있기 때문이다. 르낭의 '인류 활동의 양극'이라는 표현은 분명, 다음과 같은 아널드의 문제적이고 핵심적인 도식화 이면에서 많이 느껴진다. "헬레니즘과 헤브라이즘이라는 영향력 있는 이 두 지점 사이에서 세상이 움직인다. 어떤 때는 세상이 이 둘 중 한쪽의 매력을 좀 더 강하게 느끼고, 또 다른 때에는 다른 한쪽의 매력을 강하게 느낀다. 따라서 한 번도 그런 적이 없긴 하지만, 세상은 이 둘 사이에서 공평하고 행복하게 균형을 이루어야 한다."[52] 그러나 아널드 본인도 알아차렸듯, '헬레니즘'과 '헤브라이즘'이라는 중요한 용어들은 르낭이 아니라, 독일의 시인이자 작가인 하인리히 하이네(Heinrich Heine)에게 물려받았다.[53] 아널드가 하이네를 참고했다는 것은

---

50) Faverty, 1951년 책, 167면
51) Young, 1995년 책, 167면
52) Arnold, 1993년 책, 126면
53) 아널드가 하이네의 덕을 입었다는 설의 정확한 본질에 대해 그의 책을 읽은 다양한 사람의 의견이 분분하다. 이 두 작가의 관계를 가장 광범위하게 연구한 글을 보려면 Tesdorpf의 1971년 책을 참조

여러 면에서 의미심장하다. 한편으로는 독일의 후기 낭만주의를 대표하는 유명 인사 하이네의 저작이 아널드가 푹 빠져버린 독일의 친그리스주의를 전달하는 주요한 역할을 했다는 점 때문이다. 또 한편으로는 세례 받은 유대인이라는 하이네의 독특한 정체성으로 인해 아널드가 헬레니즘에 그토록 몰두한 이유를 단순히 국가적 관심에서 비롯된 집착으로 폄하할 수 없기 때문이다. 하이네는 독일인의 친그리스주의와 유대인의 친그리스주의가 위태롭게 교차하는 지점에서 그리스인과 유대인의 대립을 특별하게 개념화했다. 아널드가 그의 용어를 도용했다는 것 자체가 하이네 자신의 복잡한 입장을 보여주는 증거였다.

하이네가 '헬레니즘과 헤브라이즘'에 관해 평론을 쓸 무렵 이미 그는 아널드에게 중요한 영향을 끼친 사람이었다. 왜냐하면 아널드는 하이네의 작품을 읽고 영향력 있는 장문의 평론을 쓴 터였다. 아널드가 하이네에게 매료된 데에는 그가 광범위하게 유럽의 사상을 탐구하고 유럽과 영국의 편협한 문화적 지평을 비교한 영향이 컸다. 그는 하이네에게서 범세계적인 주지주의의 원형다운 모습과 함께 자신이 모국의 가장 바보 같은 면으로 꼽는 '속물근성'을 엄하게 꾸짖는 비평가의 모습을 발견했다. 실제로 아널드는 히브리인과 그리스인으로 구별하는 것 못지않게 속물근성이라는 문화적 표현에서도 하이네의 덕을 많이 보았다. 엘리엇(T. S. Eliot)은 아널드의 초기 시를 논평하면서 "하이네는 페르소나, 즉 아널드가 얼굴에 쓰고 자신이 맡은 연기를 끝까지 할 수 있게 해 주는 가면들 중 하나였다."고 표현했다.[54] 엘리엇이 보기에 아널드가 이 독일계 유대인 시인과 동일시한 것은 '그가 영국 대중에게 설교하기 위한' 단순한 구실에 불과했다. 실제로 아널드의 시는 하이네의 비판적 입장을 영국에 대한 그의 비호감으로 격하시킨 데 반해, 그가 후기에 쓴 평론은 하이네의 표현법이 지

---

54) Eliot, 1968년 책, 112면

닌 독특한 성격에 훨씬 더 많은 관심을 기울였다. 사실 아널드는 유대인이 라는 하이네의 특수한 정체성을 대수롭지 않게 여기기는커녕 으레 그 점을 전면에 내세웠다.

하이네가 유대인이라는 점에 주목하지 않고는 그를 완벽하게 설명할 수 없다. 그는 다른 모든 것과 마찬가지로 자신의 인종적 특성을 자유롭게 다루었다. 하지만 그가 그런 특성에서 큰 힘을 얻는다는 사실을 그 자신 만큼 잘 아는 이도 없었다. 그는 16세기에 어떻게 이중의 부흥(그리스의 부흥과 히브리의 부흥)이 있었는지, 그리고 이 둘이 이후 어떻게 큰 영향력을 발휘하게 되었는지 탁월하게 짚어냈다. 그 자신은 그리스의 정신과 유대의 정신을 모두 지니고 있었다. 이 두 정신 모두 시와 예술의 진정한 목표인 무한에 도달한다. 그리스 정신은 미(美)로, 히브리 정신은 숭고함으로. 그의 완벽한 문학 형식과 선명함에 대한 애정, 그리고 아름다움에 대한 애정에 비추어 볼 때 그는 그리스인이다. 또한 그의 강렬함과 길들일 수 없는 성향, 그리고 '표현될 수 없는 그의 갈망'에 비추어 볼 때 그는 히브리인이다. 그런데 지금껏 어떤 히브리인이 히브리인적인 것들을 이런 식으로 다루었을까?[55]

아널드는 '미'의 '그리스 정신'과 '숭고함'의 '히브리 정신'을 대비시킬 때 놀랍게도 헤겔의 용어를 사용했다. 그러나 아널드가 하이네를 히브리적인 것과 그리스적인 것의 행복한 융합으로 묘사하면서 헤겔 철학의 잔재를 버리지 못했는데, 이는 하이네가 본인의 작품에서 설명한 훨씬 고통스러운 관계와 여전히 일치하지 않았다. 하이네는 동료 루트비히 뵈르네(Ludwig Börne)를 공격해 논쟁을 일으키는 과정에서 아널드가 이용한 히브리인과 그리스인의 대립 구도를 정립했다.

---

55) Arnold, 1962년 책, 127~128면

뵈르네는 나사렛 사람들의 편협한 속내를 무심코 드러낸다. 나는 '유대'라는 단어나 '그리스도교'라는 단어를 둘 다 쓰지 않기 위해 '나사렛'이라고 말한다. 비록 이 두 단어가 내게는 같은 뜻의 말이라서, 신앙이 아니라 타고난 성격을 지적할 때 내가 사용하는 것들이지만 말이다. 내가 보기에 '유대인'과 '그리스도교도'는 마찬가지로 내가 특별한 사람들을 뜻할 때가 아니라 사고 방식과 세계관, 그것도 선천적인 것과 후천적인 것을 모두 가리키는 의미로 쓰는 '그리스인'과 대비된다는 점에서 서로 가깝게 이어져 있다. 이런 관점에서, 나는 모든 인간은 유대인이거나 아니면 그리스인이라고 말할 수 있겠다. 다시 말해 금욕주의, 우상에 대한 적대감, 그리고 영적인 것을 깊이 갈망하는 마음이 동기가 되는 사람들이거나 존재의 본질이 삶의 기쁨이고, 자신의 능력이 발전하는 것에 대한 자부심이며, 현실주의인 사람들이라는 뜻이다. 이런 점에서 볼 때 아테네에서 태어나고 어쩌면 테세우스의 후손일지도 모르는 목사 가문과 유대인 가문 출신의 독일 목사들 중에 그리스인들이 있었던 셈이다.[56]

"모든 인간은 유대인이 아니면 그리스인이다(Alle Menschen sind entweder Juden oder Hellenen)."[57] 하이네에게 그리스적인 것과 히브리적인 것은 우리가 각자 살아가면서 서로 다른 지점에서 물려받을 수 있는 성격 유형을 묘사하는 용어였다. 실제로 그의 유형학은 인종적 특징으로 나누지 않는 게 분명할 뿐만 아니라 일종의 심리적 분류 체계 기능을 했다. 하이네가 독일의 친그리스주의라는 배경에 힘입어 글을 쓰게 되면서, 히브리적인 유산을 희생시키면서 자신의 내면에 자리한 그리스인과 정신적으로 동일시했다는 것은 그가 독일 문화와 얼마나 복잡한 관계였는지를 여

---

56) Heine, 1968~1976년 책, 11면, 18~19면 ; Carroll의 1982년 책, 242면에 영어로 인용됨
57) Heine, 1968~1976년 책, 11면, 18~19면

실히 보여주는 셈이었다.[58] 하이네 자신이 유대인이라는 점과 그가 그리스도교로 개종했다는 사실은 중요한 배경을 형성했다. 실제로 뚜렷하게 대조를 이루는 하이네의 용어들은, 이 시기에 대다수 유대인이 직면해 있던 개종의 필요성을 둘러싸고 벌어진 논쟁들을 고려할 때 특별한 반향을 불러일으켰던 것이다. 하필 그 시점에 하이네가 자신의 정체성을 그리스인으로 잡았다는 것은 그가 자신의 개종 사실을 소급해서 정당화한 것으로 비칠 수 있었다. 더구나 유대인과 그리스도교도를 '나사렛 사람들'이라는 범주로 종합한 것은 그리스도교에서 유대교적 유산을 분리하려는 노력에 정면으로 반대하는 태도였다. 하이네는 헬레니즘을 유대·그리스도교라는 종합 범주와 대비시킴으로써 헤겔과 르낭으로부터 벗어나 마르크스와 니체의 선구자로 나섰다. 하이네는 아테네와 로마와 예루살렘 사이를 오가며 충성을 하는 분위기에 독특하고 과격하게 기여한 셈이다.

하이네가 뵈르네에 관한 평론에서 공공연하게 자신이 그리스인임을 밝히긴 했지만, 그보다 한참 전에 유대·그리스도교적인 문화는 물론 그리스 문화와 훨씬 더 애증이 엇갈리는 관계를 토로한 적이 있었다. 그의 시 《그리스의 신들(Die Götter Griechenlands)》은 위대한 다신교의 소멸을 두고 침울하게 한탄하는 내용으로 시작한다.

> 그들은 헬라스(Hellas, 그리스의 옛 이름−옮긴이)의 신들로
> 한때는 세상을 그렇게도 즐겁게 지배했었지
> 그러나 이제 쫓겨나 죽음 앞에서 쇠약해져
> 거대한 유령들처럼 칠흑 같은 하늘에서
> 정처 없이 떠도는구나

---

58) 이 부분에 관해서는 Goetschel의 2004년 책을 참조

이와 같은 '추방된 신들' 의 광경에서 후에 나올 하이네의 평론이 예견되었다. 하이네는 이 평론에서 그리스도교가 승리한 결과 독일 전역의 삼수갑산으로 뿔뿔이 흩어진 그리스 신들을 그렸다. 그리스도교는 이교도 신들과 함께 그들의 관능성까지 모두 강제적으로 추방해 버렸지만, 그들의 존재는 여전히 독일의 산하에 출몰한다. 그러나 이렇게 황폐한 풍경을 묘사하던 시는 예상치 않은 반전을 감행한다.

나와 달리 그리스인이었기 때문에
내가 결코 사랑해 본 적 없는 그대, 신들이여!
내겐 로마인들까지 밉살스러웠다네
그러나 경건한 동정심과 몸서리치는 연민이
내 가슴 속에서 흘러나오네
나 이제 저기에 있는 그대들을 쳐다보네
버려진 신들
죽어서, 밤을 헤매는 그림자들
안개처럼 허약해 바람이 불면 겁이 나서 뿔뿔이 흩어지네
그대들을 정복한 신들이
얼마나 비겁하고 수다스러운지 생각해 보네
그 새로운, 지배하려 들고, 탐내는 듯한 신들
겸손의 양가죽을 쓴 악의적인 신들
아, 이제야 우울한 분노가 나를 덮치네
그래서 나는 새로운 신전을 부수고
그대들, 그대 고대의 신들을 위해
그대들과 그대들의 선하고, 신에 알맞은 권리를 위해
싸울 수 있었네
그리고 전부 다시 짓고, 제물로 연기가 가득 핀

그대들의 높은 제단 앞에서
나 이 사람은 무릎을 꿇고 기도를 올리고
두 팔을 높이 들어 간청할 수 있었네[59]

하이네가 그리스인들에 대한 혐오와 로마인들에 대한 증오를 선언
한 것은 외관상 그의 시의 모태나 다름없는 독일의 친그리스주의 전통
에 반하는 것이었다. 실제로 하이네의 시는 신기하게도 같은 제목의 실
러의 시와 대화를 나누는 설정이다. 실러의 《그리스의 신들(Die Götter
Griechenlands)》은 최고로 아름답고 인간적인 그리스 신들의 소멸을 한탄
하고 과학, 물질주의, 그리고 암암리에 그리스도교까지 포함되는 근대성
의 힘을 공격하는 내용이다. '새로운 신들'에 대한 하이네의 경멸은 훨씬
더 노골적이었다. 하이네에게 그리스의 이교도 신앙으로 되돌아가는 것
은 그리스도교를 공격적으로 비판할 목적으로 설정한 전략적 모험이었다.
그러니까 아널드가 자주 암시했듯, 하이네의 헬레니즘은 고대 그리스인
과 쉽게 동일시한 것이 결코 아니라, 오히려 근대성의 대립되는 힘에 대한
갈등 섞인 반응이었다. 하이네는 근대 문화가 '유대의 유심론과 그리스의
삶의 예찬 간 해결되지 않은, 아니 어쩌면 결코 해결되지 않을 싸움'으로
분리되었다고 본 것이다.[60]

로버트 홀럽(Robert Holub)이 분명히 했듯, 하이네 자신이 내세운 그리
스인으로서의 정체성은 그의 생애 마지막에 생긴 병 때문에, 이른바 '매
트리스 무덤'에 갇혀 지내면서 점차 부담스러워졌다.[61] 실제로 하이네가
일찍이 유대교를 거부했던 것 때문에 날로 후회스러운 마음을 표현하기
위해 다시 꺼내든 것은 분명 그리스인과 히브리인이라는 대립 구도였다.

---

59) Heine, 1982년 첫 번째 책, 15면, 17면 ; Vernon Watkins의 번역본
60) Gossman의 1994년 책, 17면에 인용된 Heine
61) Holub, 1981년 책, 174~189면

"내게 엄청난 변화가 닥쳤다. …… 난 더 이상 즐거운 그리스인이 아니다. …… 난 그저 죽어가는 가련한 유대인 병자일 뿐이다."[62] 보통 그의 마지막 시로 간주되는 《파리의 고통(Für die Mouche)》에서 하이네는 그리스 전통과 성서적 전통이 대립하는 이미지가 아로새겨진 자신의 관을 그리다가 마침내 깨닫게 된다. 그러나 이것은 조화로운 화해의 전망이 아니라 그저 영원한 갈등의 하나일 뿐이었다.

> 오래된 미신이 내 상여에 나타났네
> 대리석 유령들은 아직도 언쟁 중인가?
> 목가적인 판신(神)은 두려움에 크게 울부짖으면서
> 모세의 저주와 싸우고 있는 건가?
>
> 아, 그들이 결코 동의하지 않을 것이라는 걸 난 잘 알지
> 미와 진리는 늘 모순 될 것이라는 걸
> 인류의 무리는 늘 양 진영으로 분열될 것이라네
> 그리스인들과 야만인들로

아널드가 하이네의 균열된 정체성을 포착하려 했던 이유는 일부러 익숙해지려고 그랬던 것 같다. "그의 완벽한 문학 형식과 선명함에 대한 애정, 그리고 아름다움에 대한 애정에 비추어 볼 때 그는 그리스인이다. 또한 그의 강렬함과 길들일 수 없는 성향, 그리고 '표현될 수 없는 그의 갈망'에 비추어 볼 때 그는 히브리인이다."[63]

문제가 많은 친그리스주의자로 살아 본 하이네의 경험은 흥미롭게도

---

62) Beiber의 1956년 책, 421면
63) Arnold, 1962년 책, 128면

'정통파 유대계 언어학자 야코프 베르나이스(Jacob Bernays)'의 경험과 대비되었다. 아르날도 모밀리아노(Arnaldo Momigliano)는 그를 애정 넘치게 묘사하면서, 특히 베르나이스가 함부르크에서 양육 받은 사실과 하이네와 그의 패거리를 관련지었다. 그러면서 그는 다음과 같이 썼다.

당시 함부르크 유대인 사회의 주요 구성원은 적당히 부유한 상인들로서, 이들은 자신의 시민권을 쟁취하기 위해 싸웠고 또 교육 기관의 근대화를 요구했다. 극빈자들과 최상위 부유층이 이들 모임의 주변부를 이루었는데, 최상위 부유층 중에서 단연 눈에 띄는 인물은 은행가인 솔로몬 하이네(Solomon Heine)였다. 그의 조카이자 문하생이었던 하인리히는 사랑과 사업에 모두 실패를 맛본 뒤 2년 전인 1819년에 함부르크를 떠났다. 하지만 시인이자 배교자였던 하인리히 하이네의 그림자는 함부르크와 특히 베르나이스 가족에게 계속 남아 있었는데, 이는 얼마간 하이네와 관련이 있었다.[64]

하이네와 다르게 야코프 베르나이스는 개종을 거부했는데, 이런 결정은 그의 학자로서의 경력에 영원히 각인되었다. 그는 생애 대부분을 브레슬라우(Breslau)의 유대교 신학 대학에서 가르쳤고 프러시아 학술원의 회원이 된 것은 그로부터 한참 후의 일이었다(그마저도 완전한 정회원은 아니었다). 베르나이스가 고전 언어학자이면서 유대교 율법학자로서 이중의 학문에 매진한 이유는 그의 말대로 '성서와 그리스·로마의 교양(Bildung)'을 '통합'하고자 하는 그의 평생의 열망 때문이었다. 그는 그리스·로마에 대한 관심과 광범위한 극동 지역 연구를 별개로 보지 않으려한 탓에 수잔 마천드와 앤터니 그래프톤의 말대로 동시대 고전학계에서

64) Momigliano, 1994년 첫 번째 책, 124~125면

'외로운 인물'이었다.[65) 베르나이스의 사례는 점차 분열되어 싸우는 것처럼 비치던 학계의 상황을 더 복잡하게 만들었다. 베르나이스는 히브리인과 그리스인, 혹은 아리안족과 셈족 식으로 구별하는 것을 거부한 데다 박식가의 시야를 지닌 탓에 고전 학계에서 이례적인 인물로 찍혔다. 그는 마틴 버낼이 그토록 논쟁을 불러일으키면서까지 계획한 그리스·로마 사회 연구에서 이웃한 동양과 셈족 사회를 분리하려는 시도뿐만 아니라 해당 분야가 점차 전문화되는 것에도 반대했다. 그래서 함부르크의 배교자 하인리히 하이네가 히브리인과 그리스인의 차이를 공고히 한 데 반해, 존경 받는 고전 언어학자인 야코프 베르나이스는 개종의 유혹은 물론 헬레니즘과 헤브라이즘을 똑같이 배타적인 양극으로 만들고자 하는 유혹까지 뿌리쳤다. 하이네가 헬레니즘을 신봉한 것은 비록 실패로 끝났지만, 이는 그가 동화되고자 노력했다는 증거다. 반면 베르나이스가 동화를 거부한 것은 고전 학계에 점점 퍼지고 있던 '아리안 신화'를 학자로서 거부한 것과 같은 맥락이었다.

아널드는 자신의 평론에서 하이네에게까지 강한 영향을 미친 반헤브라이즘 풍토를 바꾸어 보려는 베르나이스의 소망에 동조하고 있음을 고백한 셈이었다. 라이어널 고스만(Lionel Gosman)은 아널드가 하이네의 히브리인과 그리스인 식의 구분을 재도용한 탓에, 이러한 대립 구도가 반유대주의로 특징되는 독일 문화 풍토에 얼마나 뿌리 깊게 박혀 있는지가 제대로 드러나지 않았다고 주장했다. 그러면서 고스만은 다음과 같이 썼다. "19세기 중반 무렵에 …… '그리스인과 유대인'의 대립 구도는 독일 식자층 사이에서 반유대주의에 대한 레퍼토리의 일부였다."[66) 이 두 세력을 영원한 경쟁 관계로 바라본 하이네의 시각은 헤겔 식 지양(Aufhebung)을 통해서

---

65) Marchand와 Grafton의 1997년 책, 21면(베르나이스 인용편), 22면. 19세기 말의 유대인 지식인들과 언어학계의 광범위한 전후 사정에 관해서는 Barner와 König의 2001년 책을 참조
66) Gossman, 1994년 책, 3면

만 풀릴 수 있는 변증법적 도식과 전적으로 관련되어 있었다. 그러나 아널드가 평론에서 표면적으로나마 변증법적 사고에 찬성하는 듯했지만, 그의 시각은 헤겔의 변증법적 운동과 완전히 배치되었다.

왜냐하면 이스라엘의 시대는 무구하기 때문이다. 따라서 문화가 히브리풍을 비난할 때나 그리스풍을 칭찬할 때 반드시 유연성을 지켜야 하고, 우리가 알다시피 문화가 기계적으로 선호와 배제의 근거로 삼은 우연하고 일시적인 성격의 진위를 반드시 가려야 한다. 이제, 우리가 그리스화 할 때가 되었으며 지식을 찬양할 때가 되었다. 왜냐하면 우리가 너무 많이 히브리화된 탓에 행위를 지나치게 중요시했기 때문이다. 그러나 헤브라이즘에서 받은 습관과 규율은 우리 민족에게 영원히 간직되어 있다. 따라서 인간성이 조성된 이상 누구든 오늘 이런 습관과 규율에 2위 자리를 내주어서는 안 된다, 그렇지 않으면 그것들이 내일 다시 1위 자리를 차지할 것을 각오해야 할 것이다.[67]

이에 대해 고스만은 다음과 같이 결론을 내렸다. "헤겔과 하이네, 그리고 이후 니체까지 이들 세 사람이 내뿜던 도발적인 긴장감은 니체가 '싱거운 낙관주의'로 특징지을 게 거의 확실한 시점에서 확 풀렸다."[68] 아널드가 보기에 헬레니즘과 헤브라이즘은 상호 말살로 끝나는 격렬한 충돌은커녕 끊임없이 상호작용함으로써 둘 다 멀쩡하게 살아있는 쪽에 가까웠다. 당장 헬레니즘으로 방향을 전환해야 한다고 요구하는 동안 헤브라이즘은 말살되지도 않고 그래서도 안 되는 '영원한 소유물'로 남았다. 일제 마리아 테스토르프(Ilse-Maria Tesdorpf)는 아널드와 하이네의 우연한 만남을

---

67) Arnold, 1993년 책, 210면
68) Gossman, 1994년 학술지 논문, 27면

분석하면서 아널드가 히브리인과 그리스인에게 서로 다른 내용을 입히는 과정에서 하이네의 역사 철학을 이어받았다고 주장했다. 그러나 아널드의 분석은 하이네의 철학은 물론 그의 대립 구도 내용과도 맞지 않는 것 같다. 하이네는 그리스적인 것과 관능적인 것을 연관시킨 데 반해 아널드는 그리스인에게 '지식'을 갖다 붙였다. 실제로 하이네가 그리스인을 관능주의자로 특징지은 것은 우리가 이전 장에서 추적했던 유대인들의 거듭된 육체 관계와 완전히 상반되는 내용이다. 아널드는 그리스인을 '지식'의 영역으로 복귀시킴으로써 그리스인과 히브리인의 대립 구도를 우리가 헤겔에게서 발견한 위계 관계로 되돌려 놓았다. 하이네의 히브리인으로서의 정체성이 그다지 확실하게 규정되지 않아서 그런지 몰라도 히브리인적인 성향은 아널드가 말한 '행동가'와 공통점이 많은 것처럼 보이지 않았다. 하이네가 생각한 그리스인과 유대인은 아널드가 그린 그들보다 니체와 프로이트가 생각한 그들과 훨씬 더 많이 닮아 있었다. 더구나 잠시 뒤에 보게 되듯, 하이네의 역사 철학이 헤겔 식 변증법의 지배를 받는 듯 보이지만 그 근원을 볼 때 아널드의 역사관이 훨씬 더 정곡을 찌를지 모른다.

아널드의 탐구 방식이 하이네와 공통되는 부분은 각각의 범주를 심리학적으로 해석한 것이 분명하다는 점이다. 헤겔에게 그리스인과 유대인은 역사적 행위자이자 서로 다른 의식의 진보 단계를 표시해 주는 것인 데 반해, 아널드와 하이네에게 이들은 내부의 심리적 성향을 설명해 주는 존재였다. 고스만은 《교양과 무질서》에 나타난 아널드의 광범위한 도식에 관해 다음과 같이 논평했다. " '야만인들', '속물들', '서민'이라는 용어는 구체적인 역사적 투쟁을 영혼의 갈등, 즉 인간의 역사에서 대립하는 세력들의 '영원한' 갈등의 우화로 바꾸어 놓는다."[69] 그래서 아널드는 새로운 표현법을 쓰기 시작했다.

---

69) 같은 책, 24면

헬레니즘과 헤브라이즘은 둘 다 인간 본성의 욕구에서 생겨나서 이런 욕구를 충족시키는 데 전념한다. 그러나 양측의 방식은 워낙 다르며, 이들은 그렇게 다른 점을 강조한다. 아무튼 이들이 각각의 규율을 따르고 나면 인간 본성이 한쪽의 소유에서 다른 쪽의 소유로 넘어갔을 때 겉으로 드러난 모습이 더 이상 처음과 같지 않은 것처럼 아주 다른 활동을 만들어 낸다.[70]

아널드의 '영혼의 갈등'에서 역사는 사라지고 없었다. 헤브라이즘과 헬레니즘은 더 이상 인간의 서로 다른 역사적 발전 단계로서 존재하는 것이 아니라, 그저 역사를 초월한 '인간 본성'의 대립되는 속성일 뿐이었다. 아널드는 이어서 다음과 같이 썼다.

무지에서 벗어나고, 사물을 있는 그대로 보고, 그렇게 사물을 있는 그대로 봄으로써 그것들의 아름다움을 찾는 것은 헬레니즘이 인간 본성 앞에 내미는 단순하고 매력적인 이상이다. 그런데 이런 이상의 단순성과 매력에서 헬레니즘과 그것의 지배를 받는 인간의 삶은 일종의 꿈같은 편안함과 투명함, 그리고 화사함을 얻게 된다. 결국 헬레니즘과 그것의 지배를 받는 인간의 삶은 우리가 달콤함과 빛이라고 부르는 것들로 가득 차게 된다.[71]

헬레니즘은 보는 방식일 뿐만 아니라 존재의 방식이었다. '달콤함과 빛'은 인류가 물려받은 역사적 유산을 설명하는 것이 아니라 심리적 기질의 특성들이었다. 아울러 '헬레니즘의 지배를 받는 삶'이 존재의 독특한 미학을 낳은 것과 마찬가지로 헤브라이즘은 과거에도 그랬고, 이후에도 아주 다른 심리적 유산으로 계속 나타났다.

---

70) Arnold, 1993년 책, 130면
71) 같은 책, 같은 면

칼라일 선생이 소크라테스에 관해 남겼다는 격언을 들었다. 진짜 칼라일 선생이 한 것이든 아니든 아주 기분 좋은 격언이다. 왜냐하면 그 격언은 "소크라테스는 시온에서 굉장히 교만한 자다."라는 내용으로 헤브라이즘이 헬레니즘과 다른 본질적인 이유를 탁월하게 집어냈기 때문이다. 헤브라이즘(여기서는 경이로운 힘의 원천이다)은 언제나 시온에서 마음 편히 있을 수 없다는 끔찍한 느낌, 그리고 인간에게 역경이 닥쳐서 소크라테스가 그렇게 희망에 차서 말한 바로 그 완전함을 추구하거나 이루지 못할 것 같다는 끔찍한 느낌에 심하게 사로잡혀 있었다.[72]

　'마음 편히' 있을 수 없음은 헤브라이즘이 인간 본성에 선사한 수상한 선물이었다. 이 시대에 '편안하다'는 말은 칭찬이었다. '편안히' 있다는 것은 빅토리아 시대의 소설에 등장하는 많은 주인공이 열망하던 것이자, 예의범절 안내서에 감사해야 할 덕목으로 나와 있는 특성이었다. '편안히' 있다는 것은 어울릴 수 있는 능력을 가졌다는 뜻이었다. 방랑하는 유대인은 어울리지 못하는 인물의 전형으로서 시온이나 다른 어느 곳에서도 편안하지 못했다. 유대인에게 편안하지 못하다는 것은 정치적 결과인 동시에 심리적 유산이기도 했다. 아널드가 논평한 이 대목에서 우리 역시 신경증적 유대인이라는 고정관념에서 조금도 벗어나지 못한 게 분명하다. 아널드가 시온의 소크라테스를 간파했다는 데에서 향후에 프로이트가 펼칠 논의와 정신 분석학을 유대인에게 딱 들어맞는 학문으로 간주하는 태도가 예상되었다고도 할 수 있다. 아널드는 헬레니즘과 헤브라이즘은 역사적으로 완전히 공존할 수 있다고 분석했다. 하이네가 암시했듯, 실제로 이 두 가지는 심지어 같은 사람에게 동시에 존재할 수 있었다.

　그러나 아널드가 역사에서 준거 틀을 제거한 듯 보이지만, 그 못지않게

────────────

72) 같은 책, 같은 면

준거 틀이 좀 더 치명적인 또 다른 모습으로 재출현한 것 같았다. 그는 다음과 같이 썼다. "학문이 이제 인종 간 차이를 만드는 위대하고 의미심장한 요소들은 물론, 얼마나 단일한 방식으로 이 요소들이 인도유럽인들의 천성과 역사를 셈족의 천성과 역사에서 벗어나게 하는지 모든 사람에게 똑똑히 보여 주었다. 헬레니즘은 인도유럽에서 나왔고 헤브라이즘은 셈족에게서 나왔다. 따라서 인도유럽인 혈통인 우리 영국인들은 자연히 헬레니즘 운동에 속하는 것 같다."[73] 아널드는 '인도유럽인'이라는 용어를 참조한 결과 언어학과 인종학 내에서 벌어진 논쟁의 중심에 서게 되었다.[74] 아널드는 인도유럽인에 관해 논의하면서 다시 르낭과 그가 그리스인과 유대인의 대립 구도를 인종적으로 특성화한 것을 직접 언급했던 것 같다. 그러나 아널드 입장에서는 자신의 인종 집착증을 가장 분명하게 드러낸 것일 텐데도 정작 돌아온 반응은 우유부단의 연속이라는 모함뿐이었다. 그러자 그는 곧바로 한 발 양보해 다음과 같이 말했다.

그러나 우리가 인지할 수 있는 어느 한 어족의 일원과 또 다른 어족의 일원 간의 유사성이야말로 인간의 본질적 단일성을 가장 강력하게 드러낸다. 또한 이런 종류의 유사성 중에 도덕성의 힘과 중요성에서 유사한 점이 가장 두드러진다. 그런데 엄청나게 다른 요소들에도 불구하고 이런 유사성 덕분에 우리 영국인들은 물론 대서양 건너편에 있는 우리 미국인 후손들의 천성과 역사는 약간 특이한 형태로 히브리 사람들의 천성 및 역사와 연관되어 있다.[75]

---

73) 같은 책, 135면
74) 이와 관련해서는 Poliakov의 1987년 책, Bernal의 1987년 책, Olender의 1992년 책, 그리고 Marchand 관련 2003년 책과 그녀의 2009년 책을 참조
75) Arnold, 1993년 책, 136면

아널드는 이렇게 '엄청나게 다른 요소들'을 부인하지 않는 한편 뚜렷이 다른 이 두 '천성과 역사'를 조화시켜 어느 정도 종합한다고 주장했다. 아널드가 가장 단도직입으로 '아리안 신화'를 채택한 것은 결국 영국이라는 나라의 혼혈적 정체성에 대한 비판이 되고 말았다. 그래서 그는 다음과 같이 이어갔다. "상상력을 발휘해 삶에 대한 문제의 다양한 양상을 인정함으로써 삶 자체가 나름의 확실성에서 벗어나 고정되지 않도록 하고, 삶의 지나친 고집도 미소로 참아 넘기는 이런 재능을 통해 드러나는 유머와 그 힘으로 판단해 보자. 대단히 인도유럽적인 우리 민족은 실질적인 삶과 도덕적 행위와 관련해 히브리인들의 자신만만함과 고집스러움과 강렬함을 아직도 상당 부분 지니고 있다(그런데 우리 민족이 지닌 강점의 대부분은 바로 이 점에 있다.)."[76] 여기서 아널드가 인종이라는 표현을 고수하면서 그의 서사는 문화 발전의 배타적 성향을 전혀 강조하지 않았다. 다시 말해, 그의 '인도유럽인'은 전혀 어려움 없이 상대편 셈족의 것을 받아들였다. 아널드는 자신이 아리안 기질을 옹호한다는 사실에도 아랑곳없이 대단히 인도유럽적인 동포들에게서 셈족의 특성을 확인했다. 그러나 아널드가 영국인들에게서 '헤브라이즘'이라는 부적절한 기질을 발견했다는 말은 결과적으로 그가 동포들의 한계를 드러내기 위해 들먹인 것에 불과했다. 따라서 그는 영국의 유대인 기질이라는 그릇된 의식을 맹렬히 비난한다는 것밖에 볼 수 없는 내용으로 평론을 끝맺었다.

200년이 넘도록 인류 발전의 대세는 자신과 세계를 알고 상황을 있는 그대로 보는 등 의식의 자발성을 지향했다. 아울러 우리나라에서 큰 비중을 차지하고 있고 가장 강력하게 자리 잡고 있는 주된 충동은 양심의 엄격함을 향한 것이었다. 그런데 그들이 시기가 안 좋을 때 부차적인 것을 주된 것으로

76) 같은 책, 같은 면

만들어서 결국 시기가 안 좋을 때 주된 것을 부차적인 것으로 취급해 버렸다. 이렇게 자연 질서를 위반하자 그에 따라 으레 생기기 마련인 확실한 혼란과 그릇된 운동이 야기되었다. 그래서 우리는 지금 거의 사방에서 그로 인한 불편함을 느끼기 시작했다.[77]

아널드에게 헤브라이즘은 언제나 그릇된 출발일 뿐만 아니라 자연을 '위반'하는 것이었다. 아널드가 장황하게 설명한 마지막 부분에서 헤브라이즘을 '그릇된' 운동으로 단정한 것은 그가 균형 있게 보이고자 작정한 모두 발언과 뚜렷한 차이가 있었다. 그가 헬레니즘과 헤브라이즘을 병치시킨 것이 독일 철학자들의 변증법적 틀을 부정하는 뜻일지도 모르나, 이런 병치는 여전히 함축적인 위계 관계를 이어받은 듯했다. 헤겔이 《그리스도교의 정신과 그 운명》에서 그리스인과 유대인을 대비시키는 동안 아널드가 그토록 열렬히 이루고자 했던 헤브라이즘과 헬레니즘 사이의 '균형'은 굉장히 달성하기 어려운 것으로 드러났다. 헤겔의 변증법에서 유대인은 언제나 거침없이 진군 중인 진보 과정에서 극복되어야 할 단계를 상징해야 했다. 아널드가 헤겔의 역사 철학을 계승하지 않았을지는 모르나, 인종 유형학적인 언어에 몰두했다는 점에서 그 역시 진보의 서사로 특징되는 역사적 담론에 연루되어 있었다. 헤르더 이후 비교 언어학과 인종학의 발달과 궤를 같이한 역사주의 세계관이 아널드의 공공연한 탈역사화 분석을 괴롭히기 위해 돌아온 셈이었다.

그러나 아널드가 보기에 역사라는 개념에는 뚜렷하게 차이가 나는 또다른 상호 텍스트가 들어 있었다. '헬레니즘'과 '헤브라이즘', '인도유럽적인 것'과 '셈족의 것'이 교대로 '움직인다'고 하는 아널드의 서사에서 그의 아버지인 토머스 아널드(Thomas Arnold)가 그토록 중요하게 여겼던

---

77) 같은 책, 137면

역사의 순환적 개념이 연상되었다.[78] 모밀리아노의 회상에 따르면, 토머스 아널드는 옥스퍼드의 근대사 흠정강좌(欽定講座) 교수로 임용된 뒤 기념 공개 강연에서 다음과 같이 자신의 역사관을 공식화했다.

우리는 세계사의 최신 시기에 살고 있다. 우리가 도외시했던 것을 수행하거나 우리가 파괴한 것을 복구할 인종이 전혀 남아 있지 않다. …… 그 결과 근대사에 대한 관심은 강렬해지면서 확실히 우리가 시간을 낭비하지 않는 게 엄청나게 중요해졌다. 현재 남아있는 우리의 나라들은 세계의 마지막 보고다. 따라서 세계의 운명은 이들 나라의 손에 달렸다고 하겠다. 지구상에서 신이 할 일을 이들 나라가 하지 않는다면 그 일들은 그대로 방치될 것이다.[79]

묵시록적인 그의 선언은 인종이라는 특별한 개념과 관련되어 있었다. "나는 아프리카 게르만 인종의 전망과 영향력에 대해서는 굳이 말하지 않겠다. 왜냐하면 인종이나 언어, 또는 제도 등 모든 면에서 유럽은 절반이, 그리고 미국과 오스트레일리아는 모두 거의 완전히 게르만적이라는 말로 충분히 설명되기 때문이다." 아버지 아널드는 고대 그리스·로마에 대해 연구를 할 때 크리스티안 카를 분센(Christian Karl Bunsen)에게 많은 영향을 받아서 그런지 게르만 인종의 우월성을 확신했으며, 영국도 게르만 국가로서 이런 우월성을 공유하고 있다고 믿었다.[80] 그러나 이러한 그리스·로마 중심의 역사관은 토머스 아널드의 좀 더 광범위한 철학, 즉 모든 나라가 인간 개인의 발전과 비슷한 일련의 유기적 단계를 통해 발전했다

---

78) 해당 내용에 관해서는 Turner의 1984년 책, 26~32면
79) Arnold, 1842년 책, 39면
80) Bunsen은 흥미로운 인물이다. 그는 고대 그리스·로마 문화와 성서 문화를 연구한 학자일 뿐만 아니라, 영국 궁정에 파견된 프러시아 특사이자 그리스도교 시온주의의 강력한 지지자였다.

고 여기는 새로운 역사주의 운동과 연관되어 있었다. 그러니까 역사는 각 나라가 각각 다른 시기에 발전해서 완전히 성숙해짐에 따라 '나라들의 주기를 기록'한 것이었다. 이에 따라 역사적으로 거리가 있는 나라들도 발전과 성숙 면에서 서로 비슷한 단계가 있으면 그것을 참고로 서로 비교할 수 있다고 보았다.

모밀리아노는 토머스 아널드가 젊은 세대 고전학자인 에드워드 아우구스투스 프리만(Edward Augustus Freeman)에게 끼친 영향이 어떤 결과를 낳았는지 추적했다. 프리만은 거의 반세기 후에 똑같은 자리에 임용되면서 열린 기념 공개 강연에서 아널드에게 공을 돌렸다. "내가 모든 역사 연구의 중심이자 생명이어야 할 진리, 즉 역사의 단일성이라는 진리를 처음 알게 된 것은 바로 아널드를 통해서였다." 그러나 이러한 단일성에는 특별한 차원이 부여되었다. "그러한 역사의 단일성은 자유 영국을 건설하는 자유 독일이자 자유 미국을 건설하는 자유 영국임에 틀림없는 토이토부르크 숲(Teutoburg wood, 독일 중북부에 위치한 숲으로 A.D. 9년 경 로마군이 게르만인에게 참패한 격전지-옮긴이)에 좌우 되었다."[81] 프리만은 인종과 순환하는 역사의 속성에 대한 아널드의 관심을 새로운 시각의 비교론으로 발전시켰다. 비교론적 방식에 대한 그의 열정은 그의 중요한 저작 《비교 정치학(Comparative Politics)》에서 구체적으로 드러났다. 그는 이 저작에서 이전에 언어학에서 발전시켰던 방식들을 아리안의 제도에 적용했다. 여기서 프리만은 정치 단체가 공통의 아리안적 기원에 관해 수차례 표명한 것을 이해하고자 했다. 모밀리아노는 프리만과 아널드의 '역사의 단일성'을 채택하자마자 어떻게 인종적 담론의 속성을 띠게 되었는지를 추적했다. "그 시점에 겉으로는 인류의 단일성을 지지하는 것처럼 보이지만 결국에는 아리안의 종족이나 인종을 찬미하는 것이었음을 주목해야 한

---

81) Freeman, 1884년 책, 9면

다." 이와 관련해 프리만은 다음과 같이 썼다. "그러고 나서 인간의 역사, 여하튼 유럽 아리안족의 역사를 단절되지 않은 전체로서 바라보면 다른 부분들을 언급하지 않고서는 어느 한 부분도 멀쩡하게 눈에 들어오지 않는다." 이에 대해 모밀리아노는 비꼬듯 이렇게 논평했다. "그저 '여하튼' 인간의 역사에서 아리안족의 역사로 이동하려면 오로지 국면 전환만 필요할 뿐이다."[82]

매슈 아널드는 독일 문화에 대한 애정에도 불구하고 아버지의 '게르만족 우월주의'를 강력하게 거부했고, 켈트족의 문화와 프랑스 문화를 옹호함으로써 아버지의 견해에 분명하게 반대하는 입장을 취했다. 또한 젊은 아널드는 좀 더 명백히 드러난 아버지의 인종적 편견에도 동참하지 않았다. 토머스 아널드가 동시대 유대인들에게 품었던 적대감은 그가 유대인의 의회 입성을 반대하고 나서면서 표면화되었다. "유대인은 영국에서 이방인이다. 따라서 셋방살이 하는 사람이 주인과 함께 집 관리에 똑같이 참여해야 한다고 주장하는 것이 말이 안 되듯, 의회 입성을 법적으로 인정해야 한다고 주장하는 것은 말이 안 된다. …… 왜냐하면 영국은 유대인들이 아닌 영국인들의 나라기 때문이다."[83] 아들 아널드는 아버지 아널드의 반유대주의에 한참이나 못미쳤다.[84] 그러나 매슈 아널드는 영국의 역사 발전을 분석하는 과정에서 토머스가 썼던 역사 편찬의 틀을 이어받았다. 그의 저작에서는 또한 그의 아버지를 신봉했던 프리만의 '학문적'인 아리안이즘(Aryanism, 비유대계 백인 우월주의—옮긴이)이 넘쳐흘렀

---

82) Momigliano, 1994년 첫 번째 책, 206면

83) Cheyette의 1993년 책, 19면에서 인용

84) 매슈 아널드의 저작들에서 좀 더 노골적인 반유대주의적 구절들을 발견할 수 있다. 일례로 다음과 같은 구절을 보라. "이것은 참으로 이스라엘에게 극히 이례적인 차이를 만들어 낸다. 그들과 그들의 성격에 들어 있는 모든 것이 매력이 없는 것을 넘어 혐오감을 줌에도 불구하고(심지어 정직이라는 면에서도 결함투성이고 다른 모든 것에 무가치함에도 불구하고), 정치도 없고, 학문도 없고, 예술도 없고, 매력도 없는 이 하찮고, 성공도 못 하고, 붙임성도 없는 민족은 세상에 관해 좋은 장소를 받을 자격이 있다. 그런데 세상이 더 작아지지 않고 이대로 가는 한 점점 더 좋은 곳을 차지할 것 같다."(1960~1977년 책, 6 :51)

다. 아널드의 평론과 관련해 흥미로운 것은 그 내용이 천성과 문화라는 양극을 절충하는 데까지 나갔다는 점이다. 이와 관련해 브라이언 샤이에트 (Bryan Cheyette)는 "아널드는 '인종'보다 '문화'를 더 높이 인정해 주려고 했는데도 변하지 않고 그리스화 되지 않은 유대인들을 헐뜯었지만, 아널드 박사가 그리스도교화 되지 않은 유대인들에게 했던 것만큼 심하게 하지는 않았다."고 썼다. 아널드의 '인종적 배타주의'는 분명 그의 '문화적 포괄주의'를 훼손했다. 누구든 아널드가 본인의 평론 안에서 그가 직접 동원한 바로 그 인종 결정론에 맞서 싸우고 있다는 것을 엿볼 수 있었을 것이다. 그래서 그는 자신의 어머니에게 다음과 같은 내용의 편지를 썼다고 한다. "천성이 우리를 인도유럽인으로 만들었는데, 우리가 제아무리 셈족이 되려고 노력해도 좋아지지 않습니다."[85] 이에 대해 아만다 앤더슨 (Amanda Anderson)은 다음과 같이 표현했다. "아널드는 타고난 인종적 힘으로 해석함으로써 변형적이고 비판적인 시각을 유지할 수 있다고 믿었고 또 그렇게 믿고 싶었다. 하지만 그와 같은 힘이 철저히 결정적이라는 사실이 그를 끈질기게 괴롭혔다."[86] 로버트 영이 보기에 비록 아널드가 '문화'와 '인종'의 영역을 분리해 각각의 가치를 평가하려고 했지만, 그의 저작에서 어느 쪽에 특권적인 지위를 부여했는지 분명히 드러났다. 아널드의 '문화'라는 바로 그 개념은 '인종'에 의해 철저히 부각되었다.

그래서 영국 문화의 굉장히 영향력 있고, 사실상 창립 문서나 마찬가지인 《교양과 무질서》는 문화의 기운과 역사를 인종적 차이의 산물로 지정한다. 그리하여 이 책은 책 속에 묘사된 격변의 사회 상황에서 아주 똑똑히 드러나는 계급 투쟁을 교묘하게 재배치하고 제거한다. 아널드가 사실상 네 계

---

85) Cheyette, 1993년 책, 19면, 21면 (아널드의 책을 인용)
86) Anderson, 2001년 책, 101면

급(귀족, 고급 중산층, 급진적인 반대파 중산층, 그리고 노동자 계층)으로 간주한 것들 간의 투쟁은 급진적 역사 투쟁에 포함된다.[87]

언어학 실험실과 유대인 문제

정반대로 평가하는 경우가 있긴 해도, 아널드의 평론이 당대를 논쟁에 개입시켜 막강한 영향을 끼친 것은 사실이다. 아널드는 결코 의식적으로 시대착오적이고 이상화된 '헬레니즘'을 내세우지 않으면서도 그리스를 둘러싼 근대의 논쟁에 이질적인 요소들을 가까스로 제공했다. 다름 아닌 자신이 옹호하는 문화를 상징하는 인물로 떠오른 아널드는 영국 너머로 눈을 돌려 르낭과 하이네 같은 프랑스와 독일 저자들의 저작물에 의존했다. 아널드의 《헬레니즘과 헤브라이즘》은 또한 당대의 고전학계 내에서 유행하고 있던 논쟁들과 전적으로 관련되어 있었다. 제아무리 신사적이고 아마추어 같은 논조라 하더라도, 《헬레니즘과 헤브라이즘》은 당대의 철학, 신학, 역사편찬학, 인종학, 그리고 언어학 연구 분야 내에서 벌어진 중요한 논쟁에 공헌한 것으로 해석되어야 마땅하다. 아널드의 평론은 에드워드 사이드가 '언어학 실험실'이라고 칭한 19세기 학문 공동체가 세상에 실질적 영향을 미친 광범위한 문화적·사회적 논쟁에 어떻게 전적으로 참여했는지를 보여 주었다. 사이드는 르낭에 관해 다음과 같이 썼다.

정말이지, 르낭의 언어학 실험실이 그가 속한 유럽의 자기 민족 중심주의의 실질적인 무대였다고 해도 과언이 아니다. 그러나 여기서 정말 강조해야 할 것은 언어학 실험실이 해당 담론, 즉 그 실험실이 끊임없이 만들어 내

---

87) Young, 1995년 책, 60면

고 체험한 저작물 바깥에는 존재하지 않는다는 점이다. 따라서 그가 유기적 이고 살아있다고 일컫는 그 문화조차도(유럽의 문화) 역시나 언어학 실험실 에서 만들어지고 있는 창작물이다.[88]

19세기에 언어학을 향한 학문적 집착에 형식과 내용이 기괴하게 반영 된 것을 두고, 사이드가 논평한 내용은 우리가 서양 고전학의 역사를 근대 적으로 이해하는 데 특별히 통용될 만하다. 당대에 많은 연구의 주요 관심 사로 떠올랐던, 갈수록 획일적으로 전문화되고 있던 서사 기법은 연구 대 상을 좁히는 것과 아주 비슷했다.[89] 수잔 마천드가 입증했듯, 고전 학계 내에서 점점 커지고 있는 전문성에 대한 이야기가 나온다는 것은 그리스 의 역사가 보편적인 역사에서 점차 떨어져 나온다는 뜻이기도 했다.[90] 유 대교가 이와 같은 분리와 재배치적인 흐름에서 핵심적인 역할을 했다. 야 코프 베르나이스와 더 후대의 에두아르트 마이어(Eduard Meyer) 같은 인 물들은 계속해서 그리스와 히브리 문화를 동시에 연구했을지도 모른다. 하지만 이들의 행보는 그와 같은 병행을 갈수록 적대시하는 학계 풍토에 반하는 것이었다.[91] 동시에 유대인과 히브리인은 그리스와 동양을 둘러싼 이런 광범위한 논쟁과 관련해 여전히 특이할 정도로 양면적인 역할을 차 지했다. 지금까지 살펴보았듯, 헤브라이즘과 헬레니즘, 아리안족과 셈족 의 대립 구도는 언어학 및 동양학과 관계된 논쟁에도 영향을 미쳤다. 유대

---

88) Said, 1978년 책, 146면

89) Stray, 1998년 책 ; Marchand, 1996년 책, 2009년 책 참조

90) Marchand 관련 2003년 책을 참조

91) Meyer와 이런 추세에 관해서는 Marchand와 Grafton의 1997년 책, 22면 참조. "언어학의 학문 분야 들이 서로 끈끈하게 붙어 있다가 마침내 명확하게 찢어져서 각 연구소, 신문 및 잡지나 학술지, 그리고 책 등에서 구체화되기까지 오랜 시간이 걸렸고 다소 강하게 저항하기도 했다. 결국 19세기 말에 이르 러 에두아르트 마이어는 모든 동양어와 고전어의 원전을 바탕으로 바빌로니아인에서 로마인까지 고대 를 다룬 기념비적인 《고대사(Geschichte de Altertums)》(1884~1902년)를 집필할 수 있었다. 마이어 는 정말이지, 이례적이고 아무도 흉내 낼 수 없는 언어학과 역사학의 천재였다. 19세기 말에 마이어처 럼 학문적으로 중요해서 전문 지식이 해당 학자의 최혜국 너머까지 뻗어나간 또 다른 고전 학자나 동 양 학자는 찾기가 매우 어렵다.

교와 그리스도교적인 유일신교의 관계는 '유대인'에게 동양이라는 미분화된 개념으로 쉽게 동화되지 못하는 독특한 정체성을 부여하고는 했다. 고대든 근대든, 유대인은 항상 유럽 국가 안과 밖 모든 곳에서 양면적인 위치에 있었다.

그러나 '셈족'이 '실험실에서 만들어진 창작물'일 수 있다고 가정을 해도, 유럽 문화권 내에 살고 있는 그 후손들의 존재는 또 다른 차원의 문제였다. 사이드가 동양 언어학을 유럽의 광범위한 제국주의 기획의 실험실로 보았듯, '헬레니즘'과 '헤브라이즘'과 '아리안족'과 '셈족'과 관련된 논쟁들은 당대의 정치판에서 크게 대두되기 시작한 '유대인 문제'에 학계를 대신해 개입했다고 볼 수 있었다. 사이드의 견해에 비판적인 이들은 권력과 지식의 관계를 지적한 그의 비판에서 독일의 사례가 명백한 예외가 될 것 같다는 점에 오랫동안 주목했다. "1830년 무렵, 독일인들은 유럽에서 탁월한 동양학자(뛰어난 셈학자, 성서 비평가, 그리고 인도학자)들로 부상했다. 그런데 그들은 극동 지역이나 그 어디에도 식민지 같은 것이 전혀 없는 상황에서 그랬던 것이다."[92] 그러나 조너선 헤스 같은 이들은 다음과 같이 주장했다.

독일의 동양학은 종종 외부뿐만 아니라 내부로 향하는 경향이 있어서 유대인들의 경우 여러 면에서 이러한 가설을 시험해 볼 수 있는 완벽한 무대가 된 것이다. 유대교는 19세기에 이슬람 및 동양과 함께 단순한 동양학의 대상만은 아니었다. 아랍을 학술적으로 연구하는 분야는 물론 셈어를 비교·분석하는 분야까지도 자신들의 학문적 기원을 18세기의 혁신적인 역사적 성서 해석에서 찾았다.[93]

---

92) Hess, 2002년 책, 13면
93) 같은 책, 14면

마천드가 꼼꼼하게 독일의 동양학을 연구한 것도 비슷한 결론에 도달한 듯했다. 그래서 그런지 그녀는 자신의 책 첫머리에 인도학자이자 동양학을 대중화한 헤르만 브룬호퍼(Herman Brunnhofer)의 주장을 길게 인용했다.

성서는 서구 사회가 가장 침울하게 고립되어 있던 시대조차도 동양과 끝끝내 이어지게 해준 책이다. 심지어 흔히 성서의 성격을 성스러운 계시록으로 무시하여 성서 연구를 역사적·지정학적 관점에서 시행할 때조차도, 성서는 고국을 버린 서구의 아리안족들에게 사람들을 하나로 묶어 주는 동양에 대한 갈망을 다시 불러일으켜주는 경이로운 세계사 책이었다.[94]

성서의 문제, 특히 마천드가 자신의 책에서 입증했듯 신교의 독일과 유대교의 관계에서 비롯된 문제는 19세기에 동양학이 탄생하는 데 동력의 구실을 했다. 이와 관련해 헤스는 다음과 같이 결론지었다. "독일에서 동양학적 담론은 정치와 무관한 학문적 부분도 아니고 추상적인 식민지적 환상도 아니었다. …… 중대한 시점에 성서는 …… 독일의 유대인 소수집단의 해방 조건들을 정하도록 거들었다. 그런데 이들 유대인 집단의 재건을 논의할 때 프랑스와 영국 식민지의 피지배 민족으로 실시한 실험을 참고로 하는 경우가 자주 있었다."[95]

그렇다면 처음부터 끝까지 독일에 심취한 아널드의 평론은 유대인 해방에 대한 불안감을 얼마나 물려받았을까? 이와 관련해 아널드의 평론이 집필된 날짜는 특히 흥미롭다. 《교양과 무질서》에 수록된 해당 평론이 처음 출판된 때는 1867~1868년이었다. 1850년대에서 1860년대로 넘어가는

---

94) Marchand, 2009년 책, 서문 17면
95) Hess, 2002년 책, 14면

동안 영국에서는 유대인의 정치적 해방에 기여한 중요한 법들이 다수 통과되었다.[96] 1858년에는 맹세 법안(Oath Bill)에 따라 유대인들이 마침내 의회에 입성할 수 있었고, 1868년에는 세례 받은 유대인이었던 디즈레일리(Disraeli)가 수상이 되었다.[97] 앞서 살펴보았듯, 토머스 아널드는 유대인 해방을 단호히 반대한 데 반해 매슈는 유대인에게 시민권을 인정해 주는 것에 찬성했다. 《교양과 무질서》는 유대인 해방에 관한 정치적 논쟁에 직접 개입한 것이 아니라 유대인의 정계 입성의 문화적 중대성을 다루려 했던 것으로 간주될 수 있다. 매슈 아널드는 자기 아버지와 달리 유대인을 영국에서 정치적으로 배제하고자 하는 마음이 전혀 없었다. 하지만 영국의 유대주의를 대하는 그의 양면적 태도에서 그가 근대 영국에서 유대교의 문화적 힘을 걱정했다는 게 드러난다.[98]

그러니까 아널드가 유대인 문제를 '문화화'한 데에는 생생한 정치 논쟁이 학문의 간접적 개입으로 바뀌어 버리는 광범위한 지적 풍토가 일정 부분 반영되어 있었다. 추상적인 언어학의 단어들은 유럽의 도시에 거주하는 유대인들에게서 해당 단어들이 지시하는 특성을 열심히 덮어 주었다. 그런데 유럽의 도시는 그런 단어들을 만들어 낸 바로 그 언어학 실험실이 자리한 곳이었다. 앞서 보았듯, 하이네에서 아널드에 이르기까지 이 실험실 바깥에 있는 이들에게조차 유대인의 경험을 고의적으로 은유화하는 행태가 똑같이 널리 퍼져 있었다. 이에 대해 갤친스키(Galchinsky)는 다음과 같이 썼다. "다양한 시대에 유대인다움은 추상화되었고 법률 제도에

---

96) Salbstein(1982년 책, 57면)이 논평했듯, 유대인들의 의회 입성을 막는 조항을 제거하려는 시도가 열네 번이나 있었다. 어떤 법안은 1830년, 1833년~1834년, 1836년, 1847년~1849년, 1851년, 1853년~1854년, 그리고 1856년처럼 거의 매해 제출되었다. 또 1857년과 1858년에는 추가로 네 가지 정책이 검토되었다.

97) 이와 관련해서는 Salbstein의 1982년 책, Feldman의 1994년 책, 그리고 Bar-Yosef와 Valman의 2009년 책을 참조

98) 유대인 해방에 관해 매슈 아널드가 보인 입장의 광범위한 정치적 맥락에 관해서는 Cheyette의 1993년 책, 13~23면 참조

서 사회주의 발발, 주식 거래소, 군주제, 그리고 언론계에 이르기까지 그 나라의 모든 양상과 비유적으로 밀접하게 관련되어 있었다. 1869년에 매슈 아널드는 《교양과 무질서》를 통해 전혀 부도덕하지 않게 이런 유대인 다움의 추상 작용을 극단적인 형태로 표현할 수 있었다." 장 프랑수와 리오타르(Jean-Francois Lyotard)는 이렇게 표현했다. "진짜 유대인에 관한 가장 분명한 사실은 어쨌든, 유럽은 그들을 어떻게 처리할지 모른다는 것이다."99) 물론 이런 은유화 행태에 동참하게 하는 강한 동기가 있었다. 앞서 보았듯, 아널드의 '히브리인'과 '그리스인'은 인종 유형학의 수단보다 문화사나 심리 성향의 개념적 변화 과정일 때 훨씬 더 매력적이었다. 20세기 독자는 분명 '헬레니즘'과 '헤브라이즘'을 문자 그대로 '아리안적인 것'과 '셈족다운 것'으로 해석하면서 움찔했을 게 뻔하다. 폴리아코프는 아리안 신화의 발달 과정을 연구하면서 다음과 같이 운을 뗐다. "1940년부터 1944년까지, 유럽에 거주하던 이들을 구분하는 가장 중요한 기준은 아리안족과 셈족이었다. 왜냐하면 전자는 살 수 있었고 후자는 죽어야 했기 때문이다."100) 폴리아코프가 설명한 강한 목적론은 겉으로 드러내지 않았을 뿐 결국 그리스인과 유대인이라는 양극 구도에 대해 우리가 집요하게 관심을 갖는 이유임에 틀림없었다. 하지만 동시에 그러한 목적론 때문에 이와 같은 양극 구도를 다루는 어떤 연구도 아주 문제적으로 만들 수밖에 없었다. '헬레니즘'과 '헤브라이즘'은 실제인 것과 은유적인 것 사이를 오가는 양면적 위치에 있었다. 그리고 이런 위치 때문에 결국 이 두 단어가 실제로나 은유적으로나 고대와 근대의 경쟁 관계를 그토록 강력하게 표현했던 것이다.

이러한 양면성은 근대 민족주의의 발전에 대립되는 유물을 동원할 때

---

99) Galchinsky, 2004년 책, 51면 ; Lyotard, 1990년 책, 3면
100) Poliakov, 1974년 책, 1면

에도 중요한 역할을 했다.[101] 그리스와 로마는 프랑스혁명에서 그리스의 독립전쟁에 이르기까지 민족 정체성이라는 담론이 생겨나는 데 결정적인 역할을 했다. 독일 민족 문화의 기초를 이루는 그리스의 중심적인 역할은 특히 많이 연구되었다. 독일의 친그리스주의는 그리스 문화와 근대 독일 정신의 연관성이라는 개념에 바탕을 두고 있었다. 이런 개념은 교양 교육이라는 훔볼트 식 이상으로 공식화되었을지 모르지만 그 이면에 숨겨진 관념은 더 광범위했다. 헤겔은 "그리스라는 이름은 유럽의 교육을 받은 사람들의 마음에 강한 감동을 불러일으킨다. 특히 우리 독일인들에게는 더욱 그렇다."고 썼다. 그러면서 그는 "그리스인들 사이에 있으면 우리는 정신에 가까이 다가가 있기에 곧바로 마음이 편안해지기 때문이다."라고 단언했다.[102] 그러니까 19세기 독일에서 그리스와 관련된 저작들은 민족 정체성 논쟁에 휩쓸렸다. 따라서 르낭이 프랑스·프러시아 전쟁의 여파로 프랑스의 문화적 병폐에 대해 독일 식 처방책을 세우려고 한 것은 어쩌면 당연한 일이었다. 바로 이렇게 르낭이 프랑스를 위해 새로운 교양 교육을 찾아 나선 것을 두고 아널드는 새로운 헬레니즘과 떼려야 뗄 수 없는 관계임을 정확하게 집어냈다. 그러나 설령 르낭과 아널드 각자의 민족 주체성 담론에서 헬레니즘의 이상과 표현이 드러나는 것이 전혀 놀라울 일이 아니더라도, 민족 식별의 중심축으로 '헤브라이즘'이 등장한다는 것은 꽤 인상적이다.

그럼에도 불구하고 샤이에트와 발만이 입증했듯, 19세기 후반기에 유럽이 민족 문화를 둘러싸고 불안해하는 가운데 점차 유대인이 그 주된 원인으로 떠올랐다.

---

101) 근대 민족주의 탄생에서 '이스라엘'과 '그리스'의 역할에 관한 20세기의 유력한 설명을 보려면 Kohn의 1945년 책을 참조
102) Hegel, 1974년 책, 149면 ; Hegel, 1902년 책, 300면

르낭의 급진적 담론을 종합한 아널드 …… 그리고 '히브리적인 것과 그리스적인 것'으로 유효하게 구별한 하이네에게서, 프랑스와 독일과 영국이 '교양'을 이해하는 데 유대인에 대한 범세계적이고 치외법권적인 해석이 얼마나 밀접하게 관련되어 있는지를 확실히 직감할 수 있다. 특히 19세기 후반에 교양(Bildung)이 단순한 국가적 성격을 뛰어넘는 좀 더 인본주의적 의미인 민족 국가와 연관이 있는지 여부에 관한 불안감을 유대인이라는 인물에게서 찾게 되는 경우가 종종 있었다.[103]

그리스인이 친그리스주의라는 관념에서 범유럽적인 정체성의 기원으로 선택된 것과 마찬가지로 유대인은 반유대주의라는 관념에서 범유럽적인 문제로 지목되었다. 유럽의 많은 나라에서 유대인은 그 존재만으로도 국경을 초월한 논쟁의 흔한 원인이 되고 말았다. 훔볼트 이후 교양의 개념이 헬레니즘과 연관되었다면, 19세기 후반의 문화 논쟁은 거듭 유대인의 '문제'로 귀결되었다. 그러니까 헤브라이즘과 헬레니즘은 제각각 민족주의 담론에 깊이 박혀 있어 그 틀을 벗어날 수 없었다. 더구나 헬레니즘과 헤브라이즘의 담론들이 19세기 민족주의 웅변술에도 등장한다는 점에서 그 영향력 또한 두드러졌다. 친그리스주의자들이 무기를 들고 근대 국가의 기틀을 세우는 투쟁에 나섰던 그리스 독립 투쟁으로[104] 특징짓는 역사적 혼돈은 당대의 유대인들과 상관이 있기도 하고 전혀 상관이 없기도 한 헤브라이즘의 어휘와 동급으로 취급되었다.

필자가 아널드의 평론이 유대인 해방이라는 정치적 문제를 고의적으로 추상화하는 데 어느 정도까지 관련되어 있는지 집중적으로 살펴보긴 했지만, 누구든 그의 저작을 읽어보면 정치색이 배제된 게 분명한 '헬레니즘'

---

103) Cheyette와 Valman, 2004년 책, 8면
104) 이와 관련된 내용은 Gourgouris의 1996년 책과 Güthenke의 2008년 책을 참조

이라는 개념에 관해서도 비슷한 주장을 할 수 있을 것이다. 아널드는 빅토리아시대의 동료 역사가인 조지 그로트(George Grote)의 정치 개혁 프로그램의 핵심이었던 공공연한 고대 아테네인의 정치화 같은 행태를 삼갔을 뿐만 아니라(이 책에 소개한 여러 다른 인물과 마찬가지로), 동시대 그리스인은 물론 그들의 정치적 독립 투쟁도 언급하지 않았다. 이런 태도는 친그리스주의적인 영국의 여러 동료가 그리스 독립의 대의명분을 공개적으로 지지했다는 점에서 더욱 더 눈에 띈다. 게다가 아널드가 이 평론을 집필할 당시 영국은 '동방문제'를 둘러싸고 한창 논쟁 중이었던 터라 여전히 그리스라는 나라와 관련된 정치적 논쟁에 휘말려 있었다. 헤겔과 니체에게 그랬듯, 아널드에게도 '그리스인'과 '유대인' 모두 역사적인 것과 비역사적인 것 사이의 중간 지점에 위태롭게 자리하고 있었다.

19세기에 비교 언어학이 발전하는 데 핵심적인 역할을 했던 인물들이 국가와 관련된 근대 이론을 발전시킨 장본인들이라는 점은 전혀 우연이 아니다. 헤르더와 르낭 모두 민족주의 사상을 말할 때 빠져서는 안 될 인물들이다. 아널드가 이들의 저작에서 입은 은혜는 비단 이들이 개별 문화의 특성을 알아볼 수 있는 통찰력을 준 데서 그치지 않는다. 그보다 더 나아가 아널드는 그들이 국가에 관해 나름의 견해를 밝히기까지 그 바탕에는 언어학과 인종 유형학에 대한 폭넓은 조사와 연구가 있었다는 점까지 인정했다. 아널드에게 영국의 문제는 아리안족과 셈족의 대립 구도라는 전후 사정을 벗어나서는 생각할 수 없는 것이었다. 어느 나라든 근대 국가가 되려면 그리스인과 유대인의 싸움에서 어느 한쪽의 편을 들어야만 했다.

4장

그리스인과 유대인, 그리고 신의 죽음
: 포이어바흐, 마르크스, 니체

Greeks, Jews, and the Death of God
: Feuerbach, Marx, Nietzsche

· 그리스의 자연과 유대인의 욕망 : 루트비히 포이어바흐의 《그리스도교의 본질》
· 프로메테우스와 모세 5경 : 카를 마르크스의 《유대인 문제에 관하여》
· 디오니소스 대 십자가에 못 박힌 자 : 니체의 그리스도교 계보

모제스 멘델스존에서 매슈 아널드에 이르기까지, 그리스인과 유대인의 대립 구도에 관한 논의들은 그리스도교라는 망령에 시달렸다. 라바터는 멘델스존이 추정한 소크라테스의 정체성이 사실은 그가 언젠가 "십자가에 못 박힌 영광의 주를 알아보고 숭배"할 것이라는 암시임을 알 수 있었다. 매슈 아널드가 헬레니즘과 헤브라이즘의 충돌을 영국 문화생활의 병리학으로 진단할 때, 그의 논객들은 비국교도 신앙과 가톨릭 간의 격렬한 논쟁이 아널드의 혁신적인 용어가 진짜로 지시하는 대상임을 알아차렸다. 헤겔은 칸트의 뒤를 이어 유대교와 자유 및 윤리 의식의 관계를 조사하여 그리스도교의 탁월한 점이 유대교에는 없다는 것을 알아냈다. 헤겔의 헬레니즘은 유대교 사상의 '정반대'를 형성하는 원그리스도교의 한 형태였다. 우리가 그리스적인 것이 그 시대의 지배적인 종교를 비판할 수 있는 관점을 제공해주리라 기대했을지 몰라도, 실상은 이교이자 다신교를 믿는 그리스는 거듭 그리스도교와 공조하여 유대교의 비판자 노릇을 했던 셈이다. 아테네 대 예루살렘으로 나뉘는 근대의 양극 구도는 흔히 상상했던 같은 식의 고대 양극 구도와 더 많이 비슷했다. 철학을 그리스도교에 조화시키고자 한 근대의 기획 이면에는 여전히 테르툴리아누스(Tertullian, 카르타고의 신학자[160~220]로 원래는 법률가였으나 나중에 그리스도교로 개종하고 그리스도교를 위해 평생을 바침—옮긴이)의 그림자가 어른거렸다.

그러나 칸트와 헤겔 같은 철학자들의 뒤를 이어 종교를 철저히 비판한 시대 역시 그리스인과 유대인의 대립 구도를 단념하지 않았다. 이른바 청년 헤겔파(Young Hegelians)가 조직적으로 기성 종교를 공격하기 시작했을 때 이러한 대립 구도는 다른 양상을 띠었다. 헤겔 좌파는 주로 정치 개혁에 관심이 있었을지 모르나 헤겔 식 도식의 핵심인 종교 문제를 중요하게 다룰 수밖에 없었다. 그리스도교와 일반 종교에 대한 비판은 그들의 급진적 관점의 중심 항목이 되었다. 실제로 청년 헤겔파로 알려지게 된 일단의 저자들이 처음 공통의 정체성을 갖게 된 계기는 바로 다비드 슈트라우스(David Strauss)의 《예수의 생애(Life of Jesus)》에 대한 격렬한 반응 때문이었다.[1] 슈트라우스가 복음서를 파헤친 데에는 헤겔의 영향이 크게 작용했지만 그에 못지않게 점차 우위를 선점하던 역사학의 산물이기도 했다. 슈트라우스는 큰 논쟁을 불러일으킨 자신의 저작에서 복음서에 설명된 예수의 생애는 역사가 아니라 신화로 취급되어야 한다고 주장했다. 슈트라우스는 부분적으로 멘델스존의 《예루살렘》과 대화를 하는 형식으로 전개된 셸링(Schelling)의 신화 관련 저작들을 이용해 구약성서의 신화적 구조뿐만 아니라 신약성서의 신화적 구조까지 폭로하고자 했다. 슈트라우스의 공격은 역사학의 새로운 언어로 실시되었다.[2] 그러나 슈트라우스의 저작은 역사적 방법을 바탕으로 삼았음에도 종교를 향해 19세기 중반의 혁명적 사고의 기초를 형성했던 훨씬 더 광범위한 정치적·철학적 비판을 가하도록 자극했다.

이번 장에서는 그리스인과 유대인의 대립 구도가 포이어바흐(Feuerbach), 마르크스(Marx), 그리고 니체(Nietzsche)라는 19세기에 가장 영향력 있는 세 명의 무신론자 저자들이 각자의 사상을 정식화하는 데 어떤 결정적인 배경을 제공했는지 자세히 살펴볼 것이다. 이들의 급진적인 종교 재평가는 필자가 더듬어 조사해 온 유대교와 헬레니즘의 철학적 탐구와 중요하게 연관되어 있을 뿐만 아니라 논의의 방향을 새로운 세속적 담론으로 맞추게 해 준다. 각각의 저자가 동시대 종교를 비판한다는 미명 아래 헬레니즘을 옹호하는 사이 이들의 저작에서 '그리스인'과 '유대인'은 매우 구체적인 정체성을 띠었다. 이들 인물이 그리스도교적 세계관에서 벗어나는 데 공헌한 것은 맞지만 세 사람은 똑같이 근대의 반유대주의가 전개되는 데에 상당히 의문스럽고 양면적인 역할을 했다. 이번 장에서는 아테네

---

1) Massey의 1983년 책 참조
2) Strauss와 그리스·로마 식 신화의 개념과 그의 관계에 관해서는 Williamson의 책을 참조

와 예루살렘의 갈등이 그리스도교의 반유대교에서 세속적인 반유대주의로 바뀌는 데 어떤 결정적인 역할을 했는지 차근차근 조사해 볼 것이다.

그리스의 자연과 유대인의 욕망
: 루트비히 포이어바흐의 《그리스도교의 본질》

《그리스도교의 본질》에서 루트비히 포이어바흐는 슈트라우스의 역사적 통찰력을 종교의 본성에 대한 철학적 고찰로 바꿨다. 1841년에 출간된 이 책은 선풍을 일으켰고 다름 아닌 조지 엘리엇(George Eliot)에 의해 곧바로 영어로 번역되었다(그의 첫 출판 도서가 다비드 슈트라우스의 《그리스도교의 본질》이었다). 포이어바흐는 스승인 헤겔의 영향을 밝히면서 자신의 책이 출간된 것을 '세계사적 사건'으로 간주했다. 비록 그가 오늘날에는 주로 헤겔에서 마르크스로의 전환을 설명하는 인물로 해석되지만, 특히 밴 하비(Van Harvey)는 포이어바흐가 그의 능력만으로 마땅히 '의심의 대가'로 간주될 자격이 있음을 시사했다.[3] 포이어바흐는 무신론을 열렬히 전파하는 원고를 쓰기 시작하면서 칸트 이후 독일 철학을 선점한 유대교의 문제로 되돌아갔다.

창조론은 유대교에서 나왔다. 실제로 그것은 유대 종교의 특징이자 근본이 되는 신조다. 그러나 그 바탕이 되는 원리는 주관성의 원리라기보다는 이기주의의 원리다. 창조론은 그 특유의 의미로 오로지 인간이 자연을 자신의 의지와 욕구의 종으로 만들다 보니, 자연을 단순한 기계, 즉 의지의 산물로

---

3) Harvey, 1995년 책, 3면과 그 다음

격하시키는 관점에 대한 생각만 했던 것이다.[4]

　종교를 '이기주의의 원리'로 진단한 포이어바흐는 헤겔 철학을 비판하는 데 큰 진전이 있을 것임을 보여 주었다. 포이어바흐는 생각이 주체의 산물이지 그 반대가 아님을 입증함으로써 헤겔의 정신 철학을 뒤집고자 했다. 이에 대해 하비는 다음과 같이 표현했다. "누구든 '생각'을 독립체로 해석하는 대신에 그저 등식을 변형시킴으로써 생각을 현존하는 개인들의 활동으로 단언한다. …… 만약 헤겔이 우주는 절대 정신의 '객관화'라고 주장했다면 포이어바흐와 그의 친구들은 신이 인간 정신의 객관화임을 입증할 수 있다고 주장할 수 있었을 것이다."[5] 비록 청년 헤겔파 자신들은 마르크스의 비판 대상이 되었지만, 포이어바흐의 방식에서 후에 마르크스가 《독일 이데올로기》를 통해 다음과 같은 논쟁적인 주장을 펼치리라는 게 어렵지 않게 예견되었다. "천상에서 지상으로 내려오는 독일 철학과 반대로 여기서 우리는 지상에서 천상으로 올라간다. 다시 말하면, 우리는 인간이 상상하는 것에서 시작하지 않고 실제로 활동하는 인간에서 시작한다는 뜻이다. 삶이 의식으로 결정되는 것이 아니라 의식이 삶에 의해 결정된다."[6] 포이어바흐는 "인간은 자연을 단지 자신의 의지와 욕구의 종으로 만든다"고 단언하면서, 신은 인간의 사고 활동의 산물이지 그 반대가 아니라고 주장했다. 창조의 이야기가 지상에서 천상으로 올라간 셈이었다.

　그러나 《그리스도교의 본질》에서 포이어바흐가 펼친 논쟁은 종교를 심리학적으로 해석하는 지적 전통을 열었다는 점에서도 역시 중요했다. 이런 전통은 리쾨르(Ricoeur)가 의심의 대가들로 지정한 마르크스, 니체, 그

---

4) Feuerbach, 2008년 책, 93면
5) Harvey, 1995년 책, 10~11면
6) Marx와 Engels, 2004년 책, 47면

리고 프로이트의 사상에서 아주 중요한 역할을 했다. 포이어바흐는 종교 교리를 의지의 산물이자 유대인의 필수품임을 폭로함으로써 종교의 기원을 일부 내부의 심리적 결핍에 대한 보상으로 설정했다. 우리는 이미 앞장에서 하이네와 아널드의 서로 아주 다른 저작에 종교적 정체성을 심리적 성향의 표현으로 변형시킨 한 가지 양상을 살펴보았다. 여기서 포이어바흐는 체계적으로 종교를 비판하는 데 자신의 통찰력을 집중시켰다. '이기주의'를 유대교의 원리로 진단한 포이어바흐는 유대교의 근본 원리들을 유대인 민족의 결핍에서 끄집어냈다. 유대교의 이기주의는 유대인의 이기주의가 반영된 것이었다.

그러나 포이어바흐의 인상적인 방법론적 혁신에도 불구하고 그가 정의한 유대교의 성격은 이전 설명에서 이미 상당 부분이 나온 내용이었다. 포이어바흐는 '이기주의'의 원리를 유대교의 핵심으로 폭로함으로써 그 자신도 끈질길 정도로 유대인을 물질주의와 관련짓는 이들과 완전히 같은 입장임을 드러냈다. 유대인의 정신적 불모성은 오랫동안 해당 시점의 물질적 세계에 반영된 상황과 결부되고는 했다. 헤겔은 그들에게 불멸성의 개념이 없기 때문에 내세에 대한 몫도 전혀 없다고 주장했다.

진리는 지적으로 표현된 미(美)다. …… 하지만 만물에서 오로지 물질만 보았던 그들이 어떻게 미를 알아차릴 수 있었겠나? 오직 지배받는 사람이나 아니면 지배자로만 존재했던 그들이 어떻게 이성과 자유를 발휘할 수 있었겠나? 개인의 의식이 보존된 열등한 불멸성인들 어떻게 그들이 희망할 수 있었겠나? 의지를 작용케 하는 능력과 그들이 존재한다는 그 사실조차도 사실상 포기했고, 자기 자손들로 무가치하고 수치스러운 이름을 계속 이어가면서 후세를 통해 그들의 땅을 계속해서 소유하는 것만을 바랐으며, 먹고 마시는 것보다 고상한 삶이나 의식 따위는 전혀 누려본 적 없는 사람들이 어떻게 자립을 고집하길 원할 수 있었겠나?[7]

　그런데 헤겔과 마찬가지로 포이어바흐도 정신 지향적인 그리스인에게서 육체 지향적인 유대인과 반대되는 모형을 찾았다.

　그리스인들은 자연을 학리적 감각으로 바라봤다. 다시 말해, 그들은 별들의 조화로운 행로에서 천상의 음악을 들었으며, 〈바다의 물거품에서 태어난 비너스(Venus Anadyomene)〉와 같이 모든 것을 탄생시키는 바다의 거품에서 자연이 움트는 것을 보았다. 이와 반대로 이스라엘 사람들은 자연에 오직 위(胃)와 관련된 감각만 열어 놓았다. 다시 말해, 자연에 대한 그들의 감각은 오로지 미각에만 있었다. 그들은 만나(manna, 이스라엘 사람들이 광야에서 40일 간 방황할 때 하나님이 내려 주었다는 음식-옮긴이)를 먹는 데서 신을 의식했다. 그리스 사람들은 고상한 학문, 미술, 철학에 몰두한 데 반해 이스라엘 사람들은 신학의 영양적 관점을 넘어서지 못했다.[8]

　포이어바흐가 설정한 대립 구도의 핵심은 철학에 빠진 그리스인 대 음식에 빠진 유대인뿐만 아니라 자연에 정반대되는 태도였다. 이에 대해 브루스 링컨은 다음과 같이 주장했다. "포이어바흐는 유대인과 그리스인의 사고방식을 구조적으로 극명하게 대비시킨 뒤 이를 바탕으로 서로 다른 창조 신화의 유래를 조사했다. 따라서 유대교 성서에서는 신이 자연을 인간이 이용할 대상으로 창조한 데 반해, 그리스인은 자연을 신과 동일시함으로써 둘 다 경건하게 생각했다."[9] 앞서 살펴보았듯, 헤겔 또한 그리스인과 유대인이 서로 완전히 달라서 비교할 수 없는 근본적인 이유로 자연

<hr>

7) Hegel, 1948년 책 , 196면
8) Feuerbach, 2008년 책, 95면
9) Lincoln, 1999년 책, 57면

과의 관계를 지목했었다. 헤겔은 노아 시대에 대홍수에 대처한 방식을 바탕으로 유대인이 자연을 절대 군주처럼 지배했다는 주장을 전개했다. 포이어바흐와 마찬가지로 헤겔도 유대인의 '의지' 행사를 자연력을 예속시키고자 하는 유대교적 갈망의 특성으로 본 것이다.

그러나 헤겔이 자유와 예속이라는 이항 구도를 바탕으로 그리스인과 유대인의 대립 구도를 설정한 데 반해, 포이어바흐는 훨씬 더 나아가 그리스인의 학리적 속성과 유대교 신학의 도구주의를 대비시켰다. 확실히 포이어바흐는 유대인이 세상을 그들 특유의 신학적 세계관에 종속시켰다고 강조한 초기의 유대교 관련 설명들을 참조했으며, 특히 헤겔의 저작들을 바탕으로 삼았다. 분명 헤겔이 다음과 같이 썼을 때 포이어바흐의 이런 생각이 이미 예견되었을 것이라고 본다. "아브라함은 온 세상을 단순히 자신의 대립물로 여겼다. 만약 그가 세상을 가치 없는 것으로 여기지 않았다면 세상과 맞지 않는 신이 그 세상을 떠받치고 있다고 생각했을 것이다. 자연의 그 무엇도 신과 전혀 관계가 없는 것으로 여겨졌다. 만물은 그저 신의 지배하에 있을 뿐이었다."[10]

그러나 이 둘의 분석은 의심할 여지없이 연관되어 있음에도 방법에서는 근본적인 차이를 보였다. 헤겔의 분석에 따르면, 유대인 개개인이 사회적 관계는 물론 자연과의 유대 관계를 맺을 수 없는 이유는 전제적인 신에 대한 유대인들의 독실함 때문이었다. 그러나 포이어바흐의 분석에 따르면, 유대인의 '실리적인' 종교는 유대인 개개인의 이기주의에서 생겨난 것이었다.

유대인은 오늘날까지도 그들의 특성을 지켜 왔다. 그들의 원리인 그들의 신은 세상에서 가장 실용적인 원리, 즉 이기주의다. 그것도 종교의 형식

---

10) Hegel, 1948년 책, 187면

을 취한 이기주의 말이다. 이기주의가 바로 신으로서, 그는 자신에게 복종하는 이들이 수치심을 느끼게 내버려 두지 않을 것이다. 이기주의는 오직 하나, 즉 오직 자신만을 목적으로 삼기 때문에 본질적으로 일신교의 성향을 띤다. 이기주의는 결속을 강화하고, 인간을 자기 자신에게 집중시키며, 인간에게 일관된 삶의 원칙을 부여한다. 그러나 이기주의는 자신의 안녕과 관계없는 것들에는 전혀 관심이 없기 때문에 인간을 학리적으로 편협하게 만든다. 따라서 학문도 예술처럼 오직 다신교에서만 생긴다. 다신교는 선하고 아름다운 것은 무엇이든 차별 없이 솔직하게 대하고, 열린 마음으로, 시샘하지 않고 이해하는 마음, 즉 세계 관념이자 우주 관념이기 때문이다. 그리스인은 시야를 넓혀 더 넓은 세상을 바라본 데 반해 유대인은 오늘날까지도 예루살렘만을 바라보며 기도를 올린다.[11]

이와 관련해 앙드레 레루소(Andrée Lerousseau)는 다음과 같이 주장했다. "포이어바흐가 사용한 '실리적'이라는 용어는 이른바 유대인의 물질주의와 집단적 이기주의가 긴밀한 관계임을 말해 준다. 유대인은 이웃, 즉 비유대인에게 휘둘리지 않는다. 다만 그 이웃이 자신에게 유용할 때는 예외다."[12] 포이어바흐는 유대교의 물질주의를 둘러싸고 오랫동안 지속된 신학적 관점의 비난을 동시대 유대인의 사회학적 분석으로 바꾸어 놓았다. 게다가 그의 분석은 유대인을 역사적으로 가장 잘 규정해 주는 특성인 개별주의를 유대인 개인의 심리학적 분석과 결부시켰다. 선택된 민족이라는 유대인의 집단적 지위는 동시대 유대인이 '자신의 안녕과 관계없는 것들'에는 전혀 관심이 없는 태도와 연결 지어 검토되었다. 포이어바흐는 이와 같은 이기주의적 성향을 그리스인과 대비시켜 분석함으로써 좀

---

11) Feuerbach, 2008년 책, 95~96면
12) Lerousseau, 2001년 책, 199면

더 익숙한 그리스인과 유대인의 이분법적 비유로 되돌아갔다. 일례로, 유대인은 편협한 데 반해 그리스인은 탁 트였고, 유대인에게는 실리가 있는 반면 그리스인에게는 미가 있으며, 유대인에게 정치적 결속력이 있는 데 반해 그리스인에게는 자유와 개방성이 있고, 유대인은 실용성에 매몰되어 있는 반면 그리스인은 예술과 철학을 만들어 냈다고 본 것이다. 그러나 이와 같은 속성 분류 방식이 충분히 예측 가능하지만, 포이어바흐의 획기적인 어휘 선택에 놀라지 않을 수 없다. 포이어바흐는 개념 면에서 헤겔의 역사적 도식을 훌쩍 뛰어넘었다. 그가 "일신교적 이기주의는 이스라엘 사람들에게서 자유로운 학리적 성향을 몰아냈다. …… 거듭 강조하지만, 다신교적 정서야말로 예술과 학문의 기초다."라고 선언했을 때, 그가 헤르더의 영향을 받았음은 물론 역사학에 훨씬 더 많은 시간과 노력을 기울였음을 알 수 있다.[13]

이스라엘은 종교 의식의 구체적 성질이 담긴 역사적 정의다. 다만 여기서 말하는 의식이 특정한 민족적 관심의 한계로 제한되었다는 점은 제외하고 그렇다는 말이다. 그래서 우리는 이런 한계들이 무너지게 놓아두기만 하면 된다. 그러고 나서 그리스도교를 취하는 것이다. 유대교는 세속적인 그리스도교이고 그리스도교는 영적인 유대교다. 그리스도교는 민족적 이기주의가 깨끗이 사라진 유대교다. 하지만 그런데도 그리스도교는 분명히 또 다른 새로운 종교다.[14]

무엇보다도 포이어바흐가 유대교와 그리스도교를 구분할 수 있었던 것은 바로 이와 같이 이스라엘을 '역사적 정의'로 보는 시각 때문이었다.

---

13) Feuerbach, 2008년 책, 96면
14) 같은 책, 100면

헤겔에게 유대교와 그리스도교의 분리는 절대적이었다. "예수는 단지 유대의 운명이라는 한 가지 부분에만 맞서 싸운 게 아니었다. 만약 그랬다면 그 자신이 또 다른 부분의 올가미에 갇혔다는 암시가 있었을 텐데, 그는 그러지 않았다. 그는 전체와 대립했다."[15] 그리스도교의 철학적 전제는 유대교 원리에 워낙 맞지 않기 때문에 유대교는 모든 형식의 그리스도교와 대립되어야 했다. 실제로 헤겔의 분석이 어느 방향으로 전개될지 분명해지면서 그리스도교도가 자신의 철학적 관점을 세우기 위해서는 유대인이 아니라 그리스인에게 의지해야 했다. 이와 달리 포이어바흐에게 유대교가 분리해 나온 것은 역사적 사건이었다. 그리스도교는 나라를 뺀 유대교였다. 다시 말해 그리스도교는 유대교에서 교리적으로 분리되는 것을 상정하지 않고 오히려 유대인의 집단적·민족적 관심사에서 벗어나 그리스도교도의 개인적·영적 욕구로 이동한 것을 뜻했다. 포이어바흐는 유대교를 '세속적인 그리스도교'로, 그리스도교는 영적인 유대교로 규정함으로써 단지 전통적 대립 구도를 되풀이해 말했던 것 같다. 실제로 그가 유대교를 율법의 종교로, 그리스도교를 사랑의 신학으로 대비시키는 대목에서는 그보다 더 익숙한 비유가 없는 것 같았다. "가장 숭고한 이상, 정치 공동체의 신이자 정치 제도가 종교의 형태로 의사표현을 하는 이들의 신은 율법이다. 그리고 이 율법을 절대적이고 신성한 힘으로 의식한다. 이에 반해 가장 숭고한 이상이자 비정치적이고 비세속적인 감정의 신은 사랑이다."[16]

포이어바흐는 유대교를 정치로 특징지은 칸트에서 출발해 유대교의 율법주의를 비판한 헤겔을 거쳐 그리스도교를 사랑의 종교로 단언했으니, 이전의 철학적 탐구에 대대적으로 의존했던 것 같다. 그럼에도 불구하고

---

15) Hegel, 1948년 책, 205면
16) Feuerbach, 2008년 책, 101면

하비가 시사했듯, 포이어바흐 식 분석의 전제는 여전히 유대교 신학과 그리스도교 신학의 깊은 연관성이었다. "슐라이어마허나 헤겔과 달리 그는 유대교와 그리스도교를 비위에 거슬리게 비교하지 않았다. 오히려 그 반대로 당시로서는 꽤 예외적으로 종교로서 그리스도교는 이미 유대교에 현존하는 이기주의를 과격화하고 개별화했을 뿐이라고 주장했다."[17] 하비가 계속 주장했듯, 실제로 유대교 비판은 일신교의 공통적인 경향과 자연을 인간의 의지와 욕구의 도구로 취급하는 무에서의 창조론을 폭로하는 기능을 했다. "일부 문화에서 자연을 본래의 목적이나 그리스에서처럼 학리적 숙고의 대상으로 생각하는 경향이 있는 데 반해, 유대교는 자연계를 사리사욕의 노예로 만들었다."[18] 그러니까 유대교와 그리스도교의 교리는 양쪽 모두 사리사욕 때문에 비난을 받지만, 그럼에도 불구하고 유대교가 여전히 전형적인 경우였던 셈이다. 헤겔과는 극명하게 다르게도 포이어바흐에게 그리스도교는 더 이상 은밀한 헬레니즘으로 통하지 않는 반면 유대교는 여전히 고상한 그리스인에 대비되는 역할을 했다. 유대 · 그리스도교는 이교인 다신교와 대조적으로 실존으로서 비난을 받을지 모르나, 결국 그리스도교가 비난을 받게 될 때는 여전히 유대교로서 비난받았다.

그러니까 포이어바흐가 '이기주의'를 유대교의 본질로 밝혔을 때 그는 기성 철학 전통에 의존하는 데 그치지 않고 분석 방향을 새롭게 잡았다. 카를레바흐(Carlebach)의 주장에 따르면, 한편으로 "포이어바흐의 '이기주의'는 일정 부분 칸트의 윤리론에서 나왔다."[19] 다른 한편으로 포이어바흐는 철학적인 유대교 비판의 비유법을 새로운 반신학적 표현으로 탈바꿈시켰다. 포이어바흐는 다비드 슈트라우스의 합리론적 역사주의를 본받아 종교 철학 내에서 벌어졌던 오래된 논쟁들을 종교 철학 자체를

---

17) Harvey, 1995년 책, 86면
18) 같은 책, 84면
19) Carlebach, 1978년 책, 108면

거부하는 것으로 바꾸어 놓았다. 포이어바흐에 이르러 이전에 칸트와 헤겔이 몰두했던 개념들은 거의 알아차릴 수 없게 바뀌다 못해 반대의 뜻을 갖게 되었다. 카를레바흐는 유대인의 예속이라는 개념이 진화한 과정을 분석하면서 유대교를 철학적으로 다루는 데 포이어바흐가 어떤 역할을 했는지 쉽게 알려 주었다. "우리는 유대교가 자처한 노예 상태와 관련해 처음에는 율법(칸트), 그 다음에는 신(헤겔), 그리고 이기주의(포이어바흐), 그 다음에는 돈(마르크스)에 종속되듯 일종의 연속성 개념이 있다고 말할 수 있겠다."[20]

포이어바흐가 카를 마르크스의 사상적 발전에 중요한 공헌을 했다는 것은 잘 알려진 사실이다. 카를레바흐는 유대교와 관련된 마르크스 저작들의 계보를 종합적으로 규명하면서 다음과 같이 주장했다. 포이어바흐의 시각은 마르크스의 시각과 워낙 비슷해서 "마르크스가 '세속적인 유대인'의 실제 '이미지'를 만들어 내기 위해 해야 했던 것이라고는 포이어바흐식 논지에서 종교적 문맥을 걷어내는 것뿐이었다."[21] 그러나 마르크스의 유대교 분석을 신학이 빠진 포이어바흐로 특징지을 수 있으려면 이런 진전을 보이기까지 헬레니즘이 어떤 역할을 했는지에 관해서 여전히 조사가 필요하다. 앞서 보았듯, 그리스인과 유대인의 대립 구도는 포이어바흐가 유대교의 이기주의를 정식화하는 데 핵심적인 역할을 했다. 그가 이런 대립 구도의 결과로 간주하는 핵심적인 역할 덕분에 포이어바흐는 훨씬 더 긴 논쟁에 기여했을 뿐만 아니라, 이러한 역할은 헬레니즘이라는 담론을 신학적 체계에서 세속적 체계로 바꾸는 중요한 단계를 의미했다. 여러 학자가 포이어바흐의 비판이 마르크스에게 강력한 영향력을 발휘한 것을 알아내고, 특히 그의 자연 분석이 마르크스가 전개하는 소외 이론과 유적 존

---

20) 같은 책, 153면
21) 같은 책, 109면

재를 이해하는 데 핵심적인 역할을 한다고 주장했다. 반면 마르크스 같은 학자들은 포이어바흐 식 분석의 근간이 되는 자연에 관한 그리스 식 개념과 히브리 식 개념의 대립을 무시했다. 마르크스의 사상이 정식화되는 데 아리스토텔레스에 의존해, 가치 이론을 전개한 것에서 출발해 실러와 헤겔에 이어 그리스 국가라는 단일체에 대한 구상에 이르기까지 그리스인이 한몫했다는 점은 인정할 만하다. 그리고 이에 대해 점차 관심이 커지고 있는 것도 사실이다. 하지만 그렇다고 해서 마르크스가 이런 대립 구도를 무시했다는 사실은 달라지지 않는다.[22]

마르크스가 고대 사회를 묘사한 방식은 어쩔 수 없이 18세기의 친그리스주의로 후퇴하기는 했지만, 그가 급진적 세속주의에 전념했다는 점에서 그리스인을 바라보는 그의 시각은 포이어바흐조차 훌쩍 뛰어넘는다고 할 수 있다. 마르크스는 그리스인을 완전히 새로운 역사 철학에 포함시켰다. 그리스인과 유대인의 대립적 요소들이 마치 멘델스존이 《그리스도교의 본질》에서 포이어바흐의 분석을 퍼뜨린 것처럼 보일 정도로, 아주 먼 옛날로 확장되는 동안 이런 전통은 마르크스의 유대교 관련 저작들에서 어떤 역할을 했을까? 필자는 그의 사상에 등장하는 그리스와 로마의 존재를 재검토하고, 근대의 세속적인 국가는 물론 그 국가와 유대인의 관계를 규정하는 데 그리스와 로마가 어떤 역할을 했는지 탐색하고자 한다. 그리고 그런 탐색을 통해 마르크스의 초기 평론인 《유대인 문제에 관하여》를 한 번 이해하고 싶다. 필자가 보기에 유대인 문제를 바라보는 마르크스의 관점 역시 아테네와 예루살렘의 대립 구도 내력에서 벗어날 수 없을 것 같다.

---

22) McCarthy의 1992년 책과 Kain의 1982년 책을 참조

프로메테우스와 모세 5경

: 카를 마르크스 《유대인 문제에 관하여》

민주 국가에게 그 외의 다른 모든 국가 형태는 구약성서나 다름없다.

_카를 마르크스

마르크스는 "종교 비판은 모든 비판의 전제다." 라고 말한 것으로 유
명하다.[23] 그러니까 마르크스의 가장 탁월한 초기 저작들 중에서 교회와
국가의 관계를 탐색한 글을 발견한다고 해도 전혀 놀랄 일이 아니다. 아
마 가장 놀라운 일은 마르크스 종교 비판의 중심에 있는 그 특별한 종교
가 자기 나라의 지배적 종교인 그리스도교가 아니라 유대교라는 점일 것
이다. 마르크스의 논쟁적인 평론 《유대인 문제에 관하여(On the Jewish
Question)》는 전반적으로 보자면 마르크스의 모든 작품에서, 그리고 좀
더 구체적으로 보자면 그의 종교 관련 저작들에서 양면적인 위치를 차지
한다. 실제로 이 평론을 둘러싸고 정반대되는 해석들이 쏟아졌다. 유대인
과 유대교를 비판한 내용의 성격을 두고 의견이 매우 분분했을 뿐만 아니
라, 마르크스 사상의 발전에서 이들 비판이 차지하는 중요성도 거듭 문제
가 되었다. 그래서 로베르 미즈라이(Robert Misrahi)는 책 분량 만큼 긴 연
구 논문에서 일부 다른 철학자들과 달리 과감하게 이 평론을 '함축적이고
도 분명한 반유대주의' 로 규정했다. 뿐만 아니라 마르크스의 반유대주의
는 마르크스주의에 어긋나는 것으로 마르크스주의 내용과 관련이 없다고
주장했다. "마르크스의 반유대주의는 단지 최악의 고비일 뿐, 마르크스주
의 교리와 좀 더 일반적으로는 마르크스의 전체 기획에 존재하던 모순이

---

23) Marx, 1992년 책, 243면

일시적으로 폭발한 것이다."[24] 미즈라이는 마르크스의 반유대주의를 마르크스 개인, 즉 미래에 그의 '객관적'이고 '합리론적인' 철학이 발전하는 것과 관계없는 '그 남자'의 개인적 결함으로 규정했다. 이렇듯 미즈라이는 마르크스가 쓴 평론의 철학적·사회적 맥락을 마르크스 사상의 계보와는 상관없는 단순히 그의 '주관적' 성향의 천명일 뿐이라고 해석했다. 앙드레 라루소는 유대교에 대한 이런 식의 표현은 마르크스 사상에 내재되어 있을 뿐만 아니라, 독일 철학의 완전한 전통이 탄생되는 데 근본적인 역할을 했다고 주장하면서 미즈라이를 비난했다. 라루소에 따르면, 18세기부터 독일에서 관념론적이고 합리론적인 철학의 발전은 '유대인'이라는 인물과의 변증법적 관계를 통해 이루어졌다.

폴 로즈(Paul Rose)는 《유대인 문제에 관하여》가 마르크스 사상에서 워낙 중요한 위치를 차지하고 있어서 이 평론이 "《공산당 선언문》으로 가는 길의 실질적인 첫걸음을 상징한다."고 주장했다. 그의 계속된 주장에 따르면, "그럼에도 불구하고 이 평론이 마르크스 사상의 발전에서 결정적인 단계라는 점은 끝내 제대로 인정받지 못했다. 마르크스 본인은 1858년에 자신의 지적 일대기를 복원하면서도 이 부분에 대해서는 말을 아꼈다. 후에 여러 논객이 이 평론에 드러난 유대인에 대한 맹렬한 증오에 너무 당황한 나머지, 그와 같이 혐오스러운 평론에서 인도적인 마르크스주의의 기원을 알아차릴 수 없었다."[25] 마르크스의 유대교 관련 저작들이 그의 광범위한 기획에 얼마나 중요하게 작용했는지를 놓고 벌어진 논쟁에서 유대교 비판이 넓게는 19세기 독일의 사조뿐만 아니라, 좀 더 구체적으로는 19세기 중반의 급진적이고 혁명적인 운동의 출현에 중심적인 역할을 한 것에 대해 많은 이가 불안하게 생각했음을 엿볼 수 있다.

---

24) Misrahi, 1972년 책, 136면
25) Rose, 1990년 책, 298면

마르크스의《유대인 문제에 관하여》는 모제스 멘델스존의《예루살렘》에 담긴 정치적·철학적 전제와는 분명히 선을 그었는데도, 멘델스존의 책이 기본적으로 몰두했던 문제들을 상당 부분 이어받은 것 같다. 두 평론 모두 두 부분으로 나뉜다. 멘델스존의 평론과 마찬가지로 마르크스가 쓴 평론의 첫 번째 부분에서는 교회와 국가의 분리와 같은 좀 더 일반적인 문제들을 다룬 데 반해, 두 번째 부분에서는 유대교와 정치 영역간의 특별한 관계를 다루었다. 마르크스는 자신의 평론에서 제일 먼저 그의 동료이자 청년 헤겔파인 브루노 바우어(Bruno Bauer)가 주장한 내용에 급진적인 관점을 덧붙였다. 바우어는 유대인들이 그들의 국가는 물론 유대인 개개인이 그들의 종교에서 해방되지 못한다면 그리스도교 국가에서 결코 진정한 해방을 성취할 수 없을 것이라고 주장했다. 그러면서 그들이 여전히 그들의 종교에 예속되어 있기 때문에 자유는 국가가 유대인에게 정치적 권리를 부여한다고 해서 성취되는 것이 아니라고 했다. 더구나 그리스도교 국가는 당사국 자체도 해방되지 않았기 때문에 유대교를 해방시킬 수 없다고 여긴 것이다. "유대인은 유대교를 포기하고, 그리스도교도는 그리스도교를 포기해야 한다."[26] 그러나 카를레바흐가 분명히 했듯, 겉으로는 균형 잡힌 시각처럼 보이지만, 바우어는 유대인들에게 가장 가혹한 비난을 퍼부었던 셈이다.

마르크스는 유대인 해방의 한계에 대하여 바우어의 주장을 따르면서 좀 더 일반적인 정치·사회적 해방에 대한 토론으로 자신의 연구 범위를 넓혔다. 그러나 마르크스가 분석한 내용의 핵심은 바우어가 그리스도교 국가에 대한 비판을 넘어 일반적인 국가에 대한 성토로 이어지지 못한 탓에, 결국 정치적 해방과 인간 해방의 관계를 탐색할 수 없었다는 평가였다.

---

26) Carlebach, 1978년 책, 129면

독일의 유대인들은 해방을 원한다. 그들은 도대체 어떤 해방을 원하는 걸까? 시민적·정치적 해방이다. 브루노 바우어는 그들에게 이렇게 답한다. 독일에서 정치적으로 해방된 이는 아무도 없다. 우리 자신도 자유가 없다. 그런데 어떻게 그대들을 해방시킬 수 있겠는가? 그대들이 유대인만을 위한 특별한 해방을 요구한다면 유대인 그대들은 이기주의자들이다. 그대들은 독일인으로서 독일의 정치 해방을 위해, 더 나아가 인간으로서 인류의 해방을 위해 힘써야 하고, 그대들이 당하는 특유의 억압과 오욕을 규칙의 예외가 아닌 규칙의 확증으로 간주해야 한다. 27)

아예 처음부터 마르크스는 잠재적 지시 대상들을 복수로 나타냄으로써 해방 문제를 거리낌 없이 터놓고 말했다. 독일에서 정치적으로 해방된 이는 아무도 없다는 바우어의 주장은 종교적 소속의 아슬아슬한 차이를 넘어 공동체의 목표를 인지하라는 요구였다. 실제로 마르크스는 유대인의 해방 요구에 대해 포이어바흐의 분석이 짙게 배어나는 '이기주의'라는 단어까지 써가며 노골적으로 비난했다. 그러나 마르크스는 아주 오랫동안 유대교를 둘러싼 철학적·신학적 논의를 선점했던 예외주의에 관한 논쟁을 단순한 정치적 문제로 바꾸어 놓았다. 포이어바흐는 유대인의 신학을 분석함으로써 유대인의 이기주의를 진단했다. 헤겔은 《그리스도교의 정신과 그 운명》에서 유대교의 신학적 한계의 실례를 들어 설명하다가 결국에는 유대인들에게 정치 활동에 참여할 능력이 없다고 단언했다. 칸트는 정치로서 유대교의 진짜 정체성은 종교와 마찬가지로 도덕적·정신적 빈곤의 징후라고 밝혔다. 유대교를 둘러싼 신학적 논쟁이 마지못해 정치 관련 논쟁에 가까워진 것 같긴 해도 그 논쟁의 바탕에는 유대인의 종교적 정체성에 대한 비판이 자리하고 있었다. 유대인을 정치적으로 설명한 글로

27) Marx, 2000년 책, 46~47면

우연찮게 칸트의 비평까지 이끌어 냈던 멘델스존조차 《예루살렘》에서 정치적 해방을 요구할 때 유대인의 신학적 특수성을 그 근거로 삼았다. 마르크스에게도 유대인을 둘러싼 당대의 정치적 논쟁은 이와 같은 필연적인 신학적 기준과 떼려야 뗄 수 없는 관계였다. 독일의 '유대인 문제'가 특수한 정체성을 띠게 된 데에는 정치적 구상이 신학적으로 다루어졌기 때문이다.

유대인 문제는 유대인이 사는 나라에 따라 항상 다른 양상으로 나타난다. 정치적 국가가 아닌, 즉 보통의 그런 국가가 아닌 독일에서 유대인 문제는 순전히 신학적인 문제다. 유대인은 그리스도교를 나라의 기틀로 승인한 국가와 종교적으로 대립적인 입장에 있다. 이 나라는 자칭 신학의 나라다. 이 나라에서 비판은 신학에 대한 비판으로 그리스도교 신학과 유대교 신학에 대한 양면적 비판이다. 그러나 우리가 제아무리 비판적으로 활약하고 있더라도 우리는 여전히 늘 신학 안에서 활약하고 있다.[28]

독일은 정치적 해방이 필요한 나라였다. 신학에서 해방됨으로써 정치적 해방의 바탕을 다지는 데 성공한 프랑스나 미국 같은 나라들과 달리, 독일은 여전히 '자칭 신학의 나라'였다. 마르크스는 이러한 형태의 해방을 성취할 필요성이 크다고 여겼다. "정치적 해방은 당연히 위대한 진보다. 전반적인 인간 해방의 최종 형태까지는 아니더라도 현 세계 질서 내에서는 해방의 최종 형태다." 마르크스의 말마따나 미국의 독립 전쟁은 종교를 공공의 영역에서 사적인 영역으로 추방하는 데 성공한 정치 해방의 모범 사례였다. 그러나 그들이 성취한 것은 결코 진정한 해방이 아니었다. "인간을 유대인과 시민, 개신교도와 시민, 종교인과 시민으로 분리하

---

28) 같은 책, 50면

는 것은 정치적 시민권에 따른 농간도 아니고, 정치적 해방의 회피도 아니다. 그것은 정치적 해방 그 자체다. 종교에서 해방되는 정치적 방법인 것이다."[29] 성직자의 개입을 격렬하게 반대하는 입장을 내세웠던 프랑스혁명은 마르크스에게 좀 더 급진적인 사례가 되었을 터였다. 실제로 유럽에서 가장 처음 유대인의 정치적 해방을 기정사실화한 때가 바로 프랑스혁명 당시였다.

물론 정치 국가가 시민 사회에서 그렇게 격렬한 방식으로 탄생되고, 인간의 자기 해방이 정치적 자기 해방의 형태로 완성되려고 할 때라면, 그 나라는 종교를 폐지하고 파괴하는 정도까지 나아가야 한다. 하지만 몰수나 누진세로 할 수 있는 최대치를 선언함으로써 사유 재산을 폐지하는 데까지 나아간 것과 똑같은 방법이거나, 아니면 단두대를 이용해 목숨을 앗아간 것과 똑같은 방법이어야 한다.[30]

군주의 머리처럼 종교도 혁명의 열기가 타오르기 시작한 초반에 희생되어야 했는지도 모르지만, 그렇게 이룬 해방은 결국 얼마 가지 못했다.

특별한 자의식의 순간에 정치적 삶은 그 전제 조건, 즉 시민 사회와 그 요소들을 억누르려 하고 스스로 인간의 실질적이고 조화로운 삶이 되려고 한다. 그러나 이러한 삶의 혁명은 영구적일 것이라고 선언함으로써 고유 조건에 대한 격렬한 반대를 통해서만 가능하다. 그래서 전쟁이 평화로 끝나듯, 정치적으로 극적인 사건은 필연적으로 종교와 사유 재산, 그리고 시민 사회의 모든 요소의 복귀로 끝난다.[31]

---

29) 같은 책, 53~54면
30) 같은 책, 55면
31) 같은 책, 같은 면

마르크스가 말한 이 대목에서, 그가 후에 《루이 보나파르트의 브뤼메르의 18일(The Eighteenth Brumaire of Louis Bonaparte)》에서 분석한 프랑스혁명의 두드러진 특징이 보인다. 이후 마르크스는 부르주아 혁명인 프랑스혁명을 실패로 분석하면서 로마공화국과 프랑스혁명의 닮은 점에 주목했다. 잘 알다시피, 그는 《브뤼메르의 18일》에서 로마가 프랑스혁명에 기여한 역할을 두고 역사의 반복성을 입증한 사례라고 정식화했다.

인간들은 각자 고유의 역사를 만들지만 그들이 좋아하는 대로 만들지는 못한다. 그들은 자기가 선택한 환경 아래서 역사를 만드는 것이 아니라 과거로부터 주어져 현존하는 환경 아래서 만든다. 모든 죽은 세대로부터 내려온 전통이 악몽처럼 살아있는 사람들의 뇌를 짓누른다. 그런데 그들이 마침 전례 없는 무언가를 만들어 내면서 그들 자신과 그들의 환경에 대변혁을 일으키고 있는 것 같은 때에, 이른바 그와 같이 혁명적 위기의 시대에 그들은 세계사에서 새로운 장면이 펼쳐지도록 초조하게 과거의 혼령들을 불러일으켜 그들에게서 그들의 이름과 행진 대형과 제복을 빌린다.[32]

마르크스가 초기 《유대인 문제에 관하여》에서 영구적인 혁명이라는 환상에 관해 논평했다면, 여기서는 입장을 바꾸어 전례 없는 혁명이라는 환상을 분석했다. '전례 없는' 사건 같은 것은 결코 있을 수 없었다. 마르크스는 전례가 있었다는 사실을 무릅쓴 것이 아니라, 바로 그런 사실 때문에 프랑스혁명을 사건이라고 주장했던 것 같다. 반면에 그는 바로 그 사건이 획기적인 이유는 일부 '과거의 혼령'이 귀환했기 때문이라고 주장한 게 아닐까, 하고 생각한다. 프랑스혁명의 '새로움'은 때에 안 맞게도 '매

---

32) 같은 책, 19~20면

우 근대적인' 때에 '매우 고대적인' 것을 재현했다는 점에 있었다.[33] 마르크스는 다음과 같이 썼다. "정당과 옛 프랑스혁명의 대중뿐만 아니라 영웅들도 로마의 복장을 입고 로마의 문구를 앞세워 당대의 과업을 이루었다." 다시 말하면, 프랑스혁명의 적극적인 대리인들이 '당대의 과업'을 이룬 셈이다. 마르크스의 말에 따르면, "인간들은 각자 고유의 역사를 만든다." 이는 퇴보하거나 향수에 젖어 과거를 회고하는 게 아니라 과거가 혁신적이고 적극적으로 현재에 동원된다는 의미였다.

실제로 발터 베냐민(Walter Benjamin)은 마르크스가 알아차린 바로 그 순간을 이른바 지금 시간(Jetztzeit)의 전형적인 예로 들었다. "역사는 그 터가 동질적이고 비어있는 시간이 아니라 현재의 현존으로 가득 채워진 구조를 지닌 대상이다. 이와 같이 로베스피에르에게 고대 로마는 그가 역사의 연속체를 폭파한 지금 시간으로 가득 찬 과거였다. 프랑스혁명은 그 자체가 로마의 환생이었다."[34] 마르크스는 프랑스혁명을 분석하면서 "현재의 대리인들이 역사적 과업을 달성하게 될 때 어떻게 과거의 이미지와 상징으로 강요하면서도 동시에 제한했는지를 보여 주었다."[35]

일단 새로운 사회 구성체가 확립되자 아주 구식인 거대한 조각상들과 함께 부활시켰던 로마인들(브루투스들, 그라쿠스들, 푸블리콜라[Publicola, 브루투스 이후 로마의 공화정을 강화시킨 인물-옮긴이]들, 호민관들, 원로원 의원들, 그리고 카이사르 자신까지)은 모두 사라졌다. …… 부(富)와 평화롭고 경쟁적인 투쟁을 만들어 내는 데에 완전히 정신이 나간 나머지, 더 이상 로마시대의 망령들이 자신들의 성장을 지켜봤다는 것을 이해할 수 없게 되

---

33) Derrida의 말을 인용한 부분은 Kearney의 1984년 책, 112면을 참조
34) Benjamin, 1973년 책, 263면
35) Cowling과 Martin의 2002년 책, 5면

었다.[36)]

데리다의 표현대로, "마르크스는 역사가 지속되려면 사람들이 망령과 패러디를 잊어버려야 한다고 말하는 것 같다. 그러나 사람들이 잊는 것에 만족한다면 이것은 부르주아의 진부한 이야기로 지금과 다름없는 삶이 된다. 따라서 사람들은 잊지 말아야 한다. 다시 말해 '망령을 다시 불러내지 않으려면 바로 그런 기억 속에서 혁명의 정신을 되찾을 수 있을 만큼' 충분히 잊어버릴 때까지 기억해야만 한다."[37)] 마르크스는 부르주아적인 자기만족의 근원은 고유한 것일 뿐만 아니라, 전적으로 로마와 관계없는 것임을 암시한 것 같다. 그가 보기에 로마를 받아들이면 어쩔 수 없이 부르주아가 지배력을 행사하는 냉혹한 역사에 다시 이름을 새겨야 할 것 같았던 모양이다. 그런데도 프랑스인들은 바로 그 로마를 잊음으로써 그와 같은 교착 상태를 촉발시킨 게 분명했다. "프랑스의 투사들은 로마 공화국의 엄격하고 고전적인 전통에서 이상과 예술 형태를 발견했다. 그러나 이것은 그들이 벌이는 투쟁이 제한되고 부르주아적인 특성을 띠고 있음을 감추고, 계속 감정적으로 높은 수준의 역사적 비극 상태를 유지하기 위해 그들에게 필요했던 자기기만이었다."[38)] 마르크스에게 로마는 이상의 전망인 동시에 궁극적으로는 '자기기만'이었다. 그러나 이런 자기기만의 책임은 결국 그것을 받아들인 이들의 몫이었다. 마르크스는 로마가 이전과 같은 상태로 복귀하는 것을 막아주는 이상이 될 수 있다는 가능성만큼은 열어두었다. 실제로 혁명가들을 그릇된 의식에서 구할 수 있는 게 있다면, 그것은 바로 '그들의 성장을 지켜보는' 로마의 망령이었다.

《유대인 문제에 관하여》에 나온 마르크스의 표현을 빌리자면, 프랑

---

36) Marx, 2002년 책, 20면
37) Derrida, 1994년 책, 110면
38) Marx, 2002년 책, 20면

스혁명은 "그 자체를 실질적이고 조화로운 인간의 삶으로 완성하지 못했다."[39] 그러나 이와 같은 불완전한 혁명에서 로마의 역할은 여전히 양면적이었다. 마르크스가 정치적 해방의 필요성에 관해 전개한 주장에 따르면, 유대인에게도 다른 모든 사람과 마찬가지로 로마가 꼭 필요했지만 '실질적이고 조화로운 인간의 삶'이 로마보다 더 시급했다.

다시 말해서, 공화국 로마가 바우어가 생각한 유형의 정치적 해방에는 모범적인 사례일지 모르나 마르크스에게는 불완전할 수밖에 없는 전형에 불과했다. 그래서 비록 역설적이게도 헤겔과 대조되긴 하지만, 마르크스는 유대인에 대한 정치적 권리를 공공연하게 주장한 사람으로 간주될 수 없다. 마르크스가 바우어를 비난한 목적은 보통 그런 정치적 해방이라는 개념의 한계를 보여주고자 했던 것이 틀림없기 때문이다. 이와 관련해 마르크스는 다음과 같이 말했다.

우리는 세속적인 질문들을 신학적인 것들로 바꾸지 않는다. 우리는 신학적인 질문들을 세속적인 것들로 바꿀 뿐이다. 역사는 충분히 오랫동안 미신으로 변형되었다. 그래서 우리는 지금 미신을 역사로 변형시킨다. 우리 입장에서는 정치적 해방과 종교의 관계를 둘러싼 문제는 정치적 해방과 인간 해방의 관계를 둘러싼 문제다.[40]

정말로 로즈 같은 이들이 주장했듯, 《유대인 문제에 관하여》는 정치적 해방이 경제적 예속과 공존할 수 없을 뿐만 아니라, 자본주의 국가가 실현해 준 정치적 해방은 사실상 경제적 예속을 필요로 한다는 마르크스의 중대한 통찰력이 초기에 어떻게 정식화되었는지를 잘 보여주고 있다.[41] "이

---

39) Marx, 2000년 책, 55면
40) 같은 책, 51면
41) 필자가 이와 같이 정식화하는 데 도움을 준 Elizabeth Wingrove에게 감사드린다.

256 소크라테스와 유대인

제 그는 인간이야말로 본질적으로 유적 존재라고 주장하면서 시민 사회의 사리사욕을 거부했고, 이기주의와 사리사욕을 물리치고 국가('이성적이고' '자유로운' 국가이든 아니든)의 기초가 될 사회적 사랑의 윤리를 설파했다."[42] 카를레바흐의 주장에 따르면, "따라서 그 평론에는 분명 마르크스의 사상 체계에서 가장 근본적인 몇몇 개념들, 즉 부르주아 사회 같은 시민 사회에 대한 비판, 역사에 대한 유물론적 접근법, '인간의 권리'를 불충분한 것으로 분석한 것, 초기의 혁명들보다 더 심오한 혁명에 대한 요구, 완벽한 사회상 등이 가장 기초적이면서도 오해받기 쉬운 형태로 담겨 있다."[43] 그러나 《유대인 문제에 관하여》가 마르크스가 정치적 권리에 관한 진보적 개념들을 비판하는 데 결정적인 역할을 한 게 틀림없다면, 왜 유대교가 실질적인 혁명을 방해한다고 했을까? 다시 말해서, 이 평론의 전반부와 후반부가 그토록 확연하게 괴리가 생긴 것을 사람들은 어떻게 받아들일까?

전반부에서 후반부로 진행되는 방식은 신학적인 내용에서 세속적인 내용으로, 국가 종교 비판에서 유대인 비판으로, 정치적 해방에서 인간 해방으로 다양하게 나타난다. 뿐만 아니라 로마에서 아테네로 진행되었다고 볼 수도 있다. 우리가 보았듯 마르크스는 로마공화국을 정치 해방의 모범적 사례로 간주하면서도, 실러와 헤겔의 관점을 이어받아 아테네를 인간 해방이 정치적 자유의 필수적인 선제 조건이 되는 불화 없는 사회의 이상으로 본 것이다.[44]

사람의 품위와 관련된 느낌인 자유를 이들에게 다시 일깨워야 할 것이다. 그리스인들과 함께 세상에서 사라지고 그리스도교와 함께 하늘의 푸른 안개

---

42) Rose, 1990년 책, 297면
43) Carlebach, 1978년 책, 165면
44) Kain, 1982년 책 ; McCarthy, 1990년 책, 175~189면 ; Morley, 2009년 책 ; Yack, 1986년 책

속으로 없어진, 오직 이런 느낌만이 사회를 다시 가장 고결한 목적을 달성할 인간 공동체, 즉 민주 국가로 바꾸어 놓을 수 있다.[45)]

이와 관련해 조지 매카시(George McCarthy)는 다음과 같이 말했다. "마르크스는 보편적인 존재로서 인간의 가능성을 자각하려면 더 급진적인 비판과 좀 더 구조적인 사회 변화가 요구된다고 여겼다."[46)] 프랑스혁명가들이 로마를 정치 권리의 근원으로 여겼던 데 반해 마르크스는 민주적인 아테네를 인간 자유의 근원으로 본 것이다. 케인(Kain)은 헤겔과 실러의 모형들을 바탕으로 다음과 같이 주장했다.

마르크스의 완벽한 국가는 민주주의, 즉 사람들에게 부여한 자기 결정권을 통해 인간과 국가의 대립을 극복하고, 공익과 사익의 대립을 극복한다. 헌법은 인간의 자유로운 산물처럼 보인다. 시민들이 전체를 결정한다. 이는 이성적인 나라가 아니라 미학적인 나라다. 이 나라의 목표는 고대 그리스 국가의 실체적 단일체를 되찾는 것이다.[47)]

비록 마르크스가 초기 저작들에서 헤겔과 실러의 덕을 보긴 했지만 그가 그리스를 보는 시각은 혁명적인 역사 철학에 바탕을 두고 있었다. 마르크스의 새로운 역사 철학에서는 아테네와 예루살렘의 위치가 철저하게 바뀌었다.

우리는 그 문제와 관련된 신학적 관점을 타파하려고 한다. 유대인의 해방 능력에 관한 질문은 유대교를 폐지하기 위해서는 어떤 특정한 사회적 요

---

45) Marx, 1967년 책, 206면
46) McCarthy, 1990년 책, 188~189면
47) Kain, 1982년 책, 103면

소를 극복해야 하는가, 라는 질문으로 바뀐다. 왜냐하면 오늘날 유대인에게 해방이 적합한가는 유대교가 현 사회의 해방과 어떤 관계가 있는지와 밀접하게 연관되어 있기 때문이다. …… 실제의 세속적인 유대인, 그러니까 바우어처럼 안식일에만 유대인인 사람이 아닌 매일매일 유대인인 사람들에 대해 한 번 토론해 보자. 먼저 유대인의 비밀을 그들의 종교에서 찾아보고 실제 유대인에게 그들 종교의 비밀을 찾아보자. 유대교의 세속적 바탕은 무엇인가? 실질적 욕구, 이기심. 유대인의 세속적 숭배의 대상은 무엇인가? 흥정. 유대인의 세속적인 신은 무엇인가? 돈. 그렇다면 흥정과 돈, 그리고 현실적이고 실질적인 유대교로부터의 해방이 우리 시대의 자아 해방이 될 것이다.[48]

로즈는 이렇게 썼다. 마르크스가 부르주아 시민 사회에 퍼진 해방의 신화를 폭로하는 작업에 착수했을 때 "유대교는 독특하게도 그의 목적에 딱 들어맞았다. 마르크스는 유대교(Judentum)가 유대인의 종교를 가리키는 동시에 사회·경제적 공동체인 그들의 존재까지도 나타낼 수 있다고 생각했다. 더구나 유대교는 돈과 사리사욕이 바탕을 이루는 부르주아 사회의 의식을 특징짓는 데 특히 적절한 방법이었다."[49] 만약 '오늘날의 유대인에게 해방이 적합한지 여부가 유대교가 현 사회의 해방과 어떤 관계가 있느냐와 밀접하게 연관되어 있기 때문'이라면, 유대인이라는 처지는 동시대 사람들의 좀 더 일반적인 처지와 상당히 공통점이 많다는 것이다. 마르크스는 독일 계몽주의와 후기 계몽주의가 유대교를 비판하면서 역사에 갇혀 버린 종교라는 고정관념이 퍼졌다고 지적하면서 유대교를 궁극적인 근대성으로 묘사했다. 헤겔이 볼 때 "유대인들이 가장 타락하고 거부당한

---

48) Marx, 2000년 책, 65~66면
49) Rose, 1990년 책, 297~298면

사람들이라는 소리를 듣는 이유는 분명 그들이 구원의 문 앞에 서있기 때문인 것 같았다."[50] 헤겔의 유대인은 구원의 문 앞에 서있지만 더 중요한 것은 그들이 역사 발전의 변증법으로부터 차단되어 있다는 점이었다. 헤겔의 그리스인과 유대인의 대립 구도에서 유대인은 역사의 영역에 진입할 수 없는 데 반해, 그리스인들은 세계사가 역동적으로 발전하는 데 기초적인 역할을 했다. 레비나스의 주장에 따르면, 그리스인들이 역사 발전에 특권적으로 참여했다는 말은 헤겔에게 "근대성의 궁극적 의미는 …… 본질적으로 그리스적인 것임"을 뜻했다.[51] 헤겔에게 근대성은 본질적으로 그리스적인 데 반해 마르크스에게 근대성은 어쩔 수 없이 유대인적인 것일 수밖에 없었다.

마르크스가 헤겔 식 그리스인과 유대인 개념을 뒤바꿀 수 있었던 것은 역사를 반대 방식으로 해석했기 때문이다. 마르크스는 유대교가 근대 사회와 양립할 수 없다는 뿌리 깊은 신념을 무너뜨렸을 뿐만 아니라 이전의 역사적 설명의 전제들을 뒤엎었다.

마르크스가 '그들의 진정한 사회적 중요성'을 폭로하기 위해 유대인의 최종적인 변형을 이룬 방법은 …… 마르크스가 헤겔 철학을 뒤엎을 수 있게 해 주었던 것, 즉 물구나무를 섰다가 다시 두 발을 딛고 선 방법과 똑같다. 이것은 헤겔의 말마따나 실재가 관념의 외관이라면 마르크스에게 관념은 실재의 외관이 되도록 주부와 술부를 뒤바꿈으로써 가능했다. 만약 헤르메스(Hermes, 고대의 철학자—옮긴이)에게 종교가 인간을 만든다면, 마르크스에게는 인간이 종교를 만들었다. 또한 브루노 바우어에게 유대인의 비밀이 그들의 종교라면, 마르크스에게 종교의 비밀은 유대인이었다. 그렇다면 마지

---

50) Hegel, 1977년 책, 206면
51) Lévinas, 1963년 책, 329면

막으로 칸트(그리고 실제로 그리스도교를 믿는 서구 유럽의 대다수 사람)에게 유대인이 상인이라면 마르크스에게는 상인이 유대인이었다.[52]

마르크스 입장에서 '유대인의 진정한 사회적 중요성'을 밝혀내는 작업에는 신학적으로 다룬 헤겔의 변증법적 개념을 넘어서는 역사의 재인식을 발달시키는 것까지 포함되어 있었다. 세계사적 설명에서 그리스인과 유대인의 위치를 뒤바꾸는 것은 헤겔의 변증법을 변증법적 유물론으로 뒤집는 것과 직접적으로 연관되어 있었다. 헤겔은 오직 실재적인 것보다 관념을 더 특별히 취급했을 때에만 근대성은 그리스적인 것이지, 유대인적인 것이 아니라고 주장할 수 있었다. 헤겔이 규정한 그리스적 관점의 자유는 유대인의 해방 요구와 전혀 관련이 없었다.

유대인은 재력을 갖춤으로써 유대인의 방식으로 해방되었다. 뿐만 아니라 유대인을 통해서, 그리고 유대인 없이도 돈은 세계 권력이 되었고 실용적인 유대인의 정신은 그리스도교를 믿는 사람들의 실용적인 정신이 되었기 때문에 유대인은 해방 되었다. …… 따라서 우리가 볼 때 유대교에는 보편적이면서 동시대적이며 반사회적인 요소가 존재한다. 아울러 이러한 요소는 유대인들이 해로운 측면해서 열심히 육성한 덕분에 역사적으로 진화를 거듭한 결과 현재 절정에 이르렀다.[53]

마르크스의 주장에 따르면, "유대교는 역사에도 불구하고가 아니라 역사 덕분에 유지되었다."[54] 유대교의 발전은 자본주의의 역사적 발전이었다.

---

52) Carlebach, 1978년 책, 153면
53) Marx, 2000년 책, 66면
54) 같은 책, 67면

우리는 단지 모세 5경과 탈무드에서만 동시대 유대인의 본질을 발견하는 게 아니다. 우리는 동시대 사회에서도 추상적이 아닌 아주 실증적인 본질로서, 유대인의 한계가 아니라 사회의 유대인적인 한계로서 그들의 본질을 발견한다.[55)

그러나 마르크스는 자신이 생각한 실제 역사의 역할을 강조했지만, 로즈는 다음과 같이 논평했다.

마르크스는 순전히 시민 사회에 대한 비유적 묘사인 유대교와 실제 유대인을 뜻하는 말인 유대교 사이를 끊임없이 오고간다. 어떤 페이지에서 그는 유대교가 시민 사회의 본질이라고 주장했다가, 이후 거리낌 없이 바꾸어 실제 유대인의 진짜 본질은 경제적인 것이라고 단언한다. 실제 인물인 유대인과 은유의 유대인 간의 차이는 의도한 듯 평론 전반에 걸쳐 나타난다.[56)

이전 장들에서 보았듯, 유대인의 경험을 은유화하는 것은 마르크스에게 새로운 게 아니었다. 유대인적 경험을 추상화해 간편하고 효과적으로 사회 비평을 하는 방식은 《유대인 문제에 관하여》가 출간되고 약 25년 후, 매슈 아널드의 평론 《헬레니즘과 헤브라이즘》에서 정점에 달한 게 아닐까, 하고 생각한다. 그러나 앞서 보았듯, 아널드의 은유 방식은 마르크스와 동시대 인물인 하이네를 지나 18세기 말까지 거슬러 올라가는 독일 사조에 그 뿌리를 두고 있다.

유대교 분석은 근대성의 역사에 대한 순전한 유물론적 분석과 불편하게나마 공존할지 모르나, 유대교 분석의 결여된 타자인 이상 사회에 대한

---

55) 같은 책, 69면
56) Rose, 1990년 책, 301면

전망은 역사적 분석과 훨씬 더 불안정하게 관련되어 있다. 마르크스가 예루살렘이 '실제적'이고, 동시에 '동시대적'이기를 열망했다면 아테네에 대해서는 어떻게 생각했을까? 앞서 보았듯, 포이어바흐가 행한 종교 비판의 기원은 그가 찬사를 보낸 그리스의 자연관에 있었다. 마르크스는 그리스 문화를 분석함으로써 나름의 비판을 전개했다고 볼 수 있다. 잘 알려진 대로 마르크스는 고대 그리스·로마를 연구한 저작으로 학계에 입문했다. 당시 그의 박사 논문 제목은 "에피쿠로스와 데모크리토스 자연 철학의 차이"였다. 비평가들은 에피쿠로스의 원자론과 데모크리토스 원자론의 차이를 논의한 데서 마르크스의 역사적 유물론의 발전 개요를 파악했다. 더구나 논란이 되었던 에피쿠로스의 원자 이탈 개념의 도입에 관해 마르크스가 해설한 대목에서 우리는, 마르크스가 자신의 저작을 읽은 독자들을 양편으로 갈라지게 만든 자유 의지와 결정론의 역할에 관한 논쟁의 근원을 파헤칠 수 있다.

철학은 다음과 같은 프로메테우스의 고백을 숨기지 않는다. "간단히 말해, 나는 모든 신을 증오한다(아이스킬로스의 《묶인 프로메테우스》中)." 그의 고백은 철학의 고백이고, 인간의 자의식을 가장 높은 신으로 인정하지 않는 천상과 지상의 모든 신에게 던지는 경구다. 철학에 그 외의 다른 고백은 없을 것이다.[57]

산발드(Sannwald)가 볼 때 마르크스의 박사 논문에는 이후 그가 전개할 종교 비판을 분명하게 암시하고 있었다.

마르크스는 가장 위대한 그리스 계몽 철학자인 에피쿠로스를 제우스의

---

57) Marx, 1975년 책, 30면

반대자인 프로메테우스와 같은 선상에 놓았다. 이 둘을 하나로 묶어 주는 것은 신들에 대항한 싸움과 인간 자의식의 자율성에 대한 신념이다. 또한 마르크스가 믿는 무신론의 진정한 바탕은 완전히 독립된 인간, 다시 말해 마침내 자신 외에 다른 어떤 주인도 원하지 않는 이상적인 인간이다.[58]

그러나 마르크스가 경력 초기에 그리스인의 유물론 철학에 몰두했다고 해도, 그가 그리스 문화를 분석하는 글들은 유물론과 초기 독일의 친그리스주의 전통이 자주 연상될 정도로 향수에 젖은 관념론 사이를 모호하게 오가고는 했다. 이런 이유로 인해 그의 그리스 문화 분석은 종종 그의 유물론 철학의 타당성에 의문을 제기했다. 이와 관련해 프레더릭 제임슨(Frederic Jameson)은 최근에 다음과 같이 논평했다.

사람들은 …… 프로메테우스와 아리스토텔레스의 가치 이론, 에피쿠로스와 헤겔의 호메로스론 등 마르크스가 고대를 어떻게 생각했는지를 기억하고 있다. 그러자 《정치 경제학 비판 요강(Grundrisse)》에 붙인 1857년의 위대한 서문과는 완전히 별개라는 의문이 든다. …… 마르크스는 결코 향수에 젖었던 것이 아니다. 그는 다만 정치는 제한된 것이라서 사람들이 되돌아가기 힘든 모순적인 사회 구성체로 이해했던 것이다. 또한 미래에 어떤 사회주의가 출현하든지, 자본주의 자체보다 훨씬 더 복잡할 것이라는 점을 알고 있었다.[59]

제임슨은 마르크스의 행보가 향수 그 이상임을 확신했지만, 이와 같은 과거 고대와의 모순적인 관계는 프랑스혁명에 깃든 로마의 정신을 논한

---

58) Sannwald, 1957년 책, 70면 ; 번역본은 McCarthy의 1990년 책, 21면
59) Jameson, 2009년 책, 116면

그의 그리스 관련 저작들에서도 드러나는 듯했다. 일례로, 그와 같은 양면적인 관점은 그가 《정치 경제학 비판 요강》에 붙인 서문의 그리스 예술을 논한 유명한 대목에도 내재되어 있었다. 마르크스는 유물론적 예술관 때문에 문제에 봉착했다.

잘 알려진 대로 예술이 최고로 발달한 특정 시기들은 일반적인 사회 발전, 즉 사회 조직의 물질적 바탕과 개략적인 구조와는 직접적인 관계가 없다. 근대 국가들, 심지어 셰익스피어와도 비교되는 그리스인의 사례들을 한 번 봐라.[60]

마르크스는 '그리스 예술의 병기창'과 우리 시대의 예술을 대비시키면서 '생산의 조건'과 고대인의 미적 형식의 필수 불가결한 관계를 개략적으로 설명할 수 있었다.

그리스 예술과 우리 시대 예술의 관계, 그리고 셰익스피어 시대의 예술과 우리 시대 예술의 관계를 한 번 예로 들어보자. 그리스 신화가 그리스 예술의 병기창일 뿐만 아니라 그리스 예술이 싹 튼 바로 그 근원임은 잘 알려진 사실이다. 이러한 그리스의 상상력과 그리스 예술을 빚어낸 자연관 및 사회적 관계관이 자동화된 기계, 철도, 기차, 전보가 존재하는 시대에도 가능할까? 불카누스(Vulcan, 그리스 신화에 나오는 불과 대장간의 신—옮긴이)는 로버츠사(Roberts & Co.)에 맞서 어떤 처지가 될까? 제우스는 피뢰침에 맞서 어떻게 될 것이며, 헤르메스는 크레디트 모빌리에(Crédit Mobilier, 미국의 철도 회사)에 맞서 어떤 처지가 될까? 모든 신화는 상상력 안에서, 그리고 상상력을 통해 자연의 힘을 정복하고 지배하며 빚어낸다. 따라서 인간이

---

60) Marx, 2000년 책, 394면

자연을 정복하는 순간 신화는 사라진다.[61]

마르크스는 그리스 예술과 그리스 신화는 불가분의 관계라고 여겼다. 그리스 신화의 중심에는 자연에 대한 다른 태도가 있었다. 포이어바흐는 그리스의 자연관과 유대교의 자연관의 대립을 바탕으로 이교인 다신교와 일신교인 유대교의 대립 구도를 세웠다. 포이어바흐가 볼 때 유대인은 '자연을 오직 인간의 의지와 욕구의 종'으로 만드는 데 있어 사상에서도 역시 자연을 단순한 기계, 즉 의지의 산물로 비하하는 데 반해, 그리스인은 자연을 종교로서 숭배했다. 그래서 포이어바흐는 다음과 같이 결론을 내렸다. "예술과 마찬가지로 과학도 오직 다신교에서 생겨난다. 다신교는 선하고 아름다운 모든 것에 대한 차별이 없이 솔직하고, 열린 마음의, 시샘하지 않는 관념, 즉 세계 관념이자 우주 관념이기 때문이다."[62]

마르크스는 예술과 다신교의 본질적 관계에 관해 포이어바흐가 주장한 내용을 바탕으로 그리스 신화에 관해 나름의 견해를 표명했던 것 같다. 마르크스는 자연을 존경하는 고대와 '자동화 기계의 시대'에 도구화 된 자연을 대비시킴으로써 그리스인과 근대인의 경계선을 명확히 했다. 그는 "어찌 되었든, 자연에 대한 어떤 신화적 설명도 배제하는 사회에서는 그리스 예술이 생겨날 수 없다."고 생각했다.[63] 마르크스가 그린 고대는 1세기나 지속된 독일의 친그리스적인 관념의 향수에 고취되었듯, 그의 근대성은 포이어바흐가 설명한 유대교의 특성들을 물려받았다.

다른 관점에서 생각해 보자. 가령, 아킬레우스는 화약이나 납과 공존할 수 있을까? 혹은 《일리아드》는 인쇄기와 양립할 수 있을까? 가창과 낭송과

---

61) 같은 책, 같은 면
62) Feuerbach, 2008년, 93면, 95~96면
63) Marx, 2000년 책, 394면

음악의 신들은 인쇄된 악보가 나온다고 해서 반드시 소멸하는 것은 아니지 않을까? 그렇다면 서사시의 전제 조건들도 사라지지 않고 남아 있을까?[64]

신화나 서사시도, 아킬레우스나 《일리아드》도 인쇄기를 만들어 낸 세상에서는 상상할 수 없었다. 네빌 몰리(Neville Morley)는 이렇게 말했다. "그리스 예술은 신기원을 이루었다고 해서 능가할 수 있는 것이 아니다. 그 이유는 그리스인이 근대인보다 우월했기 때문이 아니라 그리스인이 물질적 측면에서 훨씬 열등했기 때문이다. 근대의 발전은 고대적 세계관을 지속 불가능하게 만들었다."[65] 그러나 마르크스가 그리스 예술을 분석한 내용이 그의 유물론적 분석의 전제와 일치한다고 하더라도, 한 가지 걱정은 여전히 사라지지 않았다.

그러나 그리스 예술과 서사시가 특정한 형태의 사회 발전과 밀접하게 관련되어 있다는 생각을 이해하는 것은 어렵지 않다. 오히려 그것들이 왜 아직도 우리에게 미학적 기쁨의 원천이 되는지, 심지어 몇 가지 점에서 왜 그렇게 그것들을 도달할 수 없는 기준과 모형으로 널리 믿는지 이해하기 어렵다.[66]

설령 그리스 신화가 추월당해야만 했고, 새롭고 실제적인 혁명이 출현하기 위해서는 물질적 발전이 꼭 필요했다고 하더라도, '기준과 모형'으로서 막간에 있어야 하는 것은 과거, 즉 고대라는 과거였다. 마르크스는 《정치 경제학 비판 요강》에서 그리스 예술에 관한 논의를 마무리하면서 다음과 같이 단언했다. "사람은 유치해지지 않는 한 다시 아이가 될 수 없

---

64) 같은 책, 같은 면
65) Morely, 2009년 책, 99면
66) Marx, 2000년 책, 394면

다. 하지만 그렇다고 아이의 꾸밈없는 방식까지 즐기지 못하고 더 고결한 땅에 그 진리를 재현하려는 노력조차 하지 말아야 될까?"[67] 마르크스는 공화국인 로마의 정신과 마찬가지로 "고대의 사례에 기대는 것 또한 잠재적으로 해방에 이르는 것이자, …… 혁명을 정당화하는 수단으로 인정했다."[68] 결국 마르크스가 말한 실제 혁명은 그 나름의 고유한 언어를 활용할 줄 알아야 했다. 그러나 그 사이 고전고대의 모형은 분명 '근대성의 연속체'를 폭파하는 데 전략적인 역할을 했다.[69] 제임슨이 다음과 같이 결론을 내릴 수 있었던 것은 분명 베냐민의 모형을 생각했기 때문이다. "고전고대의 범주는 그 안에서 전 세계의 좌파가 스스로 역동적인 과거를 재창조할 수 있는 최소한의 생산적 틀이 아닐지도 모른다."[70]

조지 매카시는 "마르크스가 근대성, 과학, 실증주의, 그리고 개인의 자유와 자의식의 가능성들을 침해하는 자본주의 사회 관계의 그릇된 객관성에 대해 비판할 때 감정적으로나 지적으로 그 중심에는 그리스인이 있었다."고 말했다.[71] 어쩌면 매카시가 마르크스의 주장을 과장한 것인지도 모른다. 그럼에도 불구하고 필자는 마르크스가 근대성의 병폐로부터 해방될 것을 호소하는 것과 이상화된 고전고대 시각과 아주 밀접하게 연관되어 있다고 주장해 왔다. 그런데 정반대로, 마르크스는 유대인을 역사의 인물로 바꾸고, 그들을 근대에 진입시켰을 뿐만 아니라 대유법적으로 사실상 동시대 사회를 대신하게 함으로써, 역설적으로 그리스인을 역사에서 제외시켜 영원한 이상으로 바꾸어 놓았다. 유대인은 자본의 힘에 몸을 맡

---

67) Marx, 2000년 책, 394~395면 이 구절에서 고대 예술을 대하는 마르크스의 양면적인 태도는 다양한 비평가들의 여러 다른 해석에 잘 나타나 있다. Kain, 1982년 책, 132~135면 ; Lifshitz, 1938년 책, 82~89면 ; Musto, 2008년 책, 23~26면

68) Morely, 2009년 책, 130면

69) Benjamin, 1973년 책, 263면

70) Jameson, 2009년 책, 177면

71) McCarthy, 1990년 책, 20면

김으로써 역사 발전의 대리인이 된 데 반해, 그리스인은 여전히 '도달할 수 없는' '기준과 모형' 역할만 할 수 있었다.

물론 마르크스는 우리가 결국 아테네와 예루살렘을 모두 넘어서야 한다는 것을 알고 있었다. 이에 대해 매카시는 다음과 같이 단언했다. "마르크스의 지적 발전에 영향을 미친 세 가지 전통은 독일 이상주의, 영국의 정치·경제, 그리고 프랑스의 사회주의다. 그러나 그의 사상적 바탕을 이루는 두 가지의 뿌리 깊고 오래된 전통은 바로 그리스 철학과 히브리의 예언적 전통이다."[72] 그러나 매카시는 히브리 전통과 그리스 전통 모두 마르크스의 근대관에 심오한 문화적 영향력을 미쳤다고 본 데 반해, 필자는 마르크스가 대립되는 이들 역사 문화에 확연히 다른 세속적 권위를 부여했다고 주장해 왔다. 바로 이런 이유 때문에 마르크스도 다음과 같이 쓸 수 있었을 것이다. "이와 같이 우리는 단지 모세 5경과 탈무드에서만 동시대 유대인의 본질을 발견하는 게 아니다. 우리는 동시대 사회에서도 추상적이 아닌 아주 실증적인 본질로서, 유대인의 한계가 아니라 사회의 유대인적인 한계로서 그들의 본질을 발견한다." 그의 저작에서 모세 5경의 역할과 《일리아드》의 역할을 동일하게 취급하기는 어렵다. 마르크스가 "유대인의 사회적 해방은 사회가 유대교에서 해방되는 것을 뜻한다."고[73] 말할 수 있었던 것은, 그가 유대교에서 영원히 역사적 모형의 역할을 없애버렸기 때문이다.

필자가 비록 유대교 사상과 함께 그 변증법에 나온 마르크스 식 그리스 문화관의 전통적 전제들을 계속해서 강조했지만, 고대와 관련된 그의 혁신적인 시각까지 부정하고 싶지는 않다. 마르크스 역시 그리스적 이상과 근대적 조건의 실패를 대비시키는 긴 이력의 독일 식 차용법에 기댈

---

72) McCarthy, 1994년 책, 125면
73) Marx, 2000년 책, 69면

수 있었을 것이다. 또한 그가 해석한 프로메테우스와 그가 광범위하게 논의한 그리스 신화에서 괴테의 '프로메테우스'와 실러의 '그리스의 신들'의 자취가 느껴지는 것도 사실이다. 그런데도 마르크스가 고대를 에피쿠로스와 데모크리토스의 그리스, 아리스토텔레스의 가치 이론에 관한 그리스, 주인과 노예의 그리스, 원부르주아적인 로마공화국의 그리스처럼 새롭고 독특하게 특징지은 인물이라는 점은 달라지지 않는다. 더구나 그가 (비록 상당 부분 포이어바흐의 영향 덕분이지만) 그리스·로마의 문화 전체를 세속적으로 규명한 것은 훨씬 더 급진적이었다. 헤겔이 《그리스도교의 정신과 그 운명》에서 그리스도교를 예시한다는 면에서 그리스인을 유대인에 비해 무한정 우월한 존재로 본 반면, 마르크스는 하이네와 마찬가지로 그리스·로마의 이교 사회를 유대·그리스도교라는 통일된 개념과 대비시키는 것에 반대했다. 이와 같이 마르크스의 고대가 세속적 이상으로 떠오르기 위해 그리스도교적 세계관과 관계를 끊은 것처럼, 《유대인 문제에 관하여》에서 마르크스가 펼친 유대교 비판 역시 최초로 공공연하고 세속적으로 반유대주의를 선언한 것 중 하나가 되었다. 아테네와 예루살렘을 둘러싼 논쟁은 더 이상 그리스도교국인 로마를 궁극적 기준으로 삼지 않았다.

디오니소스 대 십자가에 못 박힌 자
: 니체의 그리스도교 계보

니체가 근대의 병폐를 진단한 내용 또한 그 핵심은 그리스인으로의 회귀였다. 마르크스와 마찬가지로 니체가 근대 사회의 타락에 절망한 데에는 유대교 자체는 물론 유대교와 그리스도교의 관계를 분석한 것이 다수 작용했다. 니체는 근대성의 폐해를 파악하기 위해 그리스와 로마, 그리고 예루살렘의 관계에 다시 집중했다. 그는 마르크스의 뒤를 이어 유대·그리스도교를 이교국 그리스의 반정립으로 설정했다. 그리고 그 과정에서 마르크스와 마찬가지로 초기 그리스도교의 반유대교를 세속적인 그리스의 반유대주의로 바꾼 듯 보였다. 그럼에도 불구하고 니체의 진단과 분석은 결과적으로 좀 더 양면적이었다.[74] 마르크스는 직설적으로 유대교를 근대의 병폐로 지목한 데 반해, 니체는 반유대주의를 근대가 타락한 징후로 여겼다(여기서 반유대주의의 고통스러운 계보는 그리스도교와 유대교의 관계에 있었다. 무엇보다도 니체와 마르크스는 독특한 세속적 권력을 다룬 셈이다). 또한 마르크스의 공격을 정면으로 맞는 이는 근대의 유대인인데 반해, 니체에게 가장 신랄한 비판을 당하는 대상은 고대의 유대교였다.

마르크스가 《유대인 문제에 관하여》에서 독일은 '자칭 신학의 나라'라고 푸념한 반면 니체는 독일 철학을 목사의 영역으로 규명했다. "내가 독일 철학은 신학의 피로 오염되었다고 말하면 독일인들은 금세 알아듣는다. 개신교 목사는 독일 철학의 조부이며 개신교 자체는 그 원죄다. …… 독일 철학이 진정 무엇인지 이해하려면, 다시 말해 은밀한 신학을 이해하려면 그냥 '튀빙겐 신학대학'을 입에 올리기만 하면 된다."[75] 앞서 살펴보았듯, 마르크스의 종교 비판의 기원은 다비드 슈트라우스의 《예수의 삶》이 출간된 데 대한 청년 헤겔파의 반응에 있었다. 슈트라우스는 니체가 그리스도교 분석을 정식화하는 데에도 이와 비슷하게 결정적인 역할을 했다. 니체는 포르타(Pforta)의 학생일 때 슈트라우스의 《예수의 삶》을 읽었다. 이에 대해 다니엘 브리질(Daniel Breazeale)은 《인간적인, 너무

---

74) 니체의 유대인과 그가 설정한 그리스인과 유대인의 대립 구도에 대한 복잡한 특성을 탁월하게 분석한 글을 보려면 Kofman의 1994년 책을 참조. Kofman은 특히 《즐거운 학문》과 《우상의 황혼》을 집중적으로 분석한 결과 니체의 유대인이 좀 더 긍정적인 특징을 지녔다고 설명했다. 또한 Rose(1993년 책, 89~110면)의 글도 참조할 만하다. 그는 니체가 각각 다른 저작에서 유대교를 모순되게 표현했는데도 이를 정당화하려는 시도에 반기를 들었다. 유대인 사상가들이 니체의 이런 양면적 태도를 흥미롭게 받아들인 것과 관련해서는 Stegmaier와 Krochmalnik의 1997년 책을 참조

75) Nietzsche, 2005년 책, 9면

나 인간적인(Menschliches, Allzumenschliches)》에서 다음과 같이 회상했다. "실제로 일부 해석가들은 니체가 겨우 1년의 대학 생활을 마친 뒤 그리스도교를 저버릴 때 슈트라우스의 책이 결정적인 역할을 했다고 생각한다(1865년 책)." 그런데도 니체가 《인간적인, 너무나 인간적인》에 다비드 슈트라우스에게 바치는 평론을 실었을 무렵 그는 이미 이전 스승에게 등을 돌린 상태였다. 이 책의 첫 번째 평론에서는 슈트라우스의 저작을 자세하게 다루는 대신 슈트라우스를 현 상태와의 합의점을 찾는 급진주의자의 상징으로 활용했다. 사회적 보수주의자가 된 슈트라우스에게서 이전의 청년 헤겔파다운 열정은 찾아볼 수 없었다. 이에 대해 브리즐은 다음과 같이 썼다. "《인간적인, 너무나 인간적인》에 실린 첫 번째 평론의 실제 주제는 다비드 슈트라우스가 전혀 아니었다. 프랑스·프러시아 전쟁에서 프러시아가 프랑스를 누르고 승리한 후 독일 제2제국이 수립되면서 널리 퍼진 '교양 있는' 독일 부르주아들의 거만함과 그릇된 안일함이 진짜 주제였다."[76]

슈트라우스의 저작에 담겨 있는 신학적 내용이, 그의 이름을 내건 초기 평론에서는 별 관심을 끌지 못했는지 몰라도 니체의 가장 중요한 후기 저작에서는 집중적으로 다루고 있다. 《선악의 저편》에서 《도덕의 계보》와 《안티크라이스트》에 이르기까지 니체에게 그리스도교의 기원과 발전이라는 문제는 강박관념처럼 다가왔다. 니체는 고대에서 근대 종교까지 그 도덕적 근거를 탐구하는 과정에서 그리스와 로마는 물론 예루살렘까지 주목했다. 앞의 2장에서 《비극의 탄생》을 분석하면서 이미 살펴보았듯, 니체는 당대의 그릇된 의식을 밝히고자 하는 열망에 사로잡혔다. 《비극의 탄생》에서 니체는 그리스 비극의 미적 부활이 삶을 부정하는 동시대 독일(그리스도교) 문화의 압제에 대응할 방편임을 굳게 믿었다. 그러나 니체가 그

---

76) 같은 책, 서문 12~13면

리스라는 미학적 이상으로 되돌아가기를 열렬히 소망했다지만, 그는 이미 그리스 문화 종말의 원인을 그리스 문화 자체에서 찾은 바 있었다. 니체의 비극관에 따르면, 비극의 궁극적 타락은 에우리피데스와 소크라테스라는 두 유력한 인물로 예시된 그리스도교의 출현에 있었다. 《비극의 탄생》에서 소크라테스는 '신학적 인간의 원형'[77]이자 단연코 그리스도교적인 타락의 전형이었다. 우리도 이미 살펴 본 이런 연관성은 니체의 후기작인 《우상의 황혼》에서 훨씬 더 분명하게 나타난다.

소크라테스는 하나의 오해였다. 그리스도교를 포함해 향상을 위한 도덕 전체가 하나의 오해였다. …… 가장 시린 햇빛, 목숨을 건 합리성, 명랑하고, 냉철하고, 신중하며 본능에서 자유로운, 본능에 저항하는 삶. 이것은 그 자체로 병폐, 곧 다른 병폐일 뿐이다(따라서 본능과 싸워야만 하는 …… '덕', '건강', '행복'으로 되돌아가는 방법이 절대 아니다). 이는 타락의 공식이다.[78]

그러니까 니체는 소크라테스라는 인물에서 우리가 그리스의 매력(근대 사회가 아직 회복하지 못한 매력)을 잃어버린 이유가 될 윤리 사상의 계보를 밝혀가기 시작했다. 그는 《선악의 저편》에서 그리스적 이상을 누른 그리스도교의 승리에 대해 좀 더 체계적으로 기술하고 있다.

고대 그리스인의 독실함과 관련해 놀라운 것은 그런 독실함에서 비롯된 감사하는 마음이 굉장히 컸다(그런 마음으로 자연과 삶을 마주하는 인간이야말로 고귀한 인간이다!)는 점이다. 후에 폭도들이 그리스에서 세를 떨치게

---

77) Nietzsche, 1999년 책, 72면
78) Nietzsche, 1998년 책, 15면

되었을 때 종교에도 두려움이 가득 퍼졌다. 그 사이 그리스도교는 준비를 하고 있었다.[79)]

이전 세대의 헤겔과 포이어바흐, 그리고 마르크스와 마찬가지로 니체역시 자연을 숭배하는 태도가 그리스 종교의 힘이라고 여겼다. 고귀한 그리스인은 자연 앞에 감사하는 마음으로 경배를 드렸다. 노아의 대홍수 대처법을 분석한 헤겔의 글이 연상되는 구절에서, 니체는 바로 '두려움'이그리스가 피폐한 유일신교를 향해 거침없이 나아가고 있다는 증거라고 주장했다.《선악의 저편》에서 광범위하게 의도하고《도덕의 계보》에서 훨씬더 명쾌하게 드러냈듯, 니체는 '주인의 도덕'에서 '노예의 도덕'으로 옮아가는 과정에서 생긴 도덕적 표현 양식의 전도를 이해하고자 했다. 그가이미 초기 저작들에서 설명했던 그리스 문화와 그리스도교 문화의 복잡한관계가 후기 저작들에 이르러 중심 주제가 된 셈이었다.《비극의 탄생》에서 그리스도교의 타락을 처음으로 암시하는 인물이 바로 소크라테스였다.그러나 니체의 후기작에서는 그보다 앞선 다른 계보가 등장한다.

유대인들(타키투스(Tacitus)처럼 '노예로 살기 위해 태어난' 민족이자 고대 사회 전체가 말하기를, 자칭 '선택받은 민족'이며 스스로 그렇게 믿고 있는 사람들)은 지구상의 삶이 2천년 동안 새롭고 위험한 매력에 물든 덕분에가치가 전도되는 기적을 이루었다. 이들의 예언자들은 '부유한', '신을 믿지 않는', '악', '폭력적인', '관능적인' 등의 표현을 하나로 융합해서 악평의 말인 '세상'이라는 단어를 최초로 만들어 냈다. 유대 민족의 중요성도바로 이런 가치의 전도(여기에는 '불쌍한'이라는 단어를 '신성'하고 '우리편'이 될 징후로 여기는 것도 포함된다.)에 있다. 왜냐하면 그들로부터 도덕

---

79) Nietzsche, 1993년 책, 78면

에서의 노예 반란이 시작되기 때문이다.[80]

위 설명에서 도덕적 사고의 발달에 중심이 되는 인물은 소크라테스가 아니라 바로 유대인이다. 실제로 니체가 《도덕의 계보》에서 다음과 같이 쓴 대목은 헤겔을 조롱하는 것으로 오해받을 수 있었다. "우리끼리 말이지만 실제로 도덕적 사고가 유대인을 통해 아주 잘 발달한 것이라면, 그 어떤 민족도 그보다 더 세계사적인 임무를 띤 적이 없다는 점에서 그 민족(혹은 '노예들'이나 '폭도들'이나 '그 무리' 등)이 이겼다고 볼 수 있다."[81] 헤겔의 변증법적 역사에서 제외되었던 유대인들이 니체 덕분에 세계사적 인물들이 된 셈이다. 그러나 유대인이 자본의 힘에 눌림으로써 역사 발전의 대리인이 되었다고 본 마르크스와 달리, 니체는 근대 사회를 계속해서 괴롭히는 '가치의 전도'에 대한 책임이 유대인들에게 있다고 본 것이다. 니체가 《도덕의 계보》에서 확립한 대로 좀 더 구체적으로 말하자면, 다음과 같은 전이를 야기한 이들은 '사제 같은 유대인들'이었다.

지구상에서 '고귀한 자들', '세도가들', '주인들', 그리고 '지배자들'에 맞서 행한 모든 것은 유대인들이 그들과 맞서 행한 것들에 비하면 아무 것도 아닌 게 된다. 적과 정복자들에게 맞섬으로써 결과적으로 다름 아닌 적들의 가치를 철저하게 재평가하는 것, 다시 말해 최고의 정신적 복수 행위에 만족했던 이들이 바로 유대인, 즉 사제 같은 이들 민족이었다. 이것 하나만으로도 사제 같은 민족, 즉 마음속 깊이 억누른 사제의 복수심을 상징하는 민족에게는 충분했기 때문이다. 유대인들은 두려움을 일으킬 정도로 일관되게 귀족적 가치 등식(선한=고귀한=영향력 있는=아름다운=행복한=신에게 사

---

80) 같은 책, 118면
81) Nietzsche, 1969년 책, 35~36면

랑받는)을 과감히 뒤집어서 끝없는 증오심으로 이를 악물고 이런 전도를 고집했다.[82]

니체가 《선악의 저편》과 《도덕의 계보》에서 구약성서는 물론 유대 민족과 그들의 문화까지 아낌없이 칭찬했다고 해서 유대인을 사악한 증오심과 복수심에 불타는 민족으로 강력하게 특징지은 사실마저 부정할 수는 없다. '사제 같다' 는 단서를 붙이긴 했지만 그가 설명 대상으로 고른 이들은 무척이나 익숙한 반역사적 집단인 유대인들이었다. 그런데도 니체가 유대인이 도덕성에 기여한 점을 설명한 내용은 이전의 반유대적 논쟁과 확실히 달랐다. 포이어바흐가 유대교를 이기주의의 종교로 묘사하고 마르크스가 유대교와 자본주의를 동일시한 데서 정점을 찍은 전통적 사고와 달리, 니체는 유대인을 궁극적으로 세속에 물들지 않은 이들로 그렸다. 니체는 "그들이 악평의 말인 '세상' 이라는 단어를 최초로 만들어 냈다."고 했다. 니체보다 약간 더 나아갔던 인물은 아브라함이 '온 세상을 그의 대립자' 로 간주했다며 욕했던 헤겔이다. 그러나 헤겔은 거기서 그치지 않고 주변 세상과 타협하지 않는 태도를 들어 아브라함을 혹평했고, 유대 민족에게 물질주의만 추구하고 정신적인 것은 부족하다는 해묵은 비난을 쏟아냈다. 이와 달리 니체가 생각한 유대인은 매우 정신적이었다. 그들은 무척이나 정신적인 나머지 '정신성' 을 그들 주변의 부, 힘, 미, 그리고 관능으로 이루어진 훨씬 더 건강한 세상에 가하는 복수의 행위로 바꾸어 놓았다.

니체가 유대인이 시작한 증오 운동의 대상인 고귀함의 원형으로 그리스를 지목한 것은 우연의 일치가 아니다. 실제로 철학적 통달을 과시하는 동시에 최신 유행하는 언어 이론과 인종 이론을 훤히 꿰고 있는 한 구절에

---

82) 같은 책, 33~34면

서 니체는 다음과 같이 말했다.

꽤 흥미롭게도 거기서 자주 '선함'을 가리키는 단어와 어원을 통해 여전히 가장 중요한 뉘앙스가 드러나는데, 이로 인해 고귀한 사람들은 자신들이 신분이 더 높은 사람이라고 생각했다. 설령 그렇더라도 대부분의 경우 그들은 단지 힘의 우위('세도가', '주인', '사령관' 처럼)나 '부자', '소유주'(이 말은 고귀한[arya, 산스크리트어로 고귀한 이라는 뜻—옮긴이]이라는 뜻이며 이란어와 슬라브어로도 해당 단어를 뜻한다.)처럼 이런 우위를 가장 명확하게 보여주는 기호들로 자신들을 표시한다. 그러나 그들은 또한 전형적인 성격적 특성으로 스스로를 표시한다. …… 일례로, 그들은 자신들을 '진실한 사람들'이라고 부르는데, 이 말이야말로 그리스인의 고귀함을 가장 잘 나타낸다.[83]

니체가 보기에 '선한=고귀한=영향력 있는=아름다운=행복한=신의 사랑을 받는'이라는 등식이 성립하는 문화는 틀림없이 그리스 문화였다. 유대인의 출현이 야기한 가치의 전도는 분명 이런 그리스적 이상과 반대로 작용했다. '선하다'는 단어의 뜻을 영원히 바꾸기 위해 유대인들은 엄청난 언어 조작을 감행해야 했다. 니체는 또한 급성장하는 비교 언어학 분야의 어휘를 동원해 전도의 과정에 민족 혹은 인종적 근거가 있음을 암시했던 것 같다. 유대인은 '선하다'는 단어의 뜻을 고귀함과 관련 없는 것(니체의 주장에 따르면 'arya'란 단어에서 관련성이 확연히 드러난다.)으로 암암리에 왜곡함으로써 언어뿐만 아니라 민족을 상대로 전쟁을 벌인 셈이었다. 유대교의 출현은 아리안이즘에 맞선 노예의 반란을 상징했다. 그러니까 니체의 계보학적 방법에 언어학의 엄밀함, 인종 이론, 그리고 계급 분

---

83) 같은 책, 28~29면

석이 그럴싸하게 섞여 있음을 알 수 있다. 더구나 그는 거기서 그치지 않고 계몽주의까지 거슬러 올라가는 유대교에 대한 광범위한 철학적 논의와 초기 그리스도교와 유대교의 관계는 물론, 그것과 그리스·로마 문화와의 관계까지 탐색하며 한창 발전 중인 역사주의적 설명에도 몰두했다.

니체는 "사람들은 누가 이런 유대인의 재평가를 물려받았는지 알고 있다."고 공언했다. 왜냐하면 '유대인의 증오라는 나무의 몸통'에서 '새로운 사랑'이 자랄 것이라고 생각했기 때문이다.

가난한 자들, 병자들, 그리고 죄 지은 자들에게 행복과 승리를 가져다 준 이 나사렛 예수이자 인간의 모습을 한 사랑의 복음인 구세주는 가장 기괴하고 저항할 수 없는 형태의 이런 유혹, 즉 정확히 그런 유대교적 가치와 새로운 이상에 이르는 유혹과 우회로는 아니었다. 이스라엘은 이와 같은 자신들의 표면적 적수와 분쇄자라는 우회로를 통해 고귀하게 복수심에 불탄다는 궁극적 목표를 이루었는가? 이스라엘 자체가 '온 세상', 즉 이스라엘의 모든 적수가 서슴없이 미끼를 삼킬 수 있도록 치명적인 온 세상 앞에서, 복수의 실질적인 도구를 거부하고 그것을 십자가에 못 박아야 한다는 것이야말로 복수, 즉 앞을 내다보며, 지하에서 천천히 전진하는, 계획적인 복수라는 진정 위대한 정치가 펼친 은밀한 마술의 일부가 아니었을까?[84]

이와 관련해 요벨은 다음과 같이 썼다. "유대 민족은 비유대인에 대한 정신적 복수 행위로 세상에 그리스도교를 물려주었다. …… 반유대주의자들은 유대인들이 예수를 죽였다고 비난하는 데 반해, 니체는 그들이 예수를 낳았다는 것 때문에 비난했다."[85] 유대교와 그리스도교의 깊은 연관성

---

84) 같은 책, 35면
85) Yovel, 1998년 책, 140면

은 포이어바흐와 마르크스에게 그랬던 것 못지않게 니체에게도 가장 중요했다. 니체의 반유대교는 하나부터 열까지 세속적이었다. 그러나 앞선 마르크스나 포이어바흐와 마찬가지로, 니체가 유대·그리스도교라는 통합된 개념을 비판한 내용에서도 여전히 '유대인'에 대한 악담이 가장 강력하게 표현되어 있었다. 니체가 그리스도교를 공격했던 이유도 유대교에서 뻗어나온 것이라는 점 때문이었다. 그리스도교는 결국 유대교라는 본질적인 '독'을 위한 표면상의 미끼에 불과했다.

그 독은 일단 방출되면 막을 수 없다고 여겼다. "인류의 구원(즉 '주인'으로부터)은 진행 중이다. 모든 것이 눈에 띄게 유대인 같아지고, 그리스도교 같아지며, 폭도 같아지고 있다."[86] 니체의 계보학적 기획에도 불구하고, 그의 저작에서 '유대교'의 역할은 단순한 역사적 현상과는 거리가 멀었다. 유대교는 근대에서 여전히 활발한 악의 세력이었다. 니체 계보학의 논리에 따르면 그리스도교가 유대교를 능가하고 이겨냈기 때문에 근대 사회가 계속해서 유대교의 도덕성에 예속된 책임을 그리스도교가 지게 될 터였다. 그러나 니체에게도 마르크스와 마찬가지로 유대교를 근대의 병폐를 나타내는 은유로 지목하고자 하는 열망이 있었던 듯하다. 통계적으로 무의미함에도, 마르크스와 니체는 현역 유대교 신자들에게 그리스도교 국가의 부패, 혹은 그 정부, 그 도덕성, 그리고 그 문화의 부패라는 상징적 짐을 지웠다.

니체의 분석이 마르크스의 노골적인 정치적 선전과는 공통점이 없지만 '유대인 같아지고', '그리스도교 같아지며', '폭도 같아진다'는 세 가지 표현이 자주 니체의 글에 나란히 등장했다는 점은 의미심장하다. 이들 인용구 직전에 다음과 같이 서술된 내용이 있었다. "주인들은 처리되었고 일반 시민의 도덕성이 승리했다. 사람들은 이런 승리를 또한 패혈증으로

---

86) Nietzsche, 1969년 책, 36면

받아들일지도 모른다(승리로 인해 인종이 한군데 섞였으니까)."[87] 니체는 정치색에 있어서 마르크스와 정반대의 입장을 취했다. 그의 부끄러운 줄 모르는 엘리트주의와 '폭도'라는 비방은 마르크스의 혁명 강령과 정면으로 배치되었다. 실제로 니체는 사회주의를 당대의 유대·그리스도교적 유산이 동시대 사회에 강요한 노예의 도덕을 보여주는 또 다른 징후로 특징 짓고는 했다. 이전 장에서 살펴보았듯, 혁명적 사회주의와 유대인의 연관성은 19세기 후반기에 널리 퍼졌다. 마르크스가 《유대인 문제에 관하여》에서 동료 유대인들을 공격한 것은 사회주의를 유대인 패권 기획으로 몰아가는 반유대주의적 공격에 대한 반응으로 볼 수 있다. 프랑스혁명 때 정치 사상가들은 당대의 정치 어휘를 정식화하기 위해서 불가피하게 고대를 모형으로 삼을 수밖에 없었다. 그러나 19세기 중엽, 유대교는 자기 나름의 정치 어휘를 만들어 냈던 것 같다. 마르크스가 정치 해방과 인간 해방의 문제를 다룰 때 그 중심 대상은 바로 유대인이었다. 니체에게 유대교와 그리스도교, 그리고 사회주의의 노예의 도덕이 상호 교체 가능한 것처럼 보였듯, '유대인 같아지기'와 '폭도 같아지기' 같은 기획들 역시 동일시해도 될 듯했다. 그는 《안티 크라이스트》에서 이렇게 물었다. "오늘날 그 폭도들 중에서 내가 제일 싫어하는 게 누굴까? 그건 바로 사회주의자 폭도들이다. 그들은 본능, 즐거움, 노동자의 낮은 신분에 대한 만족감 등을 떨어뜨리고, 노동자를 질투하는 사람으로 만들고, 노동자에게 복수를 가르치는 가장 미천한 사도들이다. 악의 근원은 결코 불평등한 권리가 아니라 '동등한' 권리를 주장하는 것이다."[88]

필자와 독자들은 헤겔이 유대인을 정치적 매개자로서 인정하지 않은 데서 출발해 참 멀리도 왔다! 그러나 우리는 또한 유대교가 도덕 종교로

---

87) 같은 책, 36면
88) Nietzsche, 2005년 책, 60면

가장한 채 은밀히 정치적 영향력을 행사한다고 단언했던 칸트와도 꽤 다른 담론을 마주한 셈이다. 니체는 '유대인 같아지고'를 '폭도 같아지고'와 나란히 놓고 '패혈증'과 인종의 섞임을 운운하면서, 자신의 정치 어휘를 보강하기 위해 거의 1세기 동안의 민족학과 인종학을 동원했다. 마르크스가 민족지학적으로 자본주의를 참으로 유대인적인 일로 묘사한 것 또한 방법은 아주 달라도 인종적 범주와 종교적 범주, 그리고 정치적 범주의 융합이었다. 그러나 여기서 니체와 가장 비슷한 이는 매슈 아널드가 아닐까, 하고 생각한다. 이전 장에서 보았듯, 아널드는 영국 사회의 계급 구조를 설명하면서 결국 경제적·사회적 범주를 인종의 역사에 포함시켰다. 니체 또한 얼마간 아널드가 자신의 저작에서 각각 '헬레니즘'과 '헤브라이즘'으로 특징지은 성향을 띠고 있었다.[89] 그가 생각하는 느긋하고 관능적인 그리스인은 자기 부정적이고 설교적인 히브리인과 대비되었다. 실제로 《도덕의 계보》에 실린 첫 번째 평론의 끝에서 두 번째 단락은 아널드의 헬레니즘과 헤브라이즘 분석을 다시 고쳐 쓴 것이 분명해 보인다. "이제 결론을 내려 보자. '선과 악'이라는 두 개의 대립적인 가치는 지구상에서 수천 년 동안 지속된 무시무시한 투쟁과 연관되어 있다. 비록 후자의 가치가 오랫동안 우위에 있었던 것은 분명하지만 투쟁의 결과가 아직 결정되지 않은 곳들이 남아 있다."[90]

독자들은 다음과 같은 아널드의 말이 떠오를 것이다. "헬레니즘과 헤브라이즘, 세상은 이 두 영향력으로 움직인다. 한 번은 이 둘 중 하나의 매력을 좀 더 강하게 느끼고, 또 다른 때는 다른 한쪽의 매력을 강하게 느낀다. 결코 그런 적은 한 번도 없었지만, 세상은 이 둘 사이에서 공평하고 행

---

89) Cohn(1994년 책)은 대놓고 아널드를 언급하지는 않았지만 니체와 아널드 식 용어인 '헬레니즘'과 '헤브라이즘'을 비슷하게 연관시켰다. 하이네와의 연관성 또한 분명해 보인다.

90) Nietzsche, 1969년 책, 52면

복하게 균형을 잡아야 한다."[91] 그러나 니체는 '선과 악'의 문화적 지시 대상들을 아테네와 예루살렘이 아닌 이들과 거의 유사한 로마와 고대 유대에 찾았다.

인간 역사의 전반에 걸쳐 읽을 수 있는 문자로 새겨진 이런 투쟁의 상징은 '로마 대 고대 유대, 고대 유대 대 로마'였다. 그런데 지금까지 이와 같은 투쟁, 이와 같은 문제, 이와 같은 모순보다 더 큰 사건은 없었다. 로마는 유대인을 그 자체가 반자연적인 존재, 이를테면 그들과 정반대되는 흉물로 생각했다. 따라서 로마에서 유대인은 '인류 전체를 증오하는 죄를 선고받은 사람들'이었다. 그래서 누군가에게 인류의 구원 및 미래와 귀족적 가치의 무조건적인 지배를 연관시킬 권리가 있다면 그건 당연히 로마의 가치였다.[92]

아널드와 마찬가지로 니체도 세상이 '이들 두 영향점' 사이를 '오간다'고 생각했다. 니체는 한쪽 세력이 다른 쪽 세력을 이길 때마다 뚜렷하게 다른 역사의 순간을 정확히 서술하고자 암암리에 아널드를 그대로 따라 했다. 그래서 니체와 아널드 둘 다 르네상스를 '고전적 이상의 기괴하고 눈부신 환기'로 본 것이다. 그러나 이러한 고전주의 르네상스는 오래가지 못했다. "종교 개혁이라고 불리는 철저히 서민적인 독일과 영국의 원한 운동 덕분에 고대 유대가 곧바로 다시 승리했다."[93] 니체는 계속해서 프랑스혁명을 지나 나폴레옹의 승리에 이르기까지 이와 같이 번갈아 발생하는 사화를 추적했다. 여기서 그의 계보학은 아널드와 르낭의 거시 역사적 민족학과 무척이나 많이 비슷했다. 니체의 로마와 고대 유대는 르낭의 '인류 활동의 양극'이었다.

---

91) Arnold, 1993년 책, 126면
92) Nietzsche, 1969년 책, 53면
93) 같은 책, 54~55면

니체는 로마를 고대 유대의 대응물로 지정하면서 아널드와 르낭의 양극 구도를 약간 도용했다. 그는 또한 '실제' 유대인이 '실제' 로마인과 접촉했던, 역사적으로 좀 더 정확한 로마의 배경을 바탕으로 자신의 이항 구도를 전개함으로써 역사 발전에 대한 아널드의 염치없는 은유적 분석을 글자 그대로 해석했다. 니체가 앞서 그리스의 고귀함에 집중했다면 이후 로마로 관심을 돌린 셈이다. 그가 자신의 다른 저작에서 로마에 대해 요란하게 경멸감을 내비쳤던 점을 감안하면 로마를 고전적 이상에 가깝게 본 것은 인상적이라 할 수 있다. 그가 소크라테스에 대해 무어라 말했든, 또한 《선악의 저편》에서 그리스 사회가 그리스도교의 양상들을 예시했다고 주장했다고 하더라도, 니체는 차마 그리스인과 유대인을 적나라한 대립 구도로 설정할 수 없었던 듯하다. 니체의 계보학적 방식으로는 그리스를 유대·그리스도교의 모체로 그릴 수 없었다.

그러나 니체는 자신의 헬레니즘을 로마로 이전하는 데 그치지 않고 헤브라이즘의 개념을 어떻게 해서든 복잡하게 만들려고 했다. "현재로서는 로마와 고대 유대 중 어느 쪽이 이겼다고 해야 할까?"

그러나 의심의 여지가 없다. 오늘날 로마에서 마치 그들이 가장 고결한 가치들의 완벽한 보기인 양 사람들이 굴복하는 이들이 누구인지 생각해 보라. 그리고 로마뿐만 아니라 세상의 거의 절반에서, 즉 인간이 길들여지거나 길들여지기를 열망하는 모든 곳에서도 그들이 누구인지 생각해 보라. 알려진 대로 세 명의 유대인 남자와 한 명의 유대인 여자다(나사렛 예수, 어부 베드로, 천막장이 바울, 그리고 앞서 언급한 마리아라는 이름의 예수 어머니가 바로 이들이다). 두말할 필요 없이 로마가 패했다는 것이 매우 놀라울 따름이다.[94]

---

94) 같은 책, 53면

우리는 이미 이전 장에서 아널드의 기표가 지시하는 대상들을 화가 날 만큼 쉽게 가늠할 수 없는 이유를 잘 살펴보았다. 어느 때 아널드는 그리스인과 히브리인을 아리안족과 셈족이라는 인종적 분류에 고정시키는 것 같다가도, 또 어느 때는 그들을 단지 그리스도교 내에서 일어난 내적 분열을 상징하는 것으로 그렸다. 니체 또한 여기서 고의적으로 범주를 모호하게 만들었다. 세상의 절반이 넘는 곳에서 '세 명의 유대인 남자와 한 명의 유대인 여자'에게 허리를 굽힌다는 니체의 단언은 도발임에 틀림없다. 아널드는 '히브리인'인 일부 근대 그리스도교도들을 입에 올리면서 편안했는지 몰라도, 르낭은 경력 내내 유대교와 그리스도교의 근본적 차이를 도드라지게 하고자 하는 열망에 사로잡혀 있었다. 여기서 니체가 말한 그리스도교의 '유대교 같아짐'은 유대교에서 그리스도교의 기원을 잘라내고자 하는 시도에 강하게 반발하는 표현인 듯하다.

그러나 니체는 그리스도교를 유대교에 가깝게 했을 뿐만 아니라 유대교를 그리스도교 같아지게도 했다. 니체가 설명한 유대교에는 그리스도교의 알만한 특징들이 모두 들어 있었다. 헤겔이 유대교를 그리스도교의 '완전한 반대'로 그린 데 반해 니체는 이 둘의 교리를 전혀 구분이 안 되는 것으로 설명했다. 이 과정에서 니체는 유대교에 대한 그리스도교의 반유대주의적 비판을 자신이 생각하는 정통 그리스도교로 바꾸어 놓았을 뿐만 아니라 유대교를 독특한 신학적 유산으로 보지 않았다. 그는 그리스도교의 반유대주의적 성향을 그리스도교 자체를 비판하는 데 이용했다. 그러나 마지막 분석에서 그가 강력하게 그리스도교를 비난한 그 바탕에는 반유대주의라는 명백한 진리가 숨어 있었다.

로마인들은 강하고 고귀했는데, 지구상에 그들보다 더 강하고 고귀한 이들은 아직 존재하지 않았고 그런 이들이 있으리라고는 상상조차 못했다. 그들이 남기고 새긴 모든 것이 기쁨을 준다. 거기서 무엇이 영향을 끼쳤는지 알기만 해도 말이다. 이와 반대로 유대인은 대단한 원한을 품은 사제의 나라였으며, 그곳에는 독보적인 인기와 도덕성을 갖춘 천재가 살았다. 따라서 어느 쪽이 1위고 어느 쪽이 5위인지 알려면 단지 그와 비슷한 재능을 지닌 나라들, 이를테면 중국인이나 독일인들과 유대인들을 비교하기만 하면 되었다.95)

니체 식 '원한' 개념은 유대교는 물론 그리스도교 분석에서도 가장 중요했다. 원한은 노예의 도덕적 양상, 즉 유대교와 그리스도교의 승리를 뒷받침하는 심리적 힘이었다. 그러나 위 구절에도 드러났듯, 가차 없이 부정적인 어감의 단어임에도 불구하고 니체는 여기서 그와 같이 타락한 심리를 자신들의 장점으로 돌린 민족의 '천재'에게 외경심을 느낀 것 같다. 이에 대해 카우프만(Kaufmann)은 다음과 같이 썼다. "니체는 자칫 반유대주의를 옹호하는 것으로 오해받을 수 있는 말들을 했기 때문에 일부러 유대인에게는 흠모를, 독일인에게는 경멸을 내비쳤다."96) 필자는 니체의 비판을 반유대주의와 연관시키는 것은 전적으로 오해라는 카우프만의 주장에 동의하지 않는다. 하지만 니체는 분명 여기서 모순적인 입장을 취하면서 즐거워했을 것 같다. 니체는 유대교를 맹비난할 때와 똑같이 유대인에 대한 찬사도 반유대주의라는 익숙한 언어로 표현했다. 그럼에도 불구하고 원한이라는 개념은 《도덕의 계보》에서 뜻밖의 지시 대상으로 재등장한다.

병든 개들이 분개하여 목이 쉬도록 짖어대는 것과 '고귀한' 바리새인의 격노가 학문의 신성한 전당마저 뚫고 들어간다(여기서 이와 같은 말의 뜻

---

95) 같은 책, 같은 면
96) 같은 책의 Kaufmann 관련 53면의 주석 2

을 이해하는 독자들은 다시 그 베를린의 복수의 사도인 오이겐 뒤링(Eugen Dühring)이 떠오를 것이다. 그는 오늘날 독일에서 어찌나 상스럽고 불쾌하게 하는 도덕적 허튼 소리를 해대는지 그와 같은 반유대주의자들 중에서도 그를 따를 자가 없을 정도다.). 그들은 모두 원한을 품은 사람들이다. 원한은 심리적으로 불운하고 부식된 상태로, 그 바탕에는 복수가 도사리고 있는 몹시 떨리는 영역이다.[97]

니체가 사제 같은 고대의 유대인들을 '대단한 원한을 품은 나라'의 사람들로 규명했다면, 이들의 직계 후손으로 밝혀진 이들은 바로 동시대 독일의 반유대주의자들이었다. 이와 관련해 요벨은 다음과 같이 썼다. "이렇듯 얄궂은 사태 전환에 따라 반유대주의자가 원한 심리학의 근대적 모형이 되면서 고대 유대인 사제의 적법한 계승자가 되었다."[98] 니체에게 상스럽고 부패한 독일의 반유대주의는 새로운 노예의 반란으로 비쳤다.

니체는 다름 아닌 《안티 크라이스트》에서 그리스도교를 믿는 반유대주의자의 자기기만(Mauvaise foi)에 한층 더 의미를 부여했다. "분명 이 점 때문에 유대인은 세계사에서 가장 비참한 민족이다. 이들은 후대에 이와 같이 변조된 인류를 남긴 나머지 오늘날까지도 그리스도교도는 그들이 유대교의 귀착점이라는 것을 이해하지 못하면 자신들이 유대인을 싫어한다고 생각할 수 있다."[99] 그러나 니체가 《도덕의 계보》에서 공격한 이들은 독일의 반유대주의자들인 데 반해 《안티 크라이스트》에서는 또 다른 적대자가 등장한다. "그의 주요 표적은 프랑스의 반유대주의적 신학자인 르낭과 튀빙겐 신학대학의 '음험한 신학'이다."[100] 그 이유와 관련해 산타니

---

97) Nietzsche, 1969년 책, 124면
98) Yovel, 1998년 책, 137면
99) Nietzsche, 2005년 책, 21면
100) 같은 책, 127면

엘로(Santaniello)는 다음과 같이 주장했다.

《안티 크라이스트》에서 니체의 두 가지 주요 관심사는 일반적으로 19세기의 진보적 개신교계 전체를 사로잡았던 관심사와 같다. 즉 그리스도교와 유대교의 관계, 그리고 예수의 유대인적 근원과 관련해 예수에 대한 역사적 탐구가 바로 그것이다. 그 결과 《안티 크라이스트》에서 니체가 짧게나마 심리적 유형인 예수를 전기적·역사적으로 묘사하려 했던 시도가 엿보이는데, 슈트라우스와 르낭은 각자 같은 제목의 저작들에서 이런 묘사를 최초로 시도했었다.[101]

그러나 니체의 《안티 크라이스트》는 남의 이목을 의식한 듯 다비드 슈트라우스와 에르네스트 르낭이 저술한 예수의 두 가지 삶과 정반대되는 입장을 취한다.

내가 처한 난관은 독일 정신의 가장 잊지 못할 업적 중 하나로 독일 정신의 학자적 호기심으로 드러난 것들과는 성격이 다르다. 모든 젊은 학자처럼 나 역시 아무나 흉내 낼 수 없는 슈트라우스의 저작에서 큰 기쁨을 맛보고, 교양 있는 언어학자처럼 기민하면서도 꾸준한 속도로 책을 읽던 시절이 있었지만 이미 오래 전의 일이다. 난 그때 스무 살이었다. 이제 그러기에는 너무 심각하다. '전통' 속 모순들이 너무나 신경 쓰인다![102]

본인이 젊었을 때는 세간에 물의를 일으켰고, 마르크스가 젊었을 때도 여전히 저작을 통해 혁명의 갈증을 불러일으켰던 슈트라우스가 니체에게

---

101) Nietzsche, 2005년 책, 26면
102) Nietzsche, 2005년 책, 26면

는 케케묵은 언어학자의 원형이 된 셈이다. '전통' 속 모순들은 안티 크라이스트를 위해 어떤 신비를 품을 수 있을까? 신을 죽일 모의를 하는 시대에 언어학의 영감을 받은 역사주의는 더 이상 풍파를 일으킬 힘이 없었다.

슈트라우스의 예스러운 방법론이 조롱당했다면 니체가 '심리학계의 어릿광대'라고 칭한 '르낭 선생'은 훨씬 더 노골적으로 공격당했다. 니체는 르낭이 심리학적으로 예수의 성격을 묘사한 것을 두고 실컷 경멸했을 뿐만 아니라, 좀 더 근본적인 데 초점을 맞춰 유대교에서 그리스도교를 해방시켜야 한다는 르낭의 전제 자체를 깎아 내렸다. "나는 그리스도교의 기원이라는 문제를 간단히 다룰 것이다. 이 문제를 풀기 위한 첫 번째 명제는 다음과 같다. 그리스도교가 자란 토양을 알아야만 그리스도교를 이해할 수 있다. 그런데 그 토양은 유대교적 본능에 대항하는 운동이 아니라 그 본능의 자연스러운 결과며, 예사롭지 않은 논리로 도출된 그 이상의 결론이다."[103] 니체에 따르면, 르낭은 그의 첫 번째 명제를 본질적으로 잘못 세웠다. "르낭은 그리스도교의 기원을 선지자 이사야로 잡고, 원래의 이스라엘을 버렸으며, 이스라엘의 유족인 19세기 유대인에게 예수의 죽음에 대한 책임을 전가했다. 니체의 입장은 이와 정반대였다."[104]

니체는 근대 그리스도교에서 고대 유대교에 대한 해독제를 찾기보다는 서로 다른 고대로의 귀환에서 고대와 근대의 유대교와 그리스도교의 공통적인 병폐에 대한 치료제를 찾았다. "그리스에 넘치는 건강이 필요했던 것과 거의 같은 이치로, 그리스도교에는 병폐가 필요하다."[105] 니체는 《안티 크라이스트》의 첫 구절에서 "자신의 얼굴을 똑바로 쳐다봅시다."라고 촉구했다.

---

103) 같은 책, 20면, 26면
104) Santaniello, 1994년 책, 129면. 니체 대 르낭에 관해서는 Shapiro의 1982년 책도 참조
105) Nietzsche, 2005년 책, 49면

우리는 상춘국(常春國, 그리스 신화에서 북풍 너머에 있는 곳으로 화창한 봄만 이어지는 나라-옮긴이)의 주민들이다. 우리가 상도에서 얼마나 한참 벗어나서 사는지 우리는 잘 알고 있다. "여러분은 육로든 뱃길이든 상춘국으로 가는 방법을 찾지 못할 것이다." 핀다로스(Pindar, 고대 그리스의 서정시인-옮긴이)는 이미 우리에 대해 알고 있었다. …… 이런 근대성(이런 나태한 평화, 이런 비겁한 타협, 근대적이기도 하고 아니기도 한 고결한 쓰레기 전체)이 우리를 병들게 했다.[106]

니체가 암시했듯, 우리는 길을 잃은 그리스인들이었다. '근대적이기도 하고 아니기도 한' '비겁한 타협'으로 병이 든 '상춘국의 주민들'이었다. 니체가 보기에 르낭 같은 인물의 그리스도교를 유발시킨 반유대주의는, 고대 사회가 그리스도교로 가장한 유대교의 노예의 도덕과 처음 타협함으로써 빚어진 '섬뜩한 결론'에 지나지 않았다. 실제로 위베르 캔킥(Hubert Cancik)과 힐데가르트 캔킥-린드마이어(Hildegard Cancik-Lindemaier)는 이렇게 주장했다. "니체가 볼 때 그의 반유대주의와 대립되는 양극은 유대교적 요소를 없앤 독일의 그리스도교가 아니라 디오니소스적인 것과 비극과 영웅주의로 단순화되는 친그리스주의였다."[107] 《안티 크라이스트》에서 니체의 임무는 우리가 자신의 존재와 관련된 나쁜 신념을 털어내고, 우리 '상춘국 주민들'을 우리가 천 년 전에 버린 그 길로 돌려보내는 것이었다.

고대 사회가 한 일 전체가 허사였다. 나는 그토록 거대한 것을 보고 난 느낌을 표현할 말이 없다. 아울러 그 일은 준비를 위한 것이었고, 단지 천 년

---

106) 같은 책, 같은 면
107) Cancik과 Cancik-Lindemaier, 1991년 책, 44면

이 걸릴 작업을 위해 단단한 자의식으로 기초 공사를 하는 것일 뿐임을 고려하면, 고대 사회의 의미 전체가 헛되다! …… 그리스인의 목적은 무엇이었을까? 로마인의 목적은 무엇이었을까?[108]

근대적 인간이 고대가 기획한 것 전체를 파괴하는 행태를 어떻게 감수할 수 있을까? 고대인들은 우리가 다른 미래를 맞도록 준비시켰지만 우리가 끝내 거부했다는 뜻이었다.

이 모든 것이 헛되다! 하룻밤 사이에 그저 추억(그리스인! 로마인!)으로 변했다. 본능과 취향의 고결함, 체계적인 연구, 천재적인 편성 및 관리, 신념, 인류의 미래에 대한 의지, 모든 것에 대한 통 큰 승낙은 어느 모로 보나 로마 제국다워 보였다. 그러나 더 이상 예술이 아닌 이러한 위대한 양식은 현실, 실체, 삶으로 변했다.[109]

우리는 그리스인과 로마인에게 '싫다'고 말함으로써 '인류의 미래'에 '아니요' 라고 말한 셈이었다.

그런데 하룻밤 사이에 어떤 자연적인 사건으로 묻히지 않았다! 독일인들과 그 밖의 무지렁이들에 의해 묻히지 않았다! 그러나 대신 교활하고, 비밀스럽고, 보이지 않는, 무기력한 흡혈귀들에게 더럽혀졌다! 패배한 게 아니라 단물만 빨아 먹혔다! …… 감추어진 복수 욕구와 하찮은 질투심이 천하를 차지하다니! 모든 것이 비참하고, 그것 때문에 고통 받고, 나쁜 감정들로 괴로움을 느끼고, 영혼이 빈곤한 세상 전체가 일거에 정상에 올랐다.[110]

---

108) Nietzsche, 2005년 책, 62면
109) 같은 책, 63면
110) 같은 책, 같은 면

그러나 니체는 고대 그리스·로마가 황폐해진 것에만 관심을 둔 것이 아니라 그 나라들이 멸망한 방식에도 주목했다. "그리스도교는 우리를 속이고 고대 문화의 결실들을 가로챘다."[111] 그것은 자연 재해도 아니고 잔인하고 공개적인 대결도 아니었다. 그것은 고대가 그토록 애정을 기울여 준비했던 미래이자 근대를 부정하는 은밀한 '사기'였다. 그리스도교는 유대인의 방식으로 로마 제국을 정복했다. '교활하고', '은밀하고', '흡혈귀 같은' 방식으로 '영혼이 빈곤한 세상'이 그리스 사회의 고결함과 취향과 천재성에 대항해 반란을 일으켰다. 우리 '상춘국 주민들'은 영혼이 '빈곤한 곳'과 대립된다. 따라서 니체의 친그리스주의적 반유대주의가 이보다 더 잘 정식화될 수 없을 것이다.

그러나 마르크스와 마찬가지로 니체 역시 이상화된 독일의 친그리스주의를 노골적으로 계승하지는 않았다. 그는 바로 다음 페이지에서 다음과 같이 논지를 흐렸다. "만약 우리가 그리스도교를 없애지 못한다면, 그것은 독일인들의 책임일 것이다."[112] 니체가 아무리 열렬히 소망해도 독일인들은 그리스의 유산을 물려받을 자연 상속자가 아니었다. '금발의 야수'는 독일의 종교 개혁과 헤브라이즘의 다른 죄악으로 인해 정신이 혼미해져 자신의 그리스적 기원을 알아채기 어려웠다. 슈트라우스 같은 인물들은 합리론적 역사주의를 채택함으로써 구약 및 신약성서에 그리스적인 이성의 빛을 비추려고 했던 것 같다. 슈트라우스는 니체가 독일 사상의 원죄(peccatum originale)로 보았던 진보적 개신교를 계승했을 뿐이다. 이렇듯 독일 철학의 그릇된 헬레니즘은 독일 국가의 그릇된 헬레니즘과 비슷했다. 니체가 진보적 개신교를 그리스적 이상의 음험한 전도로 본 데 반해, 마르크스는 독일이라는 진보적 국가를 아테네의 민주적 정치 체제의

---

111) 같은 책, 60면
112) 같은 책, 65면

배신으로 여겼다.

마르크스와 마찬가지로 니체 역시 근대 독일에서 그리스가 부활하기를 열망했다. 그러나 동시대 그리스도교 사회가 돌아가는 모습을 보니 '유대인 같아지는' 유럽의 유산밖에 눈에 띄지 않았다. 헤겔에게 유대인은 역사 발전을 이룰 수 없는 민족인 반면 마르크스와 니체에게 그들은 근대성에 활력을 불어넣는 존재였다. 비록 정치적으로는 서로 많이 다르지만, 니체가 "유대인의 사회적 해방은 사회가 유대교에서 해방되어야 함을 뜻한다."[113] 라는 마르크스의 결론에 동의하리라는 데에 이견은 없을 것이다. 마르크스와 니체에게 그리스도교는 근대의 유대교적 병폐라면 그리스는 그것을 치유할 가장 강력한 해독제일 터였다. 포이어바흐, 마르크스, 그리고 니체에 이르기까지 이들은 모두 그리스도교와 헬레니즘을 연관시켜 그리스도교와 유대교에서 구해내려 했던 초기 전통을 근본적으로 깨뜨렸다는 점이 눈에 띈다. 이들은 유대·그리스도교를 통합된 개념으로 이해함으로써 동시에 특이할 정도로 세속적인 그리스의 모습을 찾아냈다. 마르크스의 프로메테우스와 니체의 안티 크라이스트 이후 아테네와 로마와 예루살렘은 또 다시 예전처럼 해석되었을 것이다. 그래서 니체는 《이 사람을 보라(Ecce Homo)》에서 이렇게 끝을 맺는다. "내가 이해했던 적이 있었나? 디오니소스 대 십자가에 못 박힌 자 ……."[114]

---

113) Marx, 2000년 책, 69면
114) Nietzsche, 2005년 책, 151면

5장

아크로폴리스의 모세
: 지그문트 프로이트

Moses on the Acropolis
: Sigmund Freud

언어학의 폐해

에르네스트 르낭은 자서전 《내 청춘의 추억들(Recolllections of My Youth)》에 수록된 수필 《아크로폴리스의 기도(Prayer on the Acropolis)》에서 추억이라는 문제를 곰곰이 생각했다. "살면서 크게 출세하고 나서야 기념품(추억)이라는 것도 생기기 시작했다. 초년기에는 당장에 필요한 것들을 혼자 해결할 수밖에 없었다. 그것도 사상가답게 여유롭고 신중한 게 아니라 생존 경쟁을 해야 하는 사람답게 뜨거운 열의로 말이다. 더구나 철학과 종교 같은 지고지순한 문제들을 생각하느라 단 15분도 느긋하게 나를 되돌아볼 시간이 없었다."[1] 르낭에게 학문 활동, 즉 지적 탐구열은 한가롭게 추억을 더듬는 데 방해가 되고는 했다. 르낭은 깨어있는 시간에 예수의 생애나 이스라엘의 역사와 민족 같은 과거 문명의 역사적 기억을 밝히고 그 기억들을 이어 맞추는 데 골몰했을 것이다. 하지만 르낭은 이러한 역사 연구 때문에 개인적 추억을 즐기지 못했다.

그는 이어 이렇게 썼다. "기이하게도, 내가 멀리서 불어오는 신선하고 상쾌한 산들바람 덕분에 처음으로 과거를 되돌아보고 싶은 충동을 강하게 느낀 것은 1865년 아테네에서였다."[2] 르낭이 1865년 아테네에 도착했을 무렵, 그는 최초로 콜레쥬 드 프랑스(Collège de France)의 히브리어과 교수가 되었고, 또 무엇보다 여러 해 동안 중동 지역의 고고학 유적지에서 일한 경험이 있었다. 그런데도 유독 아테네에 도착했을 때만 과거의 물질적 유적을 접하면서 개인적 추억의 감흥에 젖어들 수 있었다. '멀리서 불어오는 신선하고 상쾌한 산들바람' 덕분에 고대 문화를 연구하는 학자에게 아주 익숙한 '과거를 되돌아보고픈 충동'이 다른 의미로 다가왔던 것

---

1) Renan, 1929년 책, 49면
2) 같은 책, 같은 면

이다. 이 이야기를 읽다 보면 마치 멀리서 불어오는 산들바람이 아테네의 역사를 증명해 주기보다 오히려 르낭의 역사를 입증해 주는 것 같다. 이에 대해 피에르 비달나케(Pierre Vidal-Naquet)는 이 수필의 여러 흥미로운 특징들 중 하나는 역사적 기억과 개인의 기억을 결합했다는 사실이라고 주장했다. "그 기도하는 사람은 오롯이 그 여신에게 기도를 드리는 것뿐만 아니라 브르타뉴에서 신학교를 다니던 자신의 어린 시절의 추억에도 기도를 올렸다."[3] 르낭은 "나는 태어났다."는 말로 기도를 시작했다

오, 푸른 눈의 여신이여! 야만인 조상들의 여신이며, 연신 폭풍우가 세차게 부딪는 바위들로 가득 찬 우울한 바다의 해안가에 살고 있는 선하고 고결한 키메르족 사이에 계신 여신이여! 이 나라는 태양을 거의 모릅니다. 이곳의 꽃은 해조류인 해초와 쓸쓸한 해안가의 후미진 곳에 모여 있는 색색의 조개껍질들입니다. …… 팔레스타인의 시리아인들에게 전해 받아 낯선 교리를 설교하는 성직자들이 저를 길렀나이다.[4]

그러나 르낭에게 개인적 기억을 압도하는 아테네의 힘은 그곳 문명의 우수함과 밀접하게 연관되어 있었다. 그 이유를 그는 다음과 같이 썼다.

내가 아테네에서 받은 인상은 지금껏 느껴본 것 중 가장 강렬했다. 그곳은 완벽함이 존재하는 유일한 곳으로서, 아테네는 내가 이제껏 상상했던 모든 것을 능가했다. 눈앞에서 미의 이상이 펜텔리콘산(Pentelicus, 아테네 인근에 위치한 산-옮긴이)의 대리석에 또렷이 나타났다. 난 그때까지 세상에서 완벽한 것을 발견하지 못할 것이라고 생각했었다.[5]

---

3) Vidal-Naquet, 1995년 책, 179면
4) Renan, 1929년 책, 53면
5) 같은 책, 같은 면

르낭이 《아크로폴리스의 기도》에서 '그리스의 기적(le miracle grec)' 이라는 어구를 처음 쓴 것은 아니지만, 이 평론에서 가장 인상적으로 표현된 것만큼은 분명하다.[6] 실제로 《아크로폴리스의 기도》의 반향이 얼마나 컸던지, 비달나케는 이렇게까지 썼다. "아주 어린 아이일 적부터 이 글을 훌륭한 프랑스 산문의 최고봉으로 알고 자란 이들은 우리 세대가 마지막이 아닐까, 하고 생각한다."[7] '그리스의 기적'이라는 개념이 비달나케와 프랑스에서 학창 시절을 보낸 몇몇 세대에 독특한 프랑스풍의 19세기 친그리스주의를 떠올리게 했는지 모르지만, 르낭의 어법에 모순이 가득하다는 것은 아무도 알아보지 못한 듯하다. '기적'이라는 개념은 르낭의 학자로서의 경력에 많은 논란을 불러일으켰다. 실제로 르낭이 나중에 복직되기는 했지만, 콜레쥬 드 프랑스에서 해임된 이유는 분명 그리스도교 신학에서 기적을 부인했기 때문이었다. 르낭은 혁명적인 자신의 저작 《예수의 생애》에서 불온하게도 "기적은 결코 일어나지 않는다."고 선언했다.[8] 그는 《아크로폴리스의 기도》에서 그리스의 세속적인 '완벽함'에 대한 평가를 유대·그리스도교의 계시에 반대하는 본인의 입장과 대비시켜 설명했다.

얼마 전부터 나는 엄밀히 기적이라 불리는 것들을 믿지 않는다, 비록 예수와 그리스도교에 차츰 다가가는 유대 민족의 특이한 운명 덕분에 내가 외톨이가 될 것 같지만 말이다. 그런데 지금 갑자기 유대인의 기적 가까이서 그리스의 기적이 일어났다. 이 기적은 오직 한 번만 존재했으며 그 전까지 결코 본 적도 없고 또 다시 볼 일도 없을 그런 일이지만, 그 효과는 영원히 지속될 것이다. 지역적으로나 국가적으로 단 하나의 흠도 없이 영원한 미의

---

6) Psichari, 1956년 책 ; Peyre, 1973년 책 ; Fraisse, 1979년 책 참조
7) Vidal-Naquet, 1995년 책, 179면
8) Renan, 1904년 책, 22면

형태로 말이다.9)

　합리주의적 역사가인 르낭은 '기적'을 '엄밀히 그렇게 불리는' 것이라고 무시하고는 했지만, 그렇다고 해서 더 이상 기적이 인류 역사 속 이야기들을 상징하지 않는다고 생각한 것은 아니었다. 르낭은 예수의 신성을 의심했는지 모르지만 남의 눈을 의식한 듯 역사적 어휘와 관련해서는 신학적 틀을 되살렸다. 더구나 그는 계시라는 용어를 공공연하게 세속적인 그리스인의 역사로까지 확장시켜 역사주의의 전제들을 뒤바꾸었다. 또한 성서 원전에 대한 합리주의적 접근 방식을 발전시켜 다비드 슈트라우스 같은 인물들이 고고학적 모형을 참고할 수 있게 했다. 앞서 보았듯, 슈트라우스는 르낭의 저작보다 약 20년 앞서 출간된 자신의 《예수의 생애》에서 구약성서는 물론 신약성서의 신화적 구조를 밝혀냈다. 그가 성서 연구에 투신하면서 전개한 방법론적 통찰력은 그리스·로마의 신화를 연구하면서 생긴 것이었다. 이런 점에서 볼 때 19세기 중엽의 학자들은 프리드리히 아우구스트 볼프가 고전고대에 적합한 언어학적 방법을 발전시키는 데 활력을 불어넣었던 그 논쟁으로 돌아갔던 게 아닐까, 하고 생각한다. 그러나 앞서 살펴보았듯, 볼프의 독창성이 풍부한 호메로스 연구는 구약 및 신약성서를 다루는 아이히혼의 역사학에서 많은 영향을 받았다. 볼프의 고전학이 종종 이전의 성서적 해석 전통을 깬 것으로 간주된다고 하더라도, 고전학과 성서학은 변증법적 관계를 형성하며 19세기까지 줄곧 공존했던 것 같다. '기적'이라는 용어 사용을 둘러싼 역설적인 상황에도 불구하고 '그리스의 기적'을 '유대인의 기적'과 나란히 놓기로 한 르낭의 결정은 신학의 세속화만큼이나 세속적인 고전학의 신화화를 입증하는 충분한 증거였다. "아크로폴리스의 광경은 신의 계시와 같았다, 마치 내가 카시온

---

9) Renan, 1929년 책, 51면

(Casyoun) 고원에서 요르단 계곡을 내려다보고 처음으로 복음서의 살아있
는 실체를 느꼈을 때처럼 말이다."[10]

르낭은 고대 아테네를 접하고 난 뒤 계시라는 용어를 꺼내 들어 이교
국 그리스를 성서 문화의 영원한 매력으로 치켜세우려 한 것 같다. 아테네
는 메마른 지적·학문적 분석 대상이 아니라 누구든 느낄 수 있는 '살아있
는 실체'가 되었다. 그러나 르낭은 여기서 성서 문화와 고전 문화의 유사
성을 구축하고도 결국 두 문화가 융화할 수 없음을 내비쳤다.

> 그때 온 세상이 내게 야만적으로 보였다. 동방은 그 장려함과 과시와 협
> 잡으로 날 쫓아버렸다. 로마인들은 그저 투박한 군인들이었다. 그래서 아우
> 구스투스(Augustus)나 트라야누스(Trajan) 같은 가장 고귀한 로마인의 위풍
> 당당함도, 의기양양하고 평화로운 시민들의 편안하고 단순한 고결함에 비하
> 면 그저 듬직한 것에 불과했다. 켈트족, 게르만족, 그리고 슬라브족은 양심
> 적으로 보이긴 했지만 거의 개화가 안 된 스키타이인(Scythians, 여기서는 흑
> 해 연안에 살며 그리스인 및 페리시아인과 맞서 싸웠던 야만적인 유목민을
> 뜻한다고 볼 수 있다―옮긴이) 같았다.[11]

르낭이 그리스 문화를 옹호함에 따라 그가 이전에 정립한 지적 입장
이 손상될 수밖에 없었다. 그리스를 '느낀다'는 것은 그리스 문명의 무한
한 우월성을 깨달았다는 뜻이다. 르낭은 아크로폴리스에 서서 고대 아테
네 사상가들과 똑같은 입장을 취하면서 그리스 문명 이외의 다른 모든 문
명을 하나같이 조악하고 야만적인 것으로 간주했다. 그러나 르낭은 위 인
용문에서 많은 대항자를 거론하면서도 속으로는 훨씬 더 구체적인 대립자

---

10) 같은 책, 같은 면
11) 같은 책, 같은 면

를 생각해 두었다. 이에 대해 비달나케는 다음과 같이 썼다. "《아크로폴리스의 기도》의 아테나 여신과 대조가 되는 이는 누구인가? 분명 아테네로 상징되는 그리스와 고대 유대가 근본적인 대립 구도를 보인다."[12] 르낭은 아크로폴리스에서 아테나 여신에게 기도를 올리는 순간 자신이 아주 특별한 '야만인'과 의절할 준비가 되었다고 생각했다.

내가 그 신성한 언덕에서 보낸 몇 시간은 기도의 몇 시간이었다. 눈앞에 마치 충고해처럼 내 전 생애가 펼쳐졌다. 그러나 가장 이상한 것은 내가 죄를 고백하다가 그것들을 좋아하게 되는 바람에 고전적인 사람이 되겠다는 다짐이 결국 나를 반대 방향으로 이끌었다는 점이다. 내가 여행하면서 메모한 것들 중에서 우연히 발견한 오래된 문서에는 다음과 같이 적혀 있었다.

내가 그것의 완벽한 미(美)를 이해하는 데 성공했을 때 아크로폴리스에서 했던 기도.[13]

르낭의 기도는 빙켈만적인 함축이 두드러지긴 하지만 심미주의자의 선언은 아니다. 르낭에게 '고전적인 사람이 되는 것'은 단순히 그리스 문화의 미를 옹호하는 의미만은 아니었다. 르낭이 고백하게 된 죄에는 개인적으로 훨씬 더 큰 울림이 있었다. "오! 고결함이여! 오! 진실하고 소박한 아름다움이여! 이성과 지혜를 뜻하는 여신을 숭배하라. 당신의 사원은 양심과 진실의 영원한 학습장이요, 저는 당신의 비법의 문턱에 늦게 왔나이다. 그래서 저는 당신의 제단 발치로 많은 회환을 가져왔나이다."[14]
르낭은 아테나 여신에게서 미의 상징뿐만 아니라 학문의 상징을 마주했다. 그녀가 상징하는 이성은 르낭의 학문적 분석 대상이었던 신화 원전

12) Vidal-Naquet, 1995년 책, 181면
13) Renan, 1929년 책, 52~53면
14) 같은 책, 53면

과 완전히 대비되었다. 그는 자신이 연구한 성서 원전에 관해 극단적인 합리주의적 입장을 취했을지 모르나, 더없이 순수하게 빛나는 그리스 이성을 마주하자 더 완벽한 계몽을 이루고 싶었던 것 같다. 르낭은 자신이 이전에 품었던 학문적 열정에 양면적 감정을 강하게 내비쳤다. 르낭의 기도에 나오는 바로 그 언어에 이런 양면적 감정이 배어 있었다. 앞서 보았듯 르낭은 생애의 상당 부분을 언어와 문화의 관계를 탐구하는 데 바쳤고, 이 수필에서 자신의 고대인 보호자에게 바칠 문화적으로 적절한 방식의 인사말을 찾기로 결심했다. 이에 비달나케는 다음과 같이 말했다. "《아크로폴리스의 기도》는 이 글을 전해 받을 그리스 신이 이해할 수 있게 고안된 프랑스·로마·그리스의 방언으로 쓴 글이다." 그러나 르낭이 이 이교 여신에게 "오, 완벽한 아름다움이여, 전 당신을 만년에 알게 되었나이다." 라고 애원하는 대목은 사실 다음과 같은 아우구스티누스의 《고백록》에 나오는 말을 직접 번역해서 표현한 것이다. "늦게야 당신을 사랑했습니다. 이렇듯 오래되고, 이렇듯 새로운 아름다움이여(Sero te amavi pulchritudo tam antique et tam nova)."(10 :27)[15]

르낭은 《아크로폴리스의 기도》를 쓰면서, 아우구스티누스의 그리스도교 라틴어(Christian Latin)에서 아테네와 예루살렘의 대립된 언어의 골을 메울 수 있는 다리를 찾은 것 같다. 이미 3장에서 보았듯, 르낭은 최초로 '셈족'의 언어와 문화를 체계적으로 연구한 학자였다. 당시 인도유럽어 연구가 발전하면서 그 영향으로 르낭은 '아리안족'과 '셈족'이라는 두 지배적 구조의 측면에서 세상을 바라보았다. 르낭의 저작에서 언어학의 학문적 맥락으로 정식화된 '아리안족'과 '셈족'의 논쟁은 동시대에 강력한 문화적 고정관념의 속성들을 띠었다. 비달나케가 보기에 비교 언어학과 관련된 르낭의 배경이 그의 기도 속 문화적 메시지에 스며들 수밖에 없었다.

---

15) Vidal-Naquet, 1995년 책, 180면 ; Renan, 1929년 책, 59면

르낭이 자신의 '푸른 눈의 여신'에게 기도할 때, 호메로스의 글라우코 피스(glaukopis, 빛나는 눈을 가진 자라는 뜻으로 아테나 여신의 별칭—옮긴 이), 파우사니아스(Pausanias, 2세기 경 그리스인 여행가이자 지리학자—옮긴이)가 언급한 '청록색' 눈의 아테나 상(像) …… 혹은 급진적 이론가인 고 비노(Joseph-Arthur Gobineau)가 말한 '금발 머리에 푸른 눈과 새하얀 팔을 가진 자신만만한 여인'에게 영감을 받았는지 전혀 모르고 있었다. 오늘날 우리 입장에서는 19세기의 가장 위대한 지성인들이 의식적으로 인종의 기준을 활용했든 아니든 그들 모두, 아니 거의 모두, 서로 다른 민족들은 근본적으로 불평등함을 확신했다는 것이 쉽사리 믿기지 않는다.[16]

르낭은 아크로폴리스에 서서 인류 문명의 원천을 이루는 그 위대한 두 개의 '강'을 다시 바라보았다. 그러나 인류 역사의 광활한 지평선 너머로 시선을 돌리자 결국 자신의 개인적 역사가 떠올랐다. 그는 에드워드 사이드가 르낭의 '언어학 실험실'이라고 불리던 곳을 벗어나서 실존적 선택을 마주했다. 제단에서 불어오는 산들바람은 역사를 연구하는 학술단체로 '되돌아가고자 하는 충동'의 추상적 표현이 아니었다. 그 바람은 우리가 현재 자신의 정체성을 마주 대해야 한다고 끈질기게 요구했다. 르낭은 아크로폴리스에 섰을 때 아주 고역스러울 정도로 양면적인 자신의 자서전을 달갑게 받아들여야만 했다. 그러나 르낭이 제아무리 '푸른 눈'의 여신과 특이하게 만났다고 하더라도, 그가 아크로폴리스에 올라갔다는 데에서 좀 더 집단적인 기억이 떠오른 것은 어쩔 수 없다. 그리스 문화에 보내는 르낭의 찬가는 최소한 빙켈만까지 거슬러 올라갈 만큼 긴 이력을 지닌 유럽의 친그리스주의에서 공통으로 사용하는 언어로 정식화되었다. 뿐만 아니라 르낭은 의식적으로 헬레니즘과 헤브라이즘의 기존 대립 구도를 이용했

---

16) Vidal-Naquet, 1995년 책, 188면

다. '고전적인 사람이 되고' 싶었지만 히브리인으로 남았다는 르낭의 개인적 체험에는, 우리가 이 책에서 탐구한 19세기의 종교적·인종적 정치학의 훨씬 더 광범위한 배경이 담겨 있다.

약 40년 후에 그 아크로폴리스는 헬레니즘과 헤브라이즘의 또 다른 만남의 장이 되었다. 게다가 19세기에 출세한 또 다른 학자를 위기로 몰고 갈 만큼 강렬한 개인적 추억의 기폭제가 되었다. 1904년 9월의 아침, 지그문트 프로이트는 형 알렉산더와 아크로폴리스를 찾았다. 우리는 프로이트가 아내 마르타(Martha)에게 보낸 엽서에서 그때의 방문이 프로이트에게 대단한 영향을 미쳤음을 알 수 있다. 그는 "그것은 우리가 지금껏 보았던 모든 것을 뛰어넘는, 인간이 상상할 수 없는 것이오." 라고 열광했다. 그러나 프로이트는 거의 32년이 지나서야 그 여행의 완전한 의미를 깨달았다. 1936년에 그는 친구이자 프랑스 작가인 로맹 롤랑(Roman Rolland)의 일흔 살 생일잔치에서, 친구에게 바친 공개 편지에 그때의 경험을 두루 담았다. 이 편지는 현재 《아크로폴리스의 기억 장애(A Disturbance of Memory on the Acropolis)》라는 제목의 수필로 알려져 있다. 르낭의 수필과 마찬가지로 아크로폴리스에서의 경험을 그린 프로이트의 편지글 역시 기억의 이중 체험이 중심 내용이었다. 르낭의 수필이 추억의 과정을 기탄없이 곱씹는 것을 뼈대로 하는 회고록인 것과 마찬가지로, '기억 장애'를 그린 프로이트의 수필 역시 몇십 년 전의 경험을 바탕으로 한 추상록에 가깝다. 프로이트가 그렇게 한참 후에 그 만남의 의미를 되짚은 것은 결코 우연이 아니었다. 오히려 첫 체험에서 회고까지의 시간적 괴리는 정신 분석가로서 철저히 자신의 작업 방식에 따른 것이었다. 실제로 프로이트는 편지에서 자신의 작업 방식에 대해 작정한 듯 자세히 설명했다.

자네는 내 학문적 작업의 목적이 특이하고 비정상적이거나 병적인 마음의 표시들을 이해하는 데 도움을 주고자 하는 것임을, 다시 말하면 그런 식으로 드러난 마음의 이면에서 영향을 미치고 있는 심리적 요인을 밝혀내고 작동 기제를 보여주려는 것임을 잘 알 거네. 난 제일 먼저 내 자신에게 이 방법을 시도해 본 뒤 이어서 다른 사람들에게 적용했고, 마지막으로는 인류 전체로 그 대상을 대담하게 늘려 갔다네. 지난 몇 년 동안, 내가 한 세대 전인 1904년에 직접 경험했지만 결코 이해하지 못 했던 현상 하나가 내 마음에서 좀처럼 떠나지 않았네.[17]

프로이트는 자신의 편지를 자기 분석의 예로 소개함으로써 정신 분석의 근원으로 돌아가 자기 내면을 연구하던 초기까지 거슬러 올라가려 했던 것 같다. 프로이트가 정신 분석을 위해 자기 분석 초기부터 그 목적에 이르기까지 자세히 서술한 그 궤적은 익숙한 것이었다. 그러나 죽기 3년 전에야 쓴 프로이트의 편지는 이런 연대순을 뒤바꾼 것 같았다. 프로이트는 롤랑에게 다소 소심하게 다음과 같이 털어놓았다. "물론, 그 과정에서 난 자네에게 내 사생활에서 일어나는 몇몇 사건들에 대해 여느 때보다 더 관심을 가져 달라고 부탁해야만 했다네."[18] 프로이트답지 않게 거리꼈다는 점에서 창시자의 '사생활'보다 넓어진 학문적 범위를 인류 전체의 삶으로 확장하고자 하는 의욕이 뚜렷하게 엿보였다. 앞선 르낭의 체험과 마찬가지로 아크로폴리스에서 프로이트가 경험한 것 역시 개인적 기억과 집단적 기억, 개인의 특성과 보편적 진리 사이에 걸쳐 있었다.

편지의 구성상 리처드 암스트롱(Richard Armstrong)이 "프로이트 담론의 '유전적 유형'의 모범적 예라 칭한 '기억 장애'는 '글쓴이가 읽는 이에게 자신의 연구와 관련된 과거를 밝혀야 한다는 요구로 비칠 수 있는' 하나의 절차"가 된 것이다.[19] 하지만 설령 그렇더라도 프로이트가 말년에

---

17) Freud, SE 22권 239면
18) 같은 책, 같은 면
19) Armstrong의 2001년 책, 94면에서 Mahoney의 1989년 책의 14면을 인용한 부분

몰두하게 될 기억 장애를 설명한 것은 바로 이 편지였다. 르낭이 아테네에서 '멀리서 불어오는 신선하고 상쾌한 산들바람'을 맞다가 어린 시절을 떠올렸다면, 프로이트는 좀 더 골치 아픈 성격의 '회고 충동'을 체험했다.

도착한 뒤 오후에 마지막으로 아크로폴리스에 서서 주변 풍광을 둘러보다가 갑자기 놀라운 생각이 떠올랐다. "우리가 학교에서 배웠던 대로 이 모든 것이 정말로 존재하는 거였군!" 이런 상황을 좀 더 정확하게 설명하기 위해서 해당 말을 한 사람과 그 말의 뜻을 알아들은 사람을 보통 때보다 훨씬 더 뚜렷하게 분리시켰다. 양쪽 모두 이유만 다를 뿐 크게 놀란 것은 마찬가지였다. 전자는 솔직한 발언의 영향 탓인지 마치 여태까지 미심쩍어 보였던 것도 어쩔 수 없이 실제 있는 것으로 믿어야 되는 것처럼 굴었다. 약간 과장해서 말하자면, 마치 누군가 네스호 옆을 걸어가다가 갑자기 그 유명한 괴물의 형상이 호숫가에서 오도가도 못하고 있는 장면을 본 뒤 "우리가 그렇게 믿지 않았던 바다 괴물이 진짜 있는 거였어!" 라고 인정하는 것 같았다. 반면에 후자는 아테네, 즉 아크로폴리스가 진짜 존재한다는 것과 그 주변 풍광을 한 번도 의심해 본 적이 없었기 때문에 당연히 놀랄 수밖에 없었다. 그는 오히려 기쁨이나 예찬을 늘어놓을 것이라고 기대했을 테니까 말이다.[20]

앞선 르낭과 마찬가지로, 프로이트 역시 아크로폴리스에 선 덕분에 어린 시절로 되돌아갈 수 있었다. 강한 바람이 몰아치는 브르타뉴 해안가를 떠올린 르낭이 교실을 떠올린 프로이트보다는 좀 더 목가적인 추억을 간직하고 있었던 셈이다. 르낭은 아테네에 있었던 경험 덕분에 자신의 어린 시절을 되돌아보았다고 고백했다. 그의 유년기는 환유법적으로 인류의 유년기를 나타내는 것 같았다. 르낭보다 서정성이 조금 떨어지는 프로이트

---

20) Freud, SE 22권 240~241면

의 설명에서는 이런 유사성이 그렇게 직접적으로 드러나지 않았다. 프로이트는 교실이라는 매개체를 통해 아테네와 공감했다. 르낭의 수필은 훨씬 더 광범위한 친그리스적 담론에 흠뻑 젖어 있긴 하지만, 직접적이고 감각적인 그리스 예찬서인데 반해 프로이트의 수필은 학문적 색채가 짙다. 스타티스 구르구리스(Stathis Gourgouris)가 보기에 프로이트가 '현실감 상실(derealization)' 이라고 부른 그 경험은 사실상 친그리스주의 담론과의 자의식적인 대면이었다. "프로이트가 그 유적지에 도착했다는 것 자체가 바로, 그 교양 교육이라는 과정의 일부로 내면화된 그리스적 이상이라는 담론과 실제로 시각적 제시가 불가능한 대립을 상징한다."[21] 프로이트가 '실제' 아크로폴리스를 접하면서 그가 교육받은 친그리스적 기반에 위기가 닥쳤다. 한편으로 프로이트는 자신은 단지 허울뿐인 헬레니즘을 교육받았기 때문에 헬레니즘이 자신의 무의식까지 관통하지 못했음을 암시했던 것 같다.

사실 어려서 학교에 다닐 때는 내가 아테네라는 도시와 그곳의 역사가 역사적으로 진짜라고 굳게 믿었다고 생각했지만 아크로폴리스에서 이런 생각이 떠오르면서 무의식에서는 그것을 믿지 않았다는 것이 분명하게 드러났다. 그래서 나는 이제 와서야 '무의식에까지 이르는' 확신을 얻었다고 주장할 수 있겠다.[22]

프로이트가 받은 교양 교육은 피상적인 것에 불과했던 모양이다. 아테네의 '신선하고 상쾌한 산들바람'은 르낭의 잠재의식 깊숙이 억눌려 있던 기억들을 불러낼 수 있었다. 그러나 아테네가 프로이트의 무의식에 미친

---

21) Gourgouris, 1996년 책, 125면
22) Freud, SE 22권 241면

영향은 단지 그곳의 존재 자체를 의심하게 만들었을 뿐이다. 처음에는 다음과 같이 매력적으로 설명했지만, 결국 프로이트는 그런 설명 방식을 거부했다.

사실 학창 시절에 늘 아테네의 실제 존재를 의심했던 것은 아니다. 난 다만 아테네를 보게 될 날이 있을까, 의심했을 뿐이다. 내가 그렇게 멀리까지 여행할 수 있을지, 내가 '그렇게 먼 길'을 가게 될지는 내 판단의 영역을 넘어서는 것 같았다. 이런 생각은 젊은 시절 제약이 많고 빈곤했던 우리의 생활 여건과 관련이 있었다. 여행을 하고자 하는 열망은 또한 틀림없이 그러한 압박에서 벗어나고픈 소망의 표현이었다. 많은 아이를 가출로 내모는 그런 힘처럼 말이다. 난 오랫동안 여행의 큰 즐거움은 이런 어릴 적 소망을 실현하는 데 있다는 것을, 그리고 그 이유는 가정과 가족에 대한 불만족에 있다는 것을 똑똑히 보았다.[23)]

프로이트의 설명에 따르면, 아크로폴리스에서 경험한 것 때문에 졸지에 의심을 받게 된 것은 그의 교양 교육이 아니라 그의 '가정과 가족'이었다. 프로이트가 가족의 장면으로 되돌아갔다는 점은 전혀 놀랄 일이 아니다. 르낭의 자전적 양면성은 역사 문명의 장대한 서사에 바탕을 두고 있는데 반해 프로이트와 문화의 양면적 만남은 가족을 분석하는 데에 고정되어 있다. 르낭에게 그의 유년기는 의미상 인류의 유년기를 대신하는 데 반해 프로이트에게는 인류의 유년기가 그 자신의 유년기를 대신하는 말이기 때문이다.

이왕 트리에스테(Trieste, 이탈리아 북동부에 위치한 항구도시-옮긴이)

---

23) 같은 책, 246~247면

까지 온 마당에 아테네로 여행하는 기쁨을 왜 스스로 방해하는 걸까? 그런 데 여기서 우리는 이 사소한 문제의 해결책을 우연히 발견했다. 그토록 먼 길을 갔다는 만족감에 더해 죄책감마저 들었던 게 틀림없다. 어린 시절부터 금기시되었던 탓에 무언가 잘못한 기분이 들었던 것이다. 이는 아주 어렸을 때는 과대평가하다가 과소평가로 바뀌면서 자식이 제 아비를 비난하는 것과도 약간 관련이 있었다. 마치 성공의 핵심이 자신의 아버지보다 더 잘 나가는 것인데, 제 아비를 능가하는 것이 여전히 금기사항처럼 보이듯 말이다.[24]

암스트롱은 이 구절에 대해 "오이디푸스적인 승리감이 불러일으킨 효도"라고 썼다. 그러나 암스트롱이 '유럽 정체성의 원색 장면'이라고 부른 것을 프로이트 가족 특유의 갈림길에서 우연히 일어난 오이디푸스적인 만남으로 바꾼 것 같은 바로 그 순간에, 프로이트는 가족 드라마를 문화적 맥락으로 되돌려 놓아야겠다고 작정했다.[25] 자기 분석은 다시 '대담하게 확장되어' '인류 전체'에 대한 분석으로 이어졌다.

이처럼 대체로 타당한 동기에 더해 우리 집만의 특수한 요인이 있었다. 아테네와 아크로폴리스라는 그 주제 자체가 이미 아들의 우월성을 입증하는 것이었다. 우리 아버지는 장사를 한데다 중등 교육을 전혀 받지 못한 터라 아테네가 그분에게는 그다지 큰 의미가 없었다. 따라서 우리가 아테네 여행을 즐기기 어려웠던 이유는 바로 효도의 감정이었다.[26]

구르구리스는 "프로이트가 인정하지는 않았더라도 이러한 진술의 국

---

24) 같은 책, 247면
25) Armstrong, 2005년 첫 번째 책, 1~2면
26) Freud, SE 22권 247~248면

가적·문화적 근거들은 실로 인상적이다." 라고 썼다. 구르구리스는 아버지와 관련된 프로이트의 죄책감은 그의 사회적 출세 때문이 아니라 문화적 배신에서 비롯된 것임을 암시했다. 독일에서 그리스와 특정한 학문적 해석과의 연관성을 감안하면 프로이트의 학문적 성공은 그가 헬레니즘을 취하고, 그 결과 유대교를 저버렸다는 징표였다. 이와 관련해 구르구리스는 다음과 같이 썼다. "이런 '효'의 감정은 사실상 즐거움 장애(a disturbance of pleasure)를 낳고, 이 장애는 실제로 '현실감 상실'의 근원이 된다. 마치 히브리인 아버지가 그리스인처럼 변한 아들을 응징하러 돌아오는 것과 같다."27)

그러나 프로이트가 자신이 말한 내용의 '국가적·문화적' 근거들을 감춘 것 같지는 않다. 제일 먼저 프로이트는 본인의 부자 관계에 대한 특수성으로 이목을 끄는데, 흔히 생각하듯 그들 부자의 내적 심리 성향의 측면이 아니라 외적인 사회적 지위의 측면에서 그랬다. 더구나 프로이트는 오직 문화적으로만 이해될 수 있는 용어들로 '아테네와 아크로폴리스라는 바로 그 소재'의 중요성에 관심을 모음으로써 이러한 사회적 지위라는 문제에 특수성을 부여했다. 프로이트가 김나지움의 동료 학생들이 '문화 자본'을 확고히 하는 데 헬레니즘이 중추적 역할을 할 것임을 알리고자 했던 게 분명하다.28) 그가 대놓고 자신의 문화적 동화를 막은 것이 아버지의 유대교 때문임을 밝히지 않았는지는 모르나, 자신이 갖는 죄책감의 근원으로 '아테네라는 그 주제'에 집중함으로써 아버지와 자신의 관계를 문화적 측면에서 분명하게 규정한 셈이다.

그러나 프로이트 분석에서 가장 인상적인 요소 중 하나는 그 편지가 아버지에게 소외감이 아닌 깊은 공감을 느끼는 것으로 끝난다는 점이다. 유

---

27) Gourgouris, 1996년 책, 126면
28) 해당 내용에 관해서는 Armstrong의 글이 실린 2010년 책을 참조

대 식의 효도가 결국 그리스의 오이디푸스적인 경쟁 관계를 누르고 이긴 것이다. "그리고 이제 자네는 내 자신이 나이가 들어 참을성도 부족하고 더 이상 여행도 할 수 없으니, 아크로폴리스에서 일어난 이 사건을 회고할 때마다 내가 그토록 자주 괴로워한 게 틀림없다고 해도 더 이상 놀라지 않을 거네."[29] 프로이트는 여행을 할 수 없는 처지가 됨으로써 자신의 아버지와 똑같은 입장에 놓이게 되었다. 그의 아버지는 사회적 지위나 혹은(구르구리스에 따르면) 그의 사회적·문화적 지위 때문에 여행을 할 수 없었던 데 반해 프로이트가 여행을 할 수 없는 이유는 나이를 먹는다는 좀 더 보편적인 운명 때문이었다. 그럼에도 불구하고 프로이트가 말한 것에는 그가 인정하지 않은 또 다른 '국가적·문화적' 근거가 있었던 것 같다. 실제로 1936년 무렵이면 프로이트가 거의 여든 살이 다 되었을 때고 후두암까지 앓고 있었다. 그런데도 2년 후 프로이트는 다시 여행을 떠나 빈에서 파리를 거쳐 런던까지 갔다. 그러나 프로이트의 런던 여행은 멋있는 '어릴 적 소망의 실현'과는 거리가 멀었고, 문화적 동화의 극치를 상징하는 것은 더더욱 아니었다. 오히려 완전히 정반대였다. 나치가 점령한 빈을 떠나 망명길에 오른 프로이트의 신세는, 그가 성공가도를 달리던 중년에 경험했던 지중해 여행의 오이디푸스적인 승리가 정확히 역전된 상황이었다. 망명은 박해를 받는 유대인의 전유물이고 여행은 한가로운 그리스인들의 것이었다. 1936년에 프로이트가 여행할 수 없었던 것은 당연히 많은 나이와 좋지 못한 건강 탓이 컸지만, 그가 처한 이동의 제약에는 분명 '국가적·문화적' 일면도 있었다. 프로이트가 마지막에 아버지에게 공감한 데에는 본인이 선택한 것만큼 강요된 부분도 많았다. 게다가 실제로 프로이트의 기억을 되살리는 역할을 한 것은 이와 같은 정치적 맥락이었다. '국가적·문화적' 관점에서 보면 1936년에 프로이트에게 그런 기억이 다시

29) Freud, SE 22권 248면

떠오른 것은 결코 우연의 일치가 아니다.[30]

아크로폴리스에 관한 르낭과 프로이트의 글은 언어학의 범주에 속한다. 이 두 사람은 각각 언어학의 처음과 끝을 상징한다. 3장에서 보았듯, 르낭은 비교 언어학의 발전에 가장 중요한 인물 중 한 사람이었다. 그는 언어학적 분석을 개별 문화와 민족의 역사 발전 연구와 접목함으로써 헤르더의 전통을 따랐다. 르낭은 언어와 문화의 깊은 연관성을 분석하면서 19세기 역사 사상의 가장 영향력 있는 인물의 반열에 올랐다. 르낭 특유의 급진주의는 합리주의적 역사학을 성서에 적용한 데서 확연히 드러났다. 그의 악명 높은 저작 《예수의 생애》는 신학문 시대를 예고했다. 그러나 유럽 문화가 두 갈래로 나뉨에 따라 르낭의 언어학 연구 또한 양분되었다. 셈어 학자로서 르낭은 언어학적 방식의 통찰력을 셈어에 적용하는 것이 어렵다는 것을 알고 그 문제에 골몰했다. 앞서 보았듯, 르낭은 언어학적 방법론과 비교 언어학 분야가 비상한 발전을 하게 된 근거로 분석의 '소재'를 꼽았다. 르낭이 보기에 셈어의 언어학은 기껏해야 인도유럽어 언어학과 열등한 관계로 엮을 수 있는 정도였다.

그러나 르낭이 학문적 방법론의 부조화와 분석 대상을 걱정했다는 점과 함께, 《아크로폴리스의 기도》는 이러한 학문적 몰두가 다른 식으로 정식화되었음을 증명해 주었다. 르낭의 글은 그리스인들과 직접 공감하고자 하는 강한 열망을 표현했다. 이에 대해 구르구리스는 다음과 같이 썼다.

프로이트에 앞서 대략 반세기 전에, 르낭은 아크로폴리스의 유적을 마주한 뒤 마찬가지로 경외심을 느끼고 혼란스러워 하며 이렇게 외쳤다. "내가 멀리서 불어오는 신선하고 상쾌한 산들바람 덕분에 처음으로 과거를 되돌아보고 싶은 충동을 강하게 느낀 것은 1865년 아테네에서였다." 이 외침은 분

---

30) Gourgouris, 1996년 책, 12면

명 과거의 구체성을 열망하는 언어학적 정신의 열광적인 고백이다.[31]

구르구리스가 보기에 프로이트와 마찬가지로, 르낭의 경우도 언어학의 체계가 '과거의 구체성을 갈망하는 것'을 방해했다. 그러나 구르구리스가 르낭의 '언어학적 정신'이라고 언급한 것은 이미 혼란에 빠진 정신, 즉 언어학이었다. 르낭에게 그것은 단순히 과거를 직접 감상하지 못하게 하는 학문적 고립의 문제가 아니었다. 르낭의 학문, 즉 르낭의 언어학은 이미 내적으로 갈등하고 있었다. 히브리어 학자로서 르낭은 학문뿐만 아니라 자신이 인도유럽어 연구와 관련지어 생각하는 그 학문적 대상 간의 편안한 관계까지 열망했으며, 더 나아가 그리스인에게 확실한 친밀감을 갖고자 했다. 리처드 암스트롱은 르낭의 글을 잠깐 언급하면서 《아크로폴리스의 기도》에 '특이한 피학증'이 있다고 했다.[32] 르낭의 피학증은 학문적 관점과 전기적 관점에서 모두 확연히 드러날 뿐만 아니라, 이들 두 '피학증'은 서로 밀접하게 연관되어 있었다. 르낭의 그리스에 대한 실현되지 않은 욕망은 언어학자로서의 경력이 언어학 분석의 진정한 대상에서 다른 데로 바뀌었다는 표시며, 전공 학문에서 발생한 우연한 사건 때문에 좌절한 인생사의 발현이었다. 그러나 그의 이런 자학에도 불구하고 그의 지적·정신적 전향을 막는 무언가가 있었다. 르낭에게 언어학을 위해, 유럽을 위해 '고전적인 사람이 되는 것'은 겉으로 보이는 것처럼 그렇게 쉬운 선택이 결코 아니었다. 동시대인들이 '반감을 품은 대성당'이라고 평한 인물에게도 헤브라이즘을 극복하는 것은 여전히 힘겨운 일이었다.

프로이트의 이른바 고대 강박증 또한 최근에 와서 언어학적 방법의 발전과 밀접하게 연관되어 있는 것으로 보고 있다. 자크 르 헤데르(Jacques le

---

31) 같은 책, 132면

32) Armstrong, 2001년 책, 107면

Rider)는 이렇게 썼다. "지그문트 프로이트는 사람들이 정신 분석을 언어학적 방법론을 모방한 무의식의 고고학으로 정의할 수 있을 만큼 고대 역사와 그리스 문화에 아주 깊이 빠져 있었다."[33] 프로이트의 고대를 능숙하게 분석한 암스트롱은 좀 더 상세히 들어가 고고학의 발전과 프로이트의 관계를 파헤쳤다. 이와 관련된 책 가운데 유독 시선을 사로잡는 한 챕터에서, 암스트롱은 프로이트가 자신의 방법론과 니부어(Niebuhr)가 그의 역작 《로마사》에서 발전시킨 '비판적 역사학'의 법칙을 직접적인 관계로 설정한 것을 밝혀냈다. 프로이트가 결코 기성 학문이 아니었던 자신의 정신 분석학에 유산을 물려주기 위해 기성 고대학에 의지했다는 주장은 일종의 상투적인 표현이 되었다. 들리는 말로는 프로이트가 오이디푸스 콤플렉스에서 '카타르시스법'의 고고학적 은유에 이르기까지 정신 분석학이라는 늑대를 고전 학문이라는 양의 옷으로 숨겼다고 한다. 그럼에도 불구하고 르 헤데르와 암스트롱 같은 이들이 입증했듯, 고전학에 대한 관심과 참여가 프로이트의 사상적 발전에 미친 영향은 그런 소문이 암시하는 것보다 훨씬 더 중대했다. '고전학문'은 정신 분석의 연구 작업을 위한 단순한 눈속임이 아니었다. 프로이트 식 정신 분석과 고전학은 19세기 내내 발전한 역사와 역사 연구에 대한 훨씬 더 광범위한 탐구에 바탕을 두고 있다. 리처드 터디만(Richard Terdiman)이 보기에 프로이트가 고대를 활용한 것은 급성장하던 정신 분석학의 특별한 요구 조건보다 당대의 일반적인 역사적 병폐와 더 많은 관련이 있었다. 터디만은 '길었던 19세기'를 기억의 집단적 위기로 가정함으로써 프로이트가 아크로폴리스에서 '기억 장애'를 체험했던 일을 일반화했다.[34] 리처드 터디만 같은 비평가에게는 프로이트의 정신 분석은 물론, 고전 언어학의 업적까지도 그저 근대라는 자

---

33) Le Rider, 2002년 책, 뒤표지
34) Terdiman의 1993년 책을 참조

의식의 시대에 불안하게 존재하는 과거에 대한 광범위한 인식의 두 가지 징후일 뿐이었다.

아크로폴리스를 소재로 쓴 프로이트와 르낭의 두 저작 모두 헬레니즘과 헤브라이즘의 대립 구도 탓에 회상과 언어학이 교차하게 된 데 대해 깊이 사색하는 명상록이다. 그런데도 얼핏 보면 이들 저작은 정반대되는 반응을 상징한다. 르낭이 자신의 헤브라이즘을 뉘우치는 데 반해 프로이트는 결국 자신의 헬레니즘을 포기했던 것 같다. 르낭의 경우 학문과 관계없는 배경에서 기억을 되살리고 나서야 비로소 자신이 진정한 그리스인임을 인식했다. 르낭에게 친그리스주의는 어릴 적 추억, 즉 헤브라이즘에 대한 그의 학문적 관심과 반대되는 어릴 적 추억이었다. 프로이트에게도 친그리스주의는 어릴 적 추억이었지만 심란한 어릴 적 추억이었다. 프로이트는 여전히 자신의 어릴 적 기억과 사이가 좋지 못했을 테니, 그 기억이 그에게 '실제'가 될 수는 없을 터였다. 그는 자신의 분야가 아닌 언어학에 향수를 느꼈던 것 같다. 아크로폴리스에 대한 그의 반응에서 자신이 속할수 없는 언어학에 대한 향수가 고스란히 드러나 있다. 프로이트의 기억 장애는 그 자신의 기억과 친그리스주의와 관련된 집단적 기억 간의 깊은 괴리감을 보여줄 뿐만 아니라, 언어학 연구 작업의 바탕이 되는 실증주의적 방법론의 핵심까지 들여다보게 해 준다. 이렇듯 프로이트의 기억 장애는 '구성된' 형태의 아테네가 아닌 '실제' 아테네를 믿을 수 없게 함으로써 실제 있었던 그대로(wie es eigentlich gewesen ist)의 고대를 체험하고자 하는 열망과 대립된다.

모세의 생애

프로이트는 롤랑에게 보내는 편지 형식으로 아크로폴리스 여행담을 쓰면서 자신의 마지막 저서이자, 여러 면에서 가장 수수께끼 같은 책(프로이트는 아들에게 처음으로 자신을 '역사가처럼 보이게' 해 준 책이라고 설명했다.)도 한창 집필하고 있었다. 그가 런던에서 망명 생활을 할 때 출간한 《모세와 유일신교(Moses and Monotheism)》는 프로이트의 마지막 역작이 되었다. 모세는 히브리인이 아니라 이집트인 성직자이며, 유대 민족이 그를 지도자로 선택한 것이 아니라 그가 직접 유대 민족을 자신의 신자로 지명했다는 지금의 그 악명 높은 이론이 바로 이 책에서 전개된다. 그러니까 그 이론대로라면 유일신교의 기원은 이집트의 아톤(Aten, 고대 이집트에서 유일신처럼 숭배했던 태양 원반─옮긴이)교에서 모세를 거쳐 유대 민족에게 이동하는 데에서 찾을 수 있다는 것이다. 프로이트의 도발적인 다시 쓰기의 중심에는 이와 같이 이집트가 유일신교의 기원이라는 암시 외에도, 유대인이 모세의 유일신교가 강요하는 혹독한 제약을 견디지 못하고 그를 살해했다는 주장도 들어 있다. 고대 유대교의 역사가 오이디푸스적인 살인의 현장이 된 결과 프로이트 살아생전에 줄곧 유대 민족에 대한 관심이 이어졌던 셈이다. 이 책은 2차 대전이 발발하기 전날 집필했지만, 독일의 오스트리아 합병 여파로 프로이트가 빈에서 도망을 나온 후에야 출간되었다. 그러나 이 책에 함축된 동시대 정치 상황은 프로이트 자신은 물론, 이후 이 책을 읽은 많은 독자에게 주목받지 못했다. 이 책은 유일신교의 기원을 조사하는 것은 물론 반유대주의의 병리학을 탐구하는 역할까지 했다. 프로이트의 저서 특유의 파악하기 힘든 시작 부분이야말로 유대인이라는 그의 정체성을 둘러싼 열띤 논쟁의 핵심이었다. "어떤 민족에게 그들이 가장 위대한 자손으로 자랑스럽게 여기는 사람을 빼앗는 것은 선뜻 혹은 함부로 할 짓이 못된다. 특히 그들과 동족인 사람이 할 짓은 더더욱 아니다."[35] 《모세와 유일신교》는 지독한 박해의 시대에 아버지의 종교

---

35) Freud, SE 23권 7면

로 대담하게 회귀한 것을 뜻할까? 아니면 어느 비평가의 말대로 '학문의 비인간적인 열정과 우월성을 과시하고자 하는 이기적인 열망' 이라는 이름 으로, '결국 대재앙의 전날에 자기 민족에게 정말로 해를 끼치는' '유대 인의 과거 파헤치기' 였을까?[36)]

프로이트의 유대인이라는 정체성과 그가 학문에 헌신하는 것이 무슨 관계가 있는지를 놓고 벌어진 이러한 논쟁은, 우리가 프로이트와 르낭의 아크로폴리스 경험과 관련지어 고려할 때 전혀 다른 양상을 띤다. 프로이 트가 현실감을 상실하는 순간은 르낭이 힘들여 아테네까지 여행을 갔던 때로부터 40년이 흐른 후였고, 프로이트가 모세의 생애를 수정주의적 관 점으로 설명한 때는 르낭의 획기적인 《예수의 생애》가 나온 지 약 75년이 지난 후였다. 이와 관련해 예루샬미(Yerushalmi)는 다음과 같이 썼다. "19 세기와 20세기 초는 적어도 프로이트 해석만큼, 아니 어떨 때는 그 이상 으로 상당히 급진적이고 모순된 성서의 해석이라는 떠들썩한 유산을 남 겼다."[37)] 예루샬미는 전통대로 다비드 슈트라우스에서 시작해 르낭에게 서 정점을 찍었다고 보는 성서 해석을 합리화하고 싶었던 모양이다. 니체 와 마찬가지로 프로이트도 젊은 시절에 다비드 슈트라우스의 《예수의 생 애》를 읽었으며, 그 당시 슈트라우스의 동료였던 루트비히 포이어바흐의 열렬한 신봉자였다. 실제로 프로이트는 포이어바흐의 영향을 얼마나 많 이 받았던지, 그를 "모든 철학자 중에서 내가 가장 존경하고 흠모하는 분" 이라고 선언할 정도였다. 이에 대해 암스트롱은 '프로이트의 사춘기적 열 의' 에 관해 언급하면서 "동화되어 살고 있는 유대인이 새롭게 나타난 세 속적인 문화의 역사 지향적이고 유물론적인 장치에 왜 친밀감을 느끼는지 이해가 간다."고 썼다.[38)] 프로이트가 《모세와 유일신교》의 시작 부분에

---

36) Armstrong, 2005년 첫 번째 책, 220면
37) Yerushalmi, 1991년 책, 23면
38) Armstrong, 2005년 첫 번째 책, 220면

서 유대인 동화에 대한 자신의 입장을 다음과 같이 확실하게 밝힌 데에서 그 의중을 알 수 있다. "우리는 국익이라는 것을 위해 진실을 버리도록 유도하는 그 어떤 의견도 허용할 수 없다."[39] 그러니까 프로이트가 학문의 이름으로 '어떤 민족에게 그들이 가장 위대한 자손으로 자랑스럽게 여기는 사람을 빼앗기'로 마음을 굳혔을 때, 그는 과거 르낭으로 거슬러 올라가 청년 시절 자신의 영웅들에 이르는 합리론적 역사주의에 합류했던 것이다.

르낭은 자신의 저서 《예수의 생애》에서 슈트라우스와 차별화함으로써 역사학자로서의 자격을 확실히 증명했다. 그는 같은 제목의 슈트라우스의 초기 저작은 "신학적 근거는 너무 많이 취하고 역사적 근거는 너무 적게 채택하는 우를 범했다"고 주장했다.[40] 실제로 르낭은 슈트라우스의 신학에 대한 관심도를 감안할 때 그의 책이 어떻게 그와 같은 선풍을 일으킬 수 있었는지 이해할 수 없었다.

슈트라우스 선생의 책을 읽어 보면 한결같은 독자층에게 유용하고, 정확하고, 영적이고, 양심적인 책이라는 평판에 흠집을 내려했던 그 이상하고 터무니없는 중상이 옳았다는 것을 입증할 만한 말이 단 한 마디도 나오지 않는다는 점은 재차 말할 필요가 없다. 그러나 좀 더 전반적인 구절들이 확실히 이해하기 어렵다는 점에서 약간 결점이 있는 책이기는 하다. 실제로 슈트라우스 선생은 예수의 존재를 결코 부인한 적 없을 뿐만 아니라, 이 책의 모든 페이지마다 예수의 존재가 암시되어 있다.[41]

그러나 르낭과 슈트라우스에게 예수의 역사적 존재가 신앙의 문제였던

---

39) Freud, SE 23권 7면
40) Renan, 1904년 책, 10면
41) Renan, 1965년 책, 39면 주석4

데 반해 프로이트의 저작에서는 모세의 역사적 존재라는 문제가 다른 양상을 띤다. "19세기 내내 독일 성서학계를 주름잡던 유행은 모세가 역사상의 인물이라는 점을 부인하거나, 기껏해야 억지로 최소한의 역사성만을 부여하는 것이었다."[42] 우리가 《모세와 유일신교》의 시작 부분에서 읽게 되는 프로이트의 단언은 바로 이런 배경과 배치된다.

유대 민족을 해방시키고, 그들에게 그들만의 율법을 전해주고, 그들의 종교를 세워 준 모세라는 사람은 아주 먼 시대의 인물이다. 그렇기 때문에 그가 역사상에 존재했던 유명 인사인지, 전설의 존재인지에 대해 반드시 사전 조사를 해야 한다. 만약 그가 실존 인물이라면 기원전 13세기나 14세기에 살았을 것이다. 성경과 서면으로 기록된 성전(聖傳, 모세에게 이어받아 전해 내려온 이야기—옮긴이)을 제외하면 그에 관한 정보가 전혀 없다. 이렇듯 이 문제와 관련해 확실한 게 거의 없어 결정을 내리기가 쉽지 않다. 그런데도 다수의 역사가는 압도적으로 모세가 실존 인물이며, 그와 관련된 이집트 대탈출 역시 실제로 일어났다는 설을 지지한다고 밝혔다.[43]

예루샬미의 주장도 그렇고 프로이트의 각주에서도 분명히 드러났듯, 실제로 그는 '압도적인 다수의 역사가'가 아니라, 에두아르트 마이어(Eduard Meyer)의 저작과 특히 성서학자인 에른스트 젤린(Ernst Sellin)을 신뢰성 있는 증거로 제시했어야 했다. 사실 젤린의 《모세와 이스라엘―유대인의 종교사적 의미(Mose and seine Bedeutung für die israelitisch-jüdische Religionsgeschichte)》는 프로이트가 자신의 의견을 펼치는 데 많은 근거를 제공해 주었다. 《모세와 유일신교》에 수록된 첫 두 편의 평론은

---

42) Yerushalmi, 1991년 책, 23면
43) Freud, SE 23권 7면

공공연히 역사적 성향을 띰으로써 해당 글이 역사를 다루고 있으며, 역사의 영감을 받은 성서학과 관련되었음을 드러낸다. 프로이트는 역사적 근거를 활용했을 뿐만 아니라 암스트롱이 연구한 '비평 역사'의 법칙들을 떠올리게 하는 방식으로, 자신의 역사 접근 방법에 이의를 제기하지 못하도록 거듭 선수를 쳤다. 실제로 "오늘날 학문은 전적으로 더 신중해져서 역사 비평의 초창기에 비해 전통을 훨씬 더 관대하게 다룬다."[44]는 프로이트의 설명에서 리비우스가 영리하게 알아낸 프로이트의 분석 모형과 바르톨트 니부어가 리비우스의 초기 로마사를 연구한 것의 관계가 떠오른다.

19세기 독일의 역사 편찬에서 눈에 띄는 위대한 특징은 바르톨트 니부어(1776~1831)가 자신의 저작 《로마사(Römische Geschicte)》(1811~1832)에서 리비우스의 초기 로마사를 비판적으로 분석했다는 점이다. 니부어는 이 책에서 그와 같이 신성화된 이야기들은 역사적 진실이 아닌 국가 차원의 심리적 요구에 응하는 이상화된 허구라고 선언했다. 이런 유형의 원전 비평은 줄곧 20세기까지 독일 사상을 지배하게 될 비평적 역사의 모형이 되었다. 따라서 프로이트가 어릴 적 추억을 설명할 때 그 배경에는 리비우스의 로마사에 매료되었던 것뿐만 아니라, 그것을 떨쳐내려는 당시 분위기까지 들어 있었다고 해도 놀랄 일이 아니다.[45]

암스트롱은 프로이트가 쓴 《자전적 연구》에서 니부어의 방법론을 직접 참조한 것을 찾아낼 수 있었다.

따라서 내 잘못은(리비우스가 들려 준) 로마 초대 왕들의 전설적 이야기

---

44) 같은 책, 같은 면
45) Armstrong, 2005년 첫 번째 책, 162면

가 실제로는 보잘것없고 때로는 수치스럽기까지 했을 시대와 상황의 기억에 대한 반발인 것을 모르고, 역사적 진실로 믿은 사람이 저지른 것과 똑같은 종류의 잘못임이 명백해질 것이다.[46]

프로이트가 모세의 역사적 확실성에 관해 논평한 내용들은 니부어와 그의 비판적 로마사 연구뿐만 아니라, 다비드 슈트라우스와 그가 역사적 사실을 기반으로 복음서의 신화적 구조를 파헤친 것까지 떠오르게 한다.

《모세와 유일신교》에서 역사적 방법에 대한 명백한 관심이 엿보이긴 해도, 책 제목을 아무리 곱씹어 보아도, 이 책의 전반적인 복잡한 특성은 여전히 밝히기 어렵다. 프로이트는 원래 "인간 모세와 유일신교 : 역사 소설"이라는 제목으로 출간하려고 했었다. 요세프 예루샬미는 이와 같이 억제된 부제목에 함축된 프로이트의 포괄적인 자질에 관해 대대적으로 기술했다.[47] 이 책의 제목을 둘러싸고 그가 망설였다는 이야기는 모세를 분류하는 데 따른 곤란함의 한 가지 양상에 불과하다. 그런데 여기에 책 구성 자체의 어려운 상황을 내보이듯, 프로이트의 마지막 저작의 악명 높을 정도로 복잡한 구조까지 더해 이런 곤란함은 더욱 악화될 뿐이다. 이에 대해 새뮤얼 웨버(Samuel Weber)는 다음과 같이 주장했다. "그것은 마치 프로이트가 역사 과정의 특징으로 해석한 비선형의, 불연속적이고, 반복적인 일시성이 글의 구조를 더럽힌 것 같았다."[48]

프로이트는 자신이 해당 책의 마지막 단락 중 한 곳에서 언급한 모세 생애의 '역사적 진실'을 자세히 얘기하고자 하는 열망 때문에, 다비드 슈트라우스와 에르네스트 르낭의 합리론적 성서 서술법을 그대로 이어받았을지도 모른다. 하지만 '역사적 진실'을 이해하는 프로이트 특유의 방식

---

46) Freud, SE 20권 35면
47) Yerushalmi의 1989년 학술지 논문과 1991년 책을 참조
48) Weber, 2005년 책, 64면

은 19세기 선배들의 실증주의적 전제와 맞지 않았다. 늘 논쟁을 일으키다가 지금은 전반적으로 믿을 수 없는 것으로 치부되는 프로이트의 역사 서술법보다 더 흥미로운 것은 아마도, 이 비범한 책이 후대에 물려주는 역사 기록의 문제까지 언급해야 했다는 점일 것이다. 프로이트는 첫 두 평론에서 사료를 다루는 것으로 시작해 세 번째 평론에서는 분석에 초점을 맞춘다. "그러나 이 모든 게 여전히 역사, 즉 역사 지식의 차이를 메우기 위한 시도다. …… 우리의 관심사는 모세의 운과 교리인데, 이런 운과 교리는 유대인의 봉기로 인해 외관상이긴 하지만 끝을 보게 되었다." 다시 말하면, 모세 살인은 그의 역사 소설의 결론이 아니라, 그 시작이었다. 오이디푸스는 프로이트 식 분석의 목적이 아니라 그 출발점일 뿐이었다. "그것은 유대 민족의 역사에서 모세 이야기의 최종 결말을 뜻했는지도 모를 일이었다. 그러나 주목할 만한 사실은 그런 경우가 아니라, 그 민족의 체험이 미친 가장 강력한 효과들이 나중에야 밝혀져 수 세기를 거치면서 현실로 밀고 들어왔다는 것이다."[49] 여기서 역사적 재건에 대한 프로이트의 관심은 이전 장들에서 살펴보았던 실증주의적 전제에서 출발했다. 그는 유일신교가 잉태된 근원적 순간으로 돌아가게 할 마음은 없었다. 또한 이전 작인 《토템과 터부(Totem and Taboo)》와 달리 아버지 살해를 인류 역사의 구체적이고 특별한 순간으로 지정함으로써 오이디푸스 콤플렉스의 역사적 사실성을 증명하고 싶지도 않았다. 오히려 《모세와 유일신교》에서 프로이트의 주된 관심사는 고대부터 현재까지 이어지는 서양의 긴 역사에서 이 사건을 받아들이는 복잡한 양상들이었다.

프로이트는 "우리는 이런 종류의 지연된 효과를 어떻게 설명할 것이며, 어디서 또 이와 비슷한 현상에 맞닥뜨리게 될까?"라고 물었다. 그리고 바로 그 순간에 충분히 예상했던 프로이트의 유비(analogy)가 등장했

---

49) Freud, SE 23권 62면

다. "개인의 정신생활에서 이런 과정에 들어맞는 유비를 어렵지 않게 찾을 수 있다."[50] 유대 민족의 역사의식에 끈질기게 자리한 모세의 존재는 프로이트가 《문명 속의 불만(Civilization and its Discontents)》에서, 그 안에서는 "결코 아무것도 죽지 않는다."고 했던 마음과 비슷하다. 아버지의 죽음, 특히 살해당했을 경우에는 아들의 기억에서 결코 지워질 수 없다. 그러나 이런 유비는 외관상 비슷해 보여도 《문명 속의 불만》에서 구축된 로마와 유비와는 꽤 다르게 작용한다. 프로이트가 로마를 그 유명한 '심적 실체(psychical entity)'로 설명할 때 특히 중시했던 것이 바로 역사의 소생 가능성이었다.

자, 다음과 같은 환상적인 가정을 한 번 해보자. 로마는 사람들이 살았던 장소가 아니라 그와 비슷하고 길고 풍요로운 과거를 지닌 심적 실체라서, 그 안에서는 형체를 갖추고 있는 그 어떤 것도 죽지 않았다. 그러다 보니 이전의 발전 단계가 모두 가장 최근의 단계와 나란히 존재한다. 로마가 만약 이랬다면 팔라티노 언덕의 황궁과 셉티무스 세베루스의 셉티조니움(Septizonium of Septimus Severus, 셉티무스 세베루스 황제의 이름을 딴 궁전─옮긴이) 궁전은 아직도 원래의 높이를 뽐내고 있었을 것이다.[51]

여기서 프로이트가 복원한 과거는 분명 혼란스럽고 불안한 상태로 나란히 존재한다. 역사는 각기 다른 역사적 순간들이 동시에 발생한 것이 되었다. 그러나 프로이트 식 설명은 역사적 변화라는 측면에서 무언가를 놓치고 있고, 믿을 수 있는 역사적 이야기가 되려면 무언가 부족했다. 그런데 과거에 발생한 그 어떤 것도 역사 기록에서 결코 사라지지 않는다고 가

---

50) 같은 책, 66~67면
51) 같은 책, 21권 70면

정하면 이런 부족함이 해소된다. 만약 역사가나 분석가의 도구들이 충분히 정교하게 조율된다면, 바로 그것들이 물리적 풍경에 유형의 잔여물을 남긴 구체적인 역사의 순간들을 회복할 수 있을 것이다. 이렇게 설명하면 아무 것도 '죽지' 않고, 그러므로 학문의 발전을 막는 장애도 없어져 버린다.

모세의 이야기는 프로이트가 《그라디바(Gradiva)》에서 전개한 억압의 이야기와 더 많이 일치한다. 프로이트가 폼페이와 인간의 마음을 비교하면서 유비의 중심에 둔 것은 회복될 수 있는 것이 아니라 '억압된' 것이었다.

사실, 그로 인해 마음속의 무언가가 접근하기 어려우면서도 동시에 보존되는 억압에 대해 폼페이가 희생된 방식이자, 삽질을 통해 폼페이가 한 번 더 세상에 나올 수 있는 그런 매몰보다 더 좋은 유비의 대상은 없다. 따라서 젊은 고고학자는 폼페이를 젊은 시절의 연애 상대를 생각나게 하는 위안의 원천으로 삼는 환상에 빠질 수밖에 없다. 정말이지, 저자가 그 예민한 감각으로 인류 역사에서 외떨어진 역사적 사건과 개인의 특정한 정신 과정 사이에서 감지해 낸 값진 유사성에 대해 좀처럼 미련을 못 버릴 만도 했다.[52]

프로이트는 《모세와 유일신교》에서 지연된 회상과 억압된 기억들의 현상을 비교했다. "돌이켜 생각해 보면, 두 경우가 외상성 신경증의 문제와 유대교의 유일신교라는 문제처럼 근본적으로 다름에도 한 가지 일치하는 점이 있다. 그것은 바로 잠재로 설명될 수 있는 특성이다." 더구나 프로이트는 이러한 '잠재기'를 흔히 말하는 역사 발전에서 아주 중요하다고 여겼다. 프로이트에 따르면, 역사에서 과거를 기록하는 과정은 잠재기에 꼭 필요한 부산물이다. 역사는 말하자면 '잠재'의 증상이다. 그러나 프로이

---

52) 같은 책, 9권 40면

트는 또 다시 그가 해당 저작의 앞쪽 단락에서 받아들인 듯 보였던 실증주의적 역사관을 불러일으켰다. 여기서 억압이라는 현상은 역사 기록의 출현에 절대적으로 중요한 역할을 했다. 이에 대해 그는 다음과 같이 썼다. "이집트에서 온 그 민족은 문서와 함께 역사를 기록하고자 하는 열망까지 가져왔다. 그러나 역사 기록이 변함없는 정직함을 약속해야 한다는 점을 깨닫기까지는 오랜 시간이 걸렸다."[53] 왜곡, 환상, 억압은 모두 '역사를 기록하고자 하는 열망'에 필수적인 것들이다. 공식적인 역사 기록에 대한 프로이트의 불신은 그의 의심의 해석학과 완전히 일치하는 것 같았다.

후세에 갖가지 엄청난 노력을 기울였지만, 이러한 낯부끄러운 행위를 감추지 못했다. 그러나 모세의 종교는 사라지면서 흔적을 남겼다. 그렇게 남은 기억의 일부는 계속 살아남았는데, 아마 불분명하거나 왜곡된 전통으로 남았을 것이다. 그리고 위대한 과거의 이러한 전통은(이를테면, 보이지 않는 곳에서) 지속적으로 영향을 미쳤고, 갈수록 사람들의 마음에 점점 더 강력한 영향력을 발휘했다.[54]

프로이트가 '이런 낯선 생각'을 설명하기 위해 그리스 역사를 참조했다는 점이 의미심장하다.

우리가 지금과 같은 심리적 통찰력만 있었다면, 슐리만(Schliemann)과 에반스(Evans)가 등장하기 한참 전이라도 그리스인들이 호메로스와 위대한 아테네의 극작가들이 그들의 명작에서 반복적으로 다룬 그 모든 전설의 소재를 어디서 얻었을지 의문을 제기할 수 있었을 것이다. 그리고 이런 의문에

---

53) 같은 책, 23권 68면
54) 같은 책, 70면

대해 이들 민족이 아마 선사시대에 대외적으로 찬란하게 빛나고 문화적으로 활짝 꽃을 피웠던 시기를 경험했고, 그런 시기가 역사적 재앙 때 사라졌지만, 그 시기의 불분명한 전통이 이런저런 전설로 살아남아서라고 답해야만 했을 것이다.[55]

여기서 프로이트에게 고고학은 더 이상 정신 분석의 유비 역할을 하지 않았다. 프로이트와 슐리만은 다소 경쟁 관계였다는 점에서, 프로이트가 환상 연대기에서 정신 분석이라는 끝을 이용해 슐만보다 한참 앞서 트로이의 유물을 발견한 셈이었다. 프로이트에게 호메로스의 《일리아드(Iliad)》는 억압된 정신적 외상의 신경증적 증상이었다.

초기의 정신적 외상−방어−잠재−신경증적 질병 발생−억압된 상태로 부분적 회귀. 이와 같은 공식은 우리가 신경증의 발달 과정을 나타내기 위해 세운 것이다. 독자는 이제 개개인의 삶에서 일어난 것과 비슷한 일이 인류의 삶에서도 일어났다고 가정하는 단계에 초대된 셈이다.[56]

프로이트가 펼친 억압된 상태로의 회귀 이론은 역사 편찬의 매력적인 모형으로 작용했다. 마치 프로이트의 이른바 유대인 학문이 역사 방법의 대안적 설명을 제시함으로써 슈트라우스나 르낭 같은 사람들의 학문에 도전장을 내민 것 같았다. 과거와의 만남에 대한 프로이트의 새로운 설명의 중심을 이루는 기억과 망각, 폭로와 왜곡 간의 복잡한 역학이 가장 잘 구체화된 곳은 원문 왜곡 행위를 살인에 비유한 그 유명한 구절이 아닐까, 하고 생각한다.

---

55) 같은 책, 같은 면
56) 같은 책, 80면

그러나 우리가 오늘날 갖고 있는 그 원문은 우리에게 그것이 겪은 우여 곡절을 충분히 말해 줄 것이다. 서로 반대되는 두 개의 처리 방식이 원문에 각각의 자취를 남겼다. 한편으로는 원문이 수정을 당했다고 할 수 있다. 이러한 수정은 은밀한 목적에 따라 원문을 조작하고, 손상하고, 과장하는가 하면 반대로 바꾸기까지 했다. 다른 한편으로는, 열성적인 신앙이 원문을 관장함에 따라 모든 것을 그때 사정대로 보존하려 했다. 원문이 일관되든 자기모순에 빠지든 상관없이 말이다.57)

프로이트는 성서 원문을 설명하면서 수정주의적이며, 실증주의적인 역사가에 대한 완벽한 인물평을 완성했던 것 같다. 수정주의자는 '자신의 은밀한 목적'으로 원문을 '손상'하는 데 반해, '열성적인 신앙'을 지닌 실증주의자는 '모든 것을 그때 사정대로' 보존하려 했다. 그러나 '원문이 원문을 위해 말하도록' 해 주고자 하는 양심적인 역사가의 열망에도 아랑곳없이 과거는 수용 단계에서 그것을 받아들이는 사람에게 영향을 끼칠 수밖에 없다고 본 것이다. "그리하여 거의 모든 곳에서 두드러진 차이와 불온한 반복과 분명한 모순이 발생했는데, 결국 이러한 것들은 우리에게 소통할 뜻이 없는 상황임을 암시했다." 프로이트 입장에서는 결국 불온한 모순에 맞서야 하는 사람은 바로 실증주의자며, 바로 그런 실증주의자가 가장 통제하기 힘든 것이 저자의 의도와 원래의 의미였다. 프로이트의 설명에 따르면, 원문은 누군가 그것을 적극적으로 전용하려고 할 때보다 '상황을 있는 그대로 보존'하려고 할 때 독자를 변화시킬 수 있는 힘이 훨씬 더 강력해지는 것 같았다. 프로이트 입장에서 변화시킬 힘이 가장 센 해석은 원문에 가장 가깝고자 하는 해석이었던 셈이다.

---

57) 같은 책, 80면

함축적으로 원문의 왜곡은 살인과 비슷하다. 둘 다 해당 행위를 저지르는 게 어려운 것이 아니라 그 흔적을 없애는 게 어렵다는 점에서 그렇다. 우리가 '왜곡(Enstellung)'이라는 단어에 이중의 의미를 부여하는 것도 당연하다. 이 단어에는 그럴 자격이 있다. 하지만 오늘날 그런 의미로 쓰지는 않는다. 이 단어는 당연히 '어떤 것의 모습을 바꾸는' 것을 의미할 뿐만 아니라 '어떤 것을 다른 자리에 가져다 놓는 것, 곧 대체하는 것'도 의미할 것이다. 따라서 원문 왜곡이 많이 일어난다고 해도 우리는 억압되고 부정되어 어딘가 다른 곳에 숨어있는 것을 찾아내리라고 기대할지도 모른다. 설령 많이 바꾸고 원래의 문맥에서 한참 벗어나 있더라도 말이다. 다만 그런 것을 분간하기가 늘 쉽지만은 않을 것이다.[58]

고대 사회의 학자는 항상 원래의 문맥에서 찢겨 나가 대체되고 위장된 원문들과 씨름해야 했다. 그러나 역사의 뿌리 깊은 흔적들이 늘 돌아와 역사를 받아들이는 이를 괴롭혔다. 더구나 과거는 어떤 역사가도 통제하기를 바랄 수 없는 현재에 변화시킬 수 있는 영향력을 발휘했다. 실증주의적인 역사가가 자신의 연구 대상 바깥에 있기를 바랄 수 없듯, 수정주의자는 자신이 받은 원문을 결코 완전히 전용할 수 없었다. 이와 관련해 캐시 캐루스(Cathy Caruth)는 다음과 같이 주장했다.

여러 독자에게 프로이트의 역사에 대한 의심은 무언의 역사 부정을 의미했다. 프로이트는 실제 역사를 정신적 외상의 신기한 역학으로 대체함으로써 역사 참조의 가능성을 이중으로 부정했던 것 같다. 첫 번째, 실제로 그는 독단으로 역사적 사실을 자신의 사변으로 대체했다. 두 번째, 역사적 기억, 아니 적어도 유대인의 역사적 기억은 항상 왜곡의 문제다. 즉 원래의 사건을

---

58) 같은 책, 같은 면

외상성 억압의 소설로 스며들게 함으로써 역사적 사건을 기껏해야 간접적으로만 접할 수 있게 만든다.[59]

그러나 캐루스의 주장에 따르면, 프로이트는 역사를 정신적 외상의 역사로 바꿈으로써 원래의 역사적 순간과 그 순간을 받아들이는 것의 관계에 대해 더욱 흥미로운 주장을 펼쳤다. "잠재기의 현실이라 할 수 있는 정신적 외상의 경험은 …… 결코 완전히 알 수 없는 실체를 잊는 것이 아니라, 그 경험 자체에 내재된 잠재기인 것 같다." 캐루스는 다음과 같이 결론을 내렸다. "왜냐하면 역사가 정신적 외상의 역사라는 것은 역사가 발생할 때 그것이 완전히 파악되지 않음에 따라 역사 자체는 참고용이라는 뜻이기 때문이다. 조금 달리 표현하자면, 역사는 발생 순간에 접근할 수 없는 상태에서만 파악될 수 있다는 뜻이기 때문이다."[60] 프로이트가 역사를 정신적 외상의 역사로 이해하면서 실증주의적 역사관과 구성주의적인 역사관의 대립은 좀 더 약화되었다. 프로이트의 설명대로라면 역사를 받아들이는 과정 자체가 역사적 사건의 '원래 의미'를 전적으로 구성한다. 이것은 역사의 부정을 뜻하는 것이 아니라, 캐루스의 표현대로 역사 자체에 내재된 잠재기를 인정한다는 의미였다.

무엇보다도 프로이트는 원문의 해석을 꾀하는 성서 역사가의 일을 살인을 저지른 것에 비유하면서, 이런 분석의 오이디푸스적 함축을 깨닫지 못했을 리 없다. 더구나 다름 아닌 자신의 책이 다음과 같은 존속살인의 고백과 함께 출간되었다는 점을 알아채지 못했을 리 없다. "어떤 민족에게, 그들이 가장 위대한 자손으로 자랑스럽게 여기는 사람을 빼앗는 것은 선뜻 혹은 함부로 할 짓이 못된다. 특히 그들과 동족인 사람이 할 짓은 더

---

59) Caruth, 1991년 학술지 논문, 185면
60) 같은 책, 187면

더욱 아니다." 곧바로 이 고백에 뒤이어 학문이 주제넘게 나섰다. "우리는 국익이라는 것을 위해 진실을 버리도록 유도하는 그 어떤 의견도 허용할 수 없다."[61] 그러니까 다시 구르구리스의 말을 빌리자면, 프로이트는 역사 편찬에 관해 자신의 주장을 펼칠 때 그 바탕이 되는 '국가적·문화적' 근거들을 깨닫지 못했을 리 없다. 아크로폴리스와 관련된 글에서 유대교 때문에 프로이트가 독일의 친그리스주의에 쉽게 동화되지 못했던 것처럼, '그들과 동족인 사람'이라는 정체성 때문에 《모세와 유일신교》에서 시작한 프로이트의 역사학적 과업은 '선뜻' 혹은 '함부로' 할 짓이 아닌 게 된 것이다. 이 책에서 밝힌 역사 기록의 복잡한 사정은 프로이트가 동시대 학풍에서 물려받은 실증주의적 학문에 쉽게 동화될 수 없었음을 암시한다.

리처드 암스트롱은 아크로폴리스 수필을 탐구하면서 프로이트의 '고대에 대한 강박'을 분석하기 시작했지만 이것은 서곡에 불과했고, 얼마 후 고전 고대에 대한 프로이트의 관심과 참여와 관련해 좀 더 익숙한 원형을 분석했다.

나는 이제 …… 프로이트 자신도 분석했던 고대 강박이 있는 아무개를 내 분석 모형으로 삼을 것이다. 프로이트는 1907년에 빌헬름 옌센(Wilhelm Jensen)의 중편소설 《그라디바(Gradiva)》에 나오는 고고학자 노르베르트 하놀트(Norbert Hanold)를 분석했다. 그러면서 하놀트가 고대의 인물, 즉 그가 '그라디바'라고 이름 붙인 부조 속 우아한 걸음걸이의 여인에게 매료되는 대목에서 억압된 욕망의 계략을 추적할 수 있었다.[62]

프로이트가 중편소설 《그라디바》를 연구했다는 것은 의미심장하다. 왜

---

61) Freud, SE 23권 7면
62) Armstrong, 2005년 첫 번째 책, 12면

냐하면 이 연구의 결과물이, 그가 자신의 부모 가운데 한 명이 아닌 소설 속 인물을 광범위하게 분석한 최초의 책이라는 점 때문이다. 또한 이 연구는 그가 자신의 저작에서 발전시킨 고대와의 광범위한 관계에 중요한 영향을 미쳤다. 이에 대해 암스트롱은 다음과 같이 썼다. "심리적 준비에는 자신이 고대의 기록 보관소에서 직업적 발전과 '객관적 지식'을 향해 승화된 충동이 억압 혹은 접수하고자 애쓴, 바로 그 성욕에 직면했을 때를 대비해 그러한 자각을 발전시키는 것까지 포함된다. 그런데 여기서 그 성욕 자체는 어릴 적 알고자 하는 의지를 불살랐던 성적 관심으로의 회귀를 뜻한다." 르낭처럼 하놀트도 고대의 기록 보관소를 우연히 접하면서 어릴 적 장면을 떠올렸다. 이에 대해 암스트롱은 다음과 같이 말했다. "이는 옌센의 이야기 맨 첫 구절에서 주인공이 자신의 서재에 석고상(옌센도 같은 석고상을 갖고 있었고, 프로이트도 나중에 같은 석고상을 손에 넣게 된다.) 형태로 '소유하고' 있으며, 무의식중에 그를 어릴 적 성적 대상에게 돌려보내는 바로 그 조각된 여인에게 생성된 강렬한 미적 쾌감에 의해 감동적으로 드러난다."[63]

하놀트에게 과거 그리스·로마 시대는 유년기의 억압된 기억을 생각나게 했다. 말하자면 고대의 물질적 유물이 그를 역사적인 과거의 진짜 연애 상대에게 데려다 주는 전달자 역할을 한 셈이다. '고고학적 은유'라는 광범위한 개념에서 그랬던 것처럼, 이 이야기에도 고전고대는 성인의 억압층 아래 숨어있는 어릴 적 기억에 다시 접근하게 도와주는 유용한 매개체 역할을 했다. 전문 고고학자와 마찬가지로 신중한 정신 분석가는 간섭층의 왜곡 효과에도 불구하고 유년기의 기억을 온전하게 밝혀낼 수 있었다. 암스트롱은 이와 같은 개인의 자아인식 이야기가 어떻게 독일의 친그리스주의라는 미학의 문화적 역사와 연관되어 있는지 훌륭하게 보여 주었다.

---

63) 같은 책, 13면

앞서 살펴보았듯, 그런데도 고전고대와 어릴 적 기억의 환유가 르낭이나 하놀트와 옌센 같은 사람들에게는 복잡하지 않게 이루어지는 데 반해 프로이트에게는 그 과정이 훨씬 더 고통스러웠던 것 같다. 프로이트는 하놀트의 그라디바 부조 복사본을 상담실 벽에 걸어 놓았을지 모르나, 서재 바로 밖에는 다른 그림을 걸어 놓았다. 그 그림은 바로 램브란트의 〈계명판을 땅바닥에 던지는 모세(Throwing the Tablets of the Law to the Ground)〉를 바탕으로 만든 판화 작품이었다. 정신적 외상에 좀 더 치우친 유대 역사관과 그의 관계 때문에 프로이트의 저작에서 고대 기록 보관서의 역할을 바라보는 우리의 관점은 근본적으로 바뀌는 결과를 낳았다. 그러니까 프로이트의 역사, 곧 프로이트의 역사 편찬은 아테네와 예루살렘의 충돌, 그라디바와 모세의 갈등에 깊이 연루되어 있었다.

실제로 《모세와 유일신교》의 내용 자체가 불분명한 역사 편찬 전통의 지연된 발현으로 여겨질 수 있다고 생각하면, 프로이트 식 역사 편찬의 '국가적·문화적' 근거들이 훨씬 더 크게 부각된다. 프로이트는 모세의 기원이 이집트라는 이론을 펼침으로써 19세기 지성계를 지배했던 서로 다른 고대 문화(그리스, 로마, 이집트, 페니키아 문화 등)의 최고 자리를 둘러싼 논쟁에서 그 중심에 서게 되었다. 마틴 버낼은 이와 같은 고대 문화 간의 경쟁에서 이집트는 단층선 역할을 한다고 생각했다. 바로 이와 같은 이집트에 관한 입장에서 고대 사회에 대한 19세기 역사 편찬의 급진적 정치학이 어떠했는지를 가늠할 수 있다. 게다가 얀 아스만(Jan Assmann)이 보여 주었듯, 이집트 문화를 특별하게 취급한 프로이트는 그리스도교의 유일신교와 세속적인 유럽의 친그리스주의라는 이중의 세력에 대한 '반종교'로서 이집트에 관심을 쏟았던 많은 계몽주의 사상가의 계보를 잇게 되었다.[64]

---

64) Assmann의 1997년 책을 참조

프로이트가 집단정신을 설명할 때 모세가 오이디푸스의 역할을 차지함에 따라 프로이트 식 역사 서술의 초점은 헬레니즘에서 헤브라이즘으로 바뀌었다. 특히 예루샬미는 프로이트가 성서 속 인물인 모세의 죽음에 관심을 기울이면서 친그리스적인 프로이트가 자신의 아버지가 믿었던 억압된 히브리 종교로 돌아왔다고 해석했다.[65] 그러나 알다시피 《모세와 유일신교》는 아버지의 부활은 고사하고 오히려 존속살인의 시발점이었다. 프로이트는 모세를 이집트 사람으로 만듦으로써 유럽의 유일신교 전통의 기원이 분명 유대교에 있음을 겉으로는 부정하는 듯 보였지만, 결국 그런 유대교적 성향을 단언한 셈이었다. 한편으로 프로이트의 모세는 전혀 유대인이 아닌 사람이 됨으로써 마침내 유대인들에게 받아들여지는 많은 유대인과 연속선상에 있었다. 여기서 "실제로는 유대인이 아닌 유대인이 있는게 틀림없다."고 한 레싱의 말이 떠오를 것이다. 관련 증거가 충분히 입증하듯 프로이트가 초기에 카르타고의 한니발 장군과 자신을 동일시했을 때 ("젊은 시절 나는 한니발과 로마가 유대인들의 강인함과 가톨릭교회 조직의 갈등을 상징한다고 생각했다.")[66]처럼, 그가 모세와 자신을 동일시할 때 유대인이라는 프로이트의 정체성은 그리스·로마 문명의 반대편에 존재하고 있으면서도 아버지의 종교에 쉽게 동화될 수 없는 유대인의 전통으로 바뀌었다. 다른 한편으로 프로이트는 유럽 중심의 설명은 물론, 유대인 중심의 설명에서 드러나는 배제의 수사를 거부했던 것 같다. 프로이트는 긴 역사에 걸쳐 그리스인과 유대인 모두 순수성을 고집하는 사고에 반기를 들면서, 이집트인 모세로 하여금 그리스인이 아니면서도 유대인에 대한 반유대주의적 고정 관념을 확실히 헛갈리게 하는 잡종 인물을 만들어 냈다.[67] 프로이트가 《모세와 유일신교》을 집필할 당시는 아리안족과

---

65) Robert의 1977년 책과 Rice의 1990년 책도 참조
66) Freud, SE 4권 196면 ; 또한 Armstrong의 2005년 첫 번째 책, 222~224면을 참조
67) 이 부분은 Said가 2003년 책에 자세히 설명해 놓은 해석을 기초로 했다.

셈족의 논쟁이 나치즘이라는 정치학에서 광분한 채 그 의미를 문자 그대로 해석한 경우의 극치를 보여주던 때였다. 그런데도 이 저작은 보편적 역사, 즉 인종이나 문화를 구별하지 않은 채 전반적인 인류의 발전을 다루었던 역사의 도발적인 사례로 꼽힌다. 이렇듯 프로이트는 학문적 이성과 관념적 이성을 위해 학계에서 퇴출된 역사 편찬의 모형을 지지했다.

이런 관점에서 프로이트가 이 책에서 가장 광범위하게 인용한 고대 역사가가 바로 에두아르트 마이어(1855~1930)라는 점은 주목할 만하다. 에두아르트 마이어는 프로이트의 《모세와 유일신교》가 출간되기 거의 반세기 전 인물임에도, 아르날도 모밀리아노는 그의 보편적 역사 유형을 무정부주의로 규명했다.

1880년 무렵의 시대 상황에 비추어 볼 때, 마이어의 고대 역사관은 어떻게 보면 지금은 쇠퇴한 보편적 역사의 구사상과 밀접하게 관련되어 있지만, 또 다르게 보면 메소포타미아에서 이베리아 반도까지 뻗어나가는 구체적인 정치·문화적 관계를 확언했다고 볼 수 있다. 그런데 당시의 사가들이 이런 관계를 전반적으로 인정했던 것은 아니다.[68]

마이어는 19세기 말에 점점 더 보기 드물어진 경이로운 인물로서 그리스와 로마 못지않게 극동 지역의 셈족 문화에도 조예가 깊은 학자였다. 이렇듯 마이어는 점차 전문화되는 학계와 동시대 학자들에게 셈족 문화와 유럽 문화를 나란히 놓는 것 자체가 아주 불쾌한 일이 될 만큼 이민족에게 편협했던 당시의 풍토에 반기를 든 셈이었다. 그러나 에두아르트 마이어는 결국 학문적으로는 급진주의에 속했으나, 정치적으로는 험악한 보수

---

68) Momigliano, 1994년 첫 번째 책, 213면과 Marchand의 2009년 책, 206~211면을 참조

주의에다 개인적으로는 반유대주의의 길을 걸었던 인물이다.[69] 다시 말해 프로이트는 역사적으로 모세의 이집트 기원설을 설명할 때, 정치적 상황상 불가능해진 뒤에도 한참 동안이나 보편적 역사의 가능성을 끊임없이 믿었던 반유대주의자의 저작들을 근거로 삼았던 셈이다.

정신성의 승리

그러니까 프로이트의 역차 편찬은 그 형식과 내용 모두 19세기 학문의 수칙들에 이의를 제기한 것이나 다름없었다. 프로이트의 언어학은 역사주의의 실증주의적 토대에 반기를 든 동시에 역사주의 식 역사 서술이 보여 준 인종적 배타주의에 의문을 제기했다. 프로이트가 '역사적 진실'을 찾기 위해 그린 모세의 생애는 언뜻 르낭의 《예수의 생애》와 비슷한 기획처럼 보일지 모르나, 특유의 방식으로 이 '역사적'이라는 개념을 재정의함으로써 19세기 중반에 나온 전작과 분명하게 거리를 두었다. 더구나 그는 유일신교의 기원을 저작의 핵심 문제로 삼아 르낭에게 훨씬 더 직접적인 항의의 뜻을 전달했던 것 같다. 르낭은 다음과 같이 주장한 것으로 유명하다. 셈족에게 '유일신교의 본능'이 있다. "셈족의 의식은 명확하나 스스로 약간 궁지에 몰려 있다. 그들의 의식은 단일성을 완벽히 이해하지만 다양성은 이해할 수 없다. 이들 의식의 모든 특징이 집약된 곳이자 그 특징들을 설명해 주는 것이 바로 유일신교다."[70] 르낭은 유대인의 유일신교가 셈어의 특징인 불가변성과 똑같은 특성을 띠고 있다고 여겼다. 이에 대해 올렌더는 다음과 같이 표현했다.

---

69) Calder와 Demandt의 1994년 책, 446~504면과 Momigliano의 1994년 첫 번째 책, 207~222면을 참조
70) Renan, 1855년 책, 5면

한 민족의 정신은 그들이 쓰는 언어 체계와 서로 떼려야 뗄 수 없는 관계기 때문에 '그들의 사고 자체도 유일신교를 닮았다.' 더구나 르낭에게 언어는 무엇보다도 인종의 문제, 즉 형질 인류학의 열렬한 신봉자들에게 두개골 모양이 그렇듯 결정적인 영향을 미치는 '특질'이었기 때문에 셈어는 '유일신교를 신봉하는 민족의 기관(器官)'이 되었다.[71]

따라서 르낭이 볼 때 유대인은 인종적으로 '철학적·학문적 교양이 없는 것'의 근원인 종교적 태도로서 유일신교적 성향을 띠고 있었다.[72]

유일신교는 누군가 만들어낸 게 아니다. 그래서 그와 같이 심오하고 독창적인 사상들을 사유해 온 인도는 오늘날 아직 이 단계에 이르지 못한 것이다. 그리스 정신의 전체적인 기동력은 셈족의 협력 없이 인류를 다시 유일신교로 돌려놓을 만큼 충분하지 않았다. 아울러 셈족은 다름 아닌 그들의 본능과, 그들의 정신과, 그들의 마음속에서 신성한 단일체의 교리를 마주치지 않았다면 결코 그것을 정복하지 않았을 것이다.[73]

르낭에게는 유일신교가 결코 발명품이 될 수 없었다. 왜냐하면 무언가 발명하려면 반드시 이성과 창의성을 발휘해야 하는데, 그는 셈족에게 이 두 가지 특성이 없다고 강력하게 주장했기 때문이다. "비판적이고, 독립적이고, 준엄하고, 대담하고, 그리고 철학적인 진리 탐구의 성향은 인도 오지에서 서반구 양극단과 북부 지역에 이르기까지, 고전고대에서 오늘날에 이르기까지, 이성의 체계를 통해 신과 인간과 세상을 설명하려 했던 인

---

71) Olender, 1992년 책, 57면
72) Renan, 1855년 책, 8면
73) 같은 책, 5면

도유럽 인종에게 있었던 것 같다."[74] 속성 분포 면에서 셈족은 '유일신교적' 속성을 타고 난 것으로 인정될지 모르나, 그들이 조금이라도 자랑스럽게 여길 수 있는 속성은 아니었다. 자신들의 '깊이'와 '독창성'에 대해 기뻐할 수 있는 인도인이나 그리스인과 달리, 유대인은 매개자가 없기 때문에 그들의 '유일신교적 본능'을 책임질 수 없다고 본 것이다. 더구나 그들의 '유일신교'는 그들의 더욱 보편화된 지적 정체의 증상인 것이 분명했다.

반면에 프로이트는 확실히 '유일신교의 발명'을 그가 특별히 유대인의 속성으로 생각한 '지성의 발전'의 증상으로 간주했다. 특히 한 가지 금지 규정이 모세와 관련된 유일신교의 개념에 아주 중요했기 때문이다.

모세 종교의 계율 중에는 처음 보기보다 훨씬 더 중요한 계율이 하나 있다. 그것은 신의 형상을 만들지 말라는 계율인데, 이는 사람이 볼 수 없는 신을 숭배해야 한다는 강박이다. 이 점에서 나는 모세가 아톤 종교의 엄격함을 능가하고 있었던 게 아닌가 생각한다. 어쩌면 그는 단순히 한결같고 싶었는지도 모른다. 그래야 그의 신이 이름도 없고 얼굴도 없을 테니까 말이다. 그게 아니면 불가사의한 힘의 남용을 막기 위한 신선한 조치였을 수도 있다. 그러나 이런 금지 규정을 받아들였다면 틀림없이 엄청난 효과가 나타났을 것이다. 왜냐하면 그것은 감각 인식이 이른바 추상적 개념이라는 것보다 뒷전으로 밀렸다는, 다시 말하면 정신성(Geistigkeit)이 감각(Sinnlichkeit)을 누르고 승리했다는 뜻이다. 더 엄격히 말하자면 그에 따른 불가피한 심리적 결과들에도 불구하고 본능의 포기를 뜻하기 때문이다.[75]

---

74) 같은 책, 3면
75) Freud, SE 23권 112~113면

프로이트는 모세가 우상 금지 조항을 만든 것이야말로 유대인의 지적·영적 발전의 핵심이라고 여겼다. 프로이트가 사용한 정신성(Geistigkeit)이란 단어는 의식적으로 헤겔과 독일 이상주의의 용어를 흉내 낸 것으로, '정신성'의 승리는 유대교에 일어날 수 없는 일이라고 선포했던 바로 그 용어였다.[76] 그러나 프로이트가 풍자적으로 정신성이라는 헤겔 식 용어를 사용했음에도, 그가 유대인의 '추상적 개념'의 승격으로 특징지은 대목에서 우리는 헤겔의 노아와 그가 세상을 치유하는 도구로 사용하려던 '사고의 산물'의 흔적을 느낄 수 있다. 더구나 프로이트는 모세의 유일신교에서 르낭이 가장 후진적인 특질로 분석한 바로 그 '엄격함'을 가장 큰 발전의 원천으로 만들었다. 또한 특유의 엄격한 유일신교 개념을 전개하면서 모세라는 적극적인 매개자를 강조함으로써 셈족의 유일신교가 지닌 본능적 속성에 대해 르낭이 확언했던 내용을 분명하게 반박하고 나섰다. 유대인에게 유일신교는 결코 본능적인 것이 아니라 본능의 궁극적 포기였다. 여기서 니체의 자취가 느껴진다는 점이야말로 가장 놀랍다. 프로이트의 《문명 속의 불만》을 읽어본 독자들은 프로이트에게 본능의 포기는 문명을 수립하는 데 필요한 전제 조건임을 아주 잘 알고 있을 것이다. 그러나 그가 초기 저작에서는 이와 같은 포기에 대해 니체와 같이 양면적 태도를 취했던 것이다. 이에 반해 《모세와 유일신교》에서는 이 용어가 완전히 긍정적인 뜻으로 쓰인 것 같다. 이와 관련해 얀 아스만은 다음과 같이 말했다. "프로이트는 …… 우상에 대한 금지의 형태로서 모세의 특성을 중대하고 굉장히 값진, 그래서 무슨 일이 있어도 포기해서는 안 되는 뜻 깊은 유대인의 업적으로 소개하고자 했다. 그리고 그렇게 함으로써 자신의 정신 분석이 그와 같이 특별한 유대인의 발전 유형을 한 단계 더 높여줄 것이라고

---

76) Bernstein, 1998년, 33면

확신할 수 있었던 것 같다."[77]

르낭이 인도유럽의 관념과 셈족의 관념이 조화할 수 없음을 강조하려고 했다면, 프로이트는 이와 달리 이런 지적 업적을 설명하기 위해 그리스 문화에서 발견된 유사성을 활용했다.

우리는 차후의 또 다른 과정을 훨씬 쉽게 이해할 수 있다. 우리가 여기서 깊이 파고들 필요가 없는데다, 부족하게나마 나름대로 알려진 외적 요인들의 영향으로, 모계 중심의 사회 질서에 뒤이어 부계 중심의 사회 질서가 들어섰다. 물론 그 과정에서 그때까지 널리 퍼져 있던 사법 규정에 일대 혁명이 일어났다. 이런 혁명의 흔적은 아이스킬로스의 《오레스티아(Oresteia)》에서 여전히 느낄 수 있는 것 같다. 그러나 어머니에서 아버지로 넘어가는 이러한 전환점은 지성이 감각을 누르고 승리했다는 것뿐만 아니라 문명의 발전을 상징했다. 왜냐하면 모성은 감각의 증거로 입증되는 데 반해 부성은 추론과 전제에 바탕을 둔 가설이기 때문이다. 이런 식으로 감각에 의한 인식보다 사고 과정을 지지하는 것이 중대한 조치라는 게 드러났다.[78]

프로이트는 유대 민족의 지적 발전을 설명할 때 바로 이 《오레스티아》와 그 속에 등장하는 결정적인 성 역할의 재분배를 그 근거로 삼았다.[79] 프로이트가 그리스인으로 상징되는 문명의 발전에서 중요한 역할을 한다고 보았던 '감각'을 누른 '지성'의 승리는, 모세가 유대인에게 준 선물로 해석했던 프로이트의 추상적 사고의 발달과도 똑같이 관련되어 있었다. 르낭이라면 학문과 철학이라고 부를 추상적 사고는 인도유럽인의 독점적

77) Assman, 2010년 책, 87면

78) Freud, SE 23권 113~114면

79) 프로이트의 '되다가 만 모계 중심'의 측면에서 이 구절을 분석한 내용에 관해서는 Armstrong의 2005년 첫 번째 책을 참조

속성이 아니라(모계 사회를 누른 부계 사회의 승리가 그렇듯), 그 이름에 어울리는 모든 문명에 공통적으로 존재하는 현상이었다. 그러나 프로이트 식 주장의 논리에 따르면, 그런 속성을 똑같이 물려받았음에도 《오레스티아》를 설명해주는 것은 유대 전통이었다. 유대의 유일신교는 그리스의 지성 발달에 의미를 부여하는 원형이었다. 프로이트는 그리스의 '정신성의 승리'에 단서를 제공해 준 이들이 바로 유대인이라는 도발적인 주장을 펼쳤다. 이에 대해 아스만은 다음과 같이 표현했다. "따라서 프로이트가 유대교와 유대 민족이 인류 역사에 기여한 공로를 어떻게 이해했는지, 다음과 같이 요약하면 무리가 없을 것이다. '지성을 발달시키는 게 인류의 운명이라면 유대인이 선구자일 것'이다."[80]

아래에 나오는 《모세와 유일신교》 속 단락의 맺음말에서 분명하게 드러나듯, 프로이트는 그와 같은 주장을 할 때 속으로 그리스인과 유대인이라는 이분법을 생각했던 것 같다.

유대 민족의 삶에서 약 2천년이나 이어져 온 탁월한 지적 노동은 당연히 효과가 있었다. 그 덕분에 완력을 키우는 것이 대중적인 이상인 곳에서 드러나기 쉬운 야만성과 폭력성을 억제할 수 있었다. 유대인들은 그리스인들처럼 지적 활동과 신체적 활동을 조화롭게 갈고 닦는 데 성공하지 못했다. 유대인들은 이와 같이 양분된 활동 중에서 고르라면 최소한 더 가치 있는 쪽을 선택했다.[81]

프로이트의 분석은 유대인을 '탁월한 지적 노동'의 주인으로 만들었어도 인도유럽 인종과 셈족으로 나눈 르낭의 설명과 큰 차이를 보이지는 못

---

80) Assmann, 2010년 책, 89면
81) Freud, SE 23권 115면

했다. 그런데도 프로이트의 노동 분류 방식의 이면에는 다른 그리스인과 유대인의 대립 구도가 가동되고 있었던 것 같다. 프로이트의 설명에 따르면 유대인은 정신 그 자체고, 그리스인은 육체였다. 이들은 '지적 활동과 신체 활동을 조화롭게 갈고 닦았다. 다시 말해 이들은 빙켈만 식 조화의 전형적인 예였다.

프로이트는 여기서 르낭보다 니체, 하이든, 그리고 아널드와 더 많은 공통점을 드러냈다. 일례로, 하이네는 다음과 같이 썼다. "모든 사람은 유대인 아니면 그리스인이다. 즉 지적인 생각에 빠진 금욕적이고 우상 파괴적인 본능을 지닌 사람들 아니면, 그들 자신의 유기적 성장에 자부심을 느끼는 밝고 현실적인 기질의 사람들이다."[82] 조화는 사치가 아니라서 유대인이 감당할 수 있는 것인지도 모르지만, 프로이트는 그대로 유대인들이 '좀 더 가치 있는 쪽'을 택했다고 주장했다. 프로이트가 기고문으로 따로 게재한 이 단락의 이전 판에서는 마지막 문장이 약간 다르다는 점을 주목할 만하다. "유대인들은 이와 같이 양분된 활동 중에서 고르라면 최소한 문화적으로 더 의미 있는 쪽을 선택했다."[83] 좀 더 '문화적으로 의미 있는 쪽'에서 '좀 더 가치 있는 쪽'으로 바뀐 것을 두고 혹자는 프로이트가 왜 문화 역사가의 객관적 입장에서 유대 문화를 편파적으로 옹호하는 사람으로 변했는지 물어볼 것이다. 어쩌면 프로이트는 특히 그 순간에 그리스인과 유대인의 대립 구도에 관해 편을 정해야 한다는 것을 알았는지도 모른다.

프로이트는 유대인의 지적 노동에 몰두함으로써, 우리가 이 책에서 지금껏 더듬어 온 유대인을 둘러싼 광범위한 철학적 논쟁에 기여했다고 볼 수 있다. 실제로 그가 '정신성'이라는 용어를 사용해 분명히 밝혔듯, 프로

---

82) Heine, 1994년 책, 350면
83) Freud, SE 23권 115면 주석2 참조

이트의 논박은 르낭 같은 인물의 역사서 못지않게 유일신교의 기원을 둘러싼 철학적 논쟁에도 많은 말을 하고 있는 것 같다. 알다시피 유일신교와 이성의 발달 사이의 관계는 계몽시대 이후 철학자들의 주된 관심사였다. 일례로, 유일신교에 대한 프로이트의 입장은 그가 "모든 철학자 가운데 가장 존경하고 흠모한" 바로 '그 남자'인 포이어바흐의 입장과 아주 뚜렷하게 반대된다는 점이 흥미를 끈다. 혹자는 포이어바흐의 다음과 같은 주장을 떠올릴지도 모른다. "학문도 예술처럼 오직 다신교에서만 생긴다. 다신교는 선하고 아름다운 것은 무엇이든 차별 없이 솔직하게 대하고, 열린 마음으로, 시샘하지 않고 이해하는 마음, 즉 세계 관념이자 우주 관념이기 때문이다. 그리스인은 시야를 넓혀 더 넓은 세상을 바라본 데 반해, 유대인은 오늘날까지도 예루살렘만을 바라보며 기도를 올린다."[84] 우리가 이전 장에서 살펴보았듯, 포이어바흐가 유대교의 성격을 묘사할 때 여러 가지 특이한 점들이 드러나긴 했어도 그의 유일신교와 다신교 관련 평론들에는 묘하게도 셈족과 인도유럽인을 다룬 르낭의 후기 저작들이 엿보였다. 포이어바흐는 변치 않고 내향적인 유일신교도들과 역동적이고 개방적인 다신교도들을 비교했다. 르낭이 후에 "사막은 유일신교도의 것이다."라고 주장했는데, 그에 앞서 이미 포이어바흐가 유일신교에 사막처럼 지적 열망이 없다고 밝힌 바 있었다.

이렇게 포이어바흐와 헤겔은 유대인이 자연을 적대시한다고 설명한 점에서 아주 비슷한 데 반해, 유대인의 추상적 사고 성향이라는 문제에 관해서는 서로 아주 다르게 설명했다. 포이어바흐는 유대인에게 확실히 '이론적' 사고가 부족하다고 본 반면, 헤겔은 노아가 추상적 사고에 지나치게 의존했다고 비판했다. 헤겔이 노아와 '좀 더 아름다운 한 쌍인 데우칼리온과 피라'를 비교할 때 유일신교의 '관념'의 횡포와 삶을 긍정하는 다

---

84) Feuerbach, 2008년 책, 95~96면

신교의 아름다움이 충돌했다. 포이어바흐는 학문도 예술처럼 오직 다신교에서만 나온다고 여겼지만, 헤겔은 유대인에게 이론적 사고의 속성을 부여하고 그리스인에게는 심미적 속성을 부여함으로써 이들 두 분야를 따로 떼어서 평가하고 싶었던 것 같다.《그리스도교의 정신과 그 운명》에서 헤겔이 전개한 주장에 따르면, 노아의 '사고의 산물'이 그렇게 수상쩍게 보였던 이유는 바로 유대교가 계몽주의의 지적 횡포와 관련되어 있었기 때문이다. 헤겔은 유대교를 도구적 이성은 물론이고 개인을 계율과 추상적 명령이라는 외적 통치 양식에 종속시키는 칸트의 윤리론과도 관련지었다. 유대인이 본능의 포기를 통해 지적 통달을 성취했다는 프로이트의 확언에서 헤겔과 포이어바흐의 자취가 느껴질 뿐만 아니라, 유대인에게 '노예의 도덕'에 대한 책임을 물었던 니체의 목소리까지 고스란히 전달된다. 프로이트는 본능 극복을 아주 다르게 평가함으로써 유럽 도덕성의 '유해한' 유대인화를 둘러싼 니체의 주장을 신랄하게 비판한 셈이었다. 니체가 뜻하는 독이 든 잔은 프로이트가 유대인이 인류에게 봉헌했다고 보는 '은밀한 선물'과 대비된다.

그러나 니체의 흔적이 더욱 명백하게 드러나긴 해도 프로이트는 이런 관심과 연구 덕분에 유대교와 계몽주의의 관계를 둘러싼 오래된 논쟁에 참여할 수 있었다. 프로이트는 우리가 어떻게 그리스의 다신교가 아닌 유대인의 유일신교 덕분에 추상적 사고를 할 수 있게 되었는지 강조함으로써 지성의 역사와 관련해 아주 도발적인 주장을 펼쳤다. 프로이트의 모세에서 우리는 유대교가 인류에게 이성이라는 선물을 선사했다고 주장했던 또 다른 모세, 즉 모제스 멘델스존을 떠올릴 수 있다. 프로이트는 앞선 시대의 모제스 멘델스존처럼 유대교를 이성의 종교로 회복시키려 했던 것 같다. 더구나 멘델스존과 마찬가지로 유대교에 대한 그리스도교의 적대감과 관련된 광범위한 담론이라는 맥락에서 이러한 주장을 펼쳤다. 멘델스존은 의식적으로 유대교적 이성과 그리스적 이성을 융합한 것 때문에 동시대 사상가들로부터 그리스도교로 개종하라는 요구에 시달려야 했다. 프로이트 자신은 유대인의 지적 자신감, 곧 그들의 우월한 이성을 그리스도교의 반유대주의 원천으로 여겼다. 혹자는 프로이트가 유대인의 이성이 어떻게 그리스의 이성보다 앞서는지 밝히려 했을 뿐만 아니라, 그리스인에게만 독점적으로 이성의 속성을 부여하는 것이 어떻게 그리스도교의 반유대주의 산물인지 보여주려 했다고 주장할 수 있을 것이다. "너 자신을 알라"는 델포이의 명령을 집요하게 추구했던 프로이트는 종종 20세기의 소크라테스로 판명되고는 했다. 그러나 프로이트의 《모세와 유일신교》에서 그가 18세기의 소크라테스(모제스 멘델스존)와 매우 깊은 관계가 있다는 게 드러났다.

한니발과 빙켈만, 그 사이

아크로폴리스 방문부터 이집트인 모세와의 만남에 이르기까지, 프로이트와 고대의 관계는 19세기의 지적 풍토를 지배했던 헬레니즘과 헤브라이즘, 아리안족과 셈족의 대립 구도와 관련된 광범위한 논쟁과 깊이 연관되어 있는 것 같다. 학자들은 유럽이 최악의 암흑시대로 접어들 때 어떻게 프로이트가 오이디푸스에서 벗어나 모세를 찾는 여정을 떠나게 되었는지에 주목하고는 했다. 일례로, 자크 르 헤데르는 그토록 의미 있는 궤적을 더듬어 봤다.

프로이트는 고대 그리스에 대해 언급한 덕분에 바로크인과 고대 로마인에 가까웠던 빈의 '수호신(genius loci, 원래는 "이 땅을 지키는 수호신"이라는 뜻 -옮긴이)'에서 차별화될 수 있는 기회를 얻었다. 그러나 결과적으로 그는 그 여행을 통해 아크로폴리스를 벗어나 시나이 계약으로 돌아오게 되었다. 그것은 종교로 귀환한 게 아니라, 유럽 문명이 허물어지고 있을 때 도덕과 학문적 이성의 새로운 토대를 찾으러 돌아온 것이었다.[85)]

르 헤데르가 분명하게 설명해 준 것처럼, 프로이트가 그리스인과 유대인의 대립 구도를 설정하는 데 그리스도교 로마와 프로이트의 관계가 결정적인 매개 역할을 했다. 칼 쇼스케(Carl Shorske)는 르 헤데르가 프로이트를 위해 준비한 궤적은 나치즘이 공식적으로 부상하기 오래 전에 이미 예견되었던 것임을 입증했다. "1930년대에 쓴 《모세와 유일신교》는 프로이트가 자신의 로마 신경증을 분석하면서 마음속으로 더듬었던 문제, 즉 유대인과 비유대인의 관계를 역사의 틀에서 탐구했다."[86)] 사실 프로이트는 아크로폴리스 여행과 관련된 회고담과 모세에 대한 설명서가 나오기 약 30년 전부터 유대인과 비유대인의 만남의 장으로서 고대 그리스·로마에 관심을 갖기 시작했다. 그는 《꿈의 해석》에서 자신이 로마 여행을 하고 싶은 열망을 실현할 수 없는 문제를 병적 증상으로 보고, 그것과 연관된 일련의 꿈들을 찬찬히 돌아보았다.

나는 요즘 로마에 가고 싶은 마음 때문에 연이어 꾸게 된 꿈들에 대해 생각하고 있다. 왜냐하면 앞으로도 오랫동안 꿈속에서 그런 갈망을 채울 게 분명하기 때문이다. 더구나 로마에 머무는 것은 건강상의 이유 때문에라도 피해야 하기 때문이다. 한 번은 객차에 앉아 창밖으로 티베르강과 산탄첼로 다리를 바라보고 있는 꿈을 꾸었다. 그 기차가 움직이기 시작하자 갑자기 내가 그 도시에 발조차 들여놓지 않았다는 것이 생각났다. 내가 그 꿈에서 본 것은 그 전날 한 환자의 집 거실에서 보았던 유명한 판화 속 광경이었다.[87)]

85) Le Rider, 2002년 책, 뒤표지
86) Schorske, 1998년 책, 207면
87) Freud, SE 4권 194면

프로이트가 '그 도시에 발을 들여놓을' 수 없는 이유를 설명한 데서, 그가 약 30년 후에 롤랑에게 보낸 편지에 소상히 밝혔듯 아테네에 갈수 있을지 여부를 고민하는 그의 모습이 강하게 예견된다. 그러니까 프로이트가 자신의 정신 분야와 관련된 최초의 역작에서 긴 지면을 빌려, 이미 자세히 설명한 '로마 증상'이 그의 '아테네 증상'의 전조였던 셈이다.[88] 더구나 그가 꿈에서 가보았다고 생각한 로마가 사실은 빈을 떠날 필요도 없이 어느 집에서나 보았던 그저 '유명한 판화'에 지나지 않았다는 것을 깨달았다는 대목은, 프로이트가 이후 아크로폴리스에서 '현실감 상실'을 겪게 되리라는 복선이나 다름없다.

프로이트가 아테네를 '과거 본래의 모습 그대로' 체험할 수 없었다고 한다면, 그가 로마를 접하는 방식은 훨씬 더 간접적이어서 판화라는 대중적인 복제품을 통해 말 그대로 중개 받게 된 셈이다. 그러나 본인이 분명하게 설명했듯, 프로이트가 이 꿈에서 경험한 단절감은 외떨어진 사건이 아니었다.

또 언젠가는 누군가 나를 언덕 꼭대기로 데려가 반쯤 안개에 덮인 로마를 보여 주었다. 그런데 아주 멀리 있는 그곳이 무척이나 선명하게 보여 깜짝 놀랐다. 그 외에도 이 꿈의 내용은 더 많은데, 내가 자세히 설명을 못 하겠다. 어쨌든 '저 멀리 보이는 약속의 땅'이라는 주제만큼은 확실했다.[89]

프로이트가 다시 로마를 체험하려고 했을 때는 안개에 휩싸여 윤곽이 희미했다. 저 멀리 지평선 위로 보이는 그곳은 아득했지만 이상하리만치 가깝게 느껴졌다. 아마 예상과 달리 가까이 보였던 것은 밤눈임에도, 그에

---

88) 프로이트의 '로마 증상'을 좀 더 정신 분석학적으로 해석한 글에 관해서는 Robert의 1977년 책과 Goldstein의 1992년 책을 참조

89) 프로이트, SE 4권 194면

게 뜻 깊은 '주제'의 친숙성 덕분이었을 것이다. 프로이트의 로마는 '약속의 땅'이라는 좀 더 감동을 짜내는 상투어가 대신했다. 프로이트는 로마를 보고 있다고 생각했지만 실제로 그가 본 것은 예루살렘이었다. 새롭고 간절히 기다리던 고대 도시에 익숙하고 '실망스러운' 성서적 '주제'가 덧씌워진 것이다. 어쩌면 앞선 세대의 르낭처럼 프로이트에게도 "고전적인 사람이 되어야겠다는 다짐이 결국 그를 반대 방향으로 몰고 간" 모양이다. 그러나 블루마 골드스타인(Bluma Goldstein)은 다음과 같은 견해를 밝혔다. "꿈꾸는 사람이 자신을 모세와 동일시했기 때문에 …… 특히 중요한 꿈이다. 그러나 이러한 동일시는 문제가 있다. 왜냐하면 프로이트가 예루살렘을 제치고 로마를 선택하는 과정에서 유대교의 중심지인 가나안 땅이 아니라, 고대 그리스·로마 문화와 그리스도교의 중심인 로마에서 혼자 힘으로 역사를 개척했기 때문이다."[90] 골드스타인은 유대인 프로이트가 모세와 동일시할 것으로 기대했지만, 오히려 그가 고대 및 그리스도교 문화에 동화되고 싶어 한다는 것을 알았다. 그런데도 그의 이른바 로마 공포증이 상징적으로 보여주듯, 프로이트는 이러한 종속적 입장을 떠맡을 수 없었던 것 같다. 실제로 뒤이어 나온 구절에서 그는 자신과 '영원한 도시'와의 관계를 분명히 밝혔다.

이탈리아로 떠나는 마지막 여행에서 …… 마침내 …… 내가 그 영원한 도시를 갈망하는 마음이 젊은 시절에 받은 느낌들 때문에 어떤 식으로 더욱 강해졌는지 알게 되었다. 나는 내년에 로마를 우회해 나폴리로 여행을 떠날 계획을 세우는 중이었다. 그런데 그때 문득 어느 고전파 저자의 책에서 보았을 게 틀림없는 한 문장이 떠올랐다. "그는 로마에 가는 계획을 짠 후에 부교장인 빙켈만과 최고 사령관인 한니발 중 어느 쪽이 더 못 참을 만큼 귀찮

---

90) Goldstein, 1992년 책, 70면

게 그의 서재를 들락거렸을까를 두고 입씨름이 벌어졌을지도 모른다." 91)

프로이트의 암시에 따르면, 그는 로마를 정복하고자 하는 마음에 빙켈만 식이나 한니발 식으로 소원 성취의 환상을 재연했을 수도 있었다. 그러나 프로이트가 '고전 문화의 중심인 로마에서 혼자 힘으로 역사를 개척'할 기회를 얻었을 때 그는 '부교장'을 제치고 '한니발과 동일시하기로 결정했다. 그는 고전 문화의 신봉자 자격으로 로마를 체험하길 소망했던 게 아니었다. 오히려 로마를 향한 그의 열정은 젊은 시절의 갈망에서 비롯된 것이었다.

한니발은 …… 중고등학교 시절 내가 가장 좋아한 영웅이었다. 그 또래 수많은 남학생이 그랬듯, 나 역시 포에니 전쟁에서 로마 사람들이 아닌 카르타고 사람들의 처지를 공감했다. 그러다가 상급반에 올라가서 처음으로 이민족에 속한다는 것이 어떤 의미인지 이해하기 시작한데다, 다른 남학생들 사이에 감도는 반유대주의 감정이 내게 분명한 입장을 취해야 한다는 경고로 받아들여졌다. 그러자 그 셈족 장군을 한층 더 존경하게 되었다. 어린 마음에 한니발은 유대인들의 강인함과 가톨릭교회 조직의 충돌을 상징했다. 92)

프로이트는 고대 및 그리스도교 문화에 동화되고자 하는 열망이 아니라, 로마에 가고자 하는 좌절된 야망을 적국을 정복하지 못한 것으로 나타냈다. 프로이트는 스스로 인정한 '이민족'으로서 영원한 도시가 나오는 꿈을 체험했다. 그가 나중에 《모세와 유일신교》에서 분석했듯, 프로이트

---

91) Freud, SE 4권 16면
92) 같은 책, 같은 면

가 생각한 로마와 예루살렘의 대립 구도에는 인종과 종교의 문제도 포함되어 있었다. 프로이트는 한니발과 동일시하면서 이교국 로마와 한니발의 만남을 인종 간 충돌로 생각했다. 프로이트는 다름 아닌 한니발이 되고 처음으로 자신이 '이민족'임을 납득했다. 그러나 한니발과 로마가 유대교와 가톨릭교회 조직의 충돌을 상징한다고 주장한 그의 이런 인종적 분류법은 나중에 가서 바뀌었다. 프로이트는 《모세와 유일신교》에서 모세를 유대인 태생이 아니라고 하면서, 오히려 그를 셈족으로 바꾸더니 《꿈의 해석》에서는 셈족인 한니발을 유대인으로 바꾸어 놓았다.

그러나 프로이트가 이렇게 종교적·인종적 신원을 바꾸긴 했지만, 그의 분석은 우리가 이 책에서 분석해 온 두 지배 요소를 일부러 한데 모으려 했던 것 같다. 앞 장에서 우리는 줄곧 그리스인과 유대인의 대립 구도가 그리스도교의 반유대교에서 세속적인 반유대주의로 바뀌는 데 어떻게 영향을 미쳤는지 추적해 왔다. 그러나 프로이트의 분석들은 이 두 담론이 여전히 서로에게 어떻게 깊은 영향을 주고 있는지 보여 주었다. 따라서 우리는 그의 초기 저작과 후기 저작의 주요 관심사들이 대립되는 것이 아니라 오히려 서로 깊이 연관되어 있음을 알게 되었다. 혹자는 프로이트와 반유대주의와의 관련성이 《꿈의 해석》과, 당시 개인적으로 아주 가까이서 나치즘의 위협을 받으며 집필했던 《모세와 유일신교》에서 꽤 다르게 표현되었을 것이라고 예상했을지도 모른다. 그러나 프로이트는 19세기 말의 그리스도교 주도의 유대교 공격과 1930년대의 세속적인 반유대주의를 대조하지 않았다. 프로이트는 《꿈의 해석》에서 이미 자신이 그리스도교국 로마와 인종적으로 어떤 관계가 있는지 밝힌 것처럼, 《모세와 유일신교》에서는 그리스도교의 반유대주의를 끈질기게 파헤쳤다. 그러니까 그리스도교의 반유대주의를 19세기 후반의 인종론이 대신한 것이 아니라, 둘 중 한쪽 담론이 다른 쪽 담론에 이식되었다는 뜻이다.

그렇다면 고대 문화와의 동일시가 세속주의와 반유대주의 운동이 전개되는 데에 어떤 역할을 했을까? 우리는 지그문트 프로이트라는 인물에게, 빈으로 상징되는 그리스도교의 지배적인 사회는 물론 자기 아버지의 종교에 대한 대안으로서 고대 그리스·로마에 몰두한 '무종교의 유대인'을 발견할 수 있다. 그러나 프로이트는 로마를 정복하려 하다가 혹은 아크로폴리스를 음미하다가 자신이 '이민족'에 속한다는 것을 깨달았다. 그런데 이와 같은 깨달음은 줄곧 그리스도교와 적대적인 관계라는 관점에서 접근해야 이해할 수 있다. '무신론자'라는 정체성 때문인지 세속적이라는 점에서 헬레니즘이 유대교는 물론 그리스도교와도 대립된다고 보았던 마르크스나 니체와 달리, 프로이트는 헬레니즘이 결코 완전히 세속적일 수 없으며, 그 이유는 헬레니즘이 아직 그리스도교에서 해방되지 못했기 때문임을 보여 주었다.

프로이트가 '로마 공포증'을 극복하고 마침내 그 영원한 도시로 여행을 떠났을 때, 그의 생각이 향한 쪽은 대체 유대인인 한니발이 아니라 바로 모세였다. 이와 관련해 칼 쇼스케는 다음과 같이 썼다. "몇 년이 흐른 뒤 로마를 다시 방문한 프로이트는 또 다시 배교자의 죄책감이 확 솟구치는 것을 느꼈다. 이번에는 미켈란젤로의 '모세' 조각상을 마주했을 때 그랬다."[93] 프로이트가 후에 모세를 만났을 때와 마찬가지로, 그가 1914년에 미켈란젤로의 조각상에 관해 쓴 평론 또한 오랫동안 출간을 망설이다가 결국 익명으로 세상에 나왔다. 그러나 프로이트가 초기에 쓴 모세 관련 저작들은 하나 같이 후기보다 더 골치 아픈 출간 과정을 겪었다. 프로이트는 유대인의 정신성이라는 문제도 모세 못지않게 집중적으로 연구했는데, 그가 초기에 모세를 분석할 때 이 문제가 핵심을 이루었던 것 같다.

전설과 성전(聖傳) 속 모세는 급한 성격에다 폭발적인 열정의 소유자였

---

93) Shorske, 1998년 책, 203면

그림 4. 미켈란젤로, 〈모세〉, 1513-15, 빈콜리의 성베드로성당

다. …… 그러나 미켈란젤로는 교황의 무덤 위에 다른 모습, 곧 역사적 모세나 성전의 모세보다 우월한 모세를 세웠다. 그는 깨진 돌판의 주제도 수정했다. 미켈란젤로는 모세가 격노하여 그것들을 깬 것이 아니라, 그것들이 깨질 위험에 처하자 그 영향으로 격노한 모세가 분노를 가라앉히는 모습이랄까? 어쨌든 분노의 행동이 보이지 않도록 표현했다. 그는 이런 식으로 모세라는 인물에게 새롭고, 인간 이상의 느낌이 나는 무언가를 가미했다. 그래서 어마어마한 육체적 힘이 느껴지는 그 거대한 조각상은 인간에게 가능한 최고의 정신적 업적, 다시 말해 그가 일신을 바친 대의명분을 위해 마음속 열정과 훌륭히 싸우고 있는 모습의 구현체가 되었다.[94]

프로이트는 《모세와 유일신교》처럼, 자신이 해석한 모세가 성서의 정통적 해석과 엇갈린다는 것을 알았다. 프로이트는 '최고의 정신적 업적'에 헌신하기 위해 극단적으로 본능까지 포기할 수 있는 모세를 성전에서 구해냈다. 이렇듯 프로이트가 초기에 설명한 모세의 모습에서 그가 마지막 저작에서 찬양한 '지성의 승리'가 엿보였다. 그러나 미켈란젤로가 표현한 모세는 프로이트가 《모세와 유일신교》에서 그리스인의 것으로 지정했던 '어마어마한 육체적 힘'을 갖추었다. 프로이트가 나중에 유대인을 그리스인과 달리 육체적·지적 능력을 조화시킬 수 없는 이들로 만든 데 반해, 미켈란젤로의 모세에서 뚜렷하게 드러나는 것은 바로 이런 조화의 능력이었다. 더구나 프로이트가 미켈란젤로의 조각상에 묘사된 내적 소란과 외적 차분함의 싸움을 설명하는 대목이야말로 빙켈만이 그리스 예술에 대해 남긴 더할 나위 없이 유명한 표어, '고결한 단순성과 고요한 위엄(edle Einfalt und stille Größe)'을 떠올리게 한다. 프로이트가 미켈란젤로의 모세를 묘사한 부분과 빙켈만이 〈라오콘〉에 부치는 찬가는 더할 나위

---

94) Freud, SE 13권 233면

없이 비슷하다.

그리스 작품들의 최후이자 최고로 탁월한 특징은 고결한 단순성과 고요한 위엄이다. 바닷속은 물거품이 이는 수면 아래서 평화롭듯, 그리스인들의 불타는 열정 아래 한 위대한 영혼이 차분히 자리 잡고 있다. 가장 극심한 고통에 시달리는 라오콘의 얼굴에서 이 영혼이 환히 빛난다. 그렇다고 얼굴로만 한정된 게 아니다. 번민이 모든 근육과 고통에 시달리는 모든 신경을 꿰뚫고 지나간다. 이는 우리가(얼굴이 아닌, 우리 몸의 표정이 가장 풍부한 부분이 아닌) 격심한 배앓이만 떠올려 보아도 느낄 수 있는 번민이다. 그러나 이러한 번민은 얼굴에든 몸짓에든 맹렬히 애쓰지 않는다. 그는 베르길리우스(Virgil, 서사시《아이네이스》를 쓴 고대 로마의 시인-옮긴이)의 라오콘처럼 하늘을 꿰뚫듯 고함치지 않는다. 그의 입은 불안에 짓눌린 신음을 토해 내기 위해 약간 벌어져 있다. …… 몸과 마음은 몸부림치고 꿋꿋이 버티면서 똑같이 힘껏 애를 쓴다. 아니 쓰러지지 않게 온몸의 균형을 잡는다. 라오콘은 고통을 받지만 소포클레스의 필로크테테스(Philoctetes, 트로이 전쟁에 참여한 그리스인이자 활의 명수로 알려진 그리스 신화 속 인물이다. 그 역시 트로이로 가던 중 물뱀에 물린다. 소포클레스의 마지막 비극이 바로《필로크테테스》다-옮긴이)처럼 고통 받는다. 우리는 그의 고통이 느껴져 눈물을 흘리면서도 그 영웅이 강인함으로 고통을 이겨 내길 소망한다.[95]

우리는 프로이트의 모세가 내는 '억누른 탄식'에서 라오콘의 '짓눌린 신음'의 여음을 듣는다. 프로이트는 '로마 신경증'이 최고조에 달했을 때

---

[95] Winckelmann, 1999년 책, 30~31면. 빙켈만 자신이 《그리스 미술 모방론》에 다음과 같이 쓰면서 라오콘과 미켈란젤로를 연관시켰다. "라오콘의 수염은 수축된 그의 배만큼이나 관심을 받을 만하다. 그가 마치 그리스 예술 작품들을 예찬하는 모든 이는 라바(Labat) 신부가 미켈란젤로의 모세에 경의를 표했듯, 라오콘의 수염에도 똑같이 경의를 표해야 한다고 말하고 있는 것 같기 때문이다."

자신이 새로운 빙켈만으로서 로마를 정복하길 애타게 바란다는 가능성 자체를 부인했다. 그는 빙켈만의 로마 정복을 셈족의 전사 한니발의 출정과 직접적으로 대비시켰다. 프로이트는 자신과 한니발을 동일시함으로써 빙켈만의 후예로서 고대 그리스 전통을 경험하는 가능성 자체를 포기했었다. 그러나 나중에 빙켈만의 입장을 취했을 때도 '고대 그리스 사람이 되기' 위해서 그랬던 것은 아니었다. 프로이트는 고전 그리스 문화가 아닌 성서 문화 속 영웅을 이해하기 위해 빙켈만의 통찰력을 도용했다. 빙켈만은 유대인이 조각에 미친 기여도를 아주 적게 평가하는 것도 모자라 고대 유대인들은 예술을 '인간의 삶에 불필요한 것'으로 간주했다고 주장한 반면, 프로이트는 모세가 라오콘 못지않게 '고결한 단순성과 고귀한 위엄'을 내뿜는다고 여겼다.[96] 그러나 프로이트의 생각대로 유대인의 문화가 오직 그리스인들만의 것이었던 빙켈만적인 완벽함의 극치에 도달했다고 한들, 그것을 유일하게 표현해 낸 사람이 다름 아닌 그리스도교도 조각가라는 점이야말로 가장 큰 아이러니가 아닐까, 생각한다. 프로이트는 미켈란젤로의 모세상을 자주 보러 갔던 영향 때문인지, 그리스도교 전통과 역사에 젖어 있는 로마에 빠져들었다. 프로이트가 결코 숨기려고 한 적 없듯, 미켈란젤로의 모세상은 빈콜리의 성 베드로 성당에만 있는 것이 아니었다. 미켈란젤로는 "강력한 교황이었던 율리오 2세를 위해 거대한 무덤의 구성품으로 그 조각상을 세워야만 했다."[97] 셈족의 모세가 고대 그리스·로마 문화의 이상을 완성하길 바랄 수 있다면, 그것은 오직 그리스도교도의 자격으로만 가능한 것이었다.

골드스타인은 모세를 만나 난처해진 프로이트와 그리스 문화를 수용한

---

96) 유대인과 예술에 대해 빙켈만이 비교하는 듯한 어감으로 밝힌 의견에 관해서는 Bland의 2000년 책, 69면을 참조. 프로이트의 로마인 같은 모세와 관련된 헬레니즘에 대해 다르게 분석한 글을 보려면 Armstrong의 2005년 첫 번째 책, 229~230면 참조

97) Freud, SE 13권 213면

또 다른 유대인이 겪은 어려움이 별반 다르지 않다는 것을 발견했다.

파리에 들러 그리스 문화를 표현한 작품인 이교도 여신상 앞에 서서 평생 동안 그 문화의 중요성을 곱씹었던 하인리히 하이네처럼, 지그문트 프로이트도 본인이 직접 말했듯 로마에 있던 3주 동안 매일 몇 시간씩이나 유대 역사에서 가장 의미심장한 성서적 인물을 표현한 작품을 바라보았다. …… 그리고 그 작품이 자신에게 움찔할 만큼 강력한 영향을 끼친 이유를 설명할 방법을 찾았다.[98]

1848년의 혁명들이 실패로 끝나자, 하인리히 하이네는 루브르에 고대 그리스·로마 문화의 기념물로 보관되어 있는 그의 '오랜 이교도 신들'에게 잔뜩 풀이 죽은 채 마지막 순례를 떠났을 것이다.

운이 좋은 시절에 내가 숭배했던 우상들에게 작별 인사를 하기 위해 마지막으로 그곳을 찾은 날은 1848년 5월이었다. 무거운 다리를 끌고 겨우 힘을 내 루브르로 향했기에 축복받은 미의 여신, 우리의 밀로의 비너스가 받침대 위에 서있는 높은 천장의 전시실에 들어섰을 때 쓰러지기 일보 직전이었다. 오랫동안 그녀의 발치에 엎드려 어찌나 구슬피 눈물을 흘렸던지, 돌덩이라도 나를 동정할 수밖에 없었을 것이다. 그 여신은 또한 연민에 젖어 나를 내려다보았지만, 동시에 너무나 쓸쓸해 보여 마치 "내가 팔이 없어서 도와줄 수 없다는 것을 모르느냐?" 하고 말하는 것 같았다.[99]

---

98) Goldstein, 1992년 책, 77면.

99) Heine, 1982년 첫 번째 책, 696면. 이 구절에 대해 좀 더 자세히 논한 글을 보려면 Holub의 1981년 책, 174면과 그 뒷면을 참조. 또한 Schneider의 1980년 논문과 Goldstein의 1992년 책, 27~28면, 77~78면도 참조

특히 로버트 홀럽은 하이네가 마지막 시집 《로만체로(Romanzero)》의 '후기'에서 '그가 축복 받은 미의 여신'을 포기한 것을 두고, 독일의 친그리스주의 문화에 젖어 있던 하이네의 정신적·정치적 각성의 정점으로 해석했다. 그의 훼손된 우상이 혁명 이후 유럽의 문화적·정치적 재건에 거의 도움을 줄 수 없음을 깨달은 것과, 하이네가 세속주의는 물론 자신이 유대인의 정체성을 포기한 것에 대해 점차 양면적 태도를 보인 일은 같은 맥락이었다. 르낭은 푸른 눈의 아테나 여신 앞에 무릎을 꿇고 헤브라이즘을 포기했다면, 하이네는 미의 여신 앞에 엎드려 마침내 자신이 헬레니즘을 포기했다는 사실을 힘겹게 받아들였다. 하이네도 프로이트와 마찬가지로 또 한 명의 실패한 빙켈만이었다. 그는 미의 제단에 숭배하러 왔다가 결국 셈족이라는 자신의 정체성이 다시 살아났다는 것을 깨달았을 뿐이다. 둘 다 무종교 유대인이었던 프로이트와 하이네는 희망을 품고 고대 그리스 문화로 전향했지만, 결국에는 그 문화도 유럽 역사의 문화적·정치적 세력의 폭력을 막기에는 역부족임을 알게 되었을 뿐이다. 아울러 프로이트와 마찬가지로 세례를 받은 하이네 또한 그리스도교가 자신과 고대 그리스와의 영적 교섭을 막고 있다는 것을 알았다. 하이네가 '우리의 밀로의 비너스' 앞에 꿇어앉았을 때 그녀가 "내가 도와줄 수 없다는 것을 모르겠느냐?" 하고 응답했다고 해도 놀랄 일이 아니다.[100]

---

100) Heine, 1982년 책, 696면

"우리 삶의 끈이 되는 은유"

자크 데리다는 "우리는 유대인인가? 우리는 그리스인가?"라고 물었다. 그리고 이렇게 썼다. "우리는 그리스인과 유대인의 차이 속에서 산다. 그리고 바로 그것이 우리가 역사라고 부르는 것의 통일성이 아닐까, 하고 생각한다."[1] 탈근대의 시대에도 아테네와 예루살렘의 대립은 여전히 피할 수 없었던 모양이다. 1967년에 《교양과 무질서》가 나온 지 거의 꼭 1세기가 흐른 뒤 데리다가 다음과 같은 매슈 아널드의 글귀를 인용한 자신의 평론 《폭력과 형이상학(Violence and Metaphysics)》을 출간하기로 했다. 이때 세인들은 그의 그런 결정을 달리 어떻게 이해했겠는가? "헬레니즘과 헤브라이즘, 영향력 있는 이 두 지점 사이에서 세상이 움직인다. 어떤 때는 세상이 이 둘 중 한쪽의 매력을 좀 더 강하게 느끼고, 또 다른 때에는 다른 한쪽의 매력을 강하게 느낀다. 따라서 한 번도 그런 적이 없긴 하지만, 세상은 이 둘 사이에서 공평하고 행복하게 균형을 이루어야 한다."[2] 데리다는 《폭력과 형이상학》에서 에마뉘엘 레비나스의 유대교 윤리학과 마르틴 하이데거(Martin Heidegger)의 그리스 형이상학의 대립을 이용해 그리스인과 유대인의 대립 구도가 다름 아닌 철학의 정의에서 어떻게 중심적인

---

1) Derrida, 2001년 책, 191면
2) Arnold, 1993년 책, 126면 ; Derrida, 2001년 책, 97면에도 인용됨

역할을 하는지 밝히려 했다. 데리다의 평론은 철학의 한계를 묻는 유명한 말로 시작된다. "그 철학은 어제 죽었다. 왜냐하면 헤겔이나 마르크스, 니체, 혹은 하이데거도 …… 혹은 철학도 사는 동안 언제나 자기가 죽어가고 있다는 것을 알고 있었다." 그러나 철학적 담론 자체에 대한 데리다의 질문은 얼마 후 철학의 그리스적 한계를 탐구한다는 뜻을 띠게 되었다. 다음과 같이 데리다가 하이데거의 글을 인용한 부분에 그 이유가 나와 있다.

철학이라는 단어는 우리에게 철학이 다른 무엇보다도 그리스 사회의 존재를 밝히는 어떤 것임을 말해 준다. 뿐만 아니라 철학은 우리 서유럽 역사의 내밀한 특징을 밝히는 것이기도 하다. 그리고 종종 듣는 '서유럽의 철학'이라는 표현은 사실상 동어 반복이다. 왜냐하면 철학은 본질적으로 그리스적이기 때문이다. 여기서 그리스적이라는 것은 원래 철학의 성격이 처음에는 충분히 성장하기 위해서 그리스 사회, 그것도 오직 그 한 곳만을 도용하는 식이었다는 뜻이다.[3]

하이데거가 볼 때 "철학의 전체성은 그리스적 원천을 바탕으로 만들어졌다." 그러나 데리다는 다음과 같이 주장했다. "이것은 서양 숭배도 아니고 역사주의에도 해당 되지 않는다. 다만 철학의 바탕이 되는 개념들이 주로 그리스적이라서 이런 매개체를 벗어나면 철학적으로 사색하거나 철학적으로 말할 수 없을 뿐이다." 철학적으로 말하다 보면 그리스어 사전의 필수 어휘를 마주할 수밖에 없다. 데리다에 따르면, 관념적으로 우러나온 것도 아니고 완전히 역사적으로 우연적이지도 않은 이유들 때문에 하이데거는 철학의 그리스적 전제로부터 빠져나올 수 없다고 확언했다. 이와 관련해 데리다는 다음과 같이 썼다. "바로 이런 단계에서는 에마뉘엘 레비

---

3) Heidegger, 1958년 책, 29~31면 ; Derrida, 2001년 책, 397면 주석4에 인용됨

나스의 사고가 우리를 몹시 불안하게 만들 수 있다. …… 그리스어로, 우리의 언어로, 역사가 켜켜이 쌓여 풍부해진 언어로 …… 끊임없이 익살을 부리는 한편 유혹의 힘을 인정하는 언어로, 이러한 사고는 우리에게 그리스적 이성을 흐트러뜨리고 우리의 정체성, 더 나아가 어쩌면 전반적인 정체성까지 흐트러뜨리라고 요구한다."[4] 레비나스는 '우리의' 언어, 즉 그리스어로 말하지만 그가 사고와 그것의 그리스적 유산의 불가피한 연관성에 의문을 제기할 때 사용하는 언어도 바로 이 그리스어였다. 실제로 데리다는 레비나스의 사고를 다음과 같이 특징지었다.

사고는 동일자와 자기(존재의 빛과 현상의 다른 이름)의 그리스적 지배로부터 벗어나려고 한다. 마치 억압에서 벗어나려고 하는 것처럼 말이다. 그런데 억압은 분명 세상의 그 어떤 것과도 비교할 수 없는 것으로, 존재론적이고 초월적인 억압일 뿐만 아니라 세상의 모든 억압의 근원이자 구실이다.[5]

데리다는 레비나스를 철학적 사고와 그것의 타자, 즉 그리스적인 것이 아니기 때문에 타자가 된 타자를 대면시키는 인물로 보았다. 레비나스의 사고는 우리를 몹시 불안하게 만드는데, 그 이유는 이와 같이 철학의 그리스적인 성향에 의문을 제기하는 것 자체가 엄격한 의미에서 철학의 영역을 한참 벗어남을 함축하고 있기 때문이다. 레비나스의 사고는 부분적으로 윤리적 관심사가 바탕을 이루는 덕분에 '억압 자체'에 대해 말할 거리가 있다. 그러나 '동일자와 자기의 그리스적 지배' 같은 추상적이고 난해한 개념이 정말로 '세상의' 억압에 책임이 있다고 말할 수 있을까? 철

---

4) Derrida, 2001년 책, 100~102면
5) 같은 책, 102면

학의 그리스적인 성향 자체가 세상에 퍼진 억압 체제의 이유가 된다고 생각할 수 있다. 데리다는 매슈 아널드가 그랬듯, 어느 모로 보나 의식적으로 한발 물러나 다시 은유를 사용했다. 그러나 그는 추상적 사고와 지배의 실행 및 경험과의 연관성을 폭로하고자 하는 마음이 앞서 배제와 박해 같은 살아있는 현실의 문제를 뒤로 미루었다. 그리스인과 유대인의 대립 구도를 둘러싸고 18세기와 19세기에 벌어진 논의의 특징인 우화화와 정치적 연관성 사이의 복잡한 상호작용은 데리다의 손을 거쳐 새로운 수준에 도달했다. 아테네와 예루살렘의 대립 구도 개념화에 따른 정치적 결과를 정식화한 것 중에 데리다의 도발적인 주장이야말로 단연 두드러진다. 그럼에도 불구하고 '동일자와 자기의 그리스적 지배'의 결과로 대학살을 겪고 난 후 유대인이 겪은 고통에 대해 말하는 것, 더구나 계보상으로 데리다가 아널드의 사상으로 후퇴하면서까지 그렇게 했다는 데에서 평범화의 위험성이 컸다.[6]

필자는 데리다가 이 평론에서 아테네와 예루살렘의 대립 구도를 이용한 것에 관해 다른 저작에서 다룬 바 있다.[7] 그러나 여기서 흥미로운 점은 데리다의 태도가 필자가 이 책에서 추적해 온 지적 계보에 가깝다는 것이다. 유대인 대학살의 여파로 레비나스와 하이데거 사이에 생긴 갈등을, 19세기 영국에서 헬레니즘과 헤브라이즘 간 '균형'을 맞출 것을 탄원한 아널드의 흔적으로 볼 수 있을까? 데리다 자신이 그리스인과 유대인의 대립 구도를 일부러 은유화 해놓고 아널드의 추상적 개념에서 변명거리를 찾고 있는 걸까? 데리다가 이 평론에서 자신은 '유대교와 헬레니즘의 역사적 결합'에 관심이 있다고 썼는데, 그때 그는 자신의 전후 철학 논쟁과 영국 문화에 아널드가 내린 처방을 관련짓기 위해서 어떤 탈역사화 작

---

6) 이와 같은 도발에 응한 Lambropoulos(1993년 책, 224~234면)를 참조. Lambropoulos에 관해서는 Boyarin의 1996년 책, 131~139면을 참조

7) Leonard의 2006년 논문과 2010년 책을 참조

업을 감행해야 했을까?[8] 그 답은 역시 몰역사주의였다. 이와 같이 추상적 개념으로 도피함으로써 데리다는 하이데거에게서 '서양 숭배'라는 혐의까지 벗겨 줄 수 있었다. 특히 앞서 칸트와 헤겔에 관해 살펴보았듯, 데리다의 저작은 철학의 헬레니즘이 사실은 그리스도교임을 밝히는 데 거듭 초점을 맞추었다. 데리다는 자신의 분석에서 역사적 관점을 없애면서 철학적 추상 개념과 세속적 현실 사이의 복잡한 상호작용, '초월적 억압'과 '세속적 억압'의 변화하기 쉬운 관계를 모호하게 만들었다. 데리다의 평론은 이러한 계보를 감추는 과정에서 폭력은 없고 형이상학만 남게 되었다.

데리다가 1967년에 출간한 이 평론을 가장 먼저 쓸 때 매슈 아널드가 아닌 모제스 멘델스존을 인용했더라면 어떻게 달라졌을까? 어떻게 보면 이것은 《소크라테스와 유대인》이 제기한 질문이었다. 멘델스존의 철학에 대한 도전, 즉 그가 헬레니즘의 어휘 못지않게 개신교의 계율에도 푹 빠져 있는 철학에 의문을 제기한 것이 레비나스가 그랬듯, '우리를 몹시 불안하게 만들' 수 있을까? '독일의 소크라테스'로 불리는 멘델스존의 정체가 뜻밖의 결과를 낳았다. 이 실천적 유대인을 5세기 아테네의 계몽적 영웅과 동일시했다는 데에서 멘델스존이 철학에 기여했을 뿐만 아니라, 정치적 영역에도 관여했음이 함축적으로 드러났다. 멘델스존은 영혼 불멸성을 다룬 플라톤의 대화편을 고쳐 쓰면서 유대교에 유심론을 부여하는 동시에 종교적 개별주의에서 벗어나 보편적이고 합리적인 종교로 나아가려 했다. 그러나 멘델스존의 그리스도교도 독자들은 그의 저작을 그가 그리스도교로 개종하기 위한 서막으로 해석했다. 멘델스존이 불멸성이라는 비유대교적인 문제에 접근하면서 그리스도교의 우월성에 복종하는 것으로 비쳐진 것은 물론, 소크라테스를 고결한 정신의 소유자로 표현함으로써 이 아

---

8) Derrida, 2001년 책, 192면

테네 현자를 예수의 선구자로 보는 전통적인 관점을 되살렸다. 멘델스존에게 이의를 제기한 라바터는 헬레니즘을 전유하고자 하는 개신교 신학의 열망을 압축적으로 보여 주었는데, 이러한 전유는 유대교를 사회에서 더욱 소외시키는 결과로 이어질 터였다. 소크라테스를 원(原)그리스도로 보는 라바터의 유산은 나중에 이 철학자를 그린 니체의 저작뿐만 아니라, 그리스도교가 그리스의 정신적 계승자로 비쳐지는 헤겔의 광범위한 역사 철학과 셈족의 혈통에서 그리스도교를 떼어 내고자 했던 르낭의 기획에서도 드러났다.

그럼에도 불구하고 멘델스존이 정치적 논쟁에 참여해서 발생된 결과들은 양면적이었다. 멘델스존이 살았던 베를린의 유대인들에게는 그가 당연히 변화시킬 힘이 있는 인물이었으며, 이후 프랑스혁명에서 그를 받아들일 때에는 그런 변화의 힘이 훨씬 더 구체적으로 다가왔을 것이다. 그러나 유대인의 정치 철학에 가장 많이 기여한 것으로 인정받는 《예루살렘》이 남긴 유산은 그리 단순하지가 않았다. 멘델스존은 예루살렘을 근대적 세속 도시의 전형적인 예로 소개하면서 아테네와 로마 식 정치 체제의 대안을 제시했다. 그런데도 그는 유대교를 지나치게 정치화한 해석을 옹호함으로써 나중에 자신도 모르게 비판의 빌미를 제공한 셈이 되고 말았다. 유대교는 사실상 종교가 아니라 정치 조직이라는 칸트의 주장은 이후 지속적으로 유대교의 세속적 열망을 넘어설 수 없는 점을 강조한 철학적 논법의 시초에 불과했다. 헤겔이 초기 신학 관련 저작들에서 유대인은 시민권을 획득할 수 없음을 암시했을 때 얼핏 칸트의 주장과 정반대인 것처럼 보였지만, 유대교의 도덕적 근거를 부정하고 유대교를 세속적이고 전제적인 체제로 폄하한다는 점에서 사실상 그 바탕은 같았다. 포이어바흐와 마르크스가 유대교를 이기적인 물질주의로 설명했을 때, 이들 역시 역설적이게도 멘델스존의 《예루살렘》을 계승한 것으로 드러났다.

아테네와 예루살렘의 문화적 대립 또한 계몽주의를 비판하는 데 중요한 역할을 했다. 계몽주의 철학의 보편주의에 반감을 갖고 있던 이들은 그리스와 유대인의 대립 구도를 이용해 보편주의 기획이 문화적·역사적 개별주의를 고립시키고 있다고 규정했다. 일례로, 헤르더의 저작에서 전개된 낭만적 민족주의는 르낭에게 결정적인 영향을 끼쳤고, 르낭이 인도유럽인과 셈족의 범주를 도입함으로써 19세기의 역사 발전 논의에서 인종의 차이라는 문제가 핵심으로 떠올랐다. 매슈 아널드가 훨씬 더 추상적으로 개념화한 '헬레니즘과 헤브라이즘'은 딱히 설명하기 어렵기로 악명 높은데 반해, 어느 모로 보나 민족주의 담론과 깊이 연관되어 있는 것만큼은 확실했다. 2차 대전이 시작되기 전날, 프로이트의 《모세와 유일신교》는 이와 같은 19세기 주요 관심사들을 비판적 관점으로 돌이켜봤을 것이다. "어떤 민족(Volkstum)에게 그들이 가장 위대한 자손으로 자랑스럽게 여기는 사람을 빼앗는 것은 선뜻 혹은 함부로 할 짓이 못 된다. 특히 그들과 동족인 사람이 할 짓은 더더욱 아니다. 그러나 우리는 국익이라는 것을 위해 진실을 버리도록 유도하는 그 어떤 의견도 허용할 수 없다."[9] 프로이트의 권두 성명을 나치 독일에서 절정에 달했던 그런 민족주의적 열의에 대한 직접적인 반발로 보는 게 당연하다. 프로이트는 모세를 이집트 사람으로 만들어 나치의 유대인 공격의 중심에 있는 '민족(Volk)'이라는 바로 그 이념에 의문을 제기했다. 그러나 모세의 정체성은 국가의 문제를 떠나서 결정적으로 인종의 문제이기도 했다. 또한 프로이트의 이집트인 모세는 르낭 이후 구약성서 연구의 특징으로 자리 잡은 인종 유형학에 대한 모욕이나 다름없었다.

그리스인과 유대인의 대립 구도에 힘입어 헤겔, 마르크스, 니체, 그리고 프로이트까지 이성과 보편주의를 강조한 계몽주의 철학과 확실하게 단절했다지만, 그 경계가 무색할 만큼 중요한 어떤 연관성이 끈질기게 존재

---

9) Freud, SE 23권 7면

했다. 이들의 저작에서도 여전히 독일의 친그리스주의 형세를 명확히 밝히는 데 개신교가 양면적 역할을 했다. 이렇듯 멘델스존에 대응하여 라바터가 그리스인을 그리스도교의 새로운 화신으로 바꾸어 놓은 것이 아널드뿐만 아니라 놀랍게도 니체에게까지 중요한 영향을 미쳤다는 게 명백해졌다. 니체는 그리스도교의 불굴의 의지, 즉 디오니소스마저 그리스도교도로 만들 수 있는 능력 때문에 그리스도교가 어떻게 그런 치명적인 종교가되었는지를 밝혀냈다. 니체가 그렇게 다급하게 고대 그리스·로마의 이교로 되돌아간 이유는 분명 독일의 이성, 다시 말해 독일의 친그리스주의가개신교로부터 벗어날 수 없었기 때문이다. 그러나 니체는 자신의 저작에서 그리스도교의 기원에 집착한 반면, 그도 인정했듯 그리스 사회는 끝까지 '외국'으로 남아 있었다. 계몽에도 불구하고, 이성의 시대임에도 불구하고, 진정한 세속주의에 대한 전망은 고전고대의 재발견에 깊이 뿌리를두고 있어서 그런지 니체와 포이어바흐와 마르크스 같은 사람들마저도 이해할 수 없는 것이 되고 말았다. 더구나 필자는 계속해서 반유대교가 반유대주의로 진행되는 데 헬레니즘이 중요한 역할을 했다고 주장하면서, 니체와 프로이트의 사례들은 그리스도교와의 관계가 어떻게 이들과 같이 무신론적 성향이 가장 강한 철학자들에게까지 계속해서 관심의 대상이 되고있는지를 보여 주었다. 니체가 그리스도교의 계보학을 쓰기로 한 것처럼프로이트 역시 모세의 생애를 쓰기로 결심하면서, 결과적으로 19세기에있었던 역사적 예수 연구를 강하게 떠올리게 했다. 프로이트와 니체의 설명 모두 처음부터 끝까지 반유대주의라는 새로운 인종 관련 어휘로 특징되지만, 그럼에도 불구하고 개신교적 계몽에 뿌리를 두고 있는 철학적인유대교 비판 기조는 여전했다.

계몽주의 시대에 정식화된 그리스인과 유대인의 대립 구도가 후기 계몽주의 철학에도 여전히 중대한 관심사로 남아 있는 데에는 유럽의 지식인들에게 미치는 그리스도교의 끈질긴 영향력이 한 가지 이유가 될 수 있다. 필자는 '유대인 문제'를 둘러싸고 지금도 논쟁이 진행 중이라는 데에서, 이 문제가 왜 그토록 지속적으로 관련성을 띠는지 설명이 된다고 본다. 필자는 구체적인 철학적 논쟁들과 이 논쟁들의 정치적 발현 사이의 관계를 추적하는 데 그치지 않고, 우화화 자체에 얼마나 중요한 정치적 함축이 담겨 있는지 보여 주고자 했다. 유대인 경험의 은유화는 동화와 관련된 정치적·문화적 문제들에 영향을 미쳤다. 일례로, 아널드의 용어인 '헬레니즘'과 '헤브라이즘'의 추상적 개념은 본질적으로 이전의 정치 논쟁이 '문화화' 되었다는 징후다. 아널드의 특이한 정식화는 영국 사회에서 유대인이 정치적으로 해방된 이후에도 끈질기게 이어진 문화적 차이가 여전히 풀리지 않은 문제임을 보여 주었다. 마찬가지로 마르크스가 유대인에게 시민권을 인정해야 한다고 주장한 것 같지만, 그는 사실 유대인들을 자본주의에 대한 은유로 삼아서 유대교를 경제적 해방이라는 더욱 중요하고 여전히 풀리지 않은 문제의 중심에 두었다.

전후 20세기 철학에서도 이러한 대립 구도가 다시 나타나는 것을 보면 그 생명력이 얼마나 질긴지 알 수 있다. 지금까지 살펴보았듯, 쉽게 이해할 수 있는 이유들 때문에 아테네와 예루살렘의 대립 구도는 유대인 대학살 이후에 새로운 추상의 경지에 이르렀다. 그러나 데리다가 그리스적 사고의 특징을 완전히 비유적으로 설명한 데 반해, 장 프랑수아 리오타르 (Jean-Francois Lyotard)는 '유대인'에 대해 그 평생 가장 은유적인 산문을 남겼다. "'유대인'은 서양의 '정신' 안에 있다. …… 그들은 이러한 정신 …… 그것이 이룬 업적들, 기획과 발전들 …… 에 저항하는 그 무엇이다. …… 그들은 지배하려는 집착으로 …… 헬레니즘의 그리스와 그리스도교의 로마 시대 이후 일정하게 되풀이되는 제국에 대한 열정으로 길들여질 수 없는 그 무엇이다." 이에 대해 맥스 실버맨(Max Silverman)은 "이와 같이 '유대인'을 우화적으로 사용하는 것 때문에 많은 문제가 생긴다."고 썼으며, 제프리 베닝턴(Geoffrey Bennington)은 비꼬듯 "난 따옴표에 대해 말하고 싶었다."고 말했다.[10] 그러나 19세기에 이어 20세기까지 계속된 우화화에 대한 열망의 이면에는 훨씬 더 많은 문제가 숨어 있었다. 이에 대해 실버맨은 다음과 같이 주장했다. "탈근대 이론에서 남이라는 것 (aterity)을 유대인화하기는 종종 근대와 똑같은 방식의 은유로 사용되어 탈근대 이론이 비판하는 바로 그 이분법의 용어들을 다시 살려내고는 한다."[11] 그리스인과 유대인이 우리 삶의 끈이 되는 은유가 되었다면, 그렇게 된 부분적인 이유는 우리가 문화적 담론에 인종적 특색을 입힌 19세기의 유산을 그대로 받아들여 우리 안에 뿌리를 내리게 했기 때문이다. 방금 말한 탈근대 저자들은 이들 용어를 훨씬 더 실체가 없는 것으로 만들어서 이러한 역사를 부인하느라 여념이 없는 것 같다. 이와 동시에 이들은 아테네와 예루살렘을 훨씬 더 추상적인 개념으로 바꾸어 대립 구도를 지켜 냈고, 이분법을 뒤집어서 그 대립 구도의 유해한 성질을 없앴다.

그렇다면 그리스인과 유대인은 오늘날 무엇을 의미하고 있을까? 우리가 진정으로 세속적인 시대에 접어들었다면, 우리가 정말로 아리안족과 셈족의 그림자에서 벗어났다면, 더욱이 우리가 헤아릴 수 없이 많은 방법으로 신원을 확인할 수 있는 세계화된 세상에 살고 있다면, 이러한 대립 구도가 강박적으로 되풀이되는 것을 어떻게 이해해야 할까? 이에 대해 조너선 보야린(Jonathan Boyarin)은 다음과 같이 썼다. "지금 보는 바와 같이 유럽에서 유대인의 지위가 아직도 현재의 문제일 수 있다는 사실에서, 부수적이지만 굉장히 영속적인 이유들 때문에 유대인의 지위를 둘러싼 논쟁이 진보적 국가관이 미성숙했음을 뜻하는 것이 아니라, 진보적 국가관을 구성하는 담론의 일부임을 뜻한다는 것을 알 수 있다."[12] 이런 논쟁의

---

10) Lyotard, 1990년 책, 22면 ; Silverman, 1998년 책, 198면 ; Bennington, 1998년 책, 188면. 유대인, 남의 것임, 그리고 추상적 개념의 관계를 도발적으로 파헤친 글을 보려면 Benjamin의 2010년 책을 참조
11) Silverman, 1998년 책, 198~199면
12) Boyarin, 1996년 책, 138면

'굉장한 영속성'은 따지고 보면 놀랄 일도 아니다. 카르타고의 테르툴리아누스에게 아테네와 예루살렘의 대립은 이미 강력하고 당연한 상투적인 문구였다. 어쩌면 우리는 유럽의 정체성에 관한 '구성 담론'이 아프리카에서 가장 먼저 정식화되었다는 사실에서 어느 정도 마음을 다잡을 수 있지 않을까, 하고 생각한다.

인용 저작

· Aarsleff, Hans. 1982. From Locke to Saussure: Essays on the Study of Language and Intellectual History. Minneapolis: University of Minnesota Press.

· Adams, Robert Merrihew. 1998. "Introduction." In Kant 1998, vii –xxxiii.

· Adler, Hans, and Wulf Koepke, eds. 2009. A Companion to the Works of Johann Gottfried Herder. Columbia, SC: Camden House.

· Altmann, Alexander. 1973. Moses Mendelssohn: A Biographical Study. London: Routledge.

———. 1983. "Introduction." In Mendelssohn 1983, 3–29.

· Anderson, Amanda. 2001. The Powers of Distance: Cosmopolitanism and the Cultivation of Detachment. Princeton: Princeton University Press.

· Arendt, Hannah. 2007. The Jewish Writings. Edited by Jerome Kohn and Ron H. Feldman. New York: Schocken Books.

· Armstrong, Richard. 2001. "Review Essay." Psychoanalysis and History 3: 93–108.

———. 2005a. A Compulsion for Antiquity: Freud and the Ancient World. Ithaca, NY: Cornell University Press.

———. 2005b. "Contrapuntal Affiliations: Edward Said and Freud's Moses." American Imago 62 (2): 235–57.

———. 2010. "Marooned Mandarins: Freud, Classical Education and the Jews of Vienna." In Stephens and Vasunia 2010, 34–58.

· Arnold, Matthew. 1960–1977. The Complete Prose Works of Matthew Arnold. Edited by R. H. Super. 11 vols. Ann Arbor: University of Michigan Press.

———. 1962. Lectures and Essays in Criticism. Vol. 3 of The Complete Prose Works of Matthew

· Arnold, ed. R. H. Super. Ann Arbor: University of Michigan Press.

———. 1993. "Culture and Anarchy" and Other Writings. Edited by Stefan Collini. Cambridge: Cambridge University Press.

· Arnold, Thomas. 1842. Introductory Lectures on Modern History. Oxford: J. H. Parker.

Assmann, Jan. 1997. Moses the Egyptian: The Memory of Egypt in Western Monotheism. Cambridge: Harvard University Press.

———. 2010. The Price of Monotheism. Stanford: Stanford University Press.

· Avineri, Shlomo. 1963. "A Note on Hegel's Views on Jewish Emancipation." Jewish Social Studies 25 (2): 145–51.

· Bar-Yosef, Eitan and Nadia Valman. 2009. "The Jew" in Late Victorian and Edwardian Culture: Between the East End and East Africa. Chippenham: Palgrave Macmillan.

· Barner, Wilfied and König, Christoph. 2001 Jüdische Intellektuelle und die Philologien in Deutschland 1871–1933. Göttingen: Wallstein.

· Barnett, Stuart. 1998. Hegel after Derrida. London: Routledge.

· Bauman, Zygmunt. 1998. "Allosemitism: Premodern, Modern, Postmodern." In Cheyette and Marcus 1998, 143–56.

· Behm, Britta. 2002. Moses Mendelssohn und die Transformation der jüdischen Erziehung in Berlin. Münster: Waxmann.

· Beiber, Hugo. 1956. Heinrich Heine: A Biographical Anthology. Translated by Moses Hadad. Philadelphia: Jewish Publication Society of America.

· Beiser, Frederick C. 1987. The Fate of Reason: German Philosophy from Kant to Fichte. Cambridge MA: Harvard University Press.

· Benjamin, Andrew. 2010. Of Jews and Animals. Edinburgh: Edinburgh University Press.

· Benjamin, Walter. 1973. "Theses on the Philosophy of History." In Illuminations, trans. Harry Zohn, 253– 64. London: Fontana.

· Bennington, Geoffrey. 1998. "Lyotard and 'the Jews.'" In Cheyette and Marcus 1998, 188–97.

· Bernal, Martin. 1987. Black Athena: The Afro-Asiatic Roots of Classical Civilisation, vol. 1. The Fabrication of Ancient Greece 1785–1985. London: Free Association Books.

· Bernstein, J. M. 2003. "Love and Law: Hegel's Critique of Morality." Social Research (Summer): 1–19.

· Bernstein, Richard. 1998. Freud and the Legacy of Moses. Cambridge: Cambridge University Press.

· Bland, Kalman P. 2000. The Artless Jew: Medieval and Modern Affirmations and Denials of the Visual. Princeton: Princeton University Press.

· Blumenkranz, Bernhard, and Albert Soboul, eds. 1976. Les Juifs et la Révolution Française: Problèmes et aspirations. Toulouse: Éduoard Privat.

· Böhm, Benno. 1966. Sokrates im Achtzehnten Jahrhundert: Studien zum Werdegang des modernen Persönlichkeits-Bewusstseins. Neumünster: Kieler Studien zur deutschen Literaturgeschichte, Bd 4.

· Bollack, Jean. 1998. Jacob Bernays: Un homme entre deux mondes. Villeneuve d'Ascq: Presses Universitaire du Septentrion.

· Bourel, Dominique. 2004. Moses Mendelssohn et la Naissance du judaïsme moderne. Paris: Gallimard.

· Bourel, Dominque, and Jacques Le Rider, eds. 1991. De Sils-Maria à Jérusalem: Nietzsche et le judaïsme. Paris: Le Cerf.

· Bourgeois, Bernard. 1970. Hegel à Francfort - Judaïsme, Christianisme, Hégélianisme. Paris: J. Vrin.

· Bowie, Andrew. 2005. "The Philosophical Significance of Schleiermacher's Hermeneutics." In Marina 2005, 73–90.

· Boyarin, Jonathan. 1996. Thinking in Jewish. Chicago: University of Chicago Press.

· Bradley, A. C. 1962. "Hegel's Theory of Tragedy." In Paolucci and Paolucci 1962, 367–88.

· Brumlik, Micha. 2000. Deutscher Geist und Judenhaß: Das Verhältnis des philosophischen Idealismus zum Judentum. München: Luchterhand.

· Calder, William M., and Alexander Demandt, eds. 1990. Eduard Meyer: Leben und Leistung eines Universalhistorikers. Leiden: Mnemosyne Supplements 112.

· Cancik, Hubert, and Hildegard Cancik-Lindemaier. 1991. "Philhellénisme et antisémitisme en Allemagne: le cas de Nietzsche." In Bourel and Le Rider 1991, 21–46.

· Carlebach, Julius. 1978. Karl Marx and the Radical Critique of Judaism. London: Routledge.

· Carroll, Joseph. 1982. The Cultural Theory of Matthew Arnold. Berkeley: University of California Press.

· Caruth, Cathy. 1991. "Unclaimed Experience: Trauma and the Possibility of History." Yale French Studies 79: 181–92.

· Cheyette, Bryan. 1993. Constructions of "the Jew" in English Literature and Society. Cambridge: Cambridge University Press.

——. 2004. "On Being a Jewish Critic." Jewish Social Studies 11 (1): 32–51.

· Cheyette, Bryan, and Laura Marcus. 1998. Modernity, Culture and "the Jew." Cambridge:

Polity Press.

· Cheyette, Bryan, and Nadia Valman, eds. 2004. The Image of the Jews in European Liberal Cul ture, 1789–1914. London: Vallentine Mitchell.

· Cohen, Joseph. 2005. Le Spectre Juif de Hegel. Paris: Galilée

· Cohen, Matin. 1994. "Nietzsche, Hebraism, Hellenism." International Studies in Philosophy 26 (3): 45– 66.

· Collini, Stefan. 1988. Arnold. Oxford: Oxford University Press.

· Cowling, Mark, and James Martin, eds. 2002. Marx's "Eighteenth Brumaire": (Post)Modern Interpretations. London: Pluto.

· Critchely, Simon. 1997. "A Commentary upon Derrida's Reading of Hegel in Glas." In Barnett 1998, 197–226.

· Curtius, Ludwig. 1954. Humanistisches und Humanes: Fünf Essays und Vorträge. Basel: Schwabe.

· Davison, Neil R. 1996. James Joyce, Ulysses, and the Construction of Jewish Identity: Culture, Biography, and "The Jew" in Modernist Europe. Cambridge: Cambridge University Press.

· DeLaura, David J. 1969. Hebrew and Hellene in Victorian England: Newman, Arnold, and Pater. Austin: Texas University Press.

· Delpech, François. 1976. "Les Juifs en France 1780 –1840: État des questions et directions de recherche." In Blumenkranz and Soboul 1976, 3 – 46.

· Derrida, Jacques. 1986. Glas. Translated by John P. Leavey Jr. and Richard Rorty. Lincoln, Nebraska: University of Nebraska Press

——. 1991. "Interpretations at War: Kant, the Jew, the German." New Literary History 22: 39–95.

——. 1994. Spectres of Marx. London: Routledge.

——. 1998. "Faith and Knowledge: The Two Sources of 'Religion' at the Limits of Reason Alone." In Religion, ed. Derrida and Vattimo, 1–78. Cambridge: Polity Press.

——. 2001. "Violence and Metaphysics: An Essay on the Thought of Emmanuel Lévinas." In Derrida, Writing and Difference, trans. Alan Bass, 97–192. London: Routledge.

· Doull, James. 1973. "Comment on Fackenheim's 'Hegel on Judaism.'" In O'Malley et al. 1973, 186–95.

· Dunn, Geoffrey. 2004. Tertullian: The Early Church Fathers. London: Routledge.

· Eliot, T. S. 1968. The Use of Poetry and the Use of Criticism. London: Faber and Faber.

· Erlin, Matt. 2002. "Reluctant Modernism: Moses Mendelssohn's Philosophy of History." Journal of the History of Ideas 63 (1): 83–104.

· Evangelista, Stefano. 2009. British Aestheticism and Ancient Greece: Hellenism, Reception, Gods in Exile. Chippenham: Palgrave Macmillan.

· Fackenheim, Emil L. 1973. "Hegel and Judaism: A Flaw in the Hegelian Meditation." In O'Malley et al. 1973, 161– 85.

· Faverty, Frederic E. 1951. Matthew Arnold, the Ethnologist. Evanston: Northwestern University Press.

· Feldman, David. 1994. Englishmen and Jews: Social Relations and Political Culture, 1840–1914. New Haven: Yale University Press.

· Feuchtwanger, Ludwig. 2003. "Das Bild Mendelssohns bei seinen Gegnern bis zum Tode Hegels. Ein Beitrag zum Neuaufbau der geistigen Gestalt Mendelssohn." Reprinted in Ludwig Feuchtwanger, Gesammelte Aufsätze zur jüdischen Geschichte, ed. Rolf Rieß, 17–43. Berlin: Duncker & Humblot.

· Feuerbach, Ludwig. 2008. The Essence of Christianity. Translated by George Eliot. Mineola, New York: Dover.

· Foucault, Michel. 1966. Les mots et les choses: Une archéologie des sciences humaines. Paris: Gallimard.

——. 1970. The Order of Things: An Archaeology of the Human Sciences. Translated from the French. London: Tavistock Publications.

——. 2003. "What Is Enlightenment?" In The Essential Foucault: Selections from the Essential Works of Foucault 1954–1984, ed. Paul Rabinow and Nikolas Rose, 32–50. New York: Penguin.

· Fraisse, Simone. 1979. Renan au pied de l'Acropole: Du nouveau sur la "Prière." Paris: Editions A.G. Nizet.

· Freeman, E. A. 1884. The Office of the Historical Professor. London: Macmillan and Co.

· Freud, Sigmund. 1953–1974. The Standard Edition of the Complete Psychological Works of Sigmund Freud. Edited and translated by James Strachey et al. London: The Hogarth Press.

· Funkenstein, Amos. 1993. Perceptions of Jewish History. Berkeley: University of California Press.

· Galchinsky, Michael. 2004. "Africans, Indians, Arabs, and Scots: Jewish and Other Questions in the Age of Empire." In Cheyette and Valman 2004, 46– 60.

· Gay, Peter. 1967. The Enlightenment: An Interpretation; The Rise of Modern Paganism.

London: Weidenfeld and Nicholson.

· Gilman, Sander. 1991. The Jew's Body. New York: Routledge.

· Glucker, John, and André Laks, eds. 1996. Jacob Bernays: Un philologue juif. Villeneuve D'Ascq: Presses Universitaire du Septentrion.

· Goetschel, Willi. 2004. Spinoza's Modernity: Mendelssohn, Lessing, and Heine. Madison: University of Wisconsin Press.

———. 2007. "Mendelssohn and the State." MLN 122: 472–92.

· Goldhill, Simon. 2001. Victorian Culture and Classical Antiquity: Art, Opera, Fiction, and the Proclamation of Modernity. Princeton: Princeton University Press.

· Goldstein, Bluma. 1992. Reinscribing Moses: Heine, Kafka, Freud and Schoenberg in the European Wilderness. Cambridge MA: Harvard University Press.

· González, Justo L. 1974. "Athens and Jerusalem Revisited: Reason and Authority in Tertullian." Church History 43 (1): 17–25.

· Gossman, Lionel. 1994. "Philhellenism and Anti-Semitism: Matthew Arnold and His German Models." Comparative Literature 46 (1): 1–39.

· Gotzmann, Andreas, and Christian Wiese. 2007. Modern Judaism and Historical Consciousness: Identities, Encounters, Perspectives. Boston: Brill.

· Gourgouris, Stathis. 1996. Dream Nation: Enlightenment, Colonization, and the Institution of Modern Greece. Stanford: Stanford University Press.

· Grafton, Anthony. 1981. "Prolegomenon to Friedrich August Wolf." Journal of the Warburg and Courtauld Institutes 44: 101–29.

———. 1999. "Juden und Griechen bei Friedrich August Wolf." In Friedrich August Wolf: Studien, Dokumente, Bibliographie, ed. Reinhard Markner and Giuseppe Veltri, 9–31. Stuttgart: Franz Steiner.

· Grafton, Anthony and Weinberg, Joanna. 2011. "I have always loved the Holy Tongue": Isaac Casaubon, the Jews, and a forgotten chapter in Renaissance Scholarship. Cambridge, MA: Harvard University Press.

· Graham, John. 1979. Lavater's Essay on Physiognomy: A Study in the History of Ideas. Bern: Lang.

· Gruen, Erich, S. 2009. "Hellenism and Hebraism." In The Oxford Handbook of Hellenic Studies, 129–39.

· Güthenke, Constanze. 2008. Placing Modern Greece: The Dynamics of Romantic Hellenism 1770–1840. Oxford: Oxford University Press.

· Hamacher, Werner. 1998. Pleroma - Reading in Hegel. Translated by Nicholas Walker and Simon Jarvis. Stanford: Stanford University Press.

· Hamann, Johann Georg. 1967. Socratic Memorabilia. Translated with a commentary by James C. O'Flaherty. Baltimore: Johns Hopkins University Press.

· Hamilton, Paul. 2002. Historicism: The New Critical Idiom. London: Routledge

· Hanfmann, George M. A. 1951. "Socrates and Christ." Harvard Studies in Classical Philology 60: 2057–2233.

· Harris, H. S. 1972. Hegel's Development: Toward the Sun 1770–1801. Oxford: Clarendon Press.

· Harrison, Paul R. 1994. The Disenchantment of Reason: The Problem of Socrates in Modernity. Albany, New York: State University of New York Press.

· Hartog, François. 2005. Anciens, Modernes, Sauvages. Paris: Galaade Éditions.

· Harvey, Van A. 1995. Feuerbach and the Interpretation of Religion. Cambridge: Cambridge University Press.

· Hegel, G.W.F. 1902. The Philosophy of History. Translated by J. Sibree. New York: P.F. Collier and Sons.

——. 1907. Hegels theologische Jugendschriften. Edited by H. Nohl. Tübingen: JCB Mohr.

——. 1942. Philosophy of Right. Translated by T. M. Knox. Oxford: Clarendon Press.

——. 1948. Early Theological Writings. Translated by T. M. Knox. Chicago: University of Chicago Press.

——. 1957. Lectures on the History of Philosophy. Translated by J. Sibree. New York: Dover.

——. 1974. Lectures on the History of Philosophy, vol. 1. Translated by E. S. Haldane and Frances H. Simpson. London: The Humanities Press.

——. 1977. Phenomenology of Spirit. Translated by A. V. Miller. Oxford: The Clarendon Press.

——. 1984. Three Essays: The Tübingen Essay, Berne Fragments, The Life of Jesus. Edited and translated by Peter Fuss and John Dubbins. Notre Dame, Indiana: University of Notre Dame Press.

——. 1986. Vorlesungen über die Ästhetik I–III. Werke, vols. 13–15. Frankfurt: Suhrkamp.

——. 1997. Premiers Ecrits (Francfort 1797–1800). Edited and translated by Olivier Depré. Paris: Vrin.

· Heidegger, Martin. 1958. What Is Philosophy? Translated by William Kluback and Jean T.

Wilde. London: Vision Press.

· Heine, Heinrich. 1954. Heinrich Heines Werke: In Einem Band. Edited by Hermann R. Leber. Salzburg: Das Bergland Buch.

———. 1968–1976. Sämtliche Werke, Edited by K. Briegleb et al. Munich: Hanser Verlag.

———. 1982a. Poetry and Prose. Edited by Jost Hermand and Robert C. Holub. London: Continuum.

———. 1982b. The Complete Poems of Heinrich Heine: A Modern English Version. Translated by Hal Draper. Oxford: Oxford University Press.

———. 1994. Werke, vol. 4. Frankfurt: Suhrkamp.

· Helleman, Wendy. 1994. "Tertullian on Athens and Jerusalem." In Hellenization Revisited: Shaping a Christian Response within the Greco-Roman World, ed. Helleman. Lanham: University Press of America.

· Hengel, M. 1974. Judaism and Hellenism: Studies in Their Encounter in Palestine during the Early Hellenistic Period. 2 vols. London: SCM Press.

· Herder, Johann Gottfried. 1790. Briefe das Studium der Theologie betreffend. Frankfurt und Leipzig.

———. 1877–1913. Sämtliche Werke. Edited by B. Suphan. Berlin: Weidmann.

———. 1968. Reflections on the Philosophy of the History of Mankind. Edited by F. Manuel and translated by T. O. Churchill. Chicago: University of Chicago Press.

———. 2004. Another Philosophy of History and Selected Political Writings, edited and translated by Ioannis D. Evrigenis and Daniel Pellerin. Indianapolis: Hackett Publishing.

· Heschel, Susannah. 1998. Abraham Geiger and the Jewish Jesus. Chicago: University of Chicago Press.

———. 2008. The Aryan Jesus: Christian Theologians and the Bible in Nazi Germany. Princeton: Princeton University Press.

· Hess, Jonathan M. 2002. Germans, Jews and the Claims of Modernity. New Haven: Yale University Press.

———. 2007. "Moses Mendelssohn and the Polemics of History." In Gotzmann and Wiese 2007, 3–27.

· Hilfrich, Carola. 2000. "Lebendige Schrift." Repräsentation und Idolatrie in Moses Mendelssohns Philosophie und Exegese des Judentums. München: Fink Wilhelm.

· Hodgson, Peter. 2005. Hegel and Christian Theology. Oxford: Oxford University Press.

· Holub, Robert C. 1981. Heinrich Heine's Reception of German Grecophilia. Heidelberg:

Winter.

· Honig, Bonnie. 2009. Emergency Politics: Paradox, Law, Democracy. Princeton: Princeton University Press.

· Horkheimer, Max, and Theodor W. Adorno. 2002. Dialectics of Enlightenment: Philosophical Fragments. Edited by Gunzelin Schmid Noerr and translated by Edmund Jephcott. Stanford: Stanford University Press.

· Jameson, Frederic. 2009. "Filming Capital." New Left Review 58 (July/August): 109–17.

· Janicaud, Dominique. 1975. Hegel et le déstin de la Grèce. Paris: Vrin.

· Jenkyns, Richard. 1981. The Victorians and Ancient Greece. Oxford: Blackwell.

· Jones, William. 1788. "On the Hindus: The Third Anniversary Discourse." Asiatik Researches 1: 415–31.

· Joyce, James. 1990. Ulysses. With a foreword by Morris L. Ernst. New York: Random House.

· Kain, Philip. 1982. Schiller, Hegel and Marx: State, Society and the Aesthetic Ideal of Ancient Greece. Montreal: McGill University Press.

· Kant, Immanuel. 1929. Critique of Pure Reason. Translated by Norman Kemp Smith. London : Macmillan.

——. 1967. Philosophical Correspondence 1759–1799. Edited and translated by Arnulf Zweig. Chicago: University of Chicago Press.

——. 1979. The Conflict of the Faculties. Translated by Mary Gregor. New York: Abaris Books.

——. 1998. Religion within the Boundaries of Mere Reason; and Other Writings. Edited and translated by Allen Wood and George di Giovanni. Cambridge: Cambridge University Press.

· Kearney, R. 1984. Dialogues with Contemporary Continental Thinkers. Manchester: Manchester University Press.

· Kirchhoff, Markus. 2006. "Erweiterter Orientalismus. Zu euro-christlichen Identifikationen und jüdischer Gegengeschichte im 19. Jahrhundert." In Jüdische Geschichte als allgemeine Geschichte, ed. Raphael Gross and Yfaat Weiss, 99–119. Göttingen: Vandenhoeck and Ruprecht.

· Kohn, Hans. 1945. The Idea of Nationalism: A Study in its Origins and Backgrounds. New York: Macmillan.

· Kofman, Sarah. 1994. Le mépris des Juifs: Nietzsche, les Juifs, l'antisémitisme. Paris: Galilée.

——. 1998. Socrates: Fictions of a Philosopher. Translated by Catherine Porter. London:

Athlone.

· Lacan, Jacques. 1991. Le séminaire, VII; Le transfert. Paris: Seuil.

· Lambropoulos, Vassilis. 1993. The Rise of Eurocentrism: Anatomy of Interpretation. Princeton: Princeton University Press.

· Lamm, Julia A. 2005. "The Art of Interpreting Plato." In Marina 2005, 91–108.

· Lavater, Johann Caspar. 1775. Physiognomische Fragmente. Leipzig: Ben Weidmanns Erben und Reich, und Heinrich Steiner und Compagnie.

———. 1848. Essays on Physiognomy: Designed to Promote the Knowledge and the Love of Mankind. Translated by Thomas Holcroft. London: William Tegg.

· Legros, Robert. 1997. "Sur l'antijudaïsme et le paganisme du jeune Hegel." In Hegel 1997, 11–45.

· Leonard, Miriam. 2005. Athens in Paris: Ancient Greece and the Political in Post-War French Thought. Oxford: Oxford University Press.

———. 2006. "Oedipus in the Accusative: Derrida and Lévinas." Comparative Literature Studies 43 (3): 224–51.

———. 2010. "Derrida between 'Greek' and 'Jew.'" In Derrida and Antiquity, ed. Leonard, 135–58. Oxford: Oxford University Press.

· Le Rider, Jacques. 2002. Freud, de l'Acropole au Sinaï: Le retour à l'Antique des Modernes viennois. Paris: Press Universitaires de France.

· Lerousseau, Andrée. 2001. Le judaïsme dans la philosophie allemande. Paris: Presses Universitaires de France.

· Lévinas, Emmanuel. 1963. Difficile liberté. Paris: Albin Michel.

———. 1986. "The Trace of the Other." In Deconstruction in Context, ed. M. Taylor, 345–59. Chicago: University of Chicago Press.

· Librett, Jeffrey S. 2000. The Rhetoric of Cultural Dialogue: Jews and Germans from Moses Mendelssohn to Richard Wagner and Beyond. Stanford: Stanford University Press.

· Lifshitz, M. 1938. The Philosophy of Art of Karl Marx. Translated by R. B. Winn. New York: Pluto Press.

· Lincoln, Bruce. 1999. Theorizing Myth: Narrative, Ideology, and Scholarship. Chicago: Chicago University Press.

· Lukács, Georg. 1975. The Young Hegel: Studies in the Relations between Dialectics and Economics. Translated by Rodney Livingstone. London: Merlin Press.

· Lyotard, Jean-François. 1990. Heidegger and the "Jews." Minneapolis: University Minnesota

Press.

· Mack, Michael. 2003. German Idealism and the Jew: The Inner Anti-Semitism of Philosophy and German-Jewish Responses. Chicago: University of Chicago Press.

· Mahoney, Patrick. 1989. On Defining Freud's Discourse. New Haven: Yale University Press.

· Manuel, Frank. 1992. The Broken Staff: Judaism through Christian Eyes. Cambridge MA: Harvard University Press.

· Marchand, Suzanne L. 1996. Down from Olympus: Archaeology and Philhellenism in Germany, 1750–1970. Princeton: Princeton University Press.

———. 2003. "From Liberalism to Neoromanticism: Albrecht Dieterich, Richard Reitzenstein and the Religious Turn in Fin de Siècle German Classical Studies." In Out of Arcadia, ed. Martin Ruehl and Ingo Gildenhard, 129–60. British Institute of Classical Studies Supplement 79.

———. 2009. German Orientalism and the Age of Empire. Cambridge: Cambridge University Press.

· Marchand, Suzanne, and Anthony Grafton. 1997. "Martin Bernal and His Critics." Arion 5 (2): 2–35.

· Marina, Jacqueline. 2005. The Cambridge Companion to Friedrich Schleiermacher. Cambridge: Cambridge University Press.

· Marx, Karl. 1967. Writings of the Young Marx on Philosophy and Society. Translated by L. Easton and K. Guddat. Garden City, NY: Doubleday.

———. 1975. "Doctoral Dissertation: Difference between Democritean and Epicurean Philosophy of Nature in General." In Karl Marx and Friedrich Engels, Collected Works, 1:25–108. London: Lawrence and Wishart.

———. 1992. Early Writings. Translated by Tom Nairn. London: Penguin.

———. 2000. Selected Writings. Edited by David McLellan. Oxford: Oxford University Press.

———. 2002. "The Eighteenth Brumaire of Louis Bonaparte." Translated by Terrell Carver. In Cowling and Martin 2002, 19–112.

· Marx, Karl, and Friedrich Engels. 2004. The German Ideology, Part 1. Edited and translated by C. J. Arthur. London: Lawrence and Wishart.

· Massey, Marilyn Chapin. 1983. Christ Unmasked: The Meaning of the Life of Jesus in German Politics. Chapel Hill: University of North Carolina Press.

· McCarthy, George E. 1990. Marx and the Ancients. Savage, Maryland: Rowman and Littlefield.

———. 1992. Marx and Aristotle: Nineteenth-Century German Social Theory and Classical Antiquity. Savage, Maryland: Rowman and Littlefield.

———. 1994. Dialectics and Decadence: Echoes of Antiquity in Marx and Nietzsche. London: Rowman and Littlefield.

· Meinecke, Friedrich. 1972. Historism: The Rise of a New Historical Outlook. Translated by J. E. Anderson. London: Routledge and K. Paul.

· Mendelssohn, Moses. 1843. Gesammelte Schriften. Edited by G. B. Mendelssohn. 7 vols. Leipzig: F. A. Brockhaus.

———. 1929–1938. Gesammelte Schriften Jubiläumsausgabe. Edited by I. Elbogen, J. Guttmann, and E. Mittwoch. 7 vols. Berlin: Akademie-Verlag.

———. 1983. Jerusalem or on Religious Power and Judaism. Translated by Allan Arkush. Hannover: University of New England Press.

———. 2007. Phädon, or On the Immortality of the Soul. Translated by Patricia Noble. New York: Peter Lang.

· Mirabeau, Le comte de. 1968. Sur Moses Mendelssohn sur la réforme politique des Juifs. Reprinted as La Révolution Française et l'émancipation des Juifs, vol. 1. Paris: Éditions d'histoire Sociale.

· Misrahi, Robert. 1972. Marx et la question juive. Paris: Gallimard.

· Momigliano, A. D. 1994a. Studies on Modern Scholarship. Edited by G. W. Bowersock and T. J. Cornell and translated by T. Cornell. Berkeley: University of California Press.

———, ed. 1994b. Essays on Ancient and Modern Judaism. Translated by M. Masella-Gayley with an introduction by S. Berti. Chicago: University of Chicago Press.

· Montuori, Mario. 1981. Socrates: Physiology of a Myth. Amsterdam: Gieben.

· Morley, Neville. 2009. Antiquity and Modernity. Oxford: Blackwell.

· Mossé, Claude. 1989. L'antiquité dans la Révolution Française. Paris: Albin Michel.

· Mosse, Werner. 1981. Revolution and Evolution: 1848 in German-Jewish History. Tübingen: Mohr.

· Müller, Max. 1862. Lectures on the Science of Language. London: Longman, Green.

———, 1864. Lectures on the Science of Language, vol. 2. London: Longman, Green.

· Munk, Reiner. 2006. "Mendelssohn and Kant on Judaism." Jewish Studies Quarterly 13:215–22.

· Musto, Marcello. 2008. "History, Production and Method in the 1857 'Introduction.'" In Karl Marx's Grundrisse: Foundations of the Critique of Political Economy 150 Years Later, ed.

Musto, 3–32. London: Routeldge.

· Myers, David N. 2003. Resisting History: Historicism and Its Discontents in German-Jewish Thought. Princeton: Princeton University Press.

· Nancy, Jean-Luc. 2005. "Préface." In Cohen 2005, 11–17.

· Nehamas, Alexander. 1998. The Art of Living: Socratic Reflections from Plato to Foucault. Berkeley: University of California Press.

· Nelson, Eric. 2010. The Hebrew Republic: Jewish Sources and the Transformation of European Political Thought. Cambridge MA: Harvard University Press.

· Newman, Amy. 1993. "The Death of Judaism in German Protestant Thought from Luther to Hegel." Journal of the American Academy of Religion 61 (3): 455– 84.

· Nicholls, Angus. 2006. Goethe's Concept of the Daimonic: After the Ancients. Rochester, NY: Camden House.

· Nietzsche, Friedrich. 1969. On the Genealogy of Morals. Translated by Walter Kaufmann and R. J. Hollingdale. New York: Random House.

——. 1979. "The Struggle between Science and Reason." In Philosophy and Truth: Selections from Nietzsche's Notebooks of the early 1870s, trans. Daniel Breazale, 127–48. Atlantic Highlands: Harvester Press.

——. 1993. Beyond Good and Evil. Translated by R. J. Hollingdale. New York: Dover.

——. 1997. Untimely Meditations. Edited by Daniel Breazeale and translated by R. J. Hollingdale. Cambridge: Cambridge University Press.

——. 1998. Twilight of the Idols or How to Philosophize with a Hammer. Translated by Duncan Large. Oxford: Oxford University Press,

——. 1999. The Birth of Tragedy. Edited by Raymond Geuss and Ronald Speirs and translated by Ronald Speirs. Cambridge: Cambridge University Press.

——. 2001. The Gay Science. Edited by Bernard Williams and translated by Josefine Nauckhoff. Cambridge: Cambridge University Press.

——. 2005. The Anti-Christ, Ecce Homo, Twilight of the Idols and Other Writings. Edited by Aaron Ridley and Judith Norman. Translated by Judith Norman. Cambridge: Cambridge University Press.

· O'Flaherty, James C. 1967. Hamann's Socratic Memorabilia: A Translation and Commentary. Baltimore: Johns Hopkins University Press.

· Olender, Maurice. 1992. The Languages of Paradise: Race, Religion, and Philology in the Nineteenth Century. Cambridge MA: Havard University Press.

· O'Malley, J. J, K. W. Algozin, H. P. Kainz, and L. C. Rice, eds. 1973. The Legacy of Hegel: Proceedings of the Marquette Hegel Symposium 1970. The Hague: Nijhoff.

· Osborn, Eric. 1997. Tertullian, First Theologian of the West. Cambridge: Cambridge University Press.

· Paolucci, Anne, and Henry Paolucci, eds. 1962. Hegel on Tragedy. New York: Harper and Row.

· Peyre, Henri. 1973. Renan et la Grèce. Paris: A.G. Nizet.

· Psichari, Henriette. 1956. La Prière sur l'Acropole et ses Mystères. Paris: Éditions du Centre Nationale de la Recherche Scientifique.

· Pöggeler, Otto. 1974. "Hegel's Interpretation of Judaism." Human Context 6:523 – 60.

· Poliakov, Leon. 1974. The Aryan Myth: A History of Racist and Nationalist Ideas in Europe. Translated by E. Howard. London: Chatto and Windus.

· Porter, James I. 2000. Nietzsche and the Philology of the Future. Stanford: Stanford University Press.

———. 2008. "Erich Auerbach and the Judaizing of Philology." Critical Inquiry 35 (1): 115–47.

———. 2010. "Odysseus and the Wandering Jew: The Dialectic of Jewish Enlightenment in Adorno and Horkheimer." Cultural Critique 74 (Winter): 200–213.

· Potts, Alex. 1994. Flesh and the Ideal: Winckelmann and the Origins of Art History. New Haven: Yale University Press.

· Pulzer, Peter. 1988. The Rise of Political Anti-Semitism in Germany and Austria. Cambridge MA: Harvard University Press.

· Rajak, Tessa. 2001a. "Jews and Greeks: The Invention and Exploitation of Polarities in the Nineteenth Century." In Tessa Rajak, The Jewish Dialogue with Greece and Rome. Leiden: Brill.

· Reill, Peter Hans. 1975. The German Enlightenment and the Rise of Historicism. Berkeley: University of California Press.

· Renan, Ernest. 1855. Histoire générale et système comparé des langues sémitiques. Paris: Chez Benjamin Dupra.

———. 1904. The Life of Jesus. Complete edition with a preface by Charles T. Gorham. London: Watts and Co.

———. 1929. "Prayer on the Acropolis." In Ernest Renan: Recollections of My Youth, trans. C. B. Pittman, 49–64. London: Routledge.

———. 1947. Oeuvres Complètes. Edited by Henriette Psichari. Paris: Éditions Louis Conard.

———. 1965. Vie de Jésus. Paris: Calmann-Lévy.

· Rice, Emanuel. 1990. Freud and Moses: The Long Journey Home. Albany: State University of New York Press.

· Ritter, Joachim. 1982. Hegel and the French Revolution: Essays on the Philosophy of Right. Translated by Richard Winfield. Cambridge MA: Harvard University Press.

· Robert, Marthe. 1977. From Oedipus to Moses: Freud's Jewish Identity. London: Routledge and Kegan Paul.

· Rose, Gillian. 1993. Judaism and Modernity: Philosophical Essays. Oxford: Blackwell.

· Rose, Paul Lawrence. 1990. Revolutionary Antisemitism in Germany from Kant to Wagner. Princeton: Princeton University Press.

· Rosenstock, Bruce. 2010. Philosophy and the Jewish Question: Mendelssohn, Rosenzweig, and Beyond. New York: Fordham University Press.

· Rotenstreich, Nathan. 1964. The Recurring Pattern: Studies in Anti-Judaism in Modern Thought. New York: Wiedenfeld & Nicolson.

———. 1984. Jews and German Philosophy: The Polemics of Emancipation. New York: Schocken Books.

· Russell, George W. E. 1895. The Letters of Matthew Arnold 1848–1888. 2 vols. London: Macmillan.

· Said, Edward. 1978. Orientalism. London: Routledge and Kegan Paul.

———. 2003. Freud and the Non-European. London: Verso.

· Salbstein, M.C.N. 1982. The Emancipation of the Jews in Britain: The Question of the Admission of Jews to Parliament, 1828–1860. Rutherford: Fairleigh Dickinson University Press.

· Sannwald, Rolf. 1957. Marx und die Antike. Zurich: Einsiedeln.

· Santaniello, Weaver. 1994. Nietzsche, God and the Jews: His Critique of Judeo-Christianity in Relation to the Nazi Myth. Albany: State University of New York Press.

· Schechter, Ronald. 2003. Obstinate Hebrews: Representations of the Jews in France, 1715–1815. Berkeley: University of California Press.

· Schlegel, Friedrich. 1991. Philosophical Fragments. Translated by Peter Firchow. Minneapolis: University of Minnesota Press.

· Schleiermacher, Friedrich. 1836. Schleiermacher's Introductions to the Dialogues of Plato. Translated by W. Dobson. Cambridge: Cambridge University Press.

· Schmidt, James. 1989. "The Question of Enlightenment: Kant, Mendelssohn and the

Mittwochsgesellschaft." Journal of the History of Ideas 50 (2): 269–91.

· Schneider, Manfred. 1980. "Die Angst des Revolutionärs vor der Revolution: Zur Genese und Struktur des politischen Diskurses bei Heine." Heine Jahrbuch 19: 9–48.

· Schorske, Carl. 1998. Thinking with History: Explorations in the Passage to Modernism. Princeton: Princeton University Press.

· Sedgwick, Sally. 2011. "Hegel on the Empty Formalism of Kant's Categorical Imperative." In A Companion to Hegel, ed. Stephen Houlgate and Michael Baur, 265–80. Oxford: Wiley-Blackwell.

· Shapiro, Gary. 1982. "Nietzsche Contra Renan." History and Theory 21 (2): 193–222.

· Shavit, Yaacov. 1997. Athens in Jerusalem: Classical Antiquity and Hellenism in the Making of the Modern Secular Jew. London: Littman Library of Jewish Civilization.

· Sheehan, Jonathan. 2005. The Enlightenment Bible. Princeton: Princeton University Press.

· Shookman, Ellis, ed. 1993. The Faces of Physiognomy: Interdisciplinary Approaches of Johann Caspar Lavater. Columbia SC: Camden House.

· Silverman, Max. 1998. "Re-Figuring 'the Jew' in France." In Cheyette and Marcus 1998, 197–207.

· Stegmaier, Werner and Daniel Krochmalnik, eds. 1997. Jüdischer Nietzscheanismus. Berlin: W. de Gruyter.

· Steiner, George. 1961. The Death of Tragedy. London: Faber and Faber.

———. 1984. Antigones. Oxford: Oxford University Press.

· Stephens, Susan, and Phiroze Vasunia, eds. 2010. Classics and National Cultures. Oxford: Oxford University Press.

· Stray, Christopher. 1998. Classics Transformed: Schools, Universities and Society 1830–1960. Oxford: Clarendon Press

· Terdiman, Richard. 1993. Present Past: Modernity and the Memory Crisis. Ithaca: Cornell University Press.

· Tesdorpf, Ilse-Maria. 1971. Die Auseinandersetzung Matthew Arnolds mit Heinrich Heine, des Kritikers mit dem Kritiker. Frankfurt am Main: Athenäum Verlag.

· Theoharis, Constantine Theoharis. 1988. Joyce's "Ulysses": An Anatomy of the Soul. Chapel Hill, NC: University of North Carolina Press.

· Tibebu, Teshale. 2008. Hegel and Anti-Semitism. Pretoria: University of South Africa Press.

· Tomasoni, Francesco. 2003. Modernity and the Final Aim of History: The Debate over Judaism from Kant to the Young Hegelians. Dordrecht: Kluwer Academic.

———. 2004. "Mendelssohn and Kant: A Singular Alliance in the Name of Reason." History of European Ideas 30 (3): 267–94.

· Trabant, Jürgen. 2009. "Herder and Language." In Adler and Koepke 2009, 117–39.

· Trapp, Michael, ed. 2007a. Socrates from Antiquity to the Enlightenment. Aldershot: Ashgate.

———. 2007b. Socrates in the Nineteenth and Twentieth Centuries. Aldershot: Ashgate.

· Tree, Stephen. 2007. Moses Mendelssohn. Reinbek: Rowohlt Taschenbuch Verlag.

· Trousson, Raymond. 1967. Socrate devant Voltaire, Diderot et Rousseau. La conscience en face du mythe. Paris: Minard.

· Turner, Frank. 1984. The Greek Heritage in Victorian England. New Haven: Yale University Press.

· Vidal-Naquet, Pierre. 1990. La démocratie grecque vue d'ailleurs: essais d'historiographie ancienne et moderne. Paris: Flammarion.

———. 1995. "Renan and the Greek Miracle." In Politics Ancient and Modern, trans. Janet Lloyd, 177–99. Cambridge: Polity.

· Vieillard-Baron, Jean-Louis. 1974. "Le Phédon de Moses Mendelssohn." Revue de Métaphysique et de Morale 79 (1): 99–107.

———. 1979a. Platon et l'Idéalisme Allemand 1770 –1830. Paris: Beauchesne.

———. 1979b. "Platonisme et paganisme au XVIIIe sciècle." Archives de Philosophie 42:439–56.

· Voltaire. 1994. Dictionnaire de la pensée de Voltaire par lui-même. Edited by André Versaille. Paris: Complexe.

· Weber, Samuel. 2005. Targets of Opportunity: On the Militarization of Thinking. Ashland, Ohio: Fordham University Press.

· Wechsler, Judith. 1993. "Lavater, Stereotype, and Prejudice." In Shookman 1993, 104–25.

· Williamson, George. 2004. The Language of Myth in Germany: Religion and Aesthetic Culture from Romanticism to Nietzsche. Chicago: University of Chicago Press.

· Wilson, Emily. 2007. The Death of Socrates. Cambridge, MA: Harvard University Press.

· Winckelmann, Johann J. 1999. Reflections on the Painting and Sculpture of the Greeks. Translated by Henry Fusseli. London: Routledge/ Thoemmes Press.

· Witte, Bernd. 2007. Jüdische Tradition und literarische Moderne. München: Carl Hanser.

· Wood, Allen W. 1992. "Rational Theology, Moral Faith and Religion." In Cambridge Companion to Kant, ed. Paul Guyer, 394–416. Cambridge: Cambridge University Press.

· Yack, Bernard. 1986. The Longing for Total Revolution: Philosophical Sources of Social Discontent from Rousseau to Marx and Nietzsche. Princeton: Princeton University Press.

· Yerushalmi, Yosef Hayim. 1989. "Freud on the 'Historical Novel': From the Manuscript Draft (1934) of Moses and Monotheism." International Journal of Psycho-analysis 70: 375–95.

——. 1991. Freud's Moses: Judaism Terminable and Interminable. New Haven: Yale University Press.

· Young, Robert. 1995. Colonial Desire: Hybridity in Theory, Culture and Race. London: Routledge.

· Yovel, Yirmiyahu. 1998. Dark Riddle: Hegel, Nietzsche and the Jews. Oxford: Polity.

· Zac, Sylvain. 1989. Spinoza en Allemagne: Mendelssohn, Lessing et Jacobi. Paris: Méridiens Klincksieck.

· Zammito, John. 2009. "Herder and Historical Metanarrative: What's Philosophical about History." In Adler and Koepke 2009, 65–92.

소크라테스와 유대인

모제스 멘델스존에서 지그문트 프로이트에 이르는 헬레니즘과 헤브라이즘

2014년 8월 25일 초판 1쇄

지은이	미리엄 레너드
옮긴이	이정아
펴낸이	오준석
교정교열	신동소
디자인	변영지
기획자문	변형규
인쇄	예림인쇄
펴낸곳	도서출판 생각과 사람들
	경기도 용인시 수지구 신봉2로 72
	전화 031-272-8015 팩스 031-601-8015 이메일 inforead@naver.com

· 잘못 만들어진 책은 구입처에서 교환하여 드립니다.
· ISBN   978-89-98739-07-2 93160